21世纪社会学系列教材
Textbooks of Sociology in 21st Century

劳动社会学教程

(第二版·重排)

Laodong Shehuixue Jiaocheng

刘艾玉 ◎著

图书在版编目(CIP)数据

劳动社会学教程/刘艾玉著. —2 版. —北京:北京大学出版社,2004.5
ISBN 978-7-301-04141-3

Ⅰ.劳… Ⅱ.刘… Ⅲ.劳动社会学-教材 Ⅳ.F240

中国版本图书馆 CIP 数据核字(1999)第 15145 号

书　　　名：劳动社会学教程（第二版·重排）
著作责任者：刘艾玉　著
责 任 编 辑：刘金海
标 准 书 号：ISBN 978-7-301-04141-3/C·0165
出 版 发 行：北京大学出版社
地　　　址：北京市海淀区成府路 205 号　100871
网　　　址：http://www.pup.cn　电子邮箱：ss@pup.pku.edu.cn
电　　　话：邮购部 62752015　发行部 62750672　编辑部 62753121
　　　　　　出版部 62754962
印　刷　者：三河市北燕印装有限公司
经　销　者：新华书店
　　　　　　730 毫米×980 毫米　16 开本　21.75 印张　386 千字
　　　　　　1999 年 7 月第 1 版　2004 年 5 月第 2 版
　　　　　　2006 年 6 月重排本　2015 年 11 月第 5 次印刷（总第 6 次印刷）
定　　　价：34.00 元

未经许可,不得以任何方式复制或抄袭本书之部分或全部内容。
版权所有,侵权必究
举报电话:010-62752024　电子邮箱:fd@pup.pku.edu.cn

目 录

第一章 绪论 …………………………………………………………… (1)
　第一节 劳动社会学的研究对象与内容 ………………………… (1)
　　一、劳动社会学的产生条件 …………………………………… (1)
　　二、劳动社会学的研究对象和内容 …………………………… (3)
　　三、劳动社会学与有关学科的关系 …………………………… (5)
　第二节 劳动社会学理论 ………………………………………… (7)
　　一、劳动社会学的经典理论 …………………………………… (7)
　　二、现代的劳动社会学 ………………………………………… (12)
　第三节 国外劳动社会学研究简况 ……………………………… (17)
　　一、国外劳动社会学研究的基本状况 ………………………… (17)
　　二、部分国家的劳动社会学研究 ……………………………… (20)
　第四节 中国的劳动社会学 ……………………………………… (22)
　　一、中国劳动社会学的发展历史 ……………………………… (22)
　　二、劳动社会学研究的主要视角 ……………………………… (24)
　思考题 ……………………………………………………………… (28)

第二章 劳动者 ………………………………………………………… (29)
　第一节 劳动者及其相关概念 …………………………………… (29)
　　一、劳动者界定 ………………………………………………… (29)
　　二、与劳动者相关的概念 ……………………………………… (31)
　第二节 劳动者的素质分析 ……………………………………… (33)
　　一、自然素质 …………………………………………………… (33)
　　二、社会素质 …………………………………………………… (35)
　第三节 劳动者与社会文化环境 ………………………………… (39)
　　一、微观社会文化环境 ………………………………………… (39)
　　二、中观社会文化环境 ………………………………………… (42)
　　三、宏观社会文化环境 ………………………………………… (42)

第四节　劳动者行为 …………………………………………… (43)
　　一、劳动者行为界定 ………………………………………… (43)
　　二、劳动者行为类型 ………………………………………… (44)
　第五节　劳动者的社会化 ……………………………………… (46)
　　一、劳动者社会化的含义与特点 …………………………… (46)
　　二、正式学习与非正式学习 ………………………………… (47)
　　三、劳动者社会化的过程 …………………………………… (48)
　　四、职业地位与社会化 ……………………………………… (49)
　　五、劳动者社会化的其他因素 ……………………………… (52)
　思考题 …………………………………………………………… (53)

第三章　职业与行业 ……………………………………………… (54)
　第一节　职业与行业的概念及特点 …………………………… (54)
　　一、什么是职业 ……………………………………………… (54)
　　二、职业的特点及功能 ……………………………………… (55)
　　三、什么是行业 ……………………………………………… (57)
　　四、职业与行业间的关系 …………………………………… (57)
　第二节　职业与行业的分类标准 ……………………………… (58)
　　一、职业分类 ………………………………………………… (58)
　　二、行业分类 ………………………………………………… (61)
　第三节　职业、行业结构与社会发展 ………………………… (65)
　　一、职业结构与社会发展 …………………………………… (65)
　　二、行业结构与社会发展 …………………………………… (69)
　思考题 …………………………………………………………… (76)

第四章　职业地位与声望 ………………………………………… (77)
　第一节　职业地位与声望基本分析 …………………………… (77)
　　一、概念 ……………………………………………………… (77)
　　二、研究职业地位和声望的意义 …………………………… (78)
　　三、职业地位与声望研究的理论渊源 ……………………… (80)
　第二节　影响职业地位和声望的因素分析 …………………… (84)
　　一、职业性因素 ……………………………………………… (84)
　　二、评价性因素 ……………………………………………… (86)

第三节 职业地位与声望研究 (86)
  一、测定职业地位和声望的方法 (86)
  二、国外关于职业地位和声望的调查方法 (88)
  三、中国职业声望的调查与研究 (93)
第四节 各国(地区)职业声望的比较 (95)
  一、职业声望等级相似性研究 (96)
  二、职业声望评价不一致性研究 (97)
思考题 (98)

第五章 职业选择 (99)
第一节 职业择人 (99)
  一、职业对个人的要求 (99)
  二、职业对个人的选择 (101)
第二节 个人对职业的选择 (103)
  一、偶然性观点 (103)
  二、理性决定论 (103)
  三、社会—文化影响论 (107)
第三节 劳动者与职业的匹配 (113)
  一、社会心理学视角的分析 (113)
  二、经济学视角的分析 (117)
  三、社会学的分析视角 (117)
第四节 当今青年的择业特点 (118)
  一、选择的多样化 (118)
  二、个人利益与社会利益兼顾 (119)
  三、自主性增强 (121)
  四、职业类别偏好变化 (122)
思考题 (124)

第六章 职业流动 (125)
第一节 职业流动的分类和模式 (125)
  一、职业流动的概念及分类 (125)
  二、职业流动的社会结构模式 (130)
第二节 职业流动的影响因素 (131)

一、职业流动的结构因素 ……………………………………… (131)
　　二、职业流动的个人因素 ……………………………………… (134)
　第三节　职业流动的研究方法 …………………………………… (136)
　　一、职业声望的测定与流动表分析 …………………………… (136)
　　二、路径分析模型 ……………………………………………… (139)
　　三、对数线性分析模型 ………………………………………… (140)
　　四、Logit 回归与事件史分析 ………………………………… (140)
　第四节　中国的职业流动 ………………………………………… (141)
　　一、中国职业流动的历史回顾 ………………………………… (141)
　　二、存在的问题 ………………………………………………… (145)
　思考题 ……………………………………………………………… (147)

第七章　劳动组织 …………………………………………………… (148)
　第一节　劳动组织的结构与功能 ………………………………… (148)
　　一、组织与劳动组织 …………………………………………… (148)
　　二、劳动组织的结构 …………………………………………… (150)
　　三、劳动组织的功能 …………………………………………… (153)
　第二节　非正式组织 ……………………………………………… (153)
　　一、非正式组织的类型 ………………………………………… (153)
　　二、非正式组织的特点 ………………………………………… (155)
　　三、非正式组织的功能 ………………………………………… (157)
　　四、对非正式组织的分析 ……………………………………… (158)
　第三节　劳动组织理论 …………………………………………… (160)
　　一、理性——秩序下的组织理论 ……………………………… (160)
　　二、整合——共识下的理论：人际关系学派与权变学派 …… (161)
　　三、市场——自由下的资源依附理论和种群生态学 ………… (162)
　　四、权力—统支：制度理论简介 ……………………………… (164)
　　五、知识与控制：组织理论中的后现代主义 ………………… (165)
　　六、正义与参与：批判理论 …………………………………… (166)
　第四节　单位——中国的劳动组织 ……………………………… (168)
　　一、单位制度形成的原因 ……………………………………… (168)
　　二、单位组织的特点 …………………………………………… (169)
　　三、单位制度的变化 …………………………………………… (170)

思考题 …………………………………………………………………… (173)

第八章 企业文化 ……………………………………………………… (174)
第一节 国际企业文化的兴起 ………………………………………… (174)
一、企业文化的兴起 ………………………………………………… (174)
二、企业文化兴起的原因 …………………………………………… (175)
第二节 企业文化的内容要素 ………………………………………… (176)
一、企业文化界定 …………………………………………………… (176)
二、企业文化的构成要素 …………………………………………… (178)
第三节 企业文化的类型及特征 ……………………………………… (183)
一、企业文化的类型 ………………………………………………… (183)
二、企业文化的特征 ………………………………………………… (186)
三、企业文化的功能 ………………………………………………… (187)
第四节 中国企业文化建设 …………………………………………… (189)
一、中国企业文化发展的历史 ……………………………………… (189)
二、中国企业文化的特点 …………………………………………… (191)
三、建设有中国特色的企业文化面临的任务 ……………………… (193)
思考题 …………………………………………………………………… (195)

第九章 劳动报酬与社会收入分配 …………………………………… (196)
第一节 劳动报酬与员工激励 ………………………………………… (196)
一、劳动报酬 ………………………………………………………… (196)
二、员工激励 ………………………………………………………… (197)
三、薪酬确定 ………………………………………………………… (200)
第二节 社会收入分配问题 …………………………………………… (202)
一、一般社会学分析 ………………………………………………… (202)
二、收入差异理论回顾 ……………………………………………… (203)
三、中国的社会收入分配问题 ……………………………………… (210)
思考题 …………………………………………………………………… (212)

第十章 工会 …………………………………………………………… (213)
第一节 工会的来历及组织形式 ……………………………………… (213)
一、工会的来源 ……………………………………………………… (213)

  二、工会的组织形式 …………………………………………… (216)

 第二节 工会的性质与职能 ………………………………………… (223)

  一、工会的性质 ……………………………………………… (223)

  二、工会的职能 ……………………………………………… (224)

 第三节 工会的地位与权力 ………………………………………… (227)

  一、工会的法定地位和权力 ………………………………… (227)

  二、社会转型过程中工会的实际地位和权力 ……………… (229)

 思考题 ……………………………………………………………… (237)

第十一章 劳动关系 ………………………………………………… (238)

 第一节 劳动关系概述 ……………………………………………… (238)

  一、社会关系 ………………………………………………… (238)

  二、社会关系的类型 ………………………………………… (239)

  三、劳动关系界定 …………………………………………… (239)

 第二节 业缘关系的类型 …………………………………………… (241)

  一、业缘关系及其特点 ……………………………………… (241)

  二、业缘关系的类型 ………………………………………… (241)

 第三节 劳资关系及其变迁 ………………………………………… (245)

  一、劳资关系的发展阶段 …………………………………… (245)

  二、劳资关系的类型 ………………………………………… (247)

  三、劳资关系中的主要行动者 ……………………………… (247)

  四、西方国家劳资关系的新趋势 …………………………… (251)

 第四节 中国的劳动关系及其变迁 ………………………………… (251)

  一、劳动关系的性质与类型 ………………………………… (251)

  二、中国劳动关系的变迁及其特点 ………………………… (255)

 思考题 ……………………………………………………………… (260)

第十二章 劳动制度基本分析 ……………………………………… (261)

 第一节 劳动制度初析 ……………………………………………… (261)

  一、劳动制度的含义 ………………………………………… (261)

  二、劳动制度的要素与特征 ………………………………… (262)

 第二节 政府的行政性劳动制度 …………………………………… (263)

  一、劳动就业制度 …………………………………………… (263)

二、劳动工资制度 …………………………………………（270）
　　三、劳动保障制度 …………………………………………（276）
　第三节　组织中的劳动制度 …………………………………（283）
　　一、就业制度 ………………………………………………（283）
　　二、工资制度与激励的变迁 ………………………………（286）
　　三、退休制度与管理 ………………………………………（288）
　思考题 …………………………………………………………（289）

第十三章　劳动社会学与劳动问题 ………………………………（291）
　第一节　失业问题 ……………………………………………（292）
　　一、什么是失业 ……………………………………………（292）
　　二、失业现象产生的原因 …………………………………（294）
　　三、失业的代价 ……………………………………………（296）
　　四、中国的失业问题 ………………………………………（297）
　第二节　劳动中的特殊群体 …………………………………（306）
　　一、残疾人的劳动就业问题 ………………………………（307）
　　二、中老年人的就业问题 …………………………………（311）
　　三、移民群体的就业问题 …………………………………（315）
　第三节　女性与就业 …………………………………………（318）
　　一、女性劳动能力 …………………………………………（318）
　　二、中国女性劳动参与的现状及其特点 …………………（319）
　　三、劳动领域中的性别不平等 ……………………………（323）
　　四、女性劳动参与面临的挑战 ……………………………（326）
　思考题 …………………………………………………………（328）

主要参考书目 ………………………………………………………（330）

第一章

绪 论

第一节 劳动社会学的研究对象与内容

一、劳动社会学的产生条件

劳动社会学是社会学的一门分支学科,它是在工业化与现代化过程中产生和发展的一门学科,深受现代社会变迁的影响。工业化和后工业社会的复杂性提出许多需要解释的理论问题,成为劳动社会学得以产生的理论需求,而工业社会与传统社会的巨大差别以及由传统社会向工业社会的转型又带来一系列社会问题,成为劳动社会学得以发展的实践需求。

劳动社会学这一名称最早出现在法国。1959年,法国社会学者乔·弗里德曼和彼·纳维利首次使用"劳动社会学"一词,并创办了《劳动社会学》杂志,出版了相关的专著,促进了这一名称的流传。

劳动社会学的产生和发展深受社会、经济、政治和学术架构的影响。

1. 社会架构

劳动社会学研究非常关注工业化、城镇化、现代化过程中的劳动问题,而劳动问题也呼唤着劳动社会学对其的回应与解释。劳动与资本的矛盾不仅是资本主义发展早期劳动问题产生的重要原因,也是当代劳动问题的最重要解释变量之一。资本主义原始积累时期的女工问题、童工问题、工作时间的限制、工厂工作条件的恶劣与对工人的损害、工时调整等,这些围绕资本与劳动的社会问题直接促成了劳动社会学的产生。因此,劳动社会学最初关注的是作为新的工作类型的工厂制度对于工作关系的影响。从历史上看,不同时代的劳动社会学研究主题与当时社会关注的问题紧密相关。第二次世界大战以前,劳动社会学关心的问题主要是原始资本具有的剥削性质、劳资冲突以及如何通过有效的劳动组织达到提高劳动生产率的目的。之后,随着世界各地劳动制度的逐步完善,建立良性的劳动关系成为社会的需要,并推动了对于国家、企业、工人三方机制的理论讨论和社会实践。而最近二十多年来波及各国的全球化浪潮,也对劳动社会学的研究产生了影响。

2. 经济架构

经济学非常关注稀缺资源如何配置,以及如何以有限的资源获取最大收益。在各种稀缺资源的配置上,其中重要的是如何实现劳动者与生产资料的有效结合。围绕着这一问题,产生了对以下问题研究的需求:从劳动者角度看,劳工的生存现状、劳工的贫困、劳动者的职业发展以及各种不充分就业、甚至失业,仅从经济学、管理学的角度进行研究是不够的,还需要从社会学角度进行分析和研究;从资本所有者角度看,资本需要劳动力与生产资料的最优结合,由此引发了对人力资本理论、社会网络理论以及信任问题的研究。资本的跨国移动又促发了人们对企业文化、全球劳动标准等问题的研究,这都使得劳动社会学的研究领域得以拓展。

3. 政治架构

政治架构反映了权力的运作以及各种利益群体的相互关系及其可能采取的社会行动状况。在资本主义产生初期,新型的工厂制度带来一系列的政治冲突,劳资之间的冲突有时候达到白热化的程度,资本对劳动的剥削导致的各种反抗,直接影响到资本主义国家政权的稳定。现代社会中劳资冲突虽然已不像以往那样明显,但如果阶级的对立、阶层的分化、利益的冲突等问题处理不妥,同样会引发社会动荡。因此,各国政府都十分关注劳动的组织形式以及背后的利益问题,并力图塑造一种能够平衡各方利益的机制。这种政治需求也导致了对劳动社会学研究的需求。

4. 学术架构

劳动社会学的产生和发展与相应的学术架构紧密相关。一个研究领域的兴起,一门学科的发展,首先需要有一些学人的共同努力,理论和实践的探究以及学术上的交流都非常重要。其次,需要一种制度化的学术架构来保证相关问题的研究以及大学、研究机构、其他组织对它的兴趣。此外,专业协会、组织的出现,发表园地的建设等,都会对学科的发展起到非常积极的作用。从劳动社会学的发展历程来看,基本上与这种学术架构的作用息息相关。

二、劳动社会学的研究对象和内容

作为社会学的一门分支,劳动社会学的研究对象和内容是什么?它与其他劳动有关的学科又是什么关系?

1. 以往学者的观点

关于劳动社会学的研究对象和内容,不同的学者从不同的角度有过不同的界定。

前苏联劳动理论专家伊万诺夫·麦奇科夫斯等认为,劳动是劳动社会学研究的一个核心问题,劳动不仅有赖于生产技术条件和生产技术因素,而且有赖于社会条件和社会因素。劳动社会学就是要在"劳动同社会条件和社会因素的相互联系中研究劳动过程"[①]。

前苏联学者瓦·彼·马赫纳雷洛夫主编的《劳动社会学》一书认为:"劳动社会学是马克思列宁主义社会学不可缺少的组成部分,作为一门独立的学科,它研究现实存在的一个特定领域——人的劳动活动,研究这一领域特有的客观法则和发展规律及其具体运用的目的、形式和方法。"他认为劳动社会学有广义上的研究和狭义上的研究之分,"从广义上看,劳动社会学研究社会在劳动活动领域中发挥作用的一般规律的表现形式和作用机制。从狭义上说,研究劳动对人、集体、社会的影响"。劳动社会学的研究对象就是:"在劳动活动领域中辩证统一的社会、集体、群体和个人,在一定社会劳动关系条件下影响人们生活的经济、精神、教育和其他方面的社会因素(包括社会心理、社会经济、社会政治、社会生活、生理等因素),以及劳动社会学与其他基础科学和应用科学的关系,即劳动社会学与马克思列宁主义哲学、科学共产主义、社会主义政治经济学、国民经济计划、劳动经济学、劳动法学、社会生理学等的关系。"[②]

前民主德国的鲁·施托伯格认为,从根本上说,劳动社会学研究的是人的劳动生活的全部总和同整个社会及其各个领域相联系的方式,作为人对社会的态度的反映,同时也是作为社会发展一定阶段表现的人的劳动态度,始终是劳动社会学研究的中心[③]。

中国最早的《劳动社会学》一书的作者赵履宽认为:"无论是劳动对社会的作用,还是社会对劳动的作用,都具有其内在规律性。揭示与把握这种规律性,

---

① 伊万诺夫·麦奇科夫斯基等著:《劳动经济学》,三联书店1981年版,第5页。
② 瓦·彼·马赫纳雷洛夫主编:《劳动社会学》,人民出版社1984年版,第10页。
③ 参见鲁·施托伯格著:《劳动社会学》,劳动人事出版社1985年版,第14页。

探求劳动与社会之间的多方面联系,正是劳动社会学的对象和任务。""劳动社会学就是把劳动作为一种社会现象,作为人的社会行为,从劳动与社会的联系中来研究劳动问题。"①

西方一些学者认为劳动与社会的关系复杂多变,劳动社会学与其说是"没有基础理论,没有明确界线,没有严格定义的研究领域,还不如说是社会学者感兴趣的领域。在这里错综交叉着社会科学的各个研究方向"。

从以上学者们对劳动社会学研究对象所下的定义看,原社会主义国家的学者倾向于把劳动社会学看作是一门以社会学理论与方法对劳动与社会间的关系进行研究的分支学科。但在具体的研究内容和角度上,彼此又有一定的差异。如施托伯格认为人的劳动态度是劳动社会学研究的中心,马赫纳雷洛夫主张从劳动对个人、集体、社会三者影响的角度来研究在社会劳动领域中发挥作用的一般规律的表现形式和作用机制,探求劳动与社会之间多方面的关系。我国学者认为研究劳动社会学应抓住人这个中心,从个人、集体和社会这三个层次上进行研究。

2. *本书作者的立场*

综合以上学者的研究,我们认为,劳动社会学是一门用社会学理论体系和方法对劳动者的社会劳动活动的结构、功能及其运行规律进行研究的分支社会学。

劳动社会学具体的研究内容有哪些呢?我们不妨先来看看劳动活动的特点。在当今社会中,绝大多数人面临的问题是:要生存,就必须去劳动,去找工作,在众多的职业中去选择一种作为自己谋生的手段。找到工作、谋到职业的劳动者群体形成了相应的劳动组织,并同时形成了劳动者阶层上的划分。当劳动者在劳动组织中从事某一种劳动活动时,劳动者之间的互动及分工合作形成了一定的劳动关系。劳动不仅是一种个体行为,更是一种社会行为。当对劳动者行为的制度与规范约束失调时,当劳动者与职业的匹配不当或劳动者之间的互动出现问题时,则会出现各种各样的劳动社会问题。循着这一条具有内在逻辑性的思路,我们认为劳动社会学的研究内容主要包括劳动者、职业、劳动组织、劳动关系与劳动社会问题五大块。

可以从三个层次上对劳动社会学的主要内容进行研究:

从劳动者个人层次上看,主要研究劳动者的态度、行为、素质、能力、社会化的过程;研究职业选择特点;研究职业生涯、职业声望和职业流动等,并研究劳

---

① 赵履宽、王子平著:《劳动社会学概论》,上海人民出版社1984年版,第8—9页。

动者的这些特点与社会发展的关系。

从群体和组织层次上看,主要研究劳动组织、劳动关系、劳动制度及劳动组织的文化建设等。

从社会层面上看,主要研究劳动社会问题,研究个人生存与社会维持间的关系。

劳动社会学研究五大块内容存在着以下关系(见图1-1)

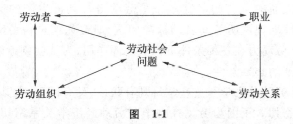

图 1-1

本书的章节和内容基本上是按这个框架安排的,虽然这个框架并非完美无缺,但它却几乎可以包罗劳动社会学所要研究的全部内容。

三、劳动社会学与有关学科的关系

劳动是最重要的社会现象,是社会存在和发展的基础。劳动的重要性吸引了众多学者对之进行研究,并形成了一个以劳动为中心的学科群,包括劳动经济学、劳动社会学、劳动法学、劳动经济史、劳动统计学、劳动定额学、劳动管理学、劳动保障学、劳动保护学、劳动美学、劳动心理学、劳动卫生学、劳动生理学等。

劳动经济学的研究对象是劳动与经济的相互关系、相互作用及其发展规律。它运用经济学的原理研究一定社会形态的人的劳动、社会的劳动组织、国民经济的劳动组织以及合理的劳动组织对经济发展的意义,研究如何提高劳动的经济效益。

劳动管理学的研究对象是劳动活动的组织与管理的规律,它运用一般管理理论探究一定社会的劳动协作形式及其所产生的效益。

劳动心理学的研究对象是劳动者在生产过程中的心理活动规律。它运用心理学的理论、观点说明劳动过程的特征,研究如何适应心理特点,创造条件,提高劳动者的劳动积极性,培养劳动者的优良心理素质。

劳动生理学的研究对象是劳动者在劳动过程中的生理活动规律。它运用生理学的原理说明劳动者在劳动过程中的生理特点及其变化,研究如何适应这些特点的变化并创造相应的条件,以充分发挥劳动者的能力。生理特点及其变化虽属于自然科学的问题,然而为劳动者创造相应的条件则与社会有关系,特别是与劳动者的地位及对待劳动者的态度有关系。

劳动卫生学的研究对象是劳动环境、劳动条件对劳动者身体产生的影响。它运用卫生学的原理说明劳动者的疾病及其预防和治疗,研究如何保持劳动者的健康以充分发挥劳动者的能力。

劳动保障方面的学科的研究对象是劳动力及其再生产的保障工作规律。它运用社会保障原理说明劳动者的保障问题,研究如何进行劳动保护、开展劳动保障,以保证劳动力在各种条件下都能发挥作用,为社会创造财富,并研究维持劳动力再生产的必要条件。

不难发现,劳动社会学与这些学科既有联系,又有区别,尤其是与劳动经济学的关系更为密切。正因为劳动社会学与劳动经济学关系密切,所以,现在社会上有相当一部分人就将劳动社会学混同于劳动经济学,其实,这两门学科的区别非常明显,这些区别表现为:

第一,劳动社会学是把人当作劳动者研究,它所关心的是劳动者;劳动经济学则把人当作劳动力研究,它所关心的是劳动力。

第二,劳动社会学关心劳动行为的社会效益,劳动经济学关心劳动行为的经济效益。

第三,劳动社会学的主要任务是揭示劳动者与各社会变量间的关系,劳动经济学的主要任务是揭示劳动力与各经济变量间的关系。

第四,劳动社会学可以帮助人们获得劳动的最佳社会效益,劳动经济学可以指导人们以最少的活劳动投入获得最大的经济效益。

那么,劳动社会学这门学科在劳动学科群中处于什么地位呢?我们认为劳动社会学在劳动学科群中有着非常独特的地位与作用。这种地位与作用是由劳动社会学的研究对象和内容决定的。科技、经济和社会文化的变革已越来越成为推动现代劳动发展的三大力量。科技的进步可以反映出人对自然界的控制能力,它是劳动发展的先导;经济的发展可以反映出人们对财富的占有方式及财富的增加,它是劳动发展的基础;而社会文化的变革则可以反映由劳动带来的人类自身的完善和解放,它是劳动发展的核心。科技进步和经济增长对一个社会来说有着极为重要的意义,但它绝不是人类劳动发展的全部内容。发达的技术和巨额的财富给人们带来的不一定全是欢乐和幸福,有时也可能是压抑和痛苦。第二次世界大战以后一些国家的社会弊病随着技术进步和 GNP 的增加而增加的现象,就很好地说明了这个问题。所以,劳动的社会绩效是一个值得我们广泛重视的问题,科技的进步和经济的增长只有真正带来社会关系的改善和人的全面发展,才是有意义的。因此,从社会发展角度研究的劳动社会学在劳动学科群中就处在一种核心的位置,它的作用是其他学科无法取代的。

第二节 劳动社会学理论

一、劳动社会学的经典理论

劳动社会学经典理论的发展得益于经济学家、社会学家和管理学家对劳动问题的研究,相当多的学者为之做出了重要贡献,如古典政治经济学家大卫·李嘉图与亚当·斯密;空想社会主义者圣西门、傅立叶以及欧文等也对劳动问题有过精辟的论述。1855年时,法国学者黎伯勒就出版了《欧洲的工人生活、家庭账簿研究》;英国人查尔斯·布思及其同事从1866年起即对伦敦各阶层人民的生活状况进行了调查,这项调查在一定程度上反映了劳动阶级的贫困生活,引起了朝野的震动,并最终促使英国政府于1908年颁布了《老年抚恤金条例》,制定了重工业行业的最低工资标准,并开始对病残者与失业者实施社会保险。

综合各国学者对劳动社会学的研究,至少有四个里程碑反映了经典劳动社会学发展的主要阶段,这就是以马克思与恩格斯(马克思主义)、迪尔凯姆、韦伯以及泰罗与梅耶为代表的学者对劳动行为与问题的研究。

1. 马克思主义

马克思关于劳动的理论宽广而精深,他从历史过程的角度论述了劳动在人类社会发展中的作用,异化、雇佣劳动和剩余价值学说以及历史唯物主义是马克思主义学说的核心。这些思想成为冲突理论和新马克思主义理论的源泉,也构成劳动社会学的思想渊源。

马克思认为,人类不同于其他物种,人类与其他物种最根本的区别,在于只有人类才能生产其生存的手段。人类这种独特的属性,也使他能够以这种能力作为媒介来实现他的潜能。但是,资本主义使人类的潜能不能得到发挥,人类的人性不能得到完善。资本主义条件下的劳动不可能给予工人本来可以从劳动中得到的自我完善。工人没有自己所有的生产工具和物质手段,对自己的劳动产品也无法控制,而且在生产和劳动过程中还受到他人的控制,生产是通过市场而为获得利润的目的而进行的,生产的结果不是客体化,而是异化。即在资本主义条件下,人类通过劳动实现自我的存在性的能力受到了窒息。

"异化"是马克思提出的一个非常重要的概念。马克思认为,在资本主义社会中,劳动者依靠劳动创造了一个事物的客观世界,现在这个世界反过来又把他束缚了起来。因此,工人创造的物品变成了反对他、同他异化的东西……劳动对工人来说成了外在的东西,也就是说,不属于他的本质的东西;因此,他在自己的劳动中并不是肯定自己,而是否定自己;不是感到幸福,而是感到不幸;不是自由地发挥自己的体力和智力,而是使自己的肉体受折磨、精神遭摧残。因此,工人只有在劳动之外才感到自在,而在劳动时就觉得不舒畅。因此,他的劳动不是自愿的劳动,而是被迫的强制劳动。劳动的异化性质明显地表现在,只要肉体的强制或其他强制一停止,人们就会像逃避鼠疫那样的逃避劳动。……最后,对工人来说,劳动的外在性质,就表现在这种劳动不是他自己的,而是别人的,劳动不属于他;他在劳动中也不属于自己,而是属于别人[①]。最后,马克思认为,人的自我异化(包括劳动的异化)实际上是两个不同集团的人——无产阶级与资本家——的社会异化。马克思认为,只有无产阶级才能通过英勇的革命建立一个无产阶级的社会,在那种社会里,每个人才有可能充分具有创造力和人性。在那样的社会里(共产主义社会),人人都要劳动,但不再是异化的劳动。人们的劳动将是自由而愉快的,将是生产性和创造性的。人们将有时间和空闲来充分发展他们多样的才能,从事艺术、科学、狩猎、捕鱼以及各色各样令人愉快的人类活动。人们将在一种相亲相爱、人道的世界里共同生活,以一种新的生活方式享受生活的美景与乐趣。

马克思认为人类历史的特点是我们称之为社会阶级的人类集团之间的斗争,这种人类集团是以其在社会生产关系中(生产资料所有制关系)的位置建构的,这些集团即为阶级。马克思认为所有的社会都可以区分为两个敌对的阶级,在资本主义社会中,这两个阶级便是资产阶级与无产阶级。马克思对资本主义社会无产阶级与资产阶级(资本家)之间关系的描述是采用了下面这样一个分析框架。

马克思认为,经济基础决定上层建筑,生产的组织方式以及与这个组织方式相应的社会关系是更具决定性的因素,而思想、文化、法律和政治则受到经济基础的影响,并对经济基础具有反作用。

马克思发现,资本主义的生产方式内含着矛盾,矛盾的原因在于资产阶级与无产阶级的关系是剥削与被剥削的关系,是矛盾和冲突的关系。随着矛盾和冲突的激化,共同遭受剥削的工人会逐渐地认识到自己的共同利益,由自在阶级变为自为阶级,即不断意识到共同利益,并产生阶级行动。最终,随着工人阶

---

① 参见《马克思恩格斯全集》第42卷,人民出版社1979年版,第94页。

第一章 绪论

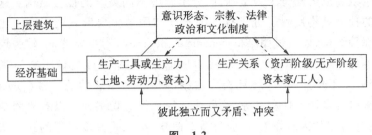

图 1-2

级力量的壮大,这种革命性的行动必将打破资产阶级与无产阶级之间的不平等关系。

除了理论的分析,马克思还亲自作过大量劳动社会学方面的调查。他在自己的许多著作中曾广泛地引证了工厂调查员的劳动调查资料,在去世前三年,他还曾亲自起草了一个多达一百问的工人调查表。调查表共分四个部分:第一部分是关于工人的基本情况和劳动环境,所提出的问题主要在于了解工人的性别、年龄、劳动工具、卫生医疗、劳保福利、工伤事故等;第二部分是关于工人的劳动时间与劳动强度,如作息时间的安排,每天或每周劳动时间的长短,上班及加班加点的情况等;第三部分是关于资本主义条件下的雇佣制度、工资制度以及工人阶级的生活状况,如招收与解雇工人的制度,工资计算方法,工人的住房条件,生活日用品的价格等;第四部分在于了解劳动关系,如工人举行罢工的时间、范围,资本家及其代理人对罢工工人的迫害等。

恩格斯对资本主义的劳动问题也给予了热心的关注,他发表的第一部著作——《英国工人阶级状况》(1844),就是他在英国曼彻斯特的工厂与工人生活区对工人阶级的生活状况进行了全面深入的考察基础上写成的。在书中,恩格斯分析了英国工人阶级的产生和发展,描述了英国工人阶级的贫困生活与恶劣条件,剖析了资本主义制度与劳资关系的特点,指出了社会革命发生的不可避免性。

2. 迪尔凯姆

迪尔凯姆(Emile Durkheim,1858—1917)[①]是法国著名社会学家,他的思想对后来的功能主义、结构主义、社会语言学等都有深远的影响。迪尔凯姆对劳动社会学的贡献主要体现在其1893年出版的《劳动的社会分工》一书,他关注的是社会与经济快速转变时期的社会团结或社会整合问题,即社会的凝聚力问

---

① 也译为涂尔干。

题。迪尔凯姆以劳动分工为基础,区分了两种不同类型的社会结构。这两种不同类型的社会结构反映了分工程度的不同和团结主要形式的不同。比较原始类型的那种结构,以机械团结(mechanical solidarity)为主要特征,较为现代的那种结构类型,以有机团结(organic solidarity)为基础。以机械团结为基础的社会,社会分工不发达,个人在社会中占据的是一种一般性的位置(general positions),承担着多种责任和义务,这种社会的集体意识很强。以有机团结为基础的社会,有高度发达的分工,职业日益专门化,结果是高度广泛的相互依赖替代了以往集体意识为基础的团结。他认为,伴随着工业化,社会一般是由机械团结的社会向有机团结的社会进化,但集体意识并不会随着工业化和劳动分工而解体,只是以另一种方式得到了重建。

迪尔凯姆还分析了劳动分工的变态形式。他指出,虽然工业化和劳动分工并不必然导致社会有机团结的减少和集体意识的消失,但有两种变态的劳动分工会对有机团结产生影响。一种是失范形式的社会分工(anomic division of labor),即工作或劳动的无意义化,尤其是随着现代工厂制度的建立,这种无意义化现象在增加。另一种是强迫的分工(forced division of labor),是一种受社会不平等影响而形成的分工。社会要保持团结与凝聚力,必须尽量防范与减少这两种反常形式的劳动分工。

3. 韦伯

韦伯(Max Weber, 1864—1920)的社会学理论与分析对于劳动社会学的发展有着很重要的影响。在他的众多学术著作中,如《易北河以东德国的农业工人状况》(1892)、《新教伦理与资本主义精神》(1905)、《关于工业劳动的心理物理原理》(1908)、《经济与社会》(1922)等,对于劳动社会学的研究都有非常重要的意义。韦伯对于工厂制度的分析,关于"科层制"的理论,特别是关于伦理价值对劳动行为作用的思想,至今仍对劳动社会学的研究产生影响。

韦伯论述了资本主义现代生产的组织原则——科层制。科层制是韦伯根据纯粹理想型方法提出的组织内部职位分层、权力分等、分科设层、各司其职的组织结构形式及管理方式。他认为,资本主义生产组织的理想型是科层制,其最大优点是高效性,能够有效地实现组织目标。此外,在保证组织及其成员行为的准确性、稳定性、严格的纪律性、有序性和可靠性方面也优于其他组织方式。科层制的基本特点是:内部分工,且每一个成员的权力和责任都有明确的规定;职位分等,下级接受上级的指挥;组织成员都是具备各种职业技术资格而被选中的;管理人员是专职的公职人员,而不是该企业的所有者;组织内部有严格的规定、纪律,并毫无例外地普遍适用;组织内部排除私人感情,成员间的关系只是工作关系。

韦伯认为,近代资本主义是西方文明理性化不断增长的结果,影响资本主义发展的因素是多方面的,但资本主义的崛起与基督教新教伦理有着紧密的关系。具体来说,韦伯认为,资本主义的崛起与一种新的工作激励的模式、一种新的工作态度的出现紧密相关。在《新教伦理与资本主义精神》这本书中,韦伯对新教徒的职业观进行了详细的分析,认为新教的职业观是:

第一,世俗工作是美好的,是人类生存的一个必要手段。当工作的目的是为了个人生存与社会生存时,是最值得尊重的,一切职业都是上帝规定的,无所谓贵贱。在各行各业里,人们都可以得救,短暂的人生只是朝圣的旅途,没有必要注意职业的形式。卡尔文就认为,个人的命运,个人事业的成功和失败,个人灵魂得救与否,都是由上帝的意旨所"先定"的,上帝从创世以来就把人分为"选民"和"弃民",这是人没有办法改变的,但人可以依靠自己的奋斗和勤奋的劳动来向上帝表明他是"选民"还是"弃民",这个标志就是人在尘世间通过劳动而获得事业上的成功。

第二,被上帝挑选的人是上帝的工具,要对自己的"天职"(calling)勤勉,要节俭,不奢侈。这意味着人们应该把钱财用在投资等方面的活动,而不是像以往的封建贵族和地主那样,把钱用在奢侈和享受上。

第三,社会的基本单元是个人。这意味着拯救的出路在于个人的劳动,这个信仰强调了个人主义、自力更生,并在很大程度上提倡和鼓励竞争。

韦伯认为,新教的伦理观对后世产生了很大的影响,这些观点使人们形成这么一种信仰:努力工作的人会受到尊重;一个人只要努力工作,他就会获得财富,成就事业,这也是上帝对他的承认,他死后就有可能升到天堂,否则,他就会遭到别人的轻视,天堂的门也不会向他敞开。

4. 泰罗与梅耶

泰罗(Frederick Winslow Taylor,1856—1915)被许多人称为"管理之父",他是"科学管理"运动的创导人。泰罗的《工厂管理》和《科学管理原理》两书对于我们研究劳动管理问题有着非常重要的意义。泰罗的关于劳动者与雇主唯一追求经济利益的人性假设,关于怠工问题的论述,关于通过提高劳动效率来消除劳资关系的对立,关于组织结构比生产设备更为重要的观点,使劳动社会学的研究深入到了劳动社会的微观领域。

美国哈佛大学教授梅耶(Elton Mayo,1880—1949)主持的霍桑实验及由这一实验引出的关于管理中的人际关系和劳动组织结构的研究,在劳动社会学的发展史上同样具有很重要的意义,是劳动社会学发展进程中的一个不可忽略的里程碑。由于20世纪初泰罗制在美国企业推行之后引起了工人们的强烈不满和反抗,同时,企业组织管理与员工之间的对立与冲突现象也日益尖锐,这就引起了人们对组织中"人"的因素问题的重视。在1924年至1932年,梅耶研究小组在美国西部电气公司所属的霍桑工厂进行了一系列管理方法的实验,并在实验基础上提出了企业劳动组织的人际关系理论,阐述了关于企业中"人"的因素问题的理论观点。梅耶认为,工人是"社会人"而不是"经济人",他们并非单纯追求经济收入,而是具有社会需求和心理需求;工作本身是一种群体活动,企业中除正式组织外,还存在非正式组织,工人们期望在群体中获得友情、归属感和安全感,这些都会影响工人的工作量与工作态度。因此,管理者应妥善处理人际关系,并努力满足职工的需求,以提高劳动生产率。

梅耶的人际关系理论开创了行为科学的研究(这方面的内容,我们将在劳动组织一章做探讨),对现代企业管理理论产生了深远的影响。到20世纪40年代末,以"人是自我实现者"的新的人性假说为基础的管理理论在美国开始盛行,并吸引了诸多学者对劳动中非经济因素的研究,从而推动了劳动社会学这门学科的发展。

二、现代的劳动社会学

现代劳动社会学是指第二次世界大战至今的学说,劳动社会学在此期间获得了长足的发展,最明显的是一些高质量的文章和具有广泛影响的书籍得以发表和出版,劳动社会学作为一门学科在主要国家的大学中都获得了制度化支持。这一时期劳动社会学的主要理论视角可以归为以下五类:

1. 功能主义理论

劳动社会学的研究受到功能主义的很大影响。功能主义代表人物帕森斯认为,社会行动系统由文化系统、社会系统、人格系统和行为有机体系统构成。文化系统承担价值维持(模式维持)的功能,社会系统承担规范调节(整合)的功能,人格系统承担目标达成的功能,行为有机体系统承担资源供给(适应)的功能,每一个行动者个体或集体都同时属于行动系统的这四个子系统。复杂行动系统的存在需要满足一些功能先决条件,或系统有功能需要,这些需要就是适应、目标达成、整合与模式维持。同时,他又指出,每一个子系统的维持又有其自己的四个子系统,如从社会子系统来看,它有经济(适应功能)、政治(目标达成)、社群(模式维持)与制度(整合)四个子系统,四个子系统完成了自己的任务,社会子系统就得以维持。社会子系统既是一个由内部各部分之间相互联系、相互制约而构成的一个具有相对独立特性的有机体,同时又只不过是这个行动体系的一部分,它由人类的"单位行动"所构成,又与行动体系的其他部分(有机体、人格与文化系统)相互区别、相互联结,共同型塑了人类行动本身。受帕森斯功能主义的影响,一些学者(如本书第四章介绍的戴维斯和穆尔、特莱曼等)用功能主义理论来解释职业地位分层现象以及职业声望在世界各国的一致性。

2. 冲突理论

冲突理论是针对1945年以后到20世纪60年代中期美国社会学家帕森斯的结构功能主义理论而提出来的,它受到马克思主义的影响,强调社会变迁和非均衡的社会关系。主要代表人物是德国的达伦多夫(R. Dahrendorf)、美国的米尔斯(C.W. Mills)和英国的洛克伍德(D. Lockwood)等人。

达伦多夫认为,在对社会现象进行分析时应该考虑到冲突与变迁,功能主义的不足在于其过分的理想。他关于冲突理论的思想主要体现在《工业社会的阶级和阶级冲突》一书中。他认为,工业资本主义社会已经到来,阶级冲突已被由职业决定的地位等级关系所替代。工业资本主义典型的组织是股份公司,公司内部的社会角色也与以往的不同。社会的种种变化对无产阶级产生很大影响,总体而言,中产阶级的规模不断扩大,无产阶级向上流动的可能性增加,阶级冲突因此弱化。

米尔斯有关劳动学方面的代表作有《白领——美国中产阶级》、《权力精英》等,他从现存的社会结构对人们的压抑和阻碍作用方面来审视既存的社会制度,分析了权力关系和阶级、阶层问题。根据他的观点,当代社会是由一个单一、整合和联合的精英(即权力精英)统治的,其权力的来源是生产资料控制者和新兴暴力手段控制者之间的利益契合。

3. 新马克思主义学派

新马克思主义(Neo-Marxism)又被称为新马学派或激进学派,它的主要代表人物是马尔库塞、普兰查斯、马勒、汤普森以及霍布思鲍姆等。

马尔库塞继承了马克思对资本主义进行反思和批判的传统,他在代表作《单向度的人》一书中指出,对资本主义的所有反抗都会被资本主义化解为其意识形态的一部分,会麻痹反抗者。在资本主义社会,所有人都是单向度地接受意识形态,各种反抗,如吸毒、性开放、反社会艺术等等,都已经融入到资本主义文化中,这些反抗无法对制度构成威胁。异化已经达到了这种程度:对资本主义的任何反抗只会增加社会对抗反抗的力量和弹性。他认为,在当代发达工业社会,尽管无产阶级和资产阶级仍然是基本阶级,但是,资本主义的发展已改变了这两大阶级的结构和作用,即它们不再以历史转变的动因出现,一种维护和改变现存制度的共同兴趣,把从前敌对的阶级联合起来,质变的概念让位给进化的概念①。

普兰查斯也是坚定的马克思主义追随者。他重新阐述了马克思两个劳动方面的理论:生产资料所有权和劳动过程。普兰查斯认为所有权是实际的经济所有权,剥削阶级并不是仅仅在狭义的法律意义上拥有(own)生产资料,而是占有着(possess)生产资料,即有能力将生产资料投入运用。因此,在资本主义社会里,剥削阶级不是大公司所有的股东,而是那些在公司中享有控股权的管理者。由于社会劳动分工先于技术劳动分工,因此,剥削不仅发生在生产层面上,也发生在政治和意识形态的层面上。他主张从政治、经济和思想三个"结构方面",而不只是从经济一个方面,去探讨当代资本主义社会中的阶级结构问题,并提出了著名的"新小资产阶级"论。普兰查斯把直接从事物质生产、直接创造剩余价值的工人划为无产阶级,除此之外,其他领取工资和薪金的工人都被划为"新小资产阶级",包括所有的商业雇工、白领工人、服务业人员和脑力劳动者,以便与小商贩、手工业者等传统的小资产阶级相区别。他的理由是:从经济方面来看,他们不直接从事物质生产劳动,因而不直接创造剩余价值;从政治方面来看,即使直接参加物质生产的管理和监督人员也不能划为工人阶级,因为他们的管理和监督职能从社会分工的意义上来说代表着资本对工人阶级的政治支配,是资产阶级与工人阶级之间的政治关系在生产过程中的再现,他们的主要职能是从工人身上榨取剩余价值;从意识形态方面来看,体力劳动与脑力劳动的分工,使工人无法接近生产过程中的"机密知识",专家们的存在似乎自然而然地说明工人无力组织生产,因此,专家体现着资本支配工人阶级的思想支柱与载体②。

以法国左翼理论家马勒为代表的学者提出了"新工人阶级"论,在其代表作《新工人阶级》一书中,马勒等指出,由于第二次世界大战后西方资本主义社会在经济发展、科学技术的应用和社会福利的改善方面都发生了巨大的变化,因而传统的马克思主义所认为的工人阶级绝对贫困化的现象已不复存在,工人阶级的内部结构、他们的素质与愿望也发生了相应的变化,出现了一个与传统的体力劳动为主的工人阶级不一样的"新工人阶级"。在发达的工业社会中,受过高度训练的工人不仅是工人阶级的组成部分,而且是它的先锋队。除此之外,

---

① 参见〔德〕马尔库塞著:《单向度的人》,上海译文出版社 1989 年版,第一章。
② Poulantzas, N. 1982: On Social Classes. In Giddens, Anthony and D. Held (eds.): *Classes, Power and Conflict*. Berkeley: University of California Press. pp. 101—111.

"新工人阶级"还包括那些"生产生产条件"的科研人员、科研单位的组织者等,如技术人员和管理人员、工程师和科学家。马勒认为:在资本主义发展初期,工人在生产过程中是自己的主人,工人的"社会主义"信念在本质上是要求重新占有生产手段,这一本质目标是当时工人联合以及无政府工团主义盛行的重要原因。在资本主义发展的第二个时期,也就是马克思的《资本论》所考察的那个时期,工人沦为机器的奴隶,福特和泰罗倡导的生产线制造了一无所有的"纯粹的工人阶级",为消除剥削,工人寄希望于政治和选举斗争。在资本主义发展的第三个时期,即现在的发达工业社会,生产越来越多地引进自动化,生产劳动和非生产劳动的界限越来越难于分清,资本家不得不训练一种新的无产阶级去开动复杂的技术机器。工人不再是机器的奴隶,而是受过高度训练的工人。一方面,机器对于他们来说不再是神秘的东西,他们可以驾驭它;另一方面,还产生了另一种类型的工人,即在科研和生产单位工作的工程技术人员。这两部分人员构成了马勒所说的"新工人阶级"。作为工人阶级的先锋队,新工人阶级认识到自己在生产和企业中的地位,要求根本改变社会,要求广泛参加对生产的管理,实现工人自治。正是这条工人自治的道路,才是把资本主义的生产结构改变为社会主义生产结构的唯一的根本手段,才有在资本主义制度的条件下建设社会主义的唯一可能性。

英国学者汤普森的《英国工人阶级的形成》以及霍布思鲍姆关于劳动贵族的分析继承了马克思关于工人阶级产生的研究,形成了新劳工史学派。1963年,汤普森的书运用工人们真实的经历和声音,重新解释了各种正式的工人阶级组织。他关注劳工们在什么样的情况下开始感受到共同的利益和对雇主的反抗。分析了英国手工业者们的思想方式、习惯和自主机制。用阶级经验解释工人阶级意识和集体行动产生。工人阶级与雇主的斗争深入地影响着新一代的工人,这个过程通过分享学习游戏规则的过程实现,罢工并不是偶然爆发的,而是工人们在日常的生活中集体关系的自然拓展。集体行动的根源是共同的根、共同的经历、共同的方言、共同的习俗和面临的共同危机[①]。

4. 新制度主义学派

新制度主义学派是一个在制度主义基础上产生并包含各种流派的理论,主要的流派有:

(1) 法团主义。法团主义(corporatism),也称统合主义,它关注人与人之间、社会团体之间、社会团体与国家之间的制度化关系,强调从制度层面讨论政

---

① 参见〔英〕E.P.汤普森著:《英国工人阶级的形成》,译林出版社2001年版,第一、二章。

治制度与劳资关系的互动,强调国家干预以及政府在劳资互动过程中的作用,其核心关怀是:社会利益的集结和它的传输结构,力图描述一种制度化的利益集合秩序,通过它化解原来的结构性冲突。利益协调(interest intermediation)是法团主义使用的核心概念。

法团主义有宏观、中观与微观之分,如宏观的法团主义强调主动的国家作用,在国家、雇主和工会共同统筹规划的过程中,建立起劳资关系的秩序。法团主义的思想来源于法国社会学家迪尔凯姆。该理论强调分工导致各种利益冲突的群体,这种利益群体的相互竞争构成了社会生活的本质,一旦竞争处于没有规则的状态,就会出现失范和无序状态,民众应当参与制定管制他们生活的决策,通过工作上的自治,发展具有特殊观念的中间团体。国家应当负责这些经济社会团体活动的协调与规划,并通过中间团体来执行规划,实现有序的社会经济生活。

(2) 自由主义的集体主义。自由主义的集体主义(liberal collectivism)也叫新集体主义,它是建立在自由主义意识形态基础上的集体主义,认为雇主与劳工存在不可避免的冲突,劳工必须展开集体行动才能保护自己的经济利益。集体协商制度是最公正、最有效率地解决工业冲突的方法,能够将工作场所中的冲突制度化,在政府的作用下,以法律为基础,由冲突的当事人自由协商出共同的可接受的规则。自由主义的集体主义强调,劳工的力量是建立在集体组织之上的,个体劳工即使面对单独的雇主,也依然处于弱势的地位。集体协商与谈判需要不断完善的劳动力市场制度作为前提。通过冲突的制度化,避免劳资关系陷入两败俱伤的境地。

20世纪80年代以后,自由主义的集体主义受到挑战,因为集体协商制度的社会成本太高。首先,这一制度安排会影响国家的国际市场竞争力;其次,雇主与雇员之间互不让步会导致工资与物价的上涨,损害消费者的利益;第三,损害了个人自由,使雇主与雇员之间的关系复杂化。因此,缩减工会的权力,鼓励经营管理建立以个人绩效为主的激励机制成为协调管理与工人之间关系的新追求。

(3) 个人主义的自由主义。个人主义的自由主义也称新放任主义,它强调市场制度的作用,认为不仅雇主与雇员之间存在着对立的经济利益,而且雇员之间也存在着利益差异。集体谈判制度无法解决后者之间的利益关系,因此主张以市场力量为主的个人契约。在实践上,主张个人与劳动组织之间的契约关系。该理论结合了自由主义与个人主义的学术立场,其基本的理论假定是:第一,社会由相对平等的个人组成,如果不受国家干预,人们是可能自由地与他人签订契约的,以实现自己的最大利益;第二,存在一个完全竞争的市场,它能够解决劳动合理报酬的问题,并保障生产与资源的最大效益。

5. 新经济社会学

新经济社会学的主要代表人物是斯威伯格(Richard Swedberg)和格兰诺维特(Mark Granovetter),在他们关于《经济生活的社会学》一书中,提出了一些基本观点:第一,关于行动者,应该从社会学的视角,从其与他人的关联中来进行考察,而不是把其看作是原子化的个人;第二,关于经济行动,强调经济行动有不同类型,包括经济学以理性为基本假设关注的选择性行为,但也包括非选择性行为;第三,经济活动固然关注稀缺资源的配置,并把利益最大化作为理性行动者的首要选择,但经济行动只是社会行动的一种,其约束除了经济学所强调的稀缺性、技术之外,还有社会结构和意义系统。经济行动嵌入于(embedded)社会关系网络之中,与人们对权力、地位、社会认同的追求紧密相关;第四,经济制度是一种社会建构的结果,权力、习惯,信念都足以改变人们对效率的认知,影响经济制度的确立[1]。新经济社会学家更多地强调社会文化分析。

除了以上介绍的各种理论之外,各类管理学派对劳动领域有关问题的研究也有自己独到的见解,如组织行为学理论、人力资源管理理论等在关于组织中的员工激励与劳动—管理关系方面都作了积极有益的探讨,对于我们研究和思考中国的劳动问题和建立中国的劳动社会学,也有重要的参考作用。

第三节 国外劳动社会学研究简况

一、国外劳动社会学研究的基本状况

国外对劳动社会学的研究历史较长,范围也较广。根据劳动社会学家辛普森(Ida Harper Simpson)的观点,自1930年代以来,劳动社会学的发展经历了三个时期:早期阶段(20世纪30—50年代),过渡时期(20世纪60年代),以及20世纪70年代以来的时期[2]。

---

[1] Mark Granovetter and Richard Swedberg (eds.). 1992: *The Sociology of Economic Life*. Westview Press.

[2] Simpson, Ida Harper. 1989: The Sociology of Work: Where Have the Workers Gone? *Social Forces*, Volume 67, Issue 3, pp. 563—581.

1. 早期阶段

早期阶段的劳动社会学比较关注的是工作群体中个体的活动或工厂内外工人的身份体系，以及工作场所的社会关系与社区对工作以及劳动者的影响。

早期劳动社会学研究深受芝加哥学派的影响，研究的核心内容有许多与"工业社会学"(industry sociology)的内容类似。从20世纪50年代开始，人们对劳动满意、异化等问题产生兴趣，并进行了卓有成效的研究，这种兴趣也一直延续到中期阶段。辛普森指出，这一时期劳动社会学在进行研究时，往往把工人看作是受到社会结构控制的人，而非独立的行动者。结构分析占据很重要的位置。关于流动方面的研究特别受到结构分析的影响。我们可以看到关于职业分层的著名理论如功能主义，就是对结构给予了更多的关注。

较有影响的早期劳动社会学研究有：对工厂与办公场所的人际关系研究、职业群体的问题与适应性文化、工业社区的社会阶级与种族群体等。这些研究都试图分析宏大的社会力量对工作群体中的工人行为的影响，这些社会力量便是社会学家一向关心的宏观社会过程方面的因素，如技术(Elton Mayo 1933)、管理的科层化(Gouldner 1954)、分层与地位体系(Whyte 1948)、民主化(Lipset 等 1956)。西方电器公司的研究在这方面非常具有开创性，它关注群体中的工人以及群体规范对于产量的影响。这一阶段是劳动社会学研究的黄金时期。

早期劳动社会学的研究受到一些学者的批评，如一些批评指出其研究对劳动者、劳动群体的关注过于微观，在方法论上与理论上有缺点。如贝尔(Bell, Daniel)，他把人际关系研究称之为奶牛社会学，即工人越是满意，其工作越是有效率。他认为劳动社会学不应过多关注微观领域的问题[1]。另一个社会学家摩尔(Moore, Wilbert)认为，人际关系学派过于依赖观察与描述，缺乏理论与方法深度。他与贝尔都指出劳动社会学忽略了对工会的研究，人际关系学派高估了其对于改善劳工与管理之间关系的作用[2]。

2. 过渡时期

20世纪60年代的过渡时期是第一阶段与第三阶段的桥梁，这一时期对工作群体的凝聚力、分化、及工人的其他社会特征的关注减少了。在主流社会学

---

[1] Bell, Daniel. 1947: Adjusting Men to Machines: Social Scientists Explore the World of the Factory. *Commentary* 37, pp. 79—88.

[2] Moore, Wilbert E. 1947: Current Issues in Industrial Sociology. *American Soiology Review* 12, pp. 651—657.

刊物上这样的文章也越来越少,劳动社会学学科还逐渐分化出职业社会学、组织社会学,人际关系学派的影响减少,对劳动社会学的研究出现了一种量化研究的趋势。正式的理论与僵化的方法成为大多数劳动社会学家在这一领域的努力。结构功能主义占据主导地位,高度抽象的概念广泛应用。这一阶段研究主要有:工人的价值、满意、工人对工作意义的认识、职业流动等。在研究方法上主要是进行大样本的问卷调查与推论性研究,典型的如关于"异化与自由"的研究、关于"丰裕工人"的研究、关于"科层制及其工人的反应"的研究等。劳动社会学的研究视角开始转向工厂大门之外,研究工人的反应。工人不仅被看作是组织中的雇员,还被看作是社区、产业与国家的成员。布劳的地位达成分析也是这一阶段职业流动研究的典范。

3. 20世纪70年代以来的时期

在这一阶段,劳动社会学家们的研究对象逐渐转向抽象的组织,这一转向主要受到了商学院的影响,在研究上对劳动过程、二元经济、二元或分割的劳动力市场以及收入决定给予了较多关注,在这些研究领域,可以看到经济学概念对于劳动者与工作研究思路与框架的影响。这一阶段有影响的研究有:布雷弗曼(Harry Braverman)关于劳动与垄断资本的研究[①],对劳动社会学的研究产生了很大的影响。此外,关于二元经济与二元劳动力市场(劳动力市场分割)的研究以及收入决定研究,都取得了进展。这些研究的一个总体特点是:越来越用经济学的概念来分析问题,越来越分析工作与工业的宏观结构层面。整个发展过程表现出"劳动者消失"的特点。因此,一些劳动社会学家们如科尔伯格(Arne L. Kalleberg 1989)呼吁要重新找回劳动者,找回劳动者是连接微观与宏观的桥梁。他认为劳动力市场分割及其研究、收入决定研究是非常有潜力的领域,因为正是在劳动力市场上个体劳动者与社会发生联系,但在研究上应该重新把劳动者作为关注的对象[②]。

科尔伯格认为,劳动社会学从早期对劳动者、劳动群体的关注到20世纪70年代以后越来越不见人的研究,与下列因素有关。首先,这与经济增长、国际竞争和世界范围的通货膨胀有关。由于宏观经济问题在社会中越来越需要解决,这使得学者们(特别是受雇于商业与管理学院的学者)把兴趣由对劳动者的监督转化对生产率、组织效率、商业决策等方面的分析与研究。其次,研究的转型

---

① 参见〔美〕哈里·布雷弗曼著:《劳动与垄断资本》,商务印书馆1978年版。
② Kalleberg, Arne L. 1989: Linking Macro and Micro Levels: Bring the Workers Back into the Sociology of Worker. *Social Forces*, Volume67, Issue3, pp.582—592.

也与理论与方法转向有关。如田野研究的衰落,定量分析的崛起等。

二、部分国家的劳动社会学研究

自从 1930 年代以来,劳动社会学的研究在各国取得了长足的发展。下面我们主要介绍了美国、法国、德国、日本的劳动社会学研究近况。

1. 美国的劳动社会学

美国劳动社会学的研究历史可以追溯到 20 世纪 20 年代,著名的泰罗制与梅耶的霍桑实验就是在美国发生的。在 1943 年的时候,芝加哥大学就设立了第一个劳动社会学研究机构——工业人际关系委员会。其后,马萨诸塞理工学院成立了工业关系学部,耶鲁大学成立了劳资关系中心,加利福尼亚成立了工业关系研究所,其他大学也先后开设了以工业或劳动为专题的讲座。在 20 世纪 50 年代以前,美国的劳动社会学研究一直是由梅耶倡导的人际关系理论的天下,学者们基本上是从劳动者个体心理出发去研究劳动者的行为以及他们之间的关系。从 20 世纪 50 年代开始,人际关系理论模式受到了来自各方的挑战,人们开始以社会结构和社会制度为背景去解释劳动者行为,这一潮流的代表作有米尔斯(C. W. Mills)的《白领阶层》(1951),本迪克(R. Bendix)的《产业中的劳动与权威》(1956),邓洛普(J. T. Dunlop)的《产业体系理论》(1959)。此外,在近半个世纪以来,美国还出版了大量有关劳动社会学的专题著作和教科书。其中比较有影响的著作有卡普隆(T. Caplow)的《职业社会学》(1954),诺克斯(J. B. Knox)的《产业关系社会学:产业社会学导论》(1955),施奈得(E. V. Schneider)的《工业社会学:工业及其群体中的社会关系》(1957),米勒与福姆(D. C. Miller & W. H. Form)的《工业社会学》(1980),奥斯汀(C. J. Auster)的《工作社会学:概念与案例》(1996)等。

美国劳动社会学研究的传统主题主要涉及以下六个方面:(1)工作组织与劳动过程(work organization and labor process),(2)劳动力市场与职业生涯(labor markets and careers),(3)作为一种特殊工作活动的专业(professions as distinctive forms of work activity),(4)工作的意义(meaning of work),(5)工会化与有组织的劳动,(6)工作场所的分层与不平等。目前关注的研究主题是:(1)去工业化与空间扩散(deindustrialization and spatial diffusion),(2)劳动力多样性的增长(growth of labor force diversity),(3)变化中的就业关系以及对就业灵活性的强调(changing employment relations and the increased emphasis on flexibility),(4)网络研究(networks),(5)工作与家庭冲突研究(work and family conflicts)、(6)中产阶级的困境(the plight of the middle class)等①。

2. 法国的劳动社会学

在劳动社会学成为一门分支学科以前,法国社会学家就对劳动以及相关问题给予关注。在第二次世界大战后很长的一段时间里,对劳动问题的研究一直是法国社会学研究的中心问题。法国劳动社会学的成就与 G. 费里德曼的努力是分不开的。费里德曼从 20 世纪 40 年代起开始研究工业劳动问题,他的 *Industrial Society* 一书(初版于 1946 年,英文版 1955 年)②对法国的劳动社会学研究有很大的影响。1959 年,《劳动社会学杂志》在法国刊行。此外,法国全国科研中心设有"法国劳动社会学小组",该小组集中了目前法国劳动社会学界的权威人物。法国劳动社会学目前研究的主题有:(1)社会影响(social effect)。通过制度分析与个案研究来分析社会影响,关注社会影响的三个领域:组织本身、产业关系领域和社会化过程(教育制度)。在研究时,试图把宏观与微观结合起来,从与社会整体的关系来界定行动者的行动方式、行动展开的社会空间(social spaces)。(2)工作与家庭。对工作与家庭之间关系的研究侧重女性工作与就业以及移民工人的就业。(3)劳动力市场、工作与职业。这方面的研究涉及:运用职业生涯与生活史概念研究典型职业与专业,非工作活动对工作体系的贡献,工作组织方式与劳动力市场功能之间的关系,工人—管理之间关系及其互动,劳动力市场的类型及其运行等。(4)公司(the firm)。研究主题主要有公司的自主性以及与环境之间的联系,公司的经济角色和其作为社会制度(social institution)的角色,公司与社会世界中其他制度(家庭、教育与训练、地方网络等)之间的关系。(5)后泰罗主义或新泰罗主义(post- or neo-taylorism)。认为对不可预测事件的管理与预期是现代工作的主要特点,它要求新的组织方式与管理方式,强调创造性、责任、沟通、自主对于新生产模式的重要性。(6)技能与认同研究。(7)培训与就业问题等③。

3. 德国的劳动社会学

德国劳动社会学的发展大致可以分为四个历史时期:第一,早期阶段,主要

---

① Arne L. Kalleberg and Kevin T. Leicht. 2002: "The United States", in Daniel B. Cornfield & Randy Hodson. (ed.). *Worlds of Work: Building an International Sociology of Work*. Kluwer Academic/Plenum Publishers, New York.

② Friedmann, Georges. 1955: *Industrial Society: The Emergence of the Human Problems of Automation*. Glencoe, IL: Free Press.

③ Desmarez, Pierre. 2002: "France-Belgium", in Daniel B. Cornfield & Randy Hodson. (ed.) *Worlds of Work: Building an International Sociology of Work*. Kluwer Academic/Plenum Publishers, New York.

是马克思与韦伯对有关劳动问题的研究,在理论与方法上奠定了劳动社会学研究的基础。第二,二次世界大战期间,对如何解决"社会问题"给予极大的关注,主要研究的论题涉及:工会及其作用、工作与劳动关系、工业等级与科层制、企业家权威类型、人事政策与劳动政策、国家在就业关系中的作用等,这一时期劳动社会学的研究对象初步确立。第三,第二次世界大战之后。劳动社会学研究在前西德与前东德之间有所区别。前西德国劳动社会学的主要代表人物是达伦多夫(Ralf Dalendorf),他的主要著作有《产业——经营社会学》(1956),《产业中的阶级和阶级斗争》(1957)等。前民主德国的劳动社会学研究深受马克思主义社会学的影响,他们所关心和研究的主要问题有:劳动的性质和内容,劳动态度和劳动满意感,领导方法与领导作风,技术革命对劳动内容与条件的影响等。前民主德国在劳动社会学研究方面有影响的学者是鲁·施托柏格,著有《劳动社会学》一书。第四,1980 年代以后劳动社会学研究。研究领域进一步拓展,并取得了更多的成就。目前主要的研究领域有:服务部门的工作、中小企业的内部结构与过程、劳动力市场分割和常规就业关系的侵蚀(erosion of normalarbeitsverhaltnis)、新技术与工作场所的结构、劳动过程的重构与工作组织、劳动管理模式、劳动关系、东德的转型、德国模式的危机等[1]。

4. 日本的劳动社会学

日本劳动社会学形成于 20 世纪 40 年代。最早对劳动社会学方面有影响的研究者是东京大学的尾高邦雄,早在 20 世纪 40 年代,他就出版了《职业社会学》和《职业观的变化》等著作。日本社会学最初比较注重小集团和人际关系方面的研究,现在比较关心的问题有:日本传统文化对工业发展的影响,科技革命对劳动方式的冲击,产业变动对社会的影响,企业经营组织与工会问题,劳资关系问题等等。比较重要的研究成果有:间宏的《日本劳动管理史研究》(1964),尾高邦雄的《日本的经营》(1965),野田一夫的《战后日本经营史》(1966),万成博与杉政孝合编的《产业社会学》(1967)。

第四节 中国的劳动社会学

一、中国劳动社会学的发展历史

中国的社会研究者很早就对劳动问题进行过调查研究。早在五四运动前

---

[1] Walther, Muller-Jentsch. 2002:"Germany", in Daniel B. Cornfield & Randy Hodson. (ed.). *Worlds of Work*: *Building an International Sociology of Work*. Kluwer Academic/Plenum Publishers, New York.

后,李大钊、陈独秀等人就曾以历史唯物主义为指导,撰写了一批有关中国劳动问题的文章。如李大钊的《唐山煤矿的工人生活》、陈独秀的《劳工问题》等。在中国社会学史上,劳动问题始终占有很重要的地位。在20世纪20年代和40年代间,中国出版的有关劳动问题的社会学著作就不下百种,如冯飞、邓中夏、陈达、王云五、朱学范、孙本文、史国衡等学者都发表过有关这方面的著述。其中有影响并对今日之研究仍有很大意义的当数陈达的《中国劳工问题研究》和史国衡的《昆厂劳工》。

陈达(1892—1975)在从事社会学教学与研究工作期间,主持进行过多项调查,对劳工问题、人口问题和华侨问题的研究颇有贡献。他的主要著作有《中国劳工问题》(1929)、《人口问题》(1934)、《南洋华侨和闽粤社会》(1937)。在《中国劳工问题》一书中,他运用了大量的资料,对中国的劳工问题进行了系统而全面的论述。他认为劳工可以从三个方面研究:第一是关于工人本身的,如生活费、工资、工作时间等;第二是关于资本和劳工两方的,如劳资争议,劳工移动,罢工失业等;第三是关于社会的,如福利设施,工业和平等。

史国衡的《昆厂劳工》主要研究农民如何转变成工人、内地如何发展工业这一问题。作者通过对昆明一国营工厂工人的调查,认为我们国家所遭遇的基本问题就是从农村经济蜕变成工业经济,因而现代工业需要什么样的劳工及有没有这样的劳工成为很重要的问题。在该书中,史国衡以社会学的观点研究了工人的生活,工人的家庭与工业背景,个人嗜好、习惯、勤惰、生活费用、集体心理及对工人的管理。他从工人的来源入手,逐渐由工人本身的状况推论到集体生活,最后谈到了工人的管教及扩充继替问题。《昆厂劳工》对农民如何转变成工人的研究,对我们今天如何培养现代化的工人,以适应工业现代化的需要仍有很大的启迪。

中华人民共和国成立后不久,中国学习苏联,在社会科学方面"一边倒"。1953年中国高等院校院系调整,社会学被取消,从事劳动问题领域教学的社会学工作者被归进劳动经济系科,其导向是苏联式的、计划经济色彩的内容。1957年,长期从事劳动社会学方面问题研究的学者陈达、袁方等人被打成右派,劳动社会学在中国完全停顿,这种状态一直持续到1978年。

1979年以后,社会学在中国得以恢复,劳动社会学的研究也随之活跃起来。首先,劳动社会学的教学工作在老一辈社会学家的关心下积极展开。如北京大学社会学系1982年就在研究生中开设了劳动问题课程,随后又在本科生中开设了劳动社会学课程,并经国家有关部门批准后招收了劳动社会学专业的博士和硕士研究生。在这之后,华中工学院、中国人民大学劳动人事学院等院校也先后开设了劳动社会学或工业社会学课程。其次,为配合教学,社会学界翻译介绍了一些前苏联和东欧国家的劳动社会学著作,20世纪80年代开始,袁方、赵履宽、袁伦渠、吴铎、姚裕群、潘锦棠、刘艾玉[①]、陈婴婴等学者对劳动社会学问题进行了研究,出版了不少教材、专著和论文。再次,相当多的学者对中国社会转型过程中有关劳动问题进行了广泛、深入的社会学研究,如李强的社会分层和下岗工人研究、陆学艺和黄平等对管理者阶层、工人阶层等的研究,冯同庆对中国工人命运的研究,张静的职工代表大会研究,佟新的职业生涯研究,王思斌等对单位制的研究,等等,促进了劳动社会学的教学和研究。

二、劳动社会学研究的主要视角

从目前的情况来看,学者们对中国劳动领域诸问题的社会学探究采取了多种研究视角,大体可分为:

1. 制度分析

制度是在主流意识形态和价值观念基础上建立起来的、被认可的和强制执行的一些相对稳定的社会行为规范和取向,用以保证人与人之间的社会互动,调整人们的相互关系。新制度经济学代表人物诺思认为,制度由正规的成文规则和那些作为正规规则的基础与补充的非成文行为准则组成。从经济学的角度看,制度分析尤其关注制度及其变迁对经济绩效的影响。社会学家维克托·尼认为,制度是支配社会关系的互为关联的规则与规范,包括型塑行动者选择集的正式制约与非正式制约。从社会学的角度看,制度分析关注的是规则的可实施性,制度实施的合法性以及制度变迁中内涵的社会问题,制度变迁对于行动者的影响,以及行动者可能的行动回应。

从制度视角对中国劳动社会学方面的研究主要体现在两个领域:

一是关于制度变迁的研究。主要关注劳动制度的缘起、运行以及变迁。中国的劳动制度经历了从计划经济体制向市场经济体制的转变,这种变迁为社会学家的研究提供了极好的机会。20世纪80年代以来的劳动制度变迁尤其引起学者们的关注,因为劳动制度变迁及其型塑的利益关系重构对中国社会的稳定及其发展有着重要影响。以国有企业为例,它在市场化取向的经济体制改革和社会转型的大背景下进行了一系列的制度变革。经营制度由工厂制向股份制变革;领导体制由党委领导下的厂长负责制向厂长负责制,再向董事长领导下的总经理负责制转变;劳动就业制度则由固定工制度向部分劳动者的劳动合同

---

① 又名刘爱玉。

制到全员劳动合同制改革;在工资制度方面,国有企业逐步由以往的等级结构工资制向绩效工资制转变;在社会保障制度方面,以往的企业保障正在日益被社会化的保障机制所取代;产权制度则进行了股份制改革的尝试。这一系列朝向市场化机制的变革,对企业中统称为工人阶级的各类工人的生活境遇产生了重要影响,特别是普通工人。在这些制度变革过程中,经理逐步获得了对工厂/企业的控制权。从管理者与工人之间的关系看,制度变革过程中经理的权力变得独立而且大为增强,而工人则因为劳动合同制的全面推行以及与此同时遭遇的供过于求的劳动力市场,处于劳动关系的弱势地位。

二是关于单位制的研究。单位制是中国计划经济时期普遍使用并对当今企业运行依然产生重要影响的企业组织方式。这一制度安排对中国人的劳动生活及其劳动关系产生了重要影响。在单位制的研究中,美国学者魏昂德(A. G. Walder)的研究令人耳目一新,他的研究在本书第八章"劳动组织"和第十一章"劳动关系"有较多的介绍。国内学者路风、王思斌、杨晓民、周翼虎、李培林、李汉林等对中国的单位制特点、成因、运作机制、发展也进行了有益的探讨,推动了这一领域的研究。

2. 结构分析

这一取向的研究强调不同职业的个人是社会宏观结构中的组成部分,研究不同职业群体的现状、相互关系及其变迁。比较典型的研究有:

其一,职业结构研究。以职业结构的变迁来说明社会结构的变迁,特别关注城乡二元结构对中国劳动的影响[①]。

其二,机会结构研究。这方面的研究关注不同群体在就学、工作寻找、职业流动、晋升等发展机会方面的差异状况。阶级、阶层、人力资本状况、政治资本、户籍身份、单位身份等会直接影响人们的机会。这方面的研究很多,一些研究具有国际性的影响,如关于地位达成的研究等。在本书的第九章对这方面的研究有较多的介绍。

其三,劳动力市场结构研究。认为中国的劳动力市场不是单一的,而是分层的、多元的,甚至是分割的,劳动力市场的结构影响着不同利益群体的市场位置以及市场行动能力,一些研究尤其关注等级化劳动力市场、性别差异的劳动力市场等。

其四,阶层结构研究。这一视角的研究尤其关注工人在社会阶层结构中的位置。全国总工会、中国工运学院、中国社会科学院近年来在这方面进行了不

---

① 参见许欣欣著:《当代中国社会结构变迁与流动》,社会科学文献出版社2000年版。

少调查与研究工作,为工人研究积累了资料,并启发了相关领域的研究。这些研究指出:第一,劳动关系是一种最基本、最本质、最具体的社会经济关系,中国在向市场经济转型的过程中,劳动关系的变化引起工人阶级状况特别是其内部结构和相互关系的巨大变化,第二,在中国,劳动关系的一个突出特点是劳动力的供大于求,劳动者处于被动不利的地位;第三,劳动关系出现新的变化,不同类型的产权关系呈现新的特点,工会的作用及地位应该引起关注①。

3. 过程分析

过程分析是一种历史社会学的研究取向,关注社会事件在历史过程中的意义,这方面较为引人注目的研究是关于中国劳工历史以及中国工人运动史的研究。

一些美国学者对中国 1949 年以前的工人运动进行了研究。贺肖(Gail Hershatter)在《天津的工人们——1900—1949 年》一书中指出,对中国工人的研究有三个方面值得关注:一是外在因素的研究,强调分析社会背景因素对工人各种行动和思想的结构性作用,探讨工人和统治阶级之间的关系、统治阶级之间的关系、异质性问题以及暴力和非暴力的政治权力运作;研究国家本质、法律结构、权力的渗透以及社会阶级之间的关系。二是研究内在因素,强调研究工人的阶级意识、组织和行动之间的关系,特别是工人是城市化过程的一部分,他们与乡村有着千丝万缕的联系,乡村的关系纽带具有历史意义。三是对工人参与政治行动的研究,强调分析在革命的过程中工人与其他阶级之间的关系,工人如何作为一个阶级而出现②。

弘尼格(Emily Honig)从原籍角度出发,探讨了上海纺织厂女工中存在的深度分裂,其研究修正了过去的无产阶级化(proletarianization)论述。她认为女工群体并没有体现农村人口贫穷化而进入工厂成为有革命意识阶级这个历史过程,在以女工为主的行业及工厂里,工人的利益和文化都因地域、技能而极为分化,工头对女工的剥削,亦令女工视外资厂为避难所,日资纺织厂更能提供较民族资本家的工厂为好的待遇和收入,帮会则成为劳资双方共同面对的欺压者。

---

① 相关的研究参阅中华全国总工会编:《中国职工队伍现状调查》(1986),工人出版社 1987 年版;中华全国总工会编:《走向社会主义市场经济的中国工人阶级》(1992),工人出版社 1993 年版;《全国工人阶级队伍状况调查文献资料集》,工人出版社 1993 年版;中华全国总工会政策研究室编:《1997 年职工状况调查(数据卷)》,西苑出版社 1999 年版。

② Hershatter, Gail. 1986; *The Workers of Tianjin*, 1900—1949. Stanford, Calif.

因此,中国劳工的意识与斗争并不单纯是两大阶级对立的简单故事①。

裴宜理(Elizabeth Perry)在《上海罢工——中国工人的政治》一书中,着重探讨了中国工人中的分裂与行动之间的关系,批驳了以往学者所持的用铁板一块的工人阶级意识来解释工人运动兴起的观点。她强调工人阶级的分裂与其行动主义之间的正面联系。她的研究指出,我们不必只看到团结(solidarity)对集体行动的促成作用,反而分裂、分化(fragmentation)亦可促进集体能动性,中国的案例说明,工人的技术、性别、行业、地域分化、利益冲突,造成他们通过不同的途径,依附不同的政党去进行集体抗争,分化并没有杜绝抗争的出现。工人的动机、身份、利益是多元的②。

4. 文化分析

文化分析的视角非常广泛,目前的研究成果主要集中在网络研究与身份政治研究方面。

在关于工作寻找、地位获得以及职业流动方面的研究中,一些学者利用了网络研究的视角进行分析,如林南关于工作寻找的社会资源论题、边燕杰关于强关系在工作寻找中的作用的研究,以及社会资本与私营企业主的地位达成研究等。本书部分章节介绍了这些研究。

身份政治方面的研究强调人们在劳动场所的位置与其身份认同之间的关系,文化的概念被引入到人们关于职业身份的研究中。如美国学者莎林格(Dorothy Solinger)关于农民工身份地位的研究。她的研究与兴趣是改革期的市场机制与公民身份的关系,她发现民工没有城市户口,他们处在劳动力市场的底层,制度性规定使其不能分享城市公民所享用的服务、权利和资源。一些学者还研究了国有企业工人集体"无行动"的政治意义,认为工人工作、生活的经历不同,在制度变革过程中的退却或市场化到来时的行为反应也不同,社会主义的经验调节着人们对于改革的反应。阶级经历不同,对于改革的拥护程度也不同,工人不是一个一元化的群体,而是一个裂成碎片的多元群体③。

---

① Honig, Emily. 1986: *Sisters and Strangers: Women in the Shanghai Cotton Mills, 1911—1949*. Stanford, Calif.

② 参见〔美〕裴宜理著:《上海罢工——中国工人政治研究》,江苏人民出版社2001年版。

③ Lee, Ching Kwan. 1998: *The Labor Politics of Market Socialism: Collective Inaction and Class Experiences among State Workers in Guangzhou, Modern China*. Volume 24, Issue1 (Jan.), pp.3—33.

思 考 题

1. 论述劳动社会学的研究对象与研究内容。
2. 简述劳动社会学与有关劳动学科的关系。
3. 劳动社会学的经典理论对于当今劳动领域问题的研究有什么现实的意义?
4. 简述国外劳动社会学发展的历史阶段及其特点。
5. 中国当今社会有哪些主要劳动问题?可以从哪些视角进行研究。

第二章

劳 动 者

第一节 劳动者及其相关概念

劳动者(worker)是劳动社会学研究的主体,作为形成劳动领域中社会关系和社会结构的基本要素,其概念的界定具有很重要的意义。本节主要介绍不同的学者及其本书作者对于劳动者概念的界定。

一、劳动者界定

1. 西方学者的看法

西方学者对于什么样的人可以称为劳动者,在看法上有相当大的差异。相当多的学者认为劳动者是从事有酬劳动的人,如美国学者奥斯汀(C. J. Auster)在其1996年出版的《劳动社会学:概念与案例》一书中,将劳动(work)界定为一系列从事与有酬职业有关的活动,而劳动者则是一系列从事与有酬职业有关活动的人[1]。另外有一些学者认为,把劳动者界定为从事有酬劳动的人,这种界定忽视了该概念复杂的人格与社会特性。按照这种定义,家庭妇女就不是劳动者,可是,当这个家庭妇女为他人做同样的家务活动时,或当她的丈夫雇用他人来做家务时,从事同样活动的人就成了劳动者,GNP的计算也考虑她(他)们的劳动。因此,英国学者肯特(K. Grint)从建构主义的角度出发,对于什么样的人可以称为劳动者给出了自己的看法,他认为,一个人从事什么样的活动可以被界定为劳动者,从事什么活动不被界定为劳动者,并不取决于活动本身,而取决

---

[1] Auster, Carol J. 1996:*The Sociology of Work: Concepts and Cases*. Prince Forge Press. p.1.

于我们从一个什么样的角度来看待这种活动。人们对于某一种事物与现象的界定蕴涵着丰富的社会意义与社会利益,对现象的界定是社会建构的结果,它不仅是一种文化的象征,也是一种权力分布的体现。在他看来,没有一种活动可以被永恒地称为劳动,因而也就没有一种关于劳动者的确切定义①。

2. 国内学者的看法

国内对于什么样的人是劳动者有几种不同的看法,第一种看法认为,劳动者是各行各业从事有酬劳动、获得一定职业角色的社会人,包括工业劳动者和服务业劳动者,也包括农业劳动者。劳动社会学所关心的主要是工业劳动者、商业劳动者和服务业劳动者②。第二种看法从劳动人事管理的角度出发,认为劳动者亦即社会劳动者,主要是指具有一定的劳动能力、从事一定社会劳动并取得相应的劳动报酬或经营收入的公民。成为劳动者的条件是:第一,在劳动年龄范围之内,具有一定体力和智力的人;第二,从事一定的社会劳动;第三,具有劳动权的公民;第四,有相应的劳动报酬与经营收入。在中国的实际工作中,没有达到劳动年龄已经参加社会劳动的人与已经超过劳动年龄仍然参加社会劳动的人,都被统计为劳动者,除此之外的人,不管从事什么活动,均不被统计为劳动者③。此外,统计学家、人口学家等对于劳动者是什么,也有自己的界定。但到目前为止,国内绝大多数关于劳动者的界定,比较强调职业、从事有酬劳动等因素。在这里,我们不想说谁对谁错,因为不同的学科、不同的学者,由于知识背景或其他因素的影响,对于同一现象,是可以有不同看法的。

3. 本书的界定

综合国内外学者的观点,从社会学的视角看,所谓劳动者,就是在一定的社会分工体系下,具有一定的劳动能力,处于一定的劳动岗位,遵循一定的劳动规范,有目的地、相对持续地从事或向他人提供有价值物品与服务活动的社会人。

劳动者是在一定的社会分工体系下进行劳动,其劳动活动既受到社会分工体系的制约,又是社会分工体系的有机构成部分。作为劳动者,必须具有一定的劳动能力,任何人只有在达到一定的生理和心理成熟度,具有相当的体力与智力以后,才能成为劳动者;劳动者应该与一定的劳动岗位相联系,劳动岗位为劳动者提供了一定的劳动工具和劳动手段,也为劳动者提供了一定的合作群体,劳动岗位是人们参与劳动、实现人与物的结合以及人与人的结合的场所,与

---

① Grint, Keith. 1991: *The Sociology of Work*: Introduction. Polity Press. p.12.
② 参见潘锦棠主编:《劳动与职业社会学》,红旗出版社1991年版,第27页。
③ 参见《中国劳动人事百科全书》(上册),经济出版社1989年版,第741页。

劳动者有关的劳动行为、劳动关系等都与人们所处的劳动岗位紧密相关;劳动者在从事劳动活动或向他人提供物品与劳务时,还必须遵循一定的劳动规范。劳动规范不仅是劳动的自然过程的要求,而且也是劳动的社会过程的要求,这些规范构成了劳动者的群体文化、组织文化与劳动制度;最后,作为劳动者,他所提供的劳动活动是有目的、相对持续的。

二、与劳动者相关的概念

1. 劳动适龄人口

劳动适龄人口,指的是人口中处于劳动年龄的那部分人口。一个人从出生以后,经过发育、成长到开始具备了劳动能力的年龄,是劳动年龄的下限。而当一个人继续成长发展,逐步衰老,最终丧失劳动能力的年龄,是劳动年龄的上限。国际上劳动人口年龄分组是以满15岁为下限,15岁及以下为青少年,15—64岁为劳动适龄人口,65岁为退休年龄。但不同国家在不同时期对劳动年龄的规定存在着差异。目前,世界大多数国家规定参加劳动的年龄为15周岁,如英国、日本、匈牙利等。把劳动年龄定得低于15岁的国家有斯里兰卡、新加坡、菲律宾、孟加拉国等。中国目前规定,男女都以16岁为进入劳动年龄的下限,男59周岁、女54周岁为劳动年龄的上限。劳动适龄人口按中国的标准为男16—59岁,女16—54岁。一般城乡男女到16岁方能参加社会劳动,16岁以下参加劳动者即为童工。但对不足劳动年龄而参加社会劳动者的控制,在城市控制、执行得比较好,而在广大农村,由于至今仍以自然就业方式为主,加之农村文化、教育的不发达,16岁以下青少年参加劳动者大有人在。对农村外出打工的一些调查也发现,有相当一部分青少年已经工作。劳动社会学研究劳动问题,理应对这些问题给予关注。

劳动年龄的上限和下限不是永远不变的,随着生产的发展、文化教育水平的提高和对劳动力质量要求的提高,劳动年龄的下限会向后推移。随着人的体力劳动的减轻和寿命的延长,劳动年龄的上限也会做出相应调整。

2. 劳动力资源

劳动力资源,是指一个社会中有劳动能力、可以从事社会劳动的那一部分人口的总和。中国的劳动力资源包括劳动适龄人口中绝大部分可以参加劳动的人和一小部分劳动适龄人口以外实际参加社会劳动的人。劳动力资源在量上包括劳动年龄内正在从事社会劳动的人口(在业人口)、就学人口、从事家务劳动的人口、正在谋求职业的人口、劳动适龄人口以外正在从事社会劳动的人口。正在从事社会劳动人口+正在谋求职业的人口是现实的劳动力资源。就学人口+从事家务劳动人口是潜在的劳动力资源。劳动力资源不包括现役军人、在劳动年龄内的在押犯人和因病、残疾而丧失劳动能力的人口数。

3. 劳动力

马克思在《资本论》第一卷给劳动力下的定义是：人的身体即活的人体中存在的，每当生产某种使用价值时就运用的体力和智力的总和。对于劳动力这个概念应注意：第一，劳动力是人所特有的一种能力，自然界的任何能力，甚至现代电脑所表现出来的人工智力，都不能叫做劳动力。第二，劳动力是人在劳动中所运用的能力，也即生产使用价值时的能力。第三，劳动力存在于活的人体中。第四，劳动力是人在劳动中运用的体力和智力的总和。

劳动力与劳动者这两个概念常常容易混淆，其实它们之间既有联系，又有区别。劳动力是经济学概念，劳动者则是社会学、政治学概念；劳动者是劳动力的载体，劳动力只是劳动者能力的一部分。

在美国，劳动力被界定为年龄在16岁或以上并没有被送进专门机构(关进监狱或住院)的人，劳动力可以是在业的(employed)，也可以是不在业的(unemployed)。在业的劳动力是指在调查周以前：(1) 至少为报酬或利润而工作1小时以上；(2) 在家庭企业从事无支付的劳动至少15小时，(3) 由于疾病、假期或类似原因而暂不工作的人。不在业的劳动力是指没有工作而在调查周以前4星期积极寻找工作的人。那些不符合上述在业与不在业标准者，被划定为非劳动力[①]。美国劳动统计局每两个月都要公布两种有关劳动力状况的数据。一个是劳动力参与率(labor force participation rate)，另一个是失业率(unemployment rate)。一些学者认为，美国关于劳动力与劳动者的统计是与GNP的统计挂钩的，那些为生产GNP的人被统计为劳动力，而其他的人则被排除在外。但实际上许多志愿工作与家务劳动也提供了十分重要的劳务与物品，此外，那些丧失信心的人员(discouraged workers)的统计也是被忽略的。

在中国，劳动力人口主要是指有劳动能力和就业要求的劳动适龄人口，包括从事社会劳动并取得劳动报酬或经营收入的在业人口和要求工作而尚未获得工作职位的失业人口。

4. 劳动力参与率

劳动力参与率是指在业人口(从事社会劳动并取得报酬或经营收入的人口)及正在谋业人口(劳动适龄人口中，暂时没有工作，但有劳动能力并有就业

---

① Sullivan, Teresa A. Randy Hodson. 2002: *The social organization of work*. Third edition. Wadsworth Thomson Learning.

意愿的人口)之和在劳动力人口中所占的比重,即现实劳动力资源在总劳动力资源中的比重。

$$劳动力参与率 = \frac{在业人口 + 正在谋业人口}{劳动力人口数量} \times 100\%$$

劳动力参与率越高,劳动力资源利用的可能性就越高,相反,则越低。劳动力参与率的高低,受到多种因素的影响,并因地区、时间而不同。影响劳动力参与率的因素主要有:劳动年龄的界限,教育普及的程度,社会保险状况,宗教及社会风俗,劳动制度及工资制度,经济结构类型及其发展水平,卫生保健事业状况,经济生活状况等。

第二节　劳动者的素质分析

劳动者的素质包括自然素质和社会素质。

一、自然素质

自然素质主要指劳动者的体力强弱、健康水平、智力的正常和不正常状况等。下面主要介绍自然素质的两个最主要构成部分:体力和智力。

1. 体力

体力的重要性不仅在于一切劳动最终都离不开体力的运用,而且在于劳动者的体力与智力有着密切的关系,健全的良好的体力是智力形成和发展的必要条件。

体力通常表现为人的意识支配下的肌肉运动。构成体力的基本要素有五个:力量、速度、耐力、柔韧和灵敏。不同的劳动者有着不同的体力状况,而不同的生产条件和劳动岗位对劳动者的体力要求也各不相同。了解和把握劳动者的体力状况,有助于劳动者潜能的充分开发和利用。

从体力构成的基本要素看,力量是指肌肉紧张或收缩时表现出来的能力,可以分为静力性力量(肢体没有明显位移,维持和固定于一定位置和姿势的力量)和动力性力量(肢体有明显位移,使自身或客体发生运动的力量)。速度要素可以分为反应速度(人体对各种刺激发生反应的快慢)、动作速度(完成某个或某组动作时间的长短)和位移速度(人体通过一定距离的最短时间)。耐力是指人体长时间进行肌肉活动的能力,也就是人对抗疲劳的能力。人的全身耐力是肌肉耐力、心血管耐力和呼吸系统耐力的复合,不同的劳动活动对耐力的要求各不相同。柔韧反映了人的动作的幅度范围和协调性能,它主要取决于人体的关节的韧带、肌腱、肌肉和皮肤的伸展性。灵敏是指劳动者上述力量、速度、耐力、柔韧等要素和劳动技能的综合表现(见图2-1)。

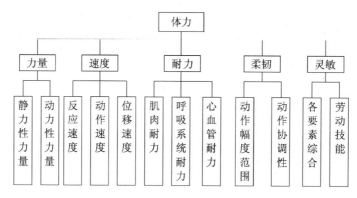

图 2-1　劳动者的体力构成

现代生产力的发展和科学技术的进步已大大减轻了人们从事体力劳动的单调和繁重程度,但是现代劳动并未降低对劳动者的体力的要求。在高科技条件下,往往要求劳动者的精神高度集中,反应高度敏锐,动作迅速果断准确,同时也要求有持续的耐久力,否则就会造成严重事故或巨大损失。因此,现代劳动更加要求劳动者有充沛的体力作为保证或支持。合理的、适度的体力劳动可以改善劳动者的素质,提高体力各要素的水平。但是负荷过重、时间过长的不合理体力劳动,则可能使劳动者的正常生理机制遭受破坏,体力水平下降,甚至会损害劳动者的健康。

2. 智力

智力是人们认识客观事物、获取知识并运用知识解决实际问题的能力。智力水平的高低集中体现在人们认识客观事物的深刻、正确和完全程度上,表现在人们获取知识和运用知识解决实际问题的速度和质量上。构成智力的基本要素是:观察力、记忆力、想像力、思考力和判断力。观察力是对经历过的事物的反映和再现或再认识的能力;想像力是在原有感性形象的基础上创造出新形象的能力,想像力对人们进行创造性劳动有重要作用;思考力是人的理性认识过程,是对客观事物进行本质概括的能力;判断力是人对事物和情况作出判断和决断的能力。在人的智力活动中,上述各要素总是密切结合、共同发生作用。尽管个人的智力发展方向有所侧重,但在每个人的智力结构中,上述各要素都不可缺少。智力是在掌握人类知识经验和从事实践活动中展开的,但智力又不完全等同于知识和实践。一个人的智力水平受到以下三个方面因素的影响:第一,先天素质,即遗传因素的影响。国外心理学家的研究表明,血缘关系越近,智力程度也越近。第二,社会历史文化遗产和教育的影响。体力与智力的发展有不同的特点,体力的发展表现出离散性与间断性。体力作为个体的一种物质力量,他人无法分享。但是智力的发展表现出连续性与积累性。每个人的智力发展都无法单独地、孤立地进行,而必须在社会群体的相互作用中完成。所以,后人可以直接继承前人的智力成果,其方式主要是靠教育与学习。第三,个人努力的影响。即使一个人生下来就很聪明,即使一个国家或地区的文化历史遗产很丰富,但若没有后天的努力学习,则智力水平也不会很高。

二、社会素质

社会素质主要指劳动者的文化教育程度以及相应的认识能力、劳动态度和心态(特别是个人现代性的程度)。

1. 文化教育程度

劳动者的文化教育程度是指劳动者通过正式或非正式途径所获得的知识、技术及经验。一般而言,劳动者的文化教育程度越高,其素质相对也较高,否则就越低。随着社会的发展,工业化程度的不断提高,知识日益受到人们的重视,其在生产中的作用和地位也在日益增加。第二次世界大战后的一些研究表明,知识的进步(如管理、教育、规模经济和技术进步等)在经济发展中所做出的贡献越来越大。在人力资本研究者索洛的模型中,不属于资本范畴的技术进步,使美国的非农业生产在 1909 年到 1949 年之间提高了 90%,丹尼森的模型表明,包括技术和管理的知识进步使美国经济在 1929 年到 1957 年之间增加了 23%[1],科学技术在经济发展中的贡献在有的国家达到了 70% 以上。正因为这样,各国对技术、人才、文化教育的态度也发生了改变。国际竞争和贸易专家大前研一认为:一个国家未来的关键在于它的人力资源。在过去自然资源常常起决定作用,而现在一个国家受教育的人的素质和数量则决定着一个国家是繁荣还是衰退,而受过良好教育和艰苦工作的人民,这才是日本真正的财富[2]。

那么,中国劳动者的文化教育程度状况又如何呢?社会上对劳动者文化素质的提高又持什么态度?国家在社会经济发展战略中,又是把它置于一个什么样的地位?这些问题,对于中国劳动者总体文化素质的提高都是至关重要的。根据第五次人口普查资料,2000 年我国大陆地区总人口中,按教育程度计算,大

---

[1] 参见陈远敦、陈全明主编:《人力资源开发与管理》,中国统计出版社 1995 年版,第 40 页。
[2] Ohmae, Kenichi. 1988: *Beyond National Boraders*. Kodansha International Ltd. p.1.

专以上的有 4571 万人,占 3.5%;高中(含中专)有 14109 万人,占 10.89%;初中有 42989 万人,占 33.20%;小学有 45191 万人,占 34.90%。这就意味着全国总人口中接受过初中及小学教育的人口占总人口的比重达到了 68.1%。在 66875 万 15 岁及以上劳动者中,大专及以上者占 4.67%,高中(含中专)占 12.66%,初中占 41.70%,小学占 32.84%,文盲半文盲占 8.14%,即全部劳动者中初中及以下者占了 82.68%(见表 2-1)。

表 2-1　2000 年我国大陆地区 15 岁及以上劳动者的文化构成

	合计		男性		女性	
	数量（人）	百分比（%）	数量（人）	百分比（%）	数量（人）	百分比（%）
总　计	66874889	100.00	36550882	100.00	30324007	100.00
未上过学	4154610	6.21	1352131	3.70	2802479	9.24
扫盲班	1288578	1.93	427565	1.17	861013	2.84
小　学	21963743	32.84	10851799	29.69	11111944	36.64
初　中	27889186	41.70	16785385	45.92	11103801	36.62
高　中	6035725	9.03	3882593	10.62	2153132	7.10
中　专	2424230	3.63	1295537	3.54	1128693	3.72
大学专科	2198092	3.29	1334101	3.65	863991	2.85
大学本科	860585	1.29	577657	1.58	282928	0.93
研究生	60140	0.09	44114	0.12	16026	0.05

资料来源:国务院人口普查办公室,国家统计局人口和社会科技统计司编:《中国 2000 年人口普查资料》(中册),中国统计出版社 2002 年版。

因此,虽然中国劳动者的文化素质比 1990 年有较大幅度提高,但与现代化建设的要求尚有距离。在就业人口的文化构成中,西方发达国家大学文化程度者一般占 15%—30%,韩国为 8.9%,印度为 2.5%。中国职工高中及以上教育程度的比例远低于西方发达国家,农业劳动者的文化程度与国外的相比,差距就更大,如日本,80% 的青年农民具有高中文化程度,农业行政人员大都具有大学文化水平。联邦德国 35 岁以下的农村劳动力中,有 70% 受过农业职业教育,荷兰全国农业劳动力约有 30 万,在校学农的就有 5 万多。发达的农业教育促进了荷兰农业的发展,使荷兰的农产品出口额仅次于美国[①]。因此,如何提高中国劳动者的素质,仍是中国所面临的最迫切需要解决的问题之一。

---

① 参见 1988 年 7 月 28 日《中国教育报》。

第二章　劳动者

2. 劳动态度

态度是指人们在自己所处的环境中对人对事的看法、想法、情绪以及心理反应倾向等。劳动态度是指一个人在具有特定价值后,对其工作所采取的一般的对待方式。劳动态度会受到多方面因素的影响,包括:(1)个人背景因素的影响,如文化背景、个人素质、气质、能力、性格、年龄及社会经济地位因素等;(2)大众传媒因素的影响,即个人与大众传媒接触的程度;(3)个人的价值观;(4)工作类别;(5)工作性质,如工作的变异性、自主性、互动性、知识技术程度以及责任大小、工作的重要性等;(6)工作环境因素。

劳动态度可以从客观指标和主观指标两个方面来衡量。客观指标有:完成的工作量,遵守劳动纪律和生产纪律的情况等,主观指标比较多,目前没有定论。学者们一般从以下几个方面进行测量与研究:

(1)对所属组织的态度;
(2)对工作环境的态度;
(3)对工作管理及监督人员的态度;
(4)对同事的态度;
(5)对工作任务本身的态度;
(6)对报酬的态度;
(7)对职位变化的态度;
(8)对技术变化的态度;
(9)对工作时间的态度;
(10)对劳动纪律和法规的态度。

社会学家和心理学家常用"工作满意度"作为衡量劳动者态度的综合指标。一般地说,劳动者的工作满意度越高,则其对劳动组织、工作环境、工作任务本身等越持一种积极的态度。

当然,我们应该分清工作满意度与工作绩效之间的关系。实际上,当劳动者有较高的工作满意度时会产生两种工作绩效的后果:一种是劳动者的工作满意度高,工作的绩效也好;另一种情况是劳动者对自身的期望水平不高,对"满意"的评定标准较低,劳动者在工作中相对易于满足,这类劳动者中有的人很可能缺乏追求更高目标的进取精神和创新精神,缺乏创立业绩的责任心,所以在工作中往往表现出一般化和低效率倾向。而工作满意度低,也并不一定意味着工作绩效差。如知识技能较高或教育程度较高的劳动者,通常对各方面的要求较高,因而不易对工作中的各种因素感到满足。正如心理学家马斯洛所言,人有各种各样的不满,也有各种各样的牢骚,而牢骚也可以分为两种:一种是低级牢骚,一种是高级牢骚。在人类社会的各种创新和进步中,高级牢骚起着很大的作用。知识技能较高或者教育程度高的劳动者在不满或发牢骚的时候,他们往往会更努力工作,积极创新,从而使工作更有成效。所以,作为企业或组织的管理人员,就应该深入了解劳动者的各种态度,以作出适合企业或组织发展的决策。

3. 劳动者个人的现代性

劳动者的个人现代性与现代化的基本层面与过程紧密相关,现代化的过程应该是劳动者的现代性不断增长的一个过程,而具有现代性的人往往被学者们称为现代人。

现代性可以从客观的方面和主观的方面来考虑。客观的方面较易发现和测定,如受过高等教育或类似的教育,能经常读报纸、听广播、看电视,到处旅行,这是客观特点。主观方面的特点则是指感情、态度、价值、行为等,这些都不是显性的,往往涉及人的内心世界。考察劳动者的现代性,必须将客观与主观两个方面结合起来,不能认为一个人只要有了现代化的客观条件,主观世界也就现代化了。实际上,一个人可能戴手表,但却并不遵守时间,也许他具有较高的学历,管理着一个工厂,但却不懂得合理的原则。

研究个人及其主观方面,必须回答,为了使个人现代化,一个人应该对什么感兴趣?或者说,什么样的人才是现代化的人?对此,美国社会学家英克尔斯进行了多年的研究,提出了具有现代性的人所具有的一些一般特性,这些特性是:

(1) 接受新的生活经验并欢迎改革和变迁。现代人愿意采用新的劳动方式和新的工具,采用新的交通工具或寻找新的新闻来源等。

(2) 乐于发表自己的见解,对许多问题有自己的看法。

(3) 有很强的时间观念,是现在取向或未来取向,而不是过去取向。

(4) 办事有计划。现代人对自己的工作、生活有筹划,是计划性很强的人。

(5) 具有效能感。现代人对于自己的能力具有自信心,不相信命运,认为自己能够控制周围的环境,能够在社会生产和经济生活中积极主动地行使自己的权利,履行自己的义务。

(6) 普遍的信任感。现代人对周围的人、制度和组织给予信任,这种信任基于现代社会的集体合作,也是这种合作得以运作的条件。

(7) 尊重他人。这是契约式的工业社会造就的人的行为准则。

(8) 信奉并且愿意遵循"公平待人"的原则。传统的人在人际交往和工作上往往依据权势、地位、门第、血统、性别和年龄等采取差别化原则,而现代人则采取事本主义的原则,即以个人的技术、本领、实际表现等为取舍。

(9) 相信科学与技术。

(10) 富有进取心。现代人有抱负,有追求,在工作上努力进取。

一个具有现代性的人是以上各种特性的综合。

劳动者的现代性对于一个社会的发展有着极为重要的影响。英克尔斯认为,没有现代化的个人,现代化的制度也将难以运行。发展中国家的现代化不只是要创建现代制度,而且需要大力发展人的现代性,一句话,现代制度和现代性的人这两者密不可分,它们是现代社会的两条腿。马克思和恩格斯也对人的作用极为重视,马克思在1853年6月10日写的《不列颠在印度的统治》中指出:不列颠的蒸气和不列颠的科学在印度斯坦全境把农业和手工业的结合彻底摧毁了,从而破坏了印度社会的整个结构,无疑这也是在强调经济因素的决定性作用。但是,印度社会至今还相当的落后,这说明蒸气和科学不能解决一切问题,除了英国统治者的掠夺因素外,还有印度社会本身一些因素的阻滞。我们认为,在马克思所论述的印度社会本身的阻滞因素中,劳动者素质低下的制约是很重要的一点。即使在今天,印度也仍然是一个贫穷的国家,一些传统观念依然在阻碍印度社会的前进。物质贫困的背后往往是精神的贫困,观念的贫困。有的学者指出,一些中国人听天由命的人生观,得过且过的生活观,重农抑商的生产观,好逸恶劳的劳动观,温饱第一的消费观,有饭同吃的分配观,崇拜鬼神的文化观,重义轻利的伦理观,终守故土的乡土观,多子多福的生育观,才是他们脱贫致富的最大障碍。

第三节　劳动者与社会文化环境

劳动者是在一定的社会分工体系下进行劳动,这种分工体系实际上是劳动者的劳动得以进行的社会框架。处于一定劳动岗位的劳动者,其互动要受到这个框架中规则的约束,但劳动者模式化的互动也会改造或刷新原来的规则。从社会学的角度看,社会文化环境是劳动得以进行的社会框架的重要组成部分,它可以分为微观、中观、宏观三个层次。

一、微观社会文化环境

微观社会文化环境,是指劳动者具体工作场所中的社会文化环境,实际上也就是工作群体文化环境,它是在与劳动者密切相关的技术、操作过程、同事及上下级等各种要素的共同作用下形成的,对劳动者的价值观、态度和积极性等有很大影响。

1. 劳动者与技术

在微观社会文化环境中,技术对劳动者的影响主要表现在:其一,形成一定的工作环境基础;其二,影响劳动者的劳动态度;其三,影响劳动者的价值观念。

技术首先是构成劳动者工作环境基础的重要变项。技术设备类型、技术复杂程度与技术装备等不同,劳动者的工作环境就不同。

在不同的技术条件下,劳动者对工作组织、直接监督人员、工作本身等方面会有不同的态度。如英国社会学家韦德伯恩和克朗普顿在1960—1970年期间对英格兰东北部一家大型化工综合企业中劳动者态度与技术之间关系的研究发现,运用的技术不同,工人从事工作的方式以及与直接监督者的沟通形式等都有所不同,工人的劳动态度、关心和注重的焦点,以及工人与管理人员的关系因此也有很大的不同[①]。这方面一项更为著名的研究是由美国学者布劳讷(R. Blauner)对印刷、纺织、汽车流水线和化工(炼油)四种行业劳动者的异化与自由的分析,这四种行业代表了四种典型的技术场景:印刷业是典型的以手艺为主的行业,纺织业是以机械化技术为主,而汽车流水线则是典型的自动化生产,化工炼油是一种持续过程的劳动。研究结果表明,印刷业工人的劳动满意感最高,异化程度最低,纺织工人的劳动满意感低于印刷工人,而异化程度则高于印刷工人,劳动满意感最低的是汽车流水线的工人,他们的异化程度最高。布劳讷因此认为,技术类型与劳动者的"异化"问题有着密切的联系,在现代技术条件下,劳动者的异化问题变得日益突出,它主要表现在:(1)无权感。工人觉得自己受技术的支配,而不是自己支配技术,是被动的反应者,而不是积极的行动者,如在流水线上工作,工人没有决策的权力,不能改变工作的速度,也不能控制劳动的数量与质量。(2)无意义感。工人看不到自己的工作与总体生产过程的联系,看不到最终产品结果,所以对自己工作的意义感到困惑。(3)孤独感。由于技术系统和一定的规章制度的制约,工人在工作场所没有正常的社会交往,不能够获得或建立令人满意的社会关系,工人觉得自己被隔绝起来,因此有强烈的孤独感。(4)自我疏远感。面对技术的无所不能,人们开始怀疑自身的价值[②]。

当然,现代社会中劳动者面临的这些问题并非完全不可克服,许多企业采取工作丰富化、扩大化、参与管理制、民主管理等方法,可以使工人克服自己被

[①] 参见袁方主编:《劳动社会学》,中国劳动出版社1992年版,第13页。
[②] Bluner, Robert. 1964: *Alienation and Freedom*. Chicago: University of Chicago Press.

社会"疏远"的感觉。

2. 劳动者与操作过程

劳动者与技术的关系、技术对劳动者的影响,是通过劳动者的实际操作过程表现出来的。在操作过程中,劳动者与他人进行互动,发生联系,并形成一定的社会关系。不同的操作过程对劳动者的行为、社会化过程等有不同的影响。一般来说,流水线的操作过程会限制工人之间的交谈与互相交往,工人需要掌握的技术也比较单一,因此容易形成工人的"现代病"——"异化现象"。但是,如果流水线作业的技术要求高,需要工人在工作中投入较多的注意力与技巧,这样的工作也会引起工人的兴趣,并减少"异化现象"的出现。如前面提到的两位英国社会学家的调查中,发现有的分厂虽然也是流水线作业,工作自由受到限制,但是由于其工作需要工人投入较多的注意力,所以工人仍然觉得工作有意思。但总的来看,流水线作业过程与成批生产过程相比,工人更容易产生被剥夺和无意义的感觉。在成批生产作业过程中,由于工人的工作过程比较复杂,工作内容比较丰富,并能够见到自己的生产成果,所以工人一般容易觉得自己被他人与社会所接受,其社会化过程通常容易进行。当然,如果成批生产作业过于单调,劳动者也会觉得工作没有意思,但一般不会有被剥夺感。

3. 劳动者工作中的人际关系

工作中的人际关系主要包括劳动者日常大量接触的"同事"关系以及上下级关系。同事关系是指在同一劳动组织中从事一定职业的劳动者之间的社会关系,从互动的角度看,它表现为竞争关系、冲突关系和合作关系,但同事关系除了关系双方在工作上的合作或冲突外,还可以通过这种关系得到情感上的交流与满足,因此,劳动者之间的同事关系是形成劳动者非正式群体的主要基础。上下级关系是指劳动者在工作场所中所结成的领导与被领导的关系,它取决于领导者(上级)在劳动群众(下级)中的实际影响力。领导的实际影响力取决于其权力性影响力和非权力性影响力。权力性影响力是一种合法权力,它可以是自上而下的授予,也可以由其他形式的委托而产生。合法权力经常是由领导者的职权来体现,如在劳动群体中,厂长、经理、车间主任等都有相应的职权,这种职权对普通职工群众有一种强迫性的、不可抗拒的影响,并可以因其强制性而使人产生服从与敬畏的心理。非权力性影响力更多的是属于自然性影响力,它并没有合法权力所具有的那种明显的约束力与强制性,但在实际生产劳动中往往具有权力性影响力所不能发挥的作用。非权力性影响力不是由他人委托产生的,它是由领导者个人的一些特性决定的,领导者的道德、品行、人格、工作作风、工作能力,领导者的各种知识和业务水平,以及领导者与职工群众的感情好坏等,都可以成为决定其非权力性影响力高低的因素。在上下级关系中,非权力性影响力可以使人产生敬爱、敬佩、信赖和亲近的行为。实际影响力的强弱可以影响劳动群体内部的心理气氛和工作效率。因此,在上下级关系中,领导者有哪些权力,有多大的权力,应该有规章制度与法律等的约束,否则就会出现工作上的混乱。

二、中观社会文化环境

中观社会文化环境,是指具体的劳动组织或企业的文化环境,主要是组织文化。如果把组织文化看作是组织或组织成员共同承认的价值观和意义体系,包括使这些价值观和意义具体化的物质实体的话,那么,对劳动者产生影响的文化环境要素包括了:(1)组织意识形态,往往通过价值观和意义体系表现出来;(2)制度与规范体系;(3)组织方式;(4)组织的正式结构与非正式结构;(5)组织技术等。组织文化环境的这些方面约制着劳动者的劳动活动、意义建构、身份和认同,而劳动者的行动又会影响到组织文化环境的特性与重构。劳动者与中观社会文化环境是一种吉登斯所强调的"结构二重性"关系。从劳动者的行为看,社会文化环境对劳动者有约束,但是劳动者在这种社会文化环境中不是被动的,行动者作为行动的主体,随时随地对其所处的制度环境与物质环境进行解释和谋划,制定出自己的行动策略,做出自己的行动选择,情境为行动者的行动选择划定了选择的范围,而做出的选择反过来又会影响到情境的变化[1]。从实践上来看,他们的行动有一种权宜性的取向,即根据社会文化情境来选择适合自己的行动,这种选择在当时情境约束下不是一种收益最大化的选择,而是一种满意、合适的选择。

在关于劳动组织、企业文化、报酬与社会收入分配、劳动关系、劳动制度等章节中,我们比较详细地分析了中观社会文化环境与劳动者的关系,因此在这里不再一一展开讨论。

三、宏观社会文化环境

宏观社会文化环境是指一个社会特有的社会制度、社会结构、社会习俗和社会规范。劳动者作为社会分工体系中生产或向他人提供有价值物品与服务活动的社会人,要受到这种文化环境的制约,违反这种文化的要求,会受到相应的制裁。宏观社会文化环境在本质上是一种社会秩序,它对劳动者的劳动活动

---

[1] 参见〔英〕安东尼·吉登斯:《社会的构成》,三联书店1998年版,第8页。

设置了制度与结构上的约束。

但是,劳动者并不是宏观社会文化环境的被动接受者,实际上,他(她)也是社会文化环境的体现者与建构者。比如,社会制度、习俗与规范的形成是一个历史的积淀过程,这一过程就与劳动者的长期劳动行为以及模式化的互动密切相关。劳动者的生产活动形成了一定的经济基础和经济结构,与此相对应,社会逐渐形成一定的制度、风俗习惯与行为规范。社会制度、风俗习惯和社会规范不仅在劳动者的身上得到体现,而且还通过劳动者的延续、社会化过程得以在代际之间继承、传递和沿袭。因此,劳动者在社会文化环境的形成中起着决定作用。同时,劳动者也通过自己的劳动实践、通过不同劳动者之间的结构及互动模式的变化,而不断地重新建构着社会制度、风俗习惯与社会规范。

第四节 劳动者行为

一、劳动者行为界定

劳动者行为可以是劳动作业,也可以是与劳动作业无关的其他活动;劳动者的行为可以表现为在工作场所与同事、领导或其他人的互动,也可以是在非工作场所与同事及领导的互动,前者如同事间的劳动协作,接待来本企业进行财务检查的人员,后者如在周末或下班以后到同事或者领导家里走访。劳动者行为可以界定为劳动者在有意地建构其劳动世界时所进行的实践活动。劳动者的行为通常具有以下特点:

第一,行为主体(即劳动者)是具有理解力与创造性的主体,他们可以对劳动条件与环境施加影响;

第二,劳动者的劳动行为是有意义的,劳动社会学的重要任务之一就是去洞察和理解这种意义,并对之进行解释;

第三,劳动者的行为是由一定的动机推动并与一定的目标有关。

第四,劳动者行为是在与他人互动过程中产生的,这种互动是一个行为主体之间使用话语、姿态和其他符号进行意义协调的持续过程;

第五,作为行为主体的劳动者之间的互动会产生出一些固定的模式,这些模式构成了劳动生活中理所当然的、大规模的安排;

第六,劳动者的个体行为与群体行为会对组织产生作用和影响;劳动者的社会行为会对社会结构与社会发展产生影响。

二、劳动者行为类型

劳动者行为可以根据不同的标准区分为不同的类型：

1. 从劳动者行为与劳动过程的关系角度，可以将劳动者行为区分为劳动性行为与非劳动性行为。劳动性行为是指与制造产品、提供服务、创造经济价值与社会价值有直接联系的行为，如生产劳动、企业管理、接待顾客等。非劳动性行为是指劳动者在劳动过程之外发生的，与创造经济价值与社会价值等没有直接联系的行为。如工会活动、职务竞争等。

2. 从劳动者行为的组织特征角度看，可以将劳动者行为区分为正式行为与非正式行为。所谓正式行为是指由正式行为规范控制的行为，如经理行使职权、工人按时上班等。所谓非正式行为是指劳动者在非正式组织中为满足个人情感需要而与他人发生的互动，如限制产量、传播小道消息、拉关系、结帮派等。

3. 根据行为主体行动的动机与取向看，劳动者可能发生的社会行为有四种类型：第一，工具理性行为。当劳动者根据一个情景的事实，选择合适的方式，来努力实现某些特定的目的时，就产生了理性行为。第二，价值理性行为，这种行为取决于劳动者对真、美或正义之类较高等级的价值，或对某种主义的信仰和认同，如大跃进时期农民及其工人大炼钢铁的行为。第三，情感性行为，这种行为是由劳动者的感觉、激情、心理需要或情感状态决定的。如劳动者在劳动场所的身体侵犯行为。第四，传统行为，这是劳动者遵循传统和劳动实践中养成的习惯性行为。如驾驶员的左行还是右行就属于这种行为。

4. 根据劳动者在行动时依照何种规范或价值，可以将其行为区分为五种类型。第一，情感性与情感中立性行为。它体现的是劳动者在进行劳动活动时，是以满足个人的情感冲动为出发点，还是以接受集体的纪律为出发点。第二，自我取向与集体取向行为。自我取向行为考虑的是个人的个体利益优先，集体取向的行为考虑的是集体的社会利益优先。第三，普遍主义与特殊主义行为。普遍主义的行为表现为劳动者对待他人与集体是按照普遍规范来对待，不以个人与其有特殊关系或情感上的原因等而来对待，而特殊主义行为则表现为劳动者根据特殊关系来对待他人与集体。第四，先赋性与成就性行为。先赋性行为表现为在与他人互动时，劳动者是根据先天的特质如性别、年龄、种族和家族地位等去评价他人，并采取相应的行动，而成就性行为则与此相反，劳动者是根据他人的所为、在工作中取得的成绩等去评价他人，并在互动时采取相应的行为。第五，扩散性与专门性行为。扩散性行为是指劳动者在某一互动情景中职责的范围是广泛而分散,是对客体采取的行动的总体作出反应,而专门性行为只是对总体中的一个狭小部分做出反应。

5. 根据劳动者行为所具有的社会意义,可以将其区分为个体行为、群体行为和社会行为。劳动者的个体行为有三种类型:技术性个体行为,即劳动者单纯运用技术的行为,如电焊工的焊接行为;社会技术性个体行为,这是与劳动者的技术有关的社会性行为;社会性个体行为,指劳动者与他人交往时,不是以组织中功能组成部分的身份交往,而是纯粹以满足个人的社会交往需要的行为。如人们在一起吃饭、打牌等。劳动社会学一般不研究单纯的技术性行为。对于社会技术性个体行为与社会性个体行为的考察,也是从与他人、与环境之间的关系的角度出发的。

劳动者的群体行为是劳动社会学研究的重点之一。群体是由个体组成的,但群体行为并不等于个体行为的简单累加,个体在不断的相互作用过程中,会逐渐形成特有的行为规范和行为准则。劳动群体分为正式群体与非正式群体,与之相对应,劳动者的群体行为可以区分为正式群体行为与非正式群体行为。

劳动者正式群体行为的特点是:(1)服从组织的总目标;(2)服从一定的合法权威;(3)与劳动者在正式组织中的地位相符;(4)受到各种正式的规章制度的限制。

劳动者非正式群体行为的特点是:(1)具有同质性;(2)有特定的行为符号,主要包括风俗习惯规范;(3)与正式群体目标可能一致,也可能不一致;(4)以社会性行为为主,没有正式约束;(5)同一非正式群体有共同的兴趣、信仰、价值观与行为取向。

劳动者的社会行为是指劳动者具有一定社会规模和社会影响的行为,如罢工行为。劳动者社会行为的发生有一定的社会基础,而且劳动者之间有着共同的利益要求。劳动者社会行为持续的时间可长可短,但规模往往会超过一个组织的范围。劳动者的社会行为在开始时往往会带有某种自发性,但在发展过程中,有可能逐渐形成有组织的有领导的行为。劳动者社会行为一般会经历三个过程,首先是进行一起行动的集体行动者的构成过程。其次是通过界定集体行动的边界对集体行动者的认同过程。再次是认同的再生产。由于劳动者的社会行为对整个社会的发展和结构的重组有着非常重要的影响,因此,这个领域的研究已经引起越来越多的学者的关注。

第五节 劳动者的社会化

一、劳动者社会化的含义与特点

1. 劳动者社会化的含义

一个社会的存在和发展离不开各种各样的合格劳动者所从事的劳动活动,当上一代劳动者退出劳动舞台时,需要新一代的劳动者来继承;同时,随着科学技术的进步与发展,劳动者所从事的劳动活动又会不断地面临新的挑战。一个社会怎样才能不断地找到它所需要的劳动者来从事相应劳动岗位的劳动活动呢?这涉及劳动者的社会化问题。所谓劳动者社会化,指的是社会将一个普通社会人转变成一个能够适应一定的社会和时代文化,掌握社会所需要的劳动技能和必要的劳动规范,适应工作环境的文化,从而履行合格的劳动的过程;劳动者社会化包含三个方面的内容:

第一,掌握一个职业角色所必须的知识和技能。要成为合格的劳动者,首先需要掌握一定的劳动技能,其次,必须经过一段时间的训练,把职业知识转化为实用的职业技能。

第二,了解工作环境的文化。劳动者在一定的社会分工体系下进行劳动,会受到一整套的习俗、惯例、公约、制度等的制约,这便是工作环境的文化。对于许多老职工来说,遵守劳动规范,顺应工作环境早已成了自觉的行动。但对于新到的劳动者来说,则有一个从了解、抵触、遵守到同化的过程。只有顺利地完成这个过程,才能成为一个合格的劳动者。

第三,尝试身份的转变,使职业角色内化为个人的价值。即劳动者对工作环境文化的适应与调节不仅包括社会性的内容,也包括心理性的内容。

2. 劳动者社会化的特点

劳动者社会化是以初级社会化,即个人未进入劳动岗位、成为劳动者以前的社会化为基础的。劳动者的社会化与其即将进入的行业、职业、劳动岗位、劳动关系、劳动环境等紧密相关。作为个人社会化的一个特殊侧面,劳动者社会化在起点、目标、社会化施体、社会化受体、过程图式、引导方式与时间等方面都有着自己的特点,为便于更好地把握劳动者社会化的特点,现将其与一般社会化的比较列表如下:

第二章 劳动者

表 2-2　劳动者社会化与一般社会化的比较

比较项目	一般社会化	劳动者社会化
起　点	从一生下来就开始	进入某一职业或某一劳动岗位时开始
目　标	使人成为合格的社会成员	使人成为合格的劳动者
社会化施体	主要受家庭、学校、邻里社会的影响	主要受其所在劳动岗位、班组、车间、企业、行业及与之相关的劳动价值、劳动规范的影响
社会化受体	一般的人	劳动者
过程图式	不间断的、贯穿一生的过程	可能是连续的，可能是间断的
引导方式	个体对个体（婴儿与幼年期）；集体对个体（进入学校以后）	个体对个体与集体接受都有
引导者	父母、长辈、教师及朋友等	师傅、同事、培训者、劳动组织

从以上的比较中我们发现，劳动者社会化主要是面向工作、面向具体劳动岗位的社会过程，所以也只有在工作中，在具体的劳动岗位上，劳动者的社会化才能最终完成。

二、正式学习与非正式学习

劳动者的社会化可以是正式的也可以是非正式的。职业角色正式方面的社会化能通过一段时间（长则几年，短则几小时）的学习而获得，这种正式的学习旨在学习、掌握与职业角色有关的生产知识与工作技能，如医科大学生的学习，一般需要至少 4 年的时间，而小店女服务员学习如何当服务员，其正式学习只要很短的时间就可以。

非正式学习主要是使个人能够适应和学习工作环境中的亚文化，认同亚文化规范。工作环境的亚文化是相对于一定的参照系而言的。如果把全社会的文化规范作为参照系，则企业文化规范就是一种亚文化。如果把企业文化规范作为参照物，那车间、班组的群体文化规范就是一种亚文化规范。对企业规范的了解与学习是必要的，但对工作群体规范的学习也同样重要，如工作群体有什么特点，工作场所中同事们认同的仪态、共同话题，甚至玩笑话、骂人话是怎么样的，工作群体中真正的领头人、真实的工作内容、工作定额以及群体成员对其的态度，群体中所形成的有形和无形的等级等，都是需要学习的。此外，如何完善职业角色，如何协调、处理与职业角色有关的环境，处理好与职业角色有关的纵向与横向关系等，有一些是可以通过正式的学习得以解决，有些则必须通过非正式学习。

三、劳动者社会化的过程

劳动者的社会化是一个循序渐进的过程。一些人在从事实际劳动很久以前就开始为某一工作做准备,而一旦进入实际的工作领域,社会化的过程不仅包括学习该职业运作必要的知识与技能,还包括了解职业文化及工作环境的文化。劳动者社会化的过程一般可以分为预期社会化、初始社会化、基础社会化和继续社会化四个阶段。

1. 预期社会化

所谓预期社会化,是指劳动者在进入某一具体劳动岗位之前,在他并不属于某一职业或工作群体时,由于希望加入这一职业或工作群体,从而在心理上认同于该职业或群体,并在行为上也以该职业群体所要求的角色规范要求自己,为未来工作中的真实角色做准备。

预期社会化过程是为正式担任工作角色做准备的阶段。这种准备包括两个方面:一是心理上的准备,二是行为上的准备。个体在心理上和行为上为将来希望从事的职业做准备时,尚需经受一定的考验。加拿大社会学家海斯与沙菲尔在1981年时对安大略医学院医科大学生的社会化过程进行了研究,他们发现,一个人如果要担当将来职业所要求的特殊角色和身份,就必须进行道德和行为两方面的转变。为了使个体充分适应这种变化,他必须经历压抑过程、被检验过程和传统的公众示范过程。只有成功地进行了这种转变的学生,才能算是成功地完成了为将来当医生所接受的医科大学教育。

预期社会化的基础是对职业的认识,这种认识有可能是清晰的,也有可能是模糊的、间接的。一个人早期对职业的认识受到父母职业、个人年龄、学校教育及大众传播媒介的影响。

2. 劳动者的初始社会化

劳动者在正式进入劳动场所、开始工作以前,要经历一系列有关的活动,如参观厂区环境,听取企业负责人的介绍,了解企业最一般的规章制度、组织结构、企业产品及其在市场上的地位,认识企业的有关领导和他将要在一起工作的同事等,这些活动被统称为劳动者的职前教育,它们是劳动者初始社会化的主要内容,并可使劳动者初步了解企业对职工的要求和职工所有的权利、义务与责任,使劳动者初步熟悉企业总的特点和规范。

3. 劳动者的基础社会化

在基础社会化过程中,劳动者一方面要学习、掌握必要的与劳动角色相关的生产知识和技能,另一方面还要适应和学习工作中的亚文化规范并实行心理的转变。劳动者要设法了解他所扮演的职业角色所要求的规范,并力求使自己成为合格的扮演者,协调与职业角色有关的环境,处理好与岗位角色的纵向与横向关系。如果劳动者缺少预期社会化的准备,心理调节能力差,学习能力低,社会适应能力有限,不善处理各种人际关系,则他的社会化就会失败。

4. 劳动者的继续社会化

劳动者的继续社会化是指由于劳动者的年龄、地位、所处的技术环境等方面的变化所引起的劳动职业规范和劳动行为的重新调节和调整。

第一,年龄变化。随着年龄的增长,劳动者在体能和智能及对新技术、新思想、新概念的吸收能力上与年轻劳动者相比会有一定的差距;与此同时,其经验和声望却可能随年龄的增长而提高。劳动者面对这些变化。需要对自己的行为进行相应的调整,而这便是一个继续社会化的过程。

第二,地位变化。劳动者地位的变化表现在两个方面:一是在正式群体中地位的变化,二是在非正式群体中地位的变化。劳动者在正式群体中的地位变化一般表现为其职位的变化,如由普通工人变为干部或由干部变为一般工人。当劳动者由干部变为工人时,其原先所拥有的合法权威及行政命令权力等就不再起作用,如果其不主动、积极地调整自己的行为,就会无法在新的工作岗位上愉快地工作。劳动者在非正式群体中的地位变化一般较难测量,但对于在这个环境中工作的人而言却能明显地感受到,并自觉地进行行为调整。如某人在刚进入劳动群体时可能只是一个远离非正式群体权力核心的人物,但随着其经验的增长及其在工作中的出色表现,会逐步成为非正式群体中举足轻重的人物,这种在非正式群体中地位的变化也需要人们在行为上进行相应的调整。

第三,技术变化。当今社会化生产过程越来越受到新的技术和工艺的影响,这种影响迫使劳动者不得不改变自己的知识结构和技能结构,去学习和掌握新的技术和技能。因为在技术革命对生产的冲击过程中,那些能够迅速学习新技术、适应新技术的人必然会在正式群体和非正式群体中处于相对有利的位置,从而使原有的社会关系格局发生变化。技术的变化也会使工作群体的结构发生变化,如用先进的自动化技术代替落后的手工或机械操作时,就需要减少人员或增加某些人员,从而形成新的工作群体。这样,劳动者就需要适应新的人际关系与新的技术关系。

四、职业地位与社会化

社会赋予职业的价值,对劳动者的社会化过程及其时间等有着非常显著的影响。不同的职业有不同的地位,其中一种工作有是职业(occupation)还是专业(profession)的区分,在对劳动者社会化的分析中,近年来尤其为西方研究劳动问题的学者们所关注。

1. 职业与专业

对于职业地位(occupational status)的测定有很多种方法,其中一个简明的测定方法是看该职业的专业化的程度,一般而言,当一种职业被认为是专业时会具有较高的地位。那么,如何区分劳动者从事的工作是职业还是专业呢?英国社会学家格林瓦特(E. Greenwood)通过长期研究以后,提出了五条区分的标准[①]:

(1)有一套系统的理论。是否以抽象概念来描述现象对一种职业是否被称为专业很重要,学习得来的技能并不是专业的主要表征,技能背后复杂的理论知识却是专业实践所需要的。另外,在专业领域,还应有一些人来专门从事不断扩展专业理论的工作。

(2)被公众认为其对该领域的知识与技能有专业权威。人们往往愿意向专业权威交往,听从专业权威的指示。

(3)专业领域有一种共同的认可与规定(sanction of the community)。比如,一个人如果没有接受相应的、或所要求的训练,就不能够使用专业头衔。此外,该专业领域的人士还应对与专业有关的知识和技能有某种程度的垄断,一个人也许完全具有了给人看病所需的各种知识,但要合法地行医,则须获得专业共同体(professional community)某种形式的认可,如必须有医学学位或国家发给的行医执照。

(4)有一套可以用来对劳动者的行为进行调节的伦理化规范。这种伦理可以是专业协会设计的,雇主设计的或作为专业初创时的一种要求,伦理规范规定了本专业什么是合适,什么是不适合的行为。

(5)有一种专业文化(professional culture),以区别于专业与职业。与其他的亚文化一样,专业文化有自己的语言、符号表征、规范等。

2. 专业化的努力

一种职业是否是专业对社会化的过程有很大的影响,因为声望与权力往往与专业相伴,许多职业的劳动者因而力图使自己的职业专业化。通过对特定技能、知识与服务的垄断,他们就获得了地位与声望。但是这种专业化的努力并不是一帆风顺的,它常常会遭遇到已经专业化的从业人员的抵制,那些企图维

---

① Greenwood, Ernest. 1957: Attributes of a Profession. *Social Work* 2 (July), pp.45—55.

第二章 劳动者

持自己地位与声望的劳动者群体甚至会联合起来,关闭他人进入该领域的大门。

提高职业地位,使职业专业化的其中一种办法是提高从事该项职业的劳动者的教育、训练、执照与证书等方面的要求,这种努力的其中一个后果是更多的工作与牺牲(对于期望跻身于专业者)。因此,职业专业化的努力往往对劳动者的社会化提出更高的要求,如要求劳动者增加教育、训练,或拥有证书与执照,即对正式的社会化会有更多的要求。

3. 逆专业化(deprofessionalization)

当一些职业在专业化的同时,社会上却还存在着一种很强的逆专业化现象,逆专业化同样也会对劳动者的社会化产生影响。美国社会学家罗斯曼(R. Rothman)以美国的律师行当为例,分析了律师这种专业在美国的逆专业化现象,逆专业化的原因在于[①]:

(1) 能力差距的缩小。随着人们知识拥有的增加和对特定领域问题认识的加深,专家知识日常化现象增加。

(2) 专业内制裁政策不力。如专业领域内常常有一些人违反专业规则与要求,这种越轨行为的曝光,或者对这种明显违反规则人群惩治不力结果的公开化,使人们对专业的声望提出疑问。另外,专业领域对无照、无证的人进入控制不严,也使人们对专业的地位产生怀疑。

(3) 业内人员的彼此竞争。这种竞争会提高个人的地位,但却会降低专业地位。

(4) 来自其他众多专业联合的侵占(encroachment from allied professions)。如会计、银行家、税收人员等经常涉足律师事务,结果,律师工作就成了似乎任何人都能做的工作,其地位自然受到影响。

(5) 组织性就业。一些专业人员经常受雇于大的公司,如律师、医生与社会学家,由于他们常常把对专业的忠诚转移为对雇主的忠诚,因此,使专业的声誉受到影响。

(6) 人口特性的转变。早期律师多为男性,如今大量的女性与少数民族由于接受了这方面的教育而进入,专业群体的人口构成出现了多样化趋势。但与此同时,由于人们对女性与少数民族的偏见依旧,使得专业的地位也由此受到影响。

---

① Rothman, Robert A. 1984: Deprofessionalization: The Case of Law in American. *Work and Occupations* 11(2), pp.183—206.

五、劳动者社会化的其他因素

1. 劳动场所与社会化

劳动场所的影响主要指从事该职业劳动时有关的风险、职业在组织中的位置及从事该职业的劳动者的多样性对其社会化的影响，即职业的工作特点、组织类型与劳动者的社会构成状况会影响劳动者的社会化过程。

工作特点对劳动者社会化的影响是不言而喻的，如工作的内容、条件、技术构成等不同，对劳动者的要求也不一样。

组织类型（如公有、私有）则在很大程度上决定了劳动者必须在其中担当一定的功能所应学习的东西。

劳动者的社会构成（如性别构成、宗族构成等）对劳动者的社会化过程也会产生很大的影响。美国社会学家罗沙贝丝（K. Rosabeth）在70年代对一个男性与女性构成比率为85∶15的企业员工的社会化进行了研究，她发现，女性在这样的工作场所的社会化与男性有着很大的不同，她们实际上是在一种标志化境遇（token situations）下进行社会化的。这种标志化境遇表现为：（1）高度的可视性（heightened visibility）。女性由于人数少，更易被人注意到，她们是聚光灯的指向点，从而使她们的优点或缺点被放大。（2）边界强化（boundary heightening）。女性被男性当作标志，他们的性别意识与性别界限强烈，这导致女性在社会化时一些路径的中断，如女性经常被男性排斥，非正式社会化的难度很大。（3）角色压缩化（role encapsulation）。公司里的女性被男性同事们分成了四种定型的角色：母亲：男人们可以向她们倾诉个人麻烦，并可以期望从她们那儿得到安慰的女性；富有魅力者：需要强有力的男性保护以便使他人保持距离的女性；宠物：可以让男性带到各种集会场所并对男性的各种表演表示仰慕的女性；铁娘子：不会将自己融于其他角色的人。由于角色的压缩化，使得女性的社会化处于非常不利的境地。

2. 社会因素与社会化

社会的变化与发展，主要是技术进步与职业结构和行业结构的变化，对劳动者的社会化会产生很大影响。

传统的社会化方式往往是老工人带新工人，当技术进步时，则会出现"倒转的社会化"（reverse socialization），即年老者反而需要年轻人"带"的状况。另外，随着技术的进步，还出现了另一种现象，即去技术化（deskilling），这使得对劳动者正式社会化的要求降低，但对工作环境文化的了解和如何对付高度自动化工作方式等方面的重要性却增强了。

社会的职业结构和行业结构等发生变化时,对劳动者的社会化也会提出新的问题,如随着第一产业的劳动力向第二产业和第三产业转移,社会由农业社会向工业社会转变,这是就面临农民角色如何向工人角色转变的问题,此外还有劳动者的现代化问题,都是我们需要认真研究的。而随着社会中服务业的增长和情感工业的出现,劳动者如何进行社会化也是一个新的课题。

思考题

1. 什么是劳动者?劳动者与社会文化环境有着什么样的关系?
2. 如何对劳动者的素质进行分析。
3. 试分析劳动者与社会文化环境之间的关系。
4. 试分析劳动者的行为类型及其特点。
5. 什么是劳动者的社会化?与一般社会化相比,劳动者的社会化有什么特点?

第三章

职业与行业

第一节 职业与行业的概念及特点

一、什么是职业

职业(occupation)是劳动社会学研究中最基本、也最为重要的概念,劳动社会学所关心的问题,大都与"职业"有关,如劳动者基本上是拥有一定职业角色的人,劳动者通过职业活动和他人发生业缘关系,对劳动组织、企业文化及劳动社会化过程的研究都离不开职业。那么,究竟什么是职业呢?

1. 国外学者对职业的界定

美国社会学家瑟尔茨认为,职业是一个人所从事的为了使个人收入不断取得而连续地从事的具有市场价值的特殊活动,这种活动决定着从事该活动者的社会地位。职业范畴的主要条件是技术性、经济性与社会性[1]。

日本劳动问题专家保谷六郎认为,职业是有劳动能力的人为了生活所得而发挥个人能力而向社会做贡献的连续活动的场所和工作。职业有五个特性:经济性、技术性、社会性、伦理性、连续性。

泰勒(Lee Taylor)在《职业社会学》一书中指出:"职业的社会学概念,可以解释为一套成为模式的与特殊的工作经历有关的人群关系,这种成为模式的工作关系的整合,促进了职业结构的发展和职业意识形态的显化。"[2]

---

[1] Salz, Arthur. 1944: Occupations: Theory and History. *Encyclopedia of the Social Sciences*. XI. New York Macmillan.

[2] 〔美〕李·泰勒著:《职业社会学》,台北编译馆 1972 年版,第 10 页。

2. 国内学者对职业的界定

一些学者认为可以从两个角度来理解职业,在一般意义上,指劳动者能够足够稳定地从事的并赖以生活的工作,在这个意义上,职业与"工作"、"岗位"等概念几乎是同义词;从社会学角度看,指劳动者足够稳定地从事某项工作而获得的社会角色,如工人、渔夫、教师等。两种含义有明显的区别,前者是劳动分工体系中的一个环节,后者是与上述环节发生关系的劳动者的社会标记[①]。在人口普查时,职业被定义为在业人口所从事的具体工作的类型。

3. 本书的立场

从词义学的角度看,职业一词由"职"和"业"两字构成,所谓"职",包含着社会职责、天职、权利与义务含义;所谓"业",包含着从事、业务、事业、事情、独特性工作的含义。根据以往学者的研究成果以及我们的理解,职业的构成要素应包括以下三个方面:

第一,职业是劳动者从事的有酬工作,即通过这项工作可获得经济报酬;

第二,职业是劳动者能够足够稳定地从事的工作,即有时间限度,劳动者从事的是一种相对稳定的、非中断性的劳动,一般规定为全部正规劳动时间 1/3 或 1/2 以上。

第三,职业是劳动者模式化的一种人群关系及相应的行为规范。

由此,我们认为,职业是劳动者为了生活所得而发挥个人能力,在社会分工体系中从事的相对稳定的、有报酬的、专门类别的工作及由此而获得的一种特定的劳动角色。它是对人们的生活方式、经济状况、文化水平、行为模式和思想情操的综合性反映,也是一个人的权利、义务、权力、职责,从而是一个人社会地位的一般性表征。

二、职业的特点及功能

1. 职业的特点

职业的主要特点可概括为:

(1) 同一性。某一类别的职业内部,其劳动条件、工作对象、生产工具、操作内容等都是相同的或相近的。由于情景的同一,人们就会形成类似的行为模式,共同的语言,很容易认同。也正是因为职业的同一性,才构成职业工会、同业工会、行业等社会组织。

(2) 差异性。不同职业之间,有着巨大的差异,包括职业活动的内容、个人

[①] 参见《中国劳动人事百科全书》(上册),经济出版社 1989 年版,第 1321 页。

行为模式、职业社会心理等。一般来说,人类社会作为一个有机体,必然存在社会分工,存在多种多样的职业。古人说,三百六十行,行行出状元。而现代社会,一般都有几千、几万种职业。各类职业之间差别巨大。随着分工的细化,技术的进步,经济结构的变动和社会的发展,新的职业不断产生,一些职业则同时被淘汰。

(3) 层次性。在众多的职业类型之间,可以区分出不同的层次。一些学者从职业社会功能的角度对职业作出区分,还有的学者根据人们对于职业的社会评价对其进行区分。

(4) 基础性。职业是社会存在和发展的基础。通过人们的职业活动,社会获得了得以存在和发展的物质基础,通过职业角色、规范、制度等管理,可以对极大多数社会成员进行社会控制,维持社会的稳定运行。

(5) 广泛性。职业问题涉及社会的大部分成员,职业问题也涉及一个社会的政治、经济、心理、教育、技术、伦理等许多方面,因此,具有广泛性。

2. 职业的功能

(1) 职业对于劳动者的功能。对于劳动者来说,职业至少具有以下功能:

第一,经济性。职业是劳动者获得经济收入的主要来源,从而成为劳动者生存及维持家庭生活的重要手段。

第二,工具性。职业是个人从事的特定的工作,当这种工作能够使个人的某些才能得以发挥和发展,使个人的某些兴趣得到满足时,就成为促进劳动者个性发展的一种手段。

第三,社会性。即职业是个人在社会劳动体系中从事劳动的场所,因而成为个人为社会作贡献的途径,而不管某个人是否在主观上要为社会作贡献、为他人服务。

第四,职业是个人获得非经济收入的主要通道。例如,通过职业,人们可以获得诸如名誉、地位、权力及各种便利。

第五,职业生活使个人进入一种社会情境,从而使个人在社会关系网络中担当一定的角色。

(2) 职业对于社会的功能。对于社会来说,职业也有一些很重要的功能,如职业的社会分层功能。尽管我们认为职业间是没有高低贵贱之别,但在社会上,人们往往根据不同职业所需付出的体力和脑力的多少、工作的复杂度、工作条件、工作所需的教育资格、工作的收入水平、社会声望和在组织的权力结构中的位置等对职业作出不同的评价。社会学家们(主要是西方的社会学家)则经常根据职业的某些特点,对社会上的各种人进行分层。如马克斯·韦伯、沃纳等,都将职业看作是划分人们社会地位和阶层的一个很重要的指标。职业的另一个社会功能表现为它的整合性。职业问题涉及社会的大部分成员,职业问题也涉及一个社会的经济、政治、心理、教育、技术、伦理等许多方面,一个社会常常根据自身社会整合的需要,在职业的规范、职业道德、职业组织等方面对劳动者有所要求,从而部分地实现了社会整合的要求。

三、什么是行业

什么是行业?对于行业的界定,多半是从经济学角度分析的。国内有一些学者认为,行业是社会劳动者从事社会生产劳动或其他社会劳动过程中逐步形成的社会集团概念。赵履宽、王子平在《劳动社会学概论》中没有给行业下定义,但他们认为可以把不同的(产业)部门划分为不同的行业。各种行业在社会分工体系中都有着自身特定的含义、范围和地位,不同行业之间在职责上既有明确的界限,同时也存在密切的关系。

我们认为,行业是在社会劳动者从事社会劳动过程中所形成的一种社会分工的集团概念,每一个集团都具有特定的劳动对象、特定的劳动方式,为社会提供特定的劳动产品或劳动服务,因而具有特定的社会职能和社会地位。

行业的构成有两个基本的要点:一是行业属于社会劳动者的集团概念,它指的是在社会经济活动中集合起来的一批劳动者;二是每一行业都有同一类型的经济活动,它们生产同一类型的产品,提供同一类型的服务,创造基本相同的使用价值。

劳动者的各种"行业"、"产业"、"部门"和"部类"的结构状况可以反映一个国家的社会经济发展水平,它们都是社会分工的产物,并都随着社会分工的深化而发展。同时,"行业"、"部门"、"产业"和"部类"之间又呈互相交叉的关系,各种行业都可以列入"产业"、"部门"、"部类"之中,例如"洗染"这一行业属于"第三产业"或"服务部门"。但是,"行业"的概念与"产业"、"部门"和"部类"的概念又稍有不同,行业主要是针对劳动人口类型而言的,而"产业"、"部门"和"部类"主要是针对经济活动类型而言的。

四、职业与行业间的关系

职业与行业间既有联系又有区别,职业与行业间的这种关系表现为以下六个方面:

1. 行业与职业都是社会分工的产物

行业与职业的关系,用一个通俗的比方来说,行业就好比一条公路,而职业有点像这条路上的车马行人。行业实际上是一种社会结构,在这个结构中,安排着各种各样的社会位置,每一个位置都拥有各种各样的资源,如地位、权力、财富、声望等,人们获取职业进行职业活动,实际上也就是获取这种资源的过程。

2. 行业与职业的分工层次不同

行业是社会基本分工的产物,是在生产部门层次上的分工,因此,行业是个集团概念,组成行业的单位是具有相似劳动产品或相似社会效用的经济组织。而职业是在行业内部的劳动者分工,它是一个个体的概念,组成职业的是不同劳动形式下的劳动者所担当的角色。

3. 两者的内涵不同

行业是生产过程分工的结果,而职业是劳动者分工的产物。行业的结构体现的是劳动生产力发展的状况,而职业结构体现的是生产过程的社会化和管理的科学化水平。

4. 两者的发展趋势不同

行业是劳动过程分工的产物,随着生产力发展和生产领域的扩展,行业分化会愈来愈细。职业是与特定的过程分工相联系的劳动者分工,随着生产力的发展,职业分化的趋势也不同。在一定的历史阶段内,当人力仍然是生产领域的主要动力时,生产力的提高必然伴随职业分化,因为此时劳动者必将与特定的生产技术相联系而表现为分工。在一定的历史阶段之后,当人力被自然力更替的时候,如使用机器人,劳动者不与特定技术分工相联系而从事同一性质的劳动,职业现象将会消失。

5. 从一定程度上讲,行业是一个经济学概念,而职业则是一个社会学概念

6. 职业与行业之间存在着相互交叉的情况

在不同行业中可以包含有相同的职业,而不同的职业又会共存于同一行业之中。

第二节 职业与行业的分类标准

一、职业分类

职业分类是一项十分重要而又复杂的工作。职业分类的标准在各国和地区间存在着非常大的差异,这种差异远远超过了对行业的划分。

进行职业分类首先需要搞清楚职业与"职务"、"职称"等概念的区别与联

系。职务是指劳动者所具体从事工作的职责任务和权力范围,如"主任"、"书记"等;职称是指技术程度的等级区别,不同的技术种类有不同的技术职称,如"会计师"、"工程师"、"教授"等。从理论上讲,职业、职务与职称是不同的概念。其次,在进行职业分类时,不应混入职务、职称的标准。但是,这三者间又有紧密的联系,人们在进行职业分层比较的时候,这三者常常都需要考虑。

根据不同的标准,职业可以区分为不同的类型,目前常见的职业分类有:职业标准编码法、社会地位分类法、部门工作标准法和职业指导应用分类法。下面主要介绍前面的两种分类法。

1. 标准职业分类

职业分类很早就为西方一些国家所重视。如英国1841年的人口统计表就曾列出了431种职业,据阿尔伯·爱德华所著的1870—1940年的《美国职业统计比较》记载,早在1820年,职业统计就被列入了美国人口普查的范畴之中。1850年,美国进行了专门的职业普查,在这次普查中,他们将美国的各行各业分类为商业、手工业、制造业、机械和采矿业、农业、林牧业、军界、河海航行、法律、医药、神学、教育、政府文职、家庭佣仆、其他行业等15大行业,共列出323种职业。1860年增至584种,1980年出版的《美国百科全书》认为,美国有25000多种职业。

国际劳工组织从20世纪40年代末开始就组织有关专家和国际组织来编制职业分类标准,终于在1958年颁布了第一部《国际标准职业分类》,成为各国编制职业分类的依据和各国间交流的标准。

国际标准职业分类体系,是一个"提供了包括全部文职工作人员所从事的职业在内的系统化的分类结构"[①]。在这个结构中,包括大类8类、小类83类、细类284类、职业项目1506项。在这一分类体系中,每一个职业都有一个五位的职业编码、一个名称、一个定义,职业定义说明该职业的工作者的一般职权、主要职责和任务。

许多国家的政府都组织本国的有关部门和专家学者编制职业分类的本国标准。各个国家的经济社会条件不同,又有不同的管理需要,因此职业分类标准就有所不同。

加拿大组织300个专家经过7年编制的《加拿大职业分类词典》,于1971年出版。该词典包括7000多个职业名称词条,其职业词条的内容包括:定义和职责、考核和提升要求、从业者必须具备的各方面条件和素质等等。该词典内

---

① 国际劳工局编:《国际标准职业分类》,劳动人事出版社1988年版,第2页。

容丰富全面,概念清楚,描述详实,具有很高的实用价值,社会用途面非常广泛,是一部国际影响很大的工具书。

中国国家统计局和国家标准局在1986年发布了《中华人民共和国标准职业分类和代码》。从1995年开始,由国家劳动部主持,经过五十多个部委、机关从事涉及职业分类的劳动人事教育干部和有关研究机构、大学的专家学者等近千人的多年努力,于2000年颁布了《中华人民共和国职业分类大典》。这个职业分类大典比照国际标准,把职业分为四个层次,包括8个大类,66个中类,413个小类,1838个细类。2000年第五次全国人口普查中的职业,主要采用了大类、中类、小类三个层次的体系。其八个大类为:

- 国家机关、党群组织、企业、事业单位负责人;
- 专业技术人员;
- 办事人员和有关人员;
- 商业、服务业人员;
- 农、林、牧、渔、水利业生产人员;
- 生产、运输设备操作人员及有关人员;
- 军人;
- 不便分类的其他从业人员。

职业分类大典中的"细类",是中国分类体系中最基本的类别,即通常所说的"职业"。内容包括职业编码、职业名称、职业概述、职业定义、职业内容描述,以及归属于本职业的工种的名称和编码。

附:我国职业分类内容举例

按照我国颁布的《中华人民共和国职业分类大典》,"裁剪工"职业在职业分类中的层次排列的地位为:

6　大类:生产、运输设备操作人员及有关人员

6-11　中类:裁剪缝纫和皮革、毛皮制品加工制作人员

6-11-01　小类:裁剪缝纫人员

6-11-01-01　细类(工种):裁剪工

"裁剪工"职业的定义与说明为:

使用裁剪设备或工具,将以纺织、皮革等为材料的面、里、衬等主、辅料开剪成胚的人员。

从事的工作主要包括:(1)备料;(2)使用专用工具进行主、辅料划样;(3)操作裁剪设备或工具将主、辅料裁剪成胚料;(4)将胚料打号、扎包、填写

生产记录;(5)清洁设备及工作地。

下列工种归入本职业:

航空救生设备裁剪工(10-009)

服装裁剪工(17-381)

从中国的八大类职业看,第一、二大类的职业属于比较典型的脑力型职业,第三、四大类中则包括了中低层次的脑力劳动者及从事部分体力劳动和脑力劳动的人。第五、六类职业主要是体力型的,第七类是军人。这种分类不仅反映了中国的社会劳动结构,体现了社会生产发展过程中的各类人员的比例关系,而且为我们管理和使用劳动力提供了依据。可以看出,随着社会经济的发展和职业的不断分化,职业的种类会增加,职业的划分为体现这种变化,也会作出相应的调整。如根据1986年的《中华人民共和国标准职业分类和代码》,1990年第四次人口普查时把职业分成了8个大类、63个中类和303个小类。在8个大类中,商业工作人员和服务性工作人员都是大类,8个类别中没有军人这一类别。而2000年的职业大类中增加了军队人员这一类别,合并了商业与服务业这两类比较相近的职业,更好地体现了社会经济的发展状况,也便于与国外的资料进行比较。

2. 社会地位分类法

在社会科学研究和统计工作中,主要是根据社会地位或者社会阶层等对职业进行划分。对于社会地位或者社会阶层区分的标准和方法不同,会有不同的职业分类方法。如以职业的教育程度和收入为依据,爱德华(A. Edwards)把职业分为6个大类:专业人员(或专门性人员)、业主、经理和官员、职员与类似职业、熟练工人与工长、半熟练工人、非熟练工人。以组织资源、经济资源和文化资源的占有状况决定的市场境遇与工作境遇为标准,陆学艺等把职业区分为国家与社会管理者、经理人员、私营企业主、专业技术人员、办事人员、个体工商户、商业服务业人员、产业工人、农业劳动者、农民工等十种类型。此外,不同的研究者根据研究对象以及相应的标准,还做出过各种不同的职业分类。

二、行业分类

1. 中国的行业划分

行业分类的标准,在世界各国,由于对社会分工的概念认识不一而各不相同。

在我国的人口普查和社会劳动力普查中,对于行业的分类主要是按在业人员所从事的生产或其他社会经济活动的性质的同一性分类,即按其所属行业分类而不按所属行政主管系统分类。在具体分类时,我们遵循既要反映我国当前的行业结构的状况,又要考虑国民经济和社会发展今后需要的原则,对重点行业和新兴行业适当增加细分类。中国于1984年发布了《国民经济行业分类和代码》(GB4754-84),它把国民经济分为13个门类,99个大类(中间留有空码,以备今后增加新的分类需要,实为83个),318个中类,678个小类。这一分类对于统一和规范当时国民经济各行业的管理,反映行业的结构、比例和发展状况,起到了重要的作用。

但是,随着经济体制改革的深入和社会主义市场经济的逐步建立,社会经济中的新兴行业不断出现,但这些变化在原来的行业分类中不能得到很好的体现,同时,GB4754-84行业分类与国际产业分类标准也有较大的差别。故此,从1990年开始,全国国民经济核算协调委员会及有关部门经过多次调查、研究、论证与修订,对原来的GB4754-84行业分类标准进行了修正,到1994年5月,终于形成了《国民经济行业分类与代码》(GB/T4754-94)。与原行业分类标准相比,修改后的行业分类标准有如下特点:第一,划分行业的基本单位由原分类标准所定的独立核算单位改为产业活动单位,产业活动单位是指在一个场所从事一种或基本上从事一种经济活动的单位。产业活动单位应同时具备以下三个条件:即(1)具有一个场所,从事一种或主要从事一种经济活动;(2)单独组织生产、经营或业务活动;(3)掌握收入和支出的会计核算资料。这样修改主要是考虑与国际标准取得一致。第二,类目加细。新修订的"行业分类标准"共分16个门类,92个大类,368个中类,854个小类,比原"行业分类标准"门类增加3个,大类增加17个,中类增加58个,小类增加185个。从门类的修订和调整看,原"工业"门类现已修改为"采掘业"、"制造业"和"电力、煤气和水的生产与供应业"三个门类。为了适应房地产业的迅速发展,又将"房地产管理业"从原来的"房地产管理、公用事业、居民服务和咨询服务业"中分离出来,与新兴的"房地产开发与经营业"、"房地产代理与经纪业"一起单独组成"房地产业"门类。原"房地产管理业、公用事业、居民服务和咨询服务业"中剩余类别改称"社会服务业"。原"商业、公共饮食业、物资供销和仓储业"参照国际标准调整修订为"批发和零售贸易、餐饮业"门类。原"仓储业"与"交通运输和邮电通讯业"合并成"交通运输、仓储及邮电通信业"门类。原"水利业"和"地质勘查业"在联合国国际标准产业分类(ISIC)及其他亚洲国家的产业分类中没有单独的类目,考虑到我国的实际情况,修订时将"水利业"从原来的"农、林、牧、渔、水利业"门类中调出,与"地质勘查业"共同组成"地质勘查业、水利管理业"门类。修订

后的16个门类是:

第一门类:农、林、牧、渔业;

第二门类:采掘业;

第三门类:制造业;

第四门类:电力、煤气及水的生产和供应业;

第五门类:建筑业;

第六门类:地质勘查与水利管理业;

第七门类:交通运输、仓储及邮电通信业;

第八门类:批发、零售贸易和餐饮业;

第九门类:金融保险业;

第十门类:房地产业;

第十一门类:社会服务业;

第十二门类:卫生体育与社会福利业;

第十三门类:教育、文化艺术和广播电影电视业;

第十四门类:科学研究和综合技术服务事业;

第十五门类:国家机关、政党机关和社会团体;

第十六门类:其他行业。

2. 行业与产业

(1) 国外关于行业与产业的区分。国际上在进行行业分类时,常常使用"产业"这个概念。如联合国于1971年颁布的《全部经济活动的国际标准产业分类索引》,把"全部经济活动"分为十大产业:① 农业、狩猎业、林业和渔业;② 矿业与采石业;③ 制造业;④ 电力、煤气、供水业;⑤ 建筑业;⑥ 批发与零售业、餐馆与旅店业;⑦ 运输业、仓储业和邮电业;⑧ 金融业、不动产业、保险业及商业性服务;⑨ 社会团体、社会及个人的服务;⑩ 不能分类的其他活动。

目前,世界上大多数发达国家在对国民经济各行业进行划分时,基本上采用"三次产业分类法",也就是按人类生产活动的性质,按生产发展的过程将国民经济的各行业分为三类。

在国际上,澳大利亚经济学家费希尔(A. G. B. Fisher)最先使用三次产业分类法,将社会经济活动区分为三大产业:

第一产业:指人类直接从事对自然资源加工取得原始资料的初级生产的各行业,如土地、森林采伐、捕鱼、狩猎业等,即我们常说的广义农业:即农、林、牧、渔。

第二产业:在初级生产的基础上,对原始物质资料产品进一步进行加工所形成的各种制造业,也即广义上的工业,包括采掘业、制造业、自来水业、电力、蒸汽、热水、煤气和建筑业等。

第三产业：即为配合、发展、分配第一、二产业的产品投入市场流通领域以及服务于人类生活的各项活动。

费希尔没有对第三产业所包含的内容作特殊的规定,一般西方国家将第三产业分为商业、金融保险业、房地产业、社会和个人服务业、政府提供的服务等几个部门。

(2) 中国关于行业与产业的区分。在中国,按照三次产业分类法划分国民经济各部门,明确提出大力发展第三产业,是1980年代改革开放后的事情。长期以来,中国一直沿用过去苏联的统计分类方法,国民经济各行业根本没有三次产业划分。在1980年代中期城市经济改革全面展开的背景下,参照国外情况,从有利于国民经济结构合理化和社会经济协调发展出发,国务院于1985年批准了国家统计局《关于建立第三产业统计的报告》,第一次对中国的三大产业做出明确的划分,并将第三产业的产值计入国民生产总值。根据《国民经济行业分类》(GB/T4754-2002),目前中国按照如下标准将国民经济各个行业划分为三大产业:

第一产业是指直接从事对自然资源加工,从自然界取得产品的产业,也称"第一次产业"(primary industry),具体是指农、林、牧、渔业。

第二产业是国民经济中对农业等初级产品进行多种层次的加工,为社会提供各种生产资料与生活资料产品的产业,也称"第二次产业"(secondary industry),具体是指采矿业,制造业,电力、燃气及水的生产和供应业,建筑业。

第三产业是一个包括众多部门的庞大领域。第三产业在整个国民经济中担当完成流通、提供服务和社会管理的职能,也称"第三次产业"(tertiary industry),不属于第一、第二产业的行业被划归到第三产业。

根据中国的实际情况,第三产业又分为两大部分;一是流通部门,二是服务部门。具体分为四个层次:

第一层次:流通部门,包括交通运输、仓储及邮电通信业,批发和零售贸易、餐饮业。

第二层次:为生产和生活服务的部门,包括金融、保险业,地质勘查业、水利管理业,房地产业,社会服务业,农、林、牧、渔服务业,交通运输辅助业,综合技术服务业等。

第三层次:为提高科学文化水平和居民素质服务的部门,包括教育、文化艺术及广播电影电视业,卫生、体育和社会福利业,科学研究业等。

第四层次：为社会公共需要服务的部门，包括国家机关、政党机关和社会团体以及军队、警察等。

第三节 职业、行业结构与社会发展

一、职业结构与社会发展

1. 国外职业结构与社会发展的一般趋势

职业结构的变迁可以从两个方面来测量：一方面，随着科学技术水平的提高，社会劳动分工越来越细，新的职业相应产生，一些旧的职业因为失去了存在的理由和条件而消亡，或者这种职业虽然存在，但职业的工作条件和工作内容改变了。另一方面，职业结构的变化是指各种职业的劳动者的比例会随着社会的发展而发生变化。对于一个社会来说，职业结构的变化反映着一个社会的发展水平和发展方向。

职业结构的变化遵循着一定的规律，从发达国家职业结构变化的趋势与规律看，总的趋势是体力性的、非技术性职业的劳动者所占的份额不断减少，而脑力性的、技术性职业的劳动者所占的份额不断提高。美国社会职业结构的变化正是反映了这种趋势（见表3-1）。

表3-1 1870—1995年美国职业结构

职业	劳动力%					
	1870	1900	1930	1950	1980	1995
专业人员和技术人员	3	4.2	6.8	8.6	16.0	17.1
经理、行政官员、店主	6	5.8	7.4	8.8	11.2	9.6
推销员	4	4.5	6.3	7.0	6.3	6.9
公务员		3.0	8.9	12.3	18.6	18.9
手艺人和工头	9	10.5	12.8	14.2	12.9	11.6
操作工	10	12.8	15.8	20.4	14.2	12.1
劳工（除农业工人外）	9	12.5	10.9	6.6	4.8	5.5
服务行业工人	6	9.0	9.8	10.4	13.3	16.3
农场主和农业工人	53	37.5	21.0	11.8	2.8	1.9
总数（整数）	100	100	100	100	100	100
劳动力数量（百万）	12.9	29.0	48.7	59.0	97.3	127.1
劳动力中女性的比例	15.0	18.0	22.0	28.0	42.4	46.7

资料来源：〔美〕丹尼尔·吉尔伯特等著：《美国阶级结构》，中国社会科学出版社1992年版，第92页。

从表 3-1 可以看出,白领工人(专业人员和技术人员,经理、行政官员和店主,推销员与公务员)在美国就业者中所占的比例一直呈上升趋势,从 1870 年的 13% 上升到 1995 年的 52.5%,其中公务员及专业人员的比例上升速度尤其迅速。体力工人(手艺人和工头,操作工,劳工)在社会劳动者中的比例变化不大,但其内部的结构发生了很大的变化。劳工的比例下降了,而手艺人和工头、操作工则有所增加。农业劳动者的比例同样也经历了大幅度的下降,从 1870 年的 53% 下降到了 1995 年的 1.9%。

职业结构的变迁是美国社会结构发生根本变化的主要层面。在 1956 年的时候,美国的白领工人人数和比例首次超过了体力工人,丹尼尔·贝尔认为美国从此进入了白领社会,或进入了后工业社会。贝尔把人类社会发展划分为三个阶段,即前工业社会(也即农业社会)、工业社会和后工业社会。他认为,前工业社会的主要职业是农民、矿工、渔民和非熟练工人;工业社会的职业是半熟练工人和工程师;后工业社会则以专业性、技术性的职业和科学家为主。他认为,劳动力中的专业和技术阶级代替产业工人处于主导地位……这是职业结构已发生的一场双重革命。就职业决定着其他行为方式而言,它也是一次社会阶级结构的革命。职业结构引起的社会结构的变化表现在美国社会的各个方面。首先是教育水平的提高和发展,白领职业必然要求劳动者具有更高的教育水平。和过去的劳动者相比,美国的新劳动者受到了更为良好的正规教育。其次是劳动者地位的上升和社会参与的增加。第三是宗族差别的缩小。第四是妇女劳动力参与率的提高。第五是社会目标的改变。此外,由于职业结构变化引起的社会结构的变化还对政治领域、社会生活方式等方面产生重大的影响,如白领职业中的工会组织,其组织方式和活动方式就不同于蓝领工人中的工会组织,又如妇女从家庭中走出,参与了更多的社会活动,家庭不再是妇女的主要活动场所。

2. 中国的职业结构与社会发展

自中华人民共和国成立至今的半个多世纪里,中国社会劳动者的职业结构业发生较大变化。表 3-2 和表 3-3 给出了 1952—2000 年若干年份中国劳动者的职业结构。

从人口普查关于职业结构变迁的资料看,20 世纪 80 年代以来中国的职业结构正在发生一些变化,不过由于在人口普查时对于农、林、牧、渔、水利业生产人员采取了一种以户籍、身份等为主要依据的区分标准,因此对于农村社会实际的职业结构变化并不能够得到全面的刻画,并影响我们对中国整体职业结构变迁方向、速度的认识。

第三章 职业与行业

表 3-2 从三次普查看职业结构变迁

职 业 大 类	1982 年比重(%)	1990 年比重(%)	2000 年比重(%)
在业人口合计	100.00	100.00	100.00
国家机关、党群组织、企业、事业单位负责人	1.56	1.77	1.67
专业技术人员	5.07	5.32	5.70
办事人员和有关人员	1.30	1.69	3.10
商业、服务业人员	4.02	5.40	9.18
农、林、牧、渔、水利业生产人员	71.98	70.62	64.46
生产、运输设备操作人员及有关人员	15.98	15.15	15.83
不便分类的其他从业人员	0.09	0.05	0.06

资料来源:根据第三次、第四次和第五次人口普查资料计算。

下面我们根据中国社会科学院社会学所研究者关于职业结构变迁的资料,来分析中国半个世纪以来的职业结构变迁(见表 3-3)。

表 3-3 社会学家视野下的职业结构变迁 （单位:%）

	1952	1978	1988	1991	1999
国家与社会管理者	0.50	0.98	1.70	1.96	2.10
经理人员	0.14	0.23	0.54	0.79	1.50
私营企业主	0.18	0.00	0.02	0.01	0.60
专业技术人员	0.86	3.48	4.76	5.01	5.10
办事人员	0.50	1.29	1.65	2.31	4.80
个体工商户	4.08	0.03	3.12	2.19	4.20
商业服务业员工	3.13	2.15	6.35	9.25	12.00
其中:农民工	—	0.80	1.80	2.40	3.70
产业工人	6.40	19.83	22.43	22.16	22.60
其中:农民工	—	1.10	5.40	6.30	7.80
农业劳动者	84.21	67.41	55.84	53.01	44.00
无业失业半失业人员	—	4.60	3.60	3.30	3.10
总 计	100.00	100.00	100.00	100.00	100.00

资料来源:陆学艺主编:《当代中国社会阶层研究报告》,社会科学文献出版社 2002 年版,第 44 页。

从表 3-3 可以看出,目前中国的职业结构具有农业社会向非农业社会转型的特征。在全部社会劳动者中,农业劳动者大约占了一半的比重,农业劳动者占就业人口的比重从 1952 年的 84.21% 下降到了 1978 年的 67.4%,经过二十多年的改革,进一步下降到了 1999 年的 44%,中国农业劳动者向非农产业转移的速度,与美国早期工业化、城镇化过程中农业劳动者份额的下降有着非常相似的特点。外出务工经商、兴办乡镇企业、接受高等教育以及城市化,是当前中国农业劳动者实现职业改变的主要途径。仅仅外出务工经商就吸纳了 8000 多万农业劳动者,还有上亿农业劳动者被吸纳到乡镇企业,成为乡镇企业工人、企业家和管理人员。

中国非农业劳动者的比重在 1999 年时已经超过了农业劳动者的比重,达到了 53%。在过去二十多年中,非农业劳动者中的商业服务业劳动者的数量有比较大的增长,近年来,一些以商业服务业为中心的城市发展迅速,小城镇的扩张运动也在继续,这些将导致商业服务业员工职业阶层规模的继续增长,并开始出现分化,尤其是随着新兴服务行业的出现,随着服务行业的产业层次逐渐提高和日益规范化、现代化,这个职业阶层中的相当一部分成员将向上流动,进入社会中间层,从而对缩小社会结构中的中下层起到重要作用。

产业工人的数量及比例在 20 世纪 80 年代的农村工业化高潮中有明显上升,进入 90 年代以来则变化不大。在今后一段时期,产业工人在职业结构中所占比例的变化也可能不会很大。虽然随着一些传统工业的衰落,会有一部分产业工人流向其他职业类别,但中国加入世界贸易组织之后,东亚和西方一些国家的新兴产业中的劳动密集型工业企业将加速转移到中国,从而对产业工人的需求将保持在一定水平上。因此,在相当时期内,中国不会像西方国家那样,出现产业工人在社会职业结构中的比例大幅度下降的现象。但是,产业工人内部的分化也将不可避免,随着产业升级和技术含量的增加,一部分产业工人将成为现代意义上的技术工人,实现向上流动,进入社会中间层。而一些产业工人则可能因为技术、产业结构变迁等原因而下岗、失业,成为需要重新寻找职业的潜在劳动者。

个体工商户、私营企业主与经理人员的规模在改革以来有了快速的增长,成为职业结构中增长速度最快的部分之一。比如,从 1978 年到 1999 年,私营企业主所占比重从 0 上升到了 0.6%,个体工商户和经理人员所占比重也分别从 0.03% 和 0.23% 增加到 4.2% 和 1.5%。此外,专业人员、办事人员在社会劳动者总量中的份额也有了较大的增加。

职业结构的这些转变意味着中国社会已经开始由传统农业社会向现代工业社会、服务业社会的转变,同时我们也可以看到,半个多世纪以来中国职业结构的变迁方向从总体上看与西方发达国家曾经经历过的转变趋势是一致的,即农业劳动者的份额不断缩小,非农业劳动者的份额不断增加,社会的现代性也随之不断增长。

二、行业结构与社会发展

1. 行业结构变化的原因

行业结构一词可用于国民经济产值和就业者两个方面,是指在国民经济总体中各个不同行业的产值或劳动者的比例关系。本书的行业结构主要是指社会劳动者在各行业中的分布,作为社会劳动分工的产物,行业结构会随时间的推移和社会的发展而变化。行业结构的变化主要受两个因素的影响:一是社会生产力发展,劳动生产率提高;二是人类自身需要发展。

社会生产力的发展和劳动生产率的变化对一个社会的行业结构会产生很大的影响。劳动生产率的提高意味着每个劳动力投入后产出的增加,假定一家企业雇佣10名劳动力,工作40个小时,则一周可以生产8000件产品,若10年后劳动生产率提高30%,则8名工人在一周工作40小时的产量就超过了8000件,在社会总需求一定的情况下,就需要将生产率提高后多出来的劳动者转移到其他部门,这就会引起劳动者行业结构的改变。如18世纪中叶,由英伦三岛引发的工业革命使得社会生产力高速发展,从根本上改变了社会的行业结构。以蒸汽机的改进和推广使用为主要标志的第一次技术革命和以电力技术及内燃机为代表的第二次技术革命,使社会的劳动生产率大为提高,传统的手工业为现代大机器工业所代替,形成了很多新兴的现代工业部门。工业革命使现代企业登上了历史舞台,在社会经济生活中起到了非常大的作用,一些国家迅速成为工业化国家,即不仅工业产值超过农业产值,而且工业劳动者的比重也超过了农业劳动者的比重。

工业革命对社会经济发展的一个直接后果是社会财富的迅速增加,从而为人们追求生活水平的提高和生活质量的改善提供了条件,而这又进一步推动着行业结构向更高的层次发展。纵观人类社会经济发展的历史,社会生产力发展和人类需要的满足是行业结构变化的两大决定力量。

2. 行业结构变迁的一般趋势

在对行业结构的变迁趋势进行分析时,学者们一般从产业结构变迁的视角来看行业的变迁。从各个国家的情况看,其变化的一般规律是:劳动者首先由第一产业(广义农业)流向第二产业和第三产业,然后由第一产业、第二产业流向第三产业。这种变化在美国等西方发达国家表现得尤其明显(见表3-4)。

表 3-4 美国 1919—1990 年行业与产业部门劳动就业配置比例

（单位:%）

年份 产业部门	1919	1959	1979	1990
总　计	100.0	100.0	100.0	100.0
第一产业	32.9	7.8	2.7	1.9
农　业	32.9	7.8	2.7	1.9
第二产业	31.7	30.4	27.0	25.8
矿产业	2.8	0.9	0.7	0.8
建筑业	2.5	5.4	5.8	5.7
制造业	26.4	24.1	20.5	19.3
第三产业	35.4	61.8	70.3	72.3
运输、通讯与公共服务	9.2	6.1	5.3	5.1
贸　易	11.2	18.8	21.4	22.2
金融　保险　房地产	2.8	4.1	5.3	5.7
其他服务业	5.6	17.3	21.0	23.2
政府部门	6.6	15.5	17.3	16.1

资料来源:赫伯特·S.帕纳斯著:《人力资源》,黑龙江教育出版社 1990 年版,第 80 页。

可以看到,在大约 70 年左右的时间内,美国的产业结构发生了非常明显的变化,目前第一产业的劳动者比重已不足 2%,而第三产业劳动者的比重则超过了 70%,按照第一、二、三产业的顺序排列,美国的产业结构是一种典型的正三角形形状。

3. 中国的行业结构及其变化趋势

自中华人民共和国成立以来,劳动者的行业结构和产业结构发生了很大变化。随着农业生产率的提高和非农业部门劳动岗位的增加,农业劳动者的相对比例有了较大幅度的下降,第一产业劳动者比例由 1952 年的 83.5% 下降到了 2002 年的 50.0%,第二产业和第三产业的劳动者比例分别由 1952 年的 7.4% 和 9.1% 提高到了 2002 年的 21.4% 和 28.6%（见表 3-5）。在 50 年的时间内,第一产业劳动者的份额下降了 33.5 个百分点,对于中国来说,这是社会发展进步的一个重要成就。

劳动者在第一、二、三产业的分布状况可以反映一个国家社会发展的程度。一个国家第二与第三产业劳动者的比重及产值,始终是衡量一个国家现代化程度非常重要的指标。美国著名的现代化问题专家阿历克斯·英克尔斯曾在 20 世纪 70 年代初提出了现代化社会的 10 条一般标准,其中有三项与行业密切相关。英克尔斯认为,一个现代化的国家,服务部门产值的比重应至少占社会总产值的 45%以上,农业产值的比重应至少在社会总产值中占不到 25%,而非农就业人员的比重则应大于 70%。2002 年中国第一产业产值占国内生产总值的 14.5%,第三产业产值占 33.7%,非农就业人员为 50%,可见与现代化国家的最低要求还有一定的距离,尤其是服务部门产值比重和非农就业人员比重这两项,差距依然非常明显。

总体而言,中国行业结构及产业结构的层次与发达国家(如美国)相比,还有相当大的距离(见表 3-4 和表 3-5),主要是第一产业劳动者的比例偏高,而第三产业劳动者的比重则偏低。如果美国的产业结构是一种"正三角形"形状的话,则中国的产业结构是一种"倒三角形"的形状。

表 3-5 中国 1952—2002 年行业与产业部门从业人员数量及其结构

(数量:万人)

	1952	1978	1980	1990	1995	2000	2002
总　　计	20729	40152	42361	63909	67947	72085	73740
农林牧渔业	17317	28318	29122	34117	33018	33355	32487
采掘业		652	697	882	932	597	558
制造业	1242	5332	5899	8624	9803	8043	8308
电力、煤气及水的生产和供应业		107	118	192	258	284	290
建筑业	289	854	993	2424	3322	3552	3893
地质勘查与水利管理业		178	188	197	139	110	98
交通运输、仓储及邮电通信业	227	750	805	1566	1942	2029	2083
批发和零售贸易和餐饮业		1140	1363	2839	4292	4686	4970
金融保险业		76	99	218	276	327	340
房地产业		31	37	44	80	100	118
社会服务业		179	276	594	703	921	1094
卫生体育与社会福利业	1345	363	389	536	444	488	494
教育、文化艺术和广播电影电视业		1093	1147	1457	1476	1565	1564
科学研究和综合技术服务事业		93	113	173	182	174	163

续表

	1952	1978	1980	1990	1995	2000	2002
国家机关、政党机关和社会团体	269	467	527	1079	1042	1104	1074
其他行业	42	521	588	1798	4484	5643	6247
第一产业(%)	83.50	70.50	68.70	60.10	52.20	50.00	50.00
第二产业(%)	7.40	17.30	18.20	21.40	23.00	22.50	21.40
第三产业(%)	9.10	12.20	13.10	18.50	24.80	27.50	28.60

注:1990年及以后就业人员资料根据第五次全国人口普查数据调整,因此分类型、分行业的分项资料相加不等于总计。

资料来源:根据《中国统计年鉴2002》和《中国统计摘要2003》相关资料计算。

为什么中国的行业与产业结构会有这样的特点呢？我们认为这与长期以来(尤其是1978年以前)中国以城市重化工业(即重工业与化学工业)为核心的工业化道路及对农村剩余劳动力的排斥有关。

中华人民共和国成立以后,面临的是一种百废待兴的局面。当时中国的社会经济在经受帝国主义的入侵和连年的战争之后,几乎已到崩溃的边缘。在第一个五年计划开始之初的1952年,中国的人均GNP仅为52美元,在国民收入构成中,农业的份额占了57.8%,工业的份额仅占23.1%。工业所占的份额不仅小,而且其内部结构也很不合理。在工业内部,轻工业所占的比重达到了68.1%,重工业只占31.9%。轻工业主要是以纺织工业为主,而重工业则是工业原料的采掘加工为主。1952年,中国全部的钢产量只有153万吨,发电设备功率0.6万千瓦,交流电动机功率64万千瓦,化肥3.9吨,工业的门类残缺不全,一些代表当时先进技术水平的产业如汽车制造业、飞机制造业、石油化学工业、精密机床工业等,几乎全部为零。

从劳动者就业结构来看,1952年中国工业劳动者只占社会劳动者总数的7.4%,农业劳动者占到了83.5%,第三产业占9.1%。与发达国家相比,中国的社会经济结构表现出明显的二元结构特征,而中国的工业化就是在这样的结构下起步的。

建国之初,我们毫无建设社会主义工业化的经验,面对以美国为首的资本主义国家对中国社会经济的封锁和世界上第一个社会主义国家苏联在农业国进行工业化的成功经验,我们选择了苏联工业化道路的模式,即以国家为主体,以重化工业为核心的工业化道路。

应该说,这种工业化道路在建立现代工业、增强国力方面相当成功。从1949年到1978年,经过将近30年的建设,中国已基本上建立了门类比较齐全的工业体系。在20世纪60—70年代时,中国的航天、原子能、电子等产业已初具规模,一些现代工业中的资本密集和技术密集产业已建立起来。到了20世纪70年代,虽然中国工业产品的质量与技术水平与世界先进水平相比还有很大差距,但中国的飞机制造业、汽车制造业、船舶制造业、石油化学工业、工业设备制造业等产业都已形成了批量生产的能力。如果单就工农业总产值的构成而言,到20世纪70年代,中国的工业化程度已超过了一般发展中国家的水平,工业总产值占工农业总产值的比重已经由1952年的43.1%上升到1978年的75.2%。

工业化过程既是新的生产资源发现,新的生产函数引入,新的生产方式发生的过程,也是其原有的生产资源和生产要素重组的过程,即伴随着工业化进程,劳动者的劳动就业结构和居住方式也随着发生变化。在二元经济结构转换过程中,这种变化更有着决定性的意义。若从这方面看,1978年以前中国工业化的成就相当有限,因为工业化的推进并没有带动整个社会经济结构的实质性变化。

在1952到1978年的26年间,乡村劳动力由18243万人增加到30142万人,其在总人口中的份额由31.7%降为31.5%,仅下降0.2个百分点,农业劳动力占社会劳动力份额由83.50%降为70.5%,年平均仅下降0.5个百分点。从人口居住方式看,1949年中国城镇人口在总人口中所占的比例是10.6%,到1978年,城镇人口的比重依然只有17.9%,82.1%的人口仍生活在农村。中国农业劳动力的转移远远滞后于产业结构的变迁,这种滞后与中国所选择的工业化道路有很大关系。

(1) 中国以重化工业为核心的工业化道路是一条资本排斥劳动的工业化道路。据统计,从1952—1978年,中国全部独立核算工业企业劳动者人数增长了3倍,年平均增长率为5.5%,固定资产原值增长了22.3倍,年平均增长率为12.9%,人均固定资产原值增长了4.8倍,年平均增长速度为7%。

工业人均资本的迅速增长,是因为向重工业的倾斜发展。通过对1952—1978年国民收入及轻重工业总产值与固定资产投资的回归分析发现:国民收入每增长1%,投资需要增长0.6%,轻工业每增长1%,投资需增长0.75%,重工业每增长1%,投资需增长0.81%。在1952—1978年的26年间,国家基建投资额中重工业投资比重平均为46.7%,轻工业为5.5%,农业为10.8%(见表3-6)。

表3-6 中国各个时期基本建设投资总额中农轻重投资比

(单位:%)

	"一五"时期	"二五"时期	1963—1965	"三五"时期	"四五"时期	"五五"时期
全国投资	100.0	100.0	100.0	100.0	100.0	100.0
工业合计	42.6	60.4	49.8	55.3	55.4	52.6
轻工业	6.4	6.4	3.9	4.4	5.8	6.7
重工业	36.2	54.0	45.9	51.1	49.6	45.9
农业合计	7.1	11.3	17.6	11.7	9.8	10.5

资料来源:《中国统计年鉴1988》。

重化工业为核心的工业化道路的必然结果是资本对劳动的排斥,就业结构与产业结构变化之间的偏离(见表3-7)。

表3-7 1952—1978年就业结构与产值结构变化表 (单位:%)

	第一产业		第二产业		第三产业	
	就业结构	产值结构	就业结构	产值结构	就业结构	产值结构
1952	83.5	50.5	7.4	20.9	9.1	28.6
1957	81.2	40.3	9.0	29.7	9.8	30.0
1965	81.6	37.9	8.4	35.1	10.0	27.0
1970	80.8	35.2	10.2	40.5	9.0	24.3
1975	77.2	32.4	13.5	45.7	9.3	21.9
1978	70.5	28.1	17.3	48.2	12.2	23.7

资料来源:《中国统计年鉴2002》相关资料计算

因此,中国的工业创新没有带动应有的就业岗位增加,单位边际资本所提供的就业机会是递减的。早期二元经济理论的集大成者费景汉和兰尼斯曾对资本积累对劳动就业的吸纳程度与创新等问题进行过研究,他们认为,由资本积累吸纳的工业劳动就业增长率等于资本的增长率。据此测算,从1952—1978年,中国新增工业固定资本应提供10225万个就业机会,但实际提供量仅为5009万个,少提供数量5216万个。资本对劳动排斥的结果是中国,就业结构的转换远远落后于产业结构的转换。据有关资料,20世纪50年代以来,一些发达国家在20年左右的时间内就业结构的变化值大多在25%—45%之间,如日本为42%(1958—1971),美国为26.4%(1950—1971),法国为35.6%(1962—1979),而中国在26年间农业劳动力就业结构的变化值才为13%。

(2)中国的工业化是在通过割断农业与工业两部门之间正常的市场联系,

第三章 职业与行业

建立一套以国家财政为中心的强制性积累机制的情况下进行的。

中国的工业化是在农业劳动生产率很低的情况下启动的。为了尽可能多地获得工业化快速推进所需要的资金,国家采取了压低农产品价格和农民消费水平的办法,以工农业产品的不等价交换和税收等形式,向工业化提供原始资金积累。据折算,1978年以前工农业产品价格背离的情况是:农产品价格低于价值在1957年为38.8%,1965年为45.6%,1971年为40.6%,1978年为35.6%(农民因此少收入的金额分别为137.9亿元、257.4亿元、252.2亿元和308.4亿元),工业品价格高于价值在1957年为53.9%,1965年为43.7%,1971年为36.7%,1978年为19.1%(农民因此多支出的金额分别为82.3亿元、100.8亿元、132.3亿元和133.4亿元),农业通过"剪刀差"形式为国家提供的积累额分别占当年财政收入的71.0%、75.7%、51.6%和39.4%。1950—1978年间通过"剪刀差"形式从农村获取的资金累计达4481亿元。国家在农村实行的"统购统销"政策和"三级所有、队为基础"的人民公社体制,是长期以来工农业产品价格"剪刀差"和工、农间扭曲的收入分配结构得以存在的保护伞。然而,农民们含辛茹苦积累起来的数千亿资本并没有与中国最丰富的农村劳动资源进行有效的组合。为工业化提供了巨额资本积累的农民,不仅没有享受到工业化的曙光,而且当他们追求工业文明时,反而遭到了强制性的行政控制。自20世纪50年代起,中国农村就已有相当多的劳动力到城市工业部门寻找就业机会。针对这一现象,从20世纪50年代中期起政府就开始对农村劳动力向城市的流动进行控制。1957年,国务院颁发了《关于制止农村人口盲目外流的指示》,采取严格禁止企事业单位从农村招工,并把进城农民遣送回原籍等措施,并于1958年颁布了《中华人民共和国户口登记条例》。在这一具有法律效力的文件中,明确区分了农村居民和城市居民这两种具有世袭性涵义的户籍制度,尔后又形成了与之相配套的粮食供给、副食品与燃料供给、住宅供给、生产资料供给、教育、就业、医疗、养老保险、劳动保护、人才、兵役、婚姻与生育等十几项制度。这种城乡分割的社会体制基本上把农民挡在了工业化大门之外。

由此,国家一方面通过"统购统销"和人民公社体制,以工农业产品价格"剪刀差"的形式剥夺了农民的一部分农业剩余(有时甚至是必要消费)的所有权,将其直接转化为国家工业化的资金积累,使得农村商品市场萎缩,大量以农副产品为原料的家庭手工业和个体商贩衰落。另一方面,国家又通过以户籍制度为核心的一整套社会制度,把农民隔离在工业化进程之外,使得农村劳动力只有在农业部门就业这一条通道,众多的农村劳动力拥挤在狭小的土地上,使得农业劳动生产率出现了零增长甚至负增长和农业人均净产值下降的局面。有资料表明,1952年每个农业劳动力的净产值为419元,农副产品收购额为208元,1978年分别为432元和219元,扣除物价因素,人均净产值和人均农产品收购额分别下降了约40.5和40.4个百分点。

中国农业人均边际产出的明显下降及剩余劳动力的大量增加表明,到了20世纪70年代末,如果不解决农村剩余劳动力的出路问题,中国行业与产业结构的转变就没有希望,中国的社会经济发展也同样没有出路。

现代化的过程在行业与产业结构变迁上的表现是由"倒三角形"向"正三角形"转变的过程,中国也不例外。改革以来中国农村非农产业的快速发展和农村剩余劳动力的大量转移,已使中国的行业与产业结构有了明显的转变,这种转变已极大地影响到了中国社会经济结构和人们的劳动生活。可以预期,随着农村剩余劳动力的进一步转移,中国的行业与产业结构必将会得到改善,社会经济也必将向前发展。而研究在这种转变过程中出现的劳动、经济、社会问题,也正是研究劳动社会学的学者们与实际部门的工作者义不容辞的责任。

思 考 题

1. 什么是职业,职业有何功能与特点?
2. 什么是行业,它与职业是什么关系?
3. 简述职业与行业的分类标准。
4. 试论职业、行业结构与社会发展的关系。
5. 中国的职业与行业结构有何特点?

第四章

职业地位与声望

第一节 职业地位与声望基本分析

一、概念

1. 职业地位

所谓职业地位,就是指不同的职业依据其本身的社会结构功能所占据的不同的客观社会位置。不同的职业拥有不同的社会地位资源,并具有相应的社会功能。决定职业社会功能的社会地位资源,如权力、财富、声望、晋升机会和发展前景等,一般只向从事该项职业的人开放,因此,不同的人才会有不同的职业地位。

2. 职业声望

所谓职业声望,就是指人们对不同职业的价值评价,它是社会成员对各种职业地位的主观态度的综合。人们对职业的评价往往会借助多种职业价值尺度,如工资、奖金、津贴、福利方面的职业报酬尺度;物质财富创造、精神财富创造方面的职业贡献尺度;文化知识技能和工作单位状况尺度等。从社会层面看,不同年龄、性别、经历、家庭、地区的人们,出于不同需要的角度,会使用各有侧重的职业价值尺度。从社会总体看,在一定时期和一定区域内,存在相对共通的基本职业价值标准,并形成职业社会中特定的名次系列和职业声望尺度。职业声望不仅体现了职业相对地位的等级层次,而且还影响着人们对职业的选择,影响着社会的职业流动。

二、研究职业地位和声望的意义

对职业声望或者职业社会地位的研究具有很重要的意义,主要表现在以下三方面:

1. 职业地位与声望研究是社会分层研究的一个重要方面

社会学研究表明,在绝大多数社会里,社会成员常由于其权力、财产、教育、家庭、种族、性别、年龄、职业等特征的不同而被正式或非正式地区分为不同的阶层,即存在给不同的社会成员以不同的地位和荣誉的制度。而职业分层则是区分社会成员的一个非常关键的特征,在当今工业化社会,职业地位的高低往往成了一个人在社会中地位高低的指示器。陌生人见面,通常的开场白是:"你是做什么工作的?"这绝不是一个偶然的现象。因为这一问题能够为我们知道一个人是什么类的提供最好的线索,它告诉我们一个人是应该予以注意的,还是可以被忽视而不会引起任何麻烦的,或是值得尊敬的,甚至,它还为我们提供了关于一个人的态度、经验和生活类型等初步的不成熟的推论。简单地说,职业角色将个体置于社会空间之中,为他们与别人的互动设置了一个舞台,同时,它也告知我们从事这种职业的人在社会结构中的位置。

这种现象是与工业化的过程联系在一起的,现代工业社会具有集中、分化和理性化三个主要趋势。集中指的是社会群体的规模,尤其是大规模工作组织的增加,其结果是正式群体代替了非正式群体,受规章制度、法律等约束的合作机制代替了人类活动中的自愿合作。工作场所从家庭中分离出来,城市社会总体上的科层化,造成了人际关系的高度的匿名性和非人格化,社会互动也变得更为分裂,在社会交往过程中,个人只是把个性中的一部分而不是全部生活经历都投入进去。这样,人们趋向于把与其他人的关系限制在职业关系的范围之内。而且,除了性别、年龄和种族,职业标志或者职务头衔成了城市生活中通过平常的交往认识其他与自己没有关系的人的最为方便的途径。分化是指由工业化以及相应出现的大规模的职业专业化带来的劳动过程的分解。随着职业专业化的发展,每种职业的特征都变得更为抽象,尤其是对不从事该项工作的人来说,更是隔行如隔山。同时,分化的过程也是工作组织内等级森严的权威制度产生的过程,组织中的等级独立于个人而存在,职务头衔成了区分个人在科层制中地位的标识。理性化指的是对个人行为的控制手段发生了变化,即正式的控制手段代替了原来非正式的、私人的和自发的控制手段。把人们分配到各种职位上去,是以个人的能力、特长、功绩为基础,而不再以人际关系或先赋属性为依据。这就意味着这样一个假定:即职业标签是个人智力、才能、性格和个人所得等可以接受的公平的指标,因而人们自然就认为职业地位与其他所有属性具有高度的相关关系。基于以上这些特点,职业也就自然成了人们评价个人在社会经济结构中的地位的指标。因此,近百年来,人们对于职业地位与声望的研究始终是社会学研究的一个重要课题。

2. 职业声望是衡量社会经济发展水平的重要尺度

人们对职业社会地位的评价,反映了当时社会的价值倾向,这种价值倾向与一定的社会发展阶段紧密相关。每一社会发展阶段都既有其占主导地位的职业,也有与这一阶段相关的对职业的评价。如农业社会崇尚地主与军人,对农民的评价高于商人;工业社会崇尚科学家与企业家,对商人的评价高于农民。社会学研究表明,社会经济发展水平相当的国家,虽然有政治制度、人口与地理位置上存在差异,但在对职业声望高低的次序排列上却表现出很高的一致性。美国社会学家亚历克斯·英克尔斯和彼得·罗西于1956年对美国、苏联、日本、英国、新西兰和德国的职业声望进行比较,结果发现各国的职业声望等级有很高的相关性(见表4-1)。

表4-1　六国职业声望相关系数

	美国	新西兰	英国	日本	苏联	德国
美　国						0.96
新西兰	0.97					0.96
英　国	0.94	0.97				0.97
日　本	0.93	0.91	0.92			0.93
苏　联	0.90	0.83	0.83	0.74		0.90
德　国	0.94	0.93	0.93	0.89	0.84	

资料来源:Alex Inkeles and Peter H. Rossi. 1956;National Comparisons of Occupational Prestigue. *American Journal of Sociology*, 61(January), pp.329—339.

3. 研究职业地位与声望有助于我们理解劳动者的社会行为与职业流动

近年来关于职业地位和声望的研究表明,劳动者的择业行为和流动趋向与职业地位和声望的高低有着很大的关系。劳动者在力所能及的范围内,总是喜欢选择职业地位高或职业声望高的职业。由于受职业社会评价的影响,近年来已在城镇出现了职业选择性失业的问题,一些青年宁可待业在家也不愿屈就职业声望较低的职业。随着社会经济的发展,这个问题也将会更加突出。

因此,职业地位与声望研究不但具有学术价值和对个人就业导向的作用,也具有社会决策的实际意义。

三、职业地位与声望研究的理论渊源

对职业社会地位或职业声望研究的理论,主要源自于马克思的阶级理论和韦伯的多元分层理论及其后一些社会学家对社会分层的研究。

1. 马克思的阶级理论

马克思的阶级理论可以看作是对古典的社会阶层化理论的贡献。马克思的阶级理论是建立在历史唯物主义的基础之上的,他认为阶级是一个历史范畴,它出现于一定历史过程的社会结构之中,因而对阶级的分析,也必须把它放在特定的时空架构里作具体的研究。马克思认为构成阶级的主要因素是财产关系,而在资本主义社会,阶级关系的基础便是生产资料的私有制以及为维护生产资料的私有制而建立起来的种种社会关系。因而,个人社会地位的高低,是由其在生产关系中的位置所决定的。马克思并不否认由阶级差别所造成的人们社会地位的差别,他认为在每一个阶级范围内都有对于这个阶级来说是典型的职业。在一切私有制社会里,脑力劳动的职业基本上都为统治阶级所垄断,在资本主义社会,最苦最累的活儿一般是由无产阶级从事,而这种地位的差别归根结底是由个人在社会生产关系中的位置决定的。

2. 韦伯的阶层理论

在西方社会学中,最早提出社会分层理论的是德国社会学家马克斯·韦伯。韦伯社会分层理论的核心是划分社会层次结构必须依据三重标准,即财富——经济标准;威望——社会标准;权力——政治标准。

经济标准即财富,是指社会成员在经济市场中的生活机遇。所谓生活机遇是指个人用其经济收入来交换商品或劳务的能力,即满足自己物质需求的能力,其中包括使自己受到良好教育以获得较好经济地位的能力。

社会标准,是指个人在其所处的社会环境中所得到的声誉和尊敬。按照这个标准,可以把社会成员划分成不同的身份群体。所谓身份群体就是由那些有着相同或相似的生活方式,并能从他人那里得到等量的身份尊敬的人所组成的群体。韦伯认为,由经济标准所形成的阶级和由社会标准所形成的身份群体之间虽有非常密切的联系,但两者并不完全相同,比如,收入高的妓女却并不拥有很高的社会尊敬。

政治标准就是指权力。韦伯认为,权力就是处于社会关系之中的行动者即便在遇到反对的情况下也能实现自己的意志的可能性。在韦伯看来,权力不仅取决于个人或群体对于生产资料的所有关系,而且也取决于个人或群体在科层制度中的地位。

韦伯的这些分层标准与职业是一种什么样的关系呢？我们发现,在经济生活中,最穷的人常常是那些没有工作能力的人,这一点在资本主义国家尤为明显。他们可能是因年龄太大或太小而不能工作,或是因读书太少而找不到好工作,也有的是在找工作或晋升中受到歧视等,如西方社会的有色人种。

权力与职业间的关系也非常明显,一般权力都是与相应的职位相联系,职位越高,权力也越大,因而越有可能使自己在碰到反对的意见下也能实现其意志。

在多数情况下,声望来自较高的社会地位,而社会地位的高低往往与职业地位的高低相一致。比如,在美国社会中,那些在医学科学和法律领域工作的人都享有较高的声望。较高的社会地位和声望也可以通过一些出头露面的职业而获得,如从事广播电视、体育和电影方面的工作。

3. 功能论的观点

帕森斯(T. Parsons)的共同价值观与首要社会机构论是最早从功能视角解释职业地位与声望的理论。他认为,不同职业声望、地位的高低是人们道德价值观评价的结果,评价的根据是一种共同的价值观念体系,而这种共同的价值观念体系又是由社会的首要机构所塑造的。如在注重经济机构的社会里,人们崇尚财产地位,收入高、经济地位高的职业社会声望就高。在注重政治机构的社会,人们以高政治地位为荣,政治地位高的职业声望就高。在注重家庭、宗族的社会,族长的声望高。在注重宗教的社会,宗教职业地位高。根据这种理论,职业声望的差异是由共同价值观体系和首要社会机构所决定的。帕森斯还认为,至于究竟哪一种机构能成为首要机构,则是由特殊的历史、文化、环境因素决定的。

对于职业地位与声望问题,索罗金(Pitirim Sorokim)早在1927年探讨社会流动时就进行了功能主义的分析,他认为从职业分层来看,存在着两种基本的形式,一种是职业群体间的分层,另一种是职业群体内的分层。有两个条件对于职业群体的分层至关重要。其一,职业对群体或社会生存的重要性,其二,成功地从事某一项职业所需的技术。有些职业对群体与社会更重要,这些职业涉及的任务常与社会组织与控制有关,从事这些工作需要比一般工作更多的技能,由于这些职业处于社会发动机的位置,使得这些职位的拥有者能尽可能多地为自己谋得权力与特权。他认为在任何社会中,职业包含的社会组织与控制的功能越多,成功地从事这一工作所要求的技能越高,则从事这一职业的群体在社会职业等级中的位置就越高,反之亦然。索罗金的理论与后来戴维斯和穆尔在1945年提出的分层功能理论有很多相似之处,不过后者认为高报酬是调动合适的人选从事这些功能重要职业的必要条件,而索罗金则认为这些职位所处的控制的战略位置吸引了欲攫取权力与特权者不断地来填补职位空缺。索罗金认为功能重要性与技能间存在着相关,但这种相关不是必然的,当社会处于衰败或动乱期间,这种相关就消失,在新的统治秩序建立后,其相关会重新确立。社会流动是保证有才能者合适地分配到相应职位的必要条件,这种机制的失败会导致社会的无效率与无秩序。有才能者在不同职业的实际分布由特殊因素与垂直流动渠道的运作决定。职业的功能重要性不同,其在职业等级序列中的位置不同。在有文字前社会里,最重要的职业是领导、酋长、医生、祭祀和聪明的老年人;在以后的社会中,最重要、最有特权的职业是神职人员、军事领导、统治者、经济组织与社会控制的职位担任者。晚近社会的重要职业包括贵族、知识分子、国王或总统之流、工商业主、军人等①。

系统地对职业社会分层现象进行阐述的是美国社会学家戴维斯和穆尔(K. Davis 与 W.E. Moore)②二人。戴维斯和穆尔用"位置系统"的概念来说明职业分层现象产生的原因。他们认为,位置的高低说明社会分工的不同,而不代表身居其位的个人有高低不同之分。如果把社会看作一个正在运转的体系,则社会必须将其成员安排到各种位置上去,使每一个安排到这种位置上的人都能发挥自己应尽的职能。为此,社会就需要提供一些动机和诱因,以吸引人们自愿地各就其位,各司其职。

戴维斯和穆尔认为,如果社会位置给人的感觉同样愉快,对社会的生存同样重要,这些位置所需要的才能和训练也一样的话,如何把人们吸引到这些位置上去就不太重要了,而事实上,各种社会位置的功能重要性是不同的。第一,有些社会位置在社会生存的功能上比其他位置更重要,这种重要性由地位的独特性、可替代性和依赖性决定;第二,有些社会位置比其他社会位置更需要特殊的训练和才能,社会中只有少数有才能的人能加以训练,以获得这些职位所需要技能,而这些受训练者为了掌握这些技能必须作出不少牺牲,社会为了吸引这些有才能的人去接受训练并作出牺牲,就要在日后他们工作时给予更多的报酬;第三,有些社会位置更让人感到愉快。因而,社会就需要根据每个位置的不同功能,给予不同的报酬作为诱因,即实行一种差别报酬制度。不同的职业有

---

① Sorokim, Pitrim Aleksandrovich. 1962: *Social and Culture Mobility*. Free Press of Glencoe, Illinois. p. 544.

② Davis, Kingsley and W.E Moore. 1945: Some Principles of Stratification. *American Sociology Review* 10, pp. 242—249.

第四章 职业地位与声望

不同的报酬,这种差别报酬制度即导致了职业的分层,也为社会的存在与运转所需要。在功能论者看来,如果不给那些更重要、更难胜任的职业以更多的报酬和更多的荣誉,人们就不会进行更多的教育投资,不愿付出更多的努力,也不愿承担更大的责任。

4. 冲突论的观点

戴维斯和穆尔对社会位置和社会分层功能论的解释,引起了学者们的极大兴趣,但也遭致了不少人的批评,其中最主要的是图闵(Melvin M. Tumin)[①]于 1953 年从冲突论的角度对功能论观点的批评。

图闵认为,第一,所谓社会位置的功能重要性不同的概念定义非常不明,而且有极强烈的价值判断色彩,人们如何能够真实地证明管子工、电工或火车司机对工业社会的功能性意义不如科学院的教授呢?再者,某一职位的不可替代性往往并非其功能性质无法为另外的社会位置所取代,而常常是双方妥协的结果。

第二,有才能的人并非稀少,虽然人数上有限制,但更多的是结构性因素的结果。教育机会的限制是一个很重要的结构性因素,由于接受教育,特别是接受高等教育的费用很高,而每个家庭所能负担的教育费用的能力是不一样的,这样无形中便埋没了很多人才。职位的继承性是另一个结构性因素,它造成了人们就业时的不公平竞争。基于这两个结构性因素,下层人的下一代会因此得不到好位置,并造成恶性循环。更何况那些占有好位置的人为维护自己的利益与地位还经常设置种种进入这些职业的障碍。

第三,虽然有才能的人在受训期间付出了某些牺牲,但从中也得到了许多精神上和其他的报酬,如交友方便。另外,训练也并非就是牺牲,它有很多补偿。训练期间的代价常常是社会与家庭共同负担,而非个人负担的,若把这种代价看作一种人力资源投资,在报酬率很高的情况下,牺牲则微乎其微。

第四,物质报酬并非是吸引人才的最有效诱因,不同的社会有不同的报酬形态,在有些社会,最吸引人的是权力。此外,工作本身的内在价值等也能吸引人。

第五,高低不等的社会位置的存在也有负功能。

总之,冲突论者认为,在现代社会中,各种职业是相互依赖的,缺少谁都不行。清洁工罢工的后果与医生停止工作的后果一样严重。因此,不同职业功能的大小实际上无法相互比较。另外,从事一些体面职业的人并不都是才智出众者,相反,有众多德才兼备的人因种种社会制度方面的限制却不能从事那些具

---

① Lopreato, J. et al (eds). 1974: *Social Stratification: A Reader*. Harper & Row, Publishers. p.53.

有较高声望的职业。职业分层是职业垄断和社会冲突的结果,是职业特权的表现。

5. 供需论的观点

美国另一个社会学家辛普森(R. Simpson)[①]于1956年从另一个角度,即从经济学的供需规律的观点对戴维斯和穆尔的功能论进行了修正。他认为,位置系统的重要与否是很难加以测量的,其中有些位置只对个人有贡献,但对社会似乎并没有什么贡献(如贵族的仆人和管家)。而有些位置,社会给他的报酬又超过他对社会的贡献(如电影明星或运动员)。如何解释这种现象呢?辛普森以人才的供需决定报酬代替了功能论者关于社会位置功能重要性的解释。他认为人是社会人,而非经济人,报酬并不一定是指物质报酬,而可以是任何一种社会报酬。在此前提下,根据社会的供需律,一方面是人才的训练,另一方面是社会位置的报酬。功能的重要性是难以测量的,但人才的供给与需求是可以测量的。辛普森认为用他的供需理论可以阐明许多功能论解释不清的观点。如职业的独特性,即位置的不可替代性,功能论者认为愈是不可取代的职位,它的功能重要性愈高。但是就整个社会而言,工人、农民、医生似乎都很重要,而从不可替代性的角度看,他们彼此间确实又有差距。辛普森认为这个问题可从经济学的观点得到解释,就总体效应而言,医生、工人、农民都一样重要,但他们个别的边际效用则有差别。另外,用供需理论还可解释社会高低不同的报酬何以产生。医生的收入比大学教授高,原因是社会上每个人都需要医生,但并非每个人都需要大学教授,他们的社会需求不同,因此导致了他们所得的不同。同样,出名的球星极少,其供给远远低于需求,因此,他们的市场价格自然就高。

总之,从供需论来看,职业分层是由供给与需求决定的。

第二节 影响职业地位和声望的因素分析

影响职业地位和声望的因素可以分为两大类:一类是与职业有关的,另一类是与评价者有关的。

一、职业性因素

与职业有关的因素决定着职业地位和声望的高低,具体地说,这样的因

---

① Simpson, Richard L. 1956: A Modification of the Functional Theory of Social Stratification. *Social Forces* 35(December). pp.132—137.

素有：

1. 职业的社会功能

职业的社会功能是指一定的职业对于社会的作用。职业的作用包括它在日常生活中对于国家和人民的共同福利所担负的责任和对于国家社会经济发展的意义。

2. 职业的社会报酬

这里的报酬是指社会学意义上的报酬，即职业在政治、经济、文化等方面能赋予任职者的各项权利。如权力、权威、工资收入、福利待遇、晋升机会等。

3. 职业的自然条件

职业的自然条件是指与职业活动相关的自然工作环境。如技术装备、安全系数、劳动卫生条件、企业规模等。

4. 职业的自然属性

职业的自然属性一般包括职业的技术复杂程度、劳动强度、劳动者是从事操作符号的、工具的或者是材料的等因素。一般地说，从事技术复杂程度高、劳动强度小，从事的是操作符号的职业，则职业声望高。否则职业声望就低。当然这并不是绝对的。

5. 职业的要求

职业的要求是指进入职业的必要条件。这些条件包括教育程度、所需的训练和必要的经验，以及拥有证书或执照等。一般来说，职业地位随着进入的要求的越来越严格而不断提高，也即获得该项职业的要求越高越严，则该职业的声望也就越高。

6. 职业的组织类别

职业的组织类别是指这种职业是由个人独立来完成的还是需要经由组织来完成的。这里的由组织来完成指的是一项工作的完成需要大家一起干，而且往往有人来监督。一般来说，由个人完成的工作具有更高的社会地位。

7. 职业对组织家庭、社会交往的作用

这是指劳动者所从事的职业对未来恋爱、婚姻的难易程度，职业对个人社会交往的影响。

8. 单位的性质

单位的性质是指劳动者所在单位或组织的所有制性质。如目前我国的所有制分为国有、集体、个体、私营和三资等几大类。

以上所讲的是决定职业地位与声望的客观因素。当然，任何一项因素都不可能单独决定职业地位和声望的高低，而是许多因素综合作用的结果。

二、评价性因素

与评价者有关的因素影响着人们对职业地位和声望的看法,这种看法的固定化或模式化又会反过来影响人们对职业地位与声望的评价。与评价者有关的因素包括性别、年龄、职业、教育、政治与文化背景、家庭、民族、地区或国家区别等。职业地位和声望的研究表明,从总体上看,人们对于职业地位和声望的评价具有较高的相关性,但不同的亚群体在对职业地位和声望的看法上仍然存在着一定的差异。

第三节 职业地位与声望研究

一、测定职业地位和声望的方法

测定职业地位和声望的方法主要有两种:一种是主观法,另一种是客观法。

1. 主观法

(1)声望尺度。声望尺度是一种判断尺度,也是目前职业地位和声望研究中最重要而且使用最多的一种方法。

声望尺度法一般先由研究者选择若干职业,然后将所列出的职业制成表格,每种职业的后边都排出从"很好"到"很差"的五至十个等级,然后根据抽样调查的原则抽取一定的社会成员作为被调查者,请他们根据自己对每个职业的看法,在其后边的等级上分别划上标记打分;研究者将调查得到的资料汇总统计,并根据声望的研究尺度计算出每一种职业的平均分数,这个分数就代表了这项职业的相对声望。一般地说,研究者所列出的职业应符合以下要求:第一,具有尽量宽的涵盖面和尽可能大的代表性;第二,所列出的职业应尽量采用大众普遍接受的称谓,而且这些职业是普通被调查者都能理解和比较熟悉的。每种职业的声望度可以从以下公式计算。

$$S = \frac{\sum_{i=1}^{T} \frac{F_i}{N} \cdot W_i \times 100}{T}$$

式中 S——职业声望分数;

N——调查的总体样本数;

F_i——被调查者选择等级的频数;

W_i——i 等级的加权数;

第四章 职业地位与声望

T——等级的个数。

最早运用声望尺度对职业地位与声望进行研究的学者是美国社会学家诺思—哈特(Cecil C. North-Paul K. Hart),他们在1947年选取了90种职业,在全国范围内选择了2920个样本,让被调查者评定每一个工作应属于哪一个等级,等级从非常好到很不好共分五级。通过对被调查者回答的统计处理,得到了90种职业的声望表。在以后的几十年中,诺思—哈特职业声望表不断地被用来作为同类调查的参照系,成为职业地位与声望研究的经典。

在关于职业分层的研究中,著名的邓肯(O. D. Duncan)社会经济地位指数即从诺思与哈特的量表扩大而来。

(2)排序法。排序法就是要求被调查者对研究者给出的一些职业依据自己的评价排出其在职业社会地位等级中的位置。如给出教授、工人、科学家、护士、农民、医生、律师、会计、个体户与门卫10种职业,被调查者对这些职业根据自己的评价给出一个从第1到第10的排列,然后将所有被调查者的排序汇总统计,即可得出各种职业在社会上的相对位置。

最早运用排序法对职业声望进行调查的是美国社会学者康兹(George S. Caunts),他在1925年对美国45种职业进行了一次声望调查,他调查的对象是教师与学生,共324人,要求他们按对45种职业尊敬的程度进行排列,然后对职业的地位与声望进行了研究。

2. 客观法

客观法也称指标法,它是用反映职业地位的各项指标来衡量职业地位的高低。确定合适的指标是客观法的首要问题,研究者一般从决定职业地位高低的各项因素中选择几项关键因素,并将其操作化,以此作为衡量标准。例如,1940年美国社会学家沃纳在决定职业地位高低的各因素中选择了教育、收入和职业级别三项指标,制成了一种职业地位量表。

职业地位要素	项目	得分
教育	大学毕业以上	5
	大学肄业或专业学校毕业	4
	高中毕业	3
	初中毕业	2
	小学或小学以下	1

续表

职业地位要素	项目	得分
家庭一年所得	$ 1000000 以上	5
	$ 500000—999999	4
	$ 80000—499999	3
	$ 50000—79999	2
	$ 49999 以下	1
职业	大公司企业管理人员或专业人员	5
	小公司企业管理人员或半专业人员	4
	普通职员或店员	3
	技工	2
	农业人口或临时工	1

评分方法

职业地位等级	上上层	下上层	上中层	下中层	上下层	下下层
得分	15	12—14	9—11	6—8	3—5	3 分以下

二、国外关于职业地位和声望的调查方法

依时间顺序而言，较有影响的关于职业地位和声望的调查主要有：

1. 海特职业地位量表

海特（William C. Hunt）是美国人口普查局的工作人员，1897 年时，他以职业角色为依据，将全部职业劳动者分为四等，即：(1) 产业主；(2) 职员；(3) 熟练工人；(4) 一般体力劳动者。以此确定劳动者的社会经济地位，这是一种使用客观法对职业地位的研究。

2. 康兹职业声望表

1925 年，美国社会学者康兹（George S. Caunts）用他设计的职业声望表，对美国 45 种职业进行了一次声望调查，调查的对象是教师与学生，共 324 人，要求他们按对 45 种职业尊敬的程度进行排列，这是社会学家第一次用排序法对职业声望进行的调查，其结果见表 4-2。

表 4-2 康兹职业声望量表

职业	等级	职业	等级	职业	等级
银行家	1	农场主	16	排字工	31
大学教授	2	机械师	17	管工	32
医生	3	旅行推销员	18	裁缝	33
教士	4	乡村教师	19	电车司机	34
律师	5	杂货商	20	汽车司机	35
汽车厂长	6	记账员	21	理发师	36
校长	7	电工	22	工人	37
土木工程师	8	火车司机	23	铁匠	38
陆军上尉	9	保险经纪人	24	煤矿工人	39
中学教师	10	警察	25	门卫	40
外国传教士	11	邮电员	26	侍应生	41
工厂经理	12	列车员	27	畜驭者	42
小学教师	13	木匠	28	砖瓦搬运工	43
纺织品商人	14	推销员	29	马路清洁工	44
闲人	15	士兵	30	挖沟人	45

3．爱德华量表

爱德华(Edwards)继续了海特的工作,他在1938年时依照美国人口普查局所得的资料,以每一职业的教育程度与收入为基础,并将职业依照它的平均受教育程度与平均收入的高低,区分了6个大类10个等级,爱得华量表(Edwards' Scale)基本上代表着某类职业所需要的技术、知识以及从事此类职业所得的物质报酬的情况。6大类10个等级的量表如下:

(1) 非熟练工人:包括 a. 农民;b. 除农民以外的体力劳动者;c. 仆用阶级。(2) 半熟练工人。(3) 熟练工人及工段长。(4) 职员及类似职业。(5) 产业主、经理和官员:包括 a. 农产主(土地所有者及承租人);b. 批发与零售商人;c. 其他产业主、经理与官员。(6) 专业人员。爱德华量表是一种社会经济地位量表,是美国最早广为应用的量表。

4．塞特职业地位量表

除爱德华量表外,塞特职业地位量表(Richard Centers)在美国也很流行。该量表将职业社会地位按高低依次分类如下:

(1) 工商业者;

(2) 专业人员:包括教师、教授、法官、工程师、艺术家、作家、编辑和医生;

(3) 小企业所有者与经营者:包括小零售商、服务业主、修理业主、小承包

商和其他一切非农产所有者;

(4) 白领工人:包括各类职员与技术工人。如:速记员、图书管理员、打字员、制图员、推销员和其他主要从事管理工作与非体力劳动的劳动者;

(5) 熟练体力劳动者:包括砖瓦工、管子工、机械师、火车司机、印刷工、工段长、服务业熟练劳动者、炊事员、理发师等;

(6) 半熟练劳动者:如卡车司机、机器操作工、服务站工作人员、餐厅服务员、售货员和其他以体力劳动为主,无需多少技术的劳动者;

(7) 非熟练体力劳动者。即在技术与责任方面要求最低的工人,如清洁工人、搬运工、看门人、建筑工人和擦鞋人等。

与爱德华职业社会经济地位分级表相比,塞特职业地位分级表是按财产与管理规模的大小将产业主与企业经理分为两类,并把大产业主与企业经理阶层置于专业人员之上列为第一等级,其余职业地位分级状况与爱德华的分法基本相同。

5. 诺思—哈特职业声望表

这个量表是由诺思与哈特(Cecil C. North-Paul K. Hart)二人设计,由美国国家民意研究中心主持并在1947年进行的调查资料基础上而制成的。他们精心选取了90种职业,在全国范围内选择了2920个样本,让被调查者评定每一个工作应属于哪一个等级,等级从非常好到很不好分为五级,这是一种用声望尺度法对职业声望进行的调查与研究。通过对被调查者回答的统计处理,得到了90种职业的声望表。在以后的几十年中,诺思—哈特职业声望表不断地被用来作为同类调查的参照系。而其中对诺思—哈特职业声望表的再一次的精确复制是由霍奇等人在1963年制作的,两次调查的结果见表4-3。

表4-3 美国职业声望表

职业	1947年得分	1963年得分	职业	1947年得分	1963年得分	职业	1947年得分	1963年得分
最高法院法官	96	94	长篇小说作者	80	78	汽车修理厂技工	62	62
医生	93	93	正规军上尉	80	82	地方工会官员	62	67
州长	93	91	建筑承包商	79	80	午餐铺个体经营者	62	63
政府内阁成员	92	90	经济学家	79	78	正规军下士	60	63
外交官	92	89	公立学校指导员	79	82	工厂机械操作工	60	62
大城市市长	90	97	公立中小学教师	78	81	理发师	59	63
大学教授	89	90	地方农产品代理商	77	76	售货员	58	63
科学家	89	92	火车司机	77	76	自己有船的渔民	58	56
国会议员	89	90	农场主兼经营者	76	74	电车司机	58	58

续表

职业	1947年得分	1963年得分	职业	1947年得分	1963年得分	职业	1947年得分	1963年得分
银行家	88	85	国际工会官员	75	77	送奶人	54	56
政府科学家	88	91	播音员	75	70	餐馆厨师	54	56
地方法官	87	88	报纸专栏作家	74	73	卡车司机	54	55
州政府部长	87	86	图片社老板	74	75	伐木工人	53	59
牧师	87	87	电学家	73	76	加油站工人	52	55
建筑设计师	86	88	教练机机械师	73	75	夜总会歌手	52	51
化学家	86	89	市政府福利员	73	74	农场工人	50	54
牙医	86	88	企业家	72	74	煤矿工人	49	50
律师	86	89	日报记者	71	71	出租车司机	49	49
大公司董事	86	87	小杂货店经理	69	67	铁路工人	48	50
核物理学家	86	92	记账员	68	70	餐馆服务员	48	49
教士	86	86	保险代理人	68	69	码头工人	47	50
心理学家	85	87	农场主	68	69	守夜人	47	50
土木工程师	84	86	批发公司推销员	68	66	洗衣房工人	46	45
飞行员	83	86	游艺场指导	67	63	冷饮售货员	45	44
画家	83	78	警察	67	72	酒吧招待员	44	48
百人企业厂主	82	80	列车员	67	66	看门人	44	44
社会学家	82	83	邮电员	66	66	雇农	40	42
大企业会计师	81	81	木匠	65	68	拣垃圾人	35	39
生物学家	81	85	汽车修理工	63	64	马路清洁工	34	36
交响乐团音乐家	81	78	管工	63	65	擦鞋人	33	34

资料来源:霍奇等:《美国的职业声望,1925—1963》,原载《美国社会学杂志》1964 年第 70 期,第 286—302 页。

6. 邓肯的社会经济地位指数

邓肯(O. D. Duncan)社会经济地位指数是从诺思与哈特的量表扩大而来的。邓肯在 1961 年根据诺思与哈特量表的每一职业的职业声望,再配合每一职业的平均受教育程度与平均收入水平,将三个变量放在一个简单的回归方程中,从而确定需要受多少教育和有多少收入才能达到诺思与哈特职业声望表中的每一种职业的声望分数,他求出了职业声望等级与教育、收入三者之间的回归方程:

$$职业声望等级 = -6.0 + 0.59 教育 + 0.55 收入$$

实际上,邓肯是用教育水平和收入来评定声望等级指数的,该指数因而被称为社会经济地位指数。邓肯根据社会经济地位指数法,推算了美国人口普查局所有职业的分数,并将美国的职业分成了 17 个等级,即:自营专业人员;领薪专业人员;经理;销售人员;有产者;店员;零售商;制造业技术人员;制造业以外技术人员;建筑工人;制造业操作工;制造业以外操作工;服务业人员;制造业工人;制造业以外工人;农民;农场工人。

7. 特莱曼的标准国际职业声望量表

美国社会学家特莱曼(Donard Treiman)在1974年研究世界各国职业声望异同状况时,提出了标准的国际职业声望量表。该量表将各国在不同计算方法下得到的职业声望分数进行标准化,从而得到了一个标准的国际职业声望量表(见表4-4)。

表4-4 标准国际职业声望量表(部分职业)

标准职业头衔	标准等级分数	标准职业头衔	标准等级分数	标准职业头衔	标准等级分数
物理学家	77.9	建筑承包商	53.4	木匠	37.2
大学教授	77.6	演员	51.5	泥瓦工	34.1
律师及审判律师	70.6	簿记员	49.0	管子工	33.9
大商行负责人	70.4	推销员	46.9	售货员	33.6
工程师及市政工程师	70.3	农场主	46.8	邮差	32.8
银行家	67.0	电工	44.5	卡车司机	32.6
飞行员	66.5	保险代理人	44.5	公共汽车、电车司机	32.4
中学教师	64.2	办公室职员	43.3	矿工	31.5
药剂师	64.1	汽车机械工	42.9	理发师	30.4
武装部队官员	63.2	汽车机械修理工	42.8	鞋匠	28.1
教士	59.7	店主	42.4	侍者	23.2
艺术家	57.2	印刷工	42.3	农场雇工	22.9
小学教师	57.0	打字员速记员	41.6	街头小贩	21.9
记者	54.9	警察	39.8	看门人	21.0
会计	54.6	裁缝	39.5	仆人	17.2
低级公务员	53.6	工头	39.3	街道清洁工	13.4
护士	53.6	士兵	38.7	收破烂者	-2

资料来源:Treiman D. 1977: *Occupational Prestige in Comparative Perspective.* New York. Academic Press. 附录。

特莱曼标准国际职业声望量表的计算方法如下:

$$X'_{ij} = \frac{S_{uj}}{S_{ju}}(X_{ij} - \bar{X}_{ju}) + \bar{X}_{uj}$$

这里:X'_{ij} = j 国的 i 职业转换后的声望分数

S_{uj} = 美国分数的标准差,且这一职业在美国和 j 国均被认定

S_{ju} = j 国分数的标准差,且这一职业在 j 国和美国均被认定

X_{ij} = j 国的 i 职业的原始十进制声望分数

$\bar{X}_{ju}$ = 某职业在 j 国的平均分数,这一职业在美国及 j 国均被承认

$\bar{X}_{uj}$ = 某职业在美国的平均分数,这一职业在美国与 j 国均被承认。

三、中国职业声望的调查与研究

在中国,由于一直强调各行业只有社会分工不同,而无高低贵贱之别,加之社会学研究在中国中断了将近 30 年,因而关于职业社会地位和声望的研究起步较晚。中国最早的职业声望研究出现在 20 世纪 80 年代初,其中较有影响的调查有:1983 年华裔社会学家林楠和中国社会科学院社会学所合作在北京城区抽样,对 1774 名居民进行了 50 种职业的声望调查;1990 年北京大学社会学系"职业声望课题组"在北京和广州对 1141 位居民 80 种职业的调查以及李强等 1997—1998 对北京市居民 100 种职业的调查,本书作者也在 1999 年对北京大学和清华大学 300 名学生就 80 种职业的声望进行了调查。表 4-5 与表 4-6 是其中两项关于职业声望调查的结果。

表 4-5 中国城市职业声望(北京 1983 年)

职业	声望得分	职业	声望得分	职业	声望得分
医生	86.2	运动员	62.8	售票员	43.8
电气工程师	84.9	机械修理工	61.4	警察	43.8
大学教师	83.8	手工艺品工人	60.1	厨师	43.5
自然科学家	83.8	小学教师	59.8	管子工	43.4
社会科学家	82.7	演员	57.7	油漆工人	42.2
作家	82.7	产品检验员	57.4	售货员	42.1
记者	81.1	钳工	56.9	化学工人	40.5
建筑工程师	79.4	打字员	56.2	建筑工人	39.4
中学教师	72.9	护士	55.3	服务员	39.0
司局级干部	69.1	业务办事员	53.5	铸工	35.1
图书管理员	67.4	电气设备安装工	51.3	理发员	32.4
处级干部	67.1	印刷工人	50.0	矿工	31.6
电工	66.7	纺织工人	49.9	装卸工	26.0
会计	66.4	采购员	48.2	清洁工	25.9
秘书	66.4	邮递员	46.3	人力车工人	22.2
汽车司机	63.2	缝纫工人	46.0	保姆	18.9
科级干部	63.0	食品工人	44.6		

资料来源:Nan Lin and Wen Xie. 1988:"Occupational Prestige in Urban China" *American Journal of Sociology*. Volume 93 Number 4(January),pp.798—832.

表 4-6 中国职业声望调查(北京与广州 1990 年)

职 业	声望得分	职 业	声望得分	职 业	声望得分
工程师	87.9	影视演员	74.7	邮递员	64.6
教 授	87.4	饭店厨师	74.5	个体户	64.6
作 家	87.2	财会人员	73.7	宾馆服务员	64.3
物理学家	86.7	国家机关职员	73.7	汽车修理装配工	64.2
医 生	86.3	军 人	73.7	公共汽车司机	63.7
部长(政府高级领导)	85.0	政府机关秘书	73.4	交通警	63.6
律 师	84.5	幼儿教师	73.3	售货员	63.4
大学教师	84.4	外贸公司职员	73.1	列车乘务员	63.2
画 家	83.9	海 员	73.0	车 工	61.9
历史学家	83.6	中外合资公司职员	72.9	地质勘探员	61.3
服装设计师	83.5	出租汽车司机	71.9	炼钢工人	60.9
经济学家	83.5	公安人员	71.8	民办公司工作人员	60.2
民航飞行员	81.7	银行职员	71.2	包工头	59.6
记 者	81.3	工会主席	70.6	建筑工人	58.4
导 演	81.1	理发美容师	70.2	种田农民	57.9
歌唱家	79.9	流行歌星	69.7	乡镇企业工人	57.8
农学家	79.5	私营企业主	69.6	售票员	57.8
国营企业厂长	79.4	税务工商管理人员	69.2	纺织工人	57.0
播音员	79.4	电 工	69.2	清洁工	54.5
运动员	78.7	车间主任	68.5	废品收购员	53.8
海关工作人员	78.1	护 士	68.5	矿 工	53.6
商业公司经理	77.7	中外合资企业工人	68.5	搬运工人	52.3
民主党派负责人	76.7	时装模特	68.4	殡葬工人	51.7
空中小姐	76.7	电子装配工	67.8	农民合同工	48.1
导 游	76.7	企事业单位政工干部	66.4	保 姆	45.5
集体企业厂长	75.6	采购员	66.2	人力车夫	45.0
中小学教师	75.2	打字员	65.7		

资料来源:蒋来文等:《北京、广州两市职业声望研究》,载《社会学与社会调查》1991 年第 4 期。

通过对这些职业声望调查的资料分析发现,中国的职业声望评价有如下特点:

第一,教授、工程师、医生、社会科学家和自然科学家等排在最前面,这反映出人们在评价职业声望时,首先考虑的是高知识、高技术、高教育的因素。凡是与这些因素联系密切的职业,往往得到很高的分值。各阶层在这一点上的看法具有很强的一致性。

第二,对于官员的评价不是很高。在职业声望的国际评价中,人们往往对于那些象征正义的职业给予很高的评价,例如最高法院法官常被评为第一位,政府高官的声望也常被评得很高。而在北京、广州等地的职业评价中,对于官员的评价却较低。

第三,以往人们总以为农民的声望地位很低,调查结果表明人们对种田农民的打分并不很低,其分值甚至高于一些工业领域的职业。这反映了人们在评价一种职业时,比较重视这种职业对社会的贡献。同样,对于士兵的评价也不低。

第四,报纸、广播、电视等媒介宣传、传播的观念仍然对人们的评价有影响。

第五,不同性别、年龄、职业、教育、政治与文化背景、地区对人在职业声望评价上表现出很高的相关性。北京大学社会学系"职业声望课题组"的蒋来文等经计算发现,不同特质亚群体对职业声望评价的相关系数在 0.95 以上,李强等计算的不同性别、年龄、教育水平和职业群体关于职业声望评价的相关系数也在 0.9 以上[①]。

第六,中国与国外多数国家的职业声望评价有明显的差异:职业声望评价的一致性低于这些国家,冲突性、分裂性又高于这些国家。李强认为,社会转型时期群体的分化和利益的冲突导致了观念的冲突,相互冲突的价值观念体系及社会规范是导致人们产生冲突性职业评价的根本原因,表现在:(1)评价观念上的冲突,(2)评价标准上的冲突,(3)对于职业社会贡献认识的分歧,(4)对于职业伦理道德评价的分歧。冲突性的职业声望评价在对新兴职业,高收入、高权力型职业,公众服务型职业和体力工人型职业评价时尤为明显。职业声望评价状况在某种程度上反映了急剧分化中不同社会群体的社会心态[②]。

第四节 各国(地区)职业声望的比较

自 1947 年美国社会学家诺思和哈特发展出职业声望数量化的方法后,职业声望的研究已日益成为社会学理论和分析的一个焦点,职业声望的研究成果表明它是近几十年来社会学家从事的最有意义的研究之一。

世界职业声望研究的结果还屡屡表明,职业声望受普遍的社会结构功能的

---

① 参见李强:《转型时期冲突性的职业声望评价》,载《中国社会科学》2000 第 4 期。
② 同上。

影响,不随时间、地点的变动而变动,表现出相当的恒定性。那么,如何对世界范围内职业声望等级的相似性作出解释呢?同时,我们又如何解释业已观察到的各国间职业声望等级的差异呢?

一、职业声望等级相似性研究

一些社会学家(特别是西方社会学家)对国与国之间的职业声望等级进行了研究。其中最有影响的是美国社会学家特莱曼于1974年对60个国家的职业声望比较研究。根据他的分析,各国职业声望等级间的相关系达到了0.79,整个世界的职业声望等级基本相似。在所有的社会,从像美国那样工业化程度很高的国家到如泰国那样的乡村社会,对职业评价的基本模式是相同的,即专业人员、阶层最受重视,低层白领、熟练的蓝领工作位居声望等级的中间,而未受特殊训练的服务性、体力性工作最不受重视。那么,如何解释这种职业评价中的世界性一致现象呢?

关于职业声望等级相似现象的理论解释有四种:

1. 文化决定论

文化决定论由英克尔斯和罗西于1956年提出。该理论认为职业声望等级是一个国家特定文化规范和价值观念的反映,一般地说,一个社会的职业声望不同于另一个社会,如果相同的话那是西方的职业声望评价体系作为西方势力强加给这个国家的结果。

2. 文化传播理论

霍奇和特莱曼等人在1966年的研究中指出,随着西方国家经济霸权和殖民扩张,虽然西方的劳动分工和工作角色的组织并没有相应地得到传播,但职业评价的西方模式却传遍了全球,因而世界各国的声望等级出现了相似的现象。

3. 结构性传播理论

20世纪60年代末,英克尔斯、罗西和科尔等学者又进一步认为,职业评价的西方模式不仅仅是一套西方价值体系传播世界的结果,也是西方的劳动分工和劳动组织传播全球的结果。

4. 声望决定的结构理论

这个理论是美国社会学家特莱曼在总结了1947年到1977年各国社会学家在60个国家所进行的85项职业声望研究的结果后提出的。特莱曼认为,所有的社会都面临着相似的"功能迫力"(functional imperatives),它导致了必须实现的专门职务方面的相似性,使所有社会的职业角色都排成了基本一致的形状。一个复杂的社会必然需要满足以下几种功能:(1)食物的种植和收集;(2)衣服、住房、其他物品及生产工具的制造;(3)物品和服务的交换;(4)社会规范、信仰、知识共享的系统化、扩展的应用;(5)调整社会成员的活动,保证社会安全,维持秩序。为满足这些功能,复杂社会都存在这样一些角色种类:农业劳动者,工具制造者,商人,服务人员,知识和文化专家,政治领导人和武装人员等。无论是文明高度发达的社会,还是落后的部族,这些职业角色都不可缺少,只是复杂程度、专业化程度不一样而异,这些职业角色对知识和技能、经济资源以及权威等稀缺资源的控制方面的差异产生了相应的权力的差异。各个社会的各个发展阶段,职业角色本质上的相似导致了职业权力和权益方面的相似,职业角色的权力和权益又作用于职业的声望,从而产生了职业声望的相对稳定性。特莱曼还认为,职业声望的相对稳定性也是由于工业化的影响。源于西方的工业化、现代化席卷全球,使西方社会的职业进化系统的扩散遍布整个世界。可以说,当代职业声望世界范围的相似性部分是由产业结构和产业技术相似驱使的结果。

二、职业声望评价不一致性研究

职业声望等级虽然在世界范围内存在着很高的相关性,但是由于各国和地区在工业化发达程度、文化传统、社会结构、社会意识形态和社会制度等方面的差异,对一些职业的评价必然会表现出不同的看法。特莱曼等认为,由工业化过程产生的工作的社会组织在不同国家的差异,是导致特定职业的社会声望差异的主要原因。衡量工业化和现代化的三个主要指标是:(1)农业人口占总人口的比例。如果经济活动人口中从事农业的人口比例很高,则表明一个国家的经济具有生存水平经济的特点,即大多数的食物被生产者所消费,个人流动的机会有限,经济和政治结构都组织在地方水平上,不存在现代社会中互相依赖的网状结构,城市化也非常有限,结果是现代职业非常有限。如在工业化程度较低的国家,汽车、机械等与工业化普及程度有关的职业声望就比工业化水平高的国家来得高。(2)人口中受过中等和高等正规教育者的比例是衡量工业化的又一个指标。一般而言,一个国家中受过中等和高等教育的人口越少,则与文化相关的职业评价相对就高,如办公室职员只是低级的办事人员,在大多数情况下,他们唯一需要的资格只是简单的文化水平,如读和写的能力,在识字率很高的国家,读写能力并不享有特别的声望,相反,在那些大部分人都还是文盲的国家,识字是一种稀有能力,因而识字的人受到较高的重视。所以,在那些教育还不普及的国家里,那些把文化水平作为主要资格的职业就受到较高的重视。(3) 社会富裕的程度,即人均 GNP 的大小。如一个国家很富有,几乎家家都拥有小汽车,则如出租汽车司机之类的职业声望就相对较低。

总之,职业声望并不是绝对不变的,由于工业化程度、文化传统和社会制度方面的差异,职业的社会评价在各国之间也会存在差异。

思 考 题

1. 什么是职业地位与声望?
2. 简述韦伯的阶层理论与职业地位的关系。
3. 试比较功能理论与冲突理论关于职业地位与声望解释的异同。
4. 研究职业地位与声望有什么意义?
5. 简述影响职业声望的各种因素。
6. 为什么世界各国在职业声望的等级上存在着很高的相似性?
7. 设计一份职业声望调查问卷。

第五章

职业选择

我们都知道,一个社会要生存,要发展,就必须进行劳动,我们也知道,当今社会的劳动分工在不断发展,职业在不断地分化。一个社会总是需要有各种各样的人物去填补不同的职位空缺,去扮演不同的职业角色。我们要提出的问题是:一个社会是如何分配人力资源的?人口的职业分布、行业分布是千百万人选择的结果,还是社会分配的结果?劳动者如何科学、合理地进行职业选择,使得个人的能力、兴趣与社会职业劳动的条件相匹配,使得个人的职业选择意向与社会实际职业岗位的数量与结构相结合,使个人能选择到基本满意的职业,顺利地走上职业岗位,成为个人职业生涯中的一个良好开端?当今青年职业选择有何特点?对职业选择过程中出现的问题又如何解决呢?对这些问题的回答都会或多或少地牵涉到职业选择问题。

职业选择问题可以从三个方面进行研究,即一方面是职业选择个人,另一方面是个人选择职业,劳动者与职业应该是一种双向选择的关系。另外,职业选择个人和个人选择职业要能顺利进行,还涉及一个两者如何匹配的问题。

第一节 职业择人

一、职业对个人的要求

在职业择人方面,要解决的问题是职业对个人有什么要求。

职业对个人的要求与职业的基本构成要素(专门职能和特定岗位)有关。职业的职能是指该职业在社会生活中的功能。例如,医生的职能是治病救人；警察的职能是保护人民，维护社会秩序，打击各种违法犯罪活动；教师的职能是系统地传授知识，培养各种人才。职业的社会功能有两个特点，首先，职业的社会功能是相对稳定的，即随着历史的变迁和社会经济的发展，职业的功能（特别是基本的功能）是基本不变的。如医生的职能，不管是在封建社会、资本主义社会，还是在社会主义社会，社会对医生的要求总是治病救人。另外，我们讲职业的社会功能是相对稳定的，这种相对指的是随着一个社会政治、经济、文化等的进步，社会会对职业提出一些新的要求。其次，职业的社会功能是不断分化的，而功能的分化又会导致职业的分化。仍以医生为例，在古代，一个医生可能既能为病人做外科手术，又能拔牙，又能为产妇接生等，但随着生产的社会化和专门化，一职兼备数种社会功能的医生已不能适应专门化、社会化生产的要求，更不能满足人民生活水平提高后对身体健康所提出的更高要求，于是，医生这个职业就分化出了外科、内科、妇科、儿科、口腔科等职业。

职业的另一个构成要素是特定的工作岗位。工作岗位是一整套能使从事该职业的劳动者发挥其工作能力的条件，包括劳动场所、物质技术和人事协作关系等。如果一个工作岗位没有起码的条件，即使是最优秀的劳动者也无法发挥其所拥有的能力，医生没有手术台就不能开刀动手术，教师没有学生也就不成其为教师。

从微观角度看，任何一种职业都在职能和岗位两方面对劳动者有所要求，即任何一种职业都要求从事这种职业的劳动者具备特定的条件。这种条件包括学识水平、工作能力、技术熟练程度、思想品德、身体素质，甚至性别、年龄、身高和其他特殊的能力。以公共关系职业为例，可以看出职业在职能和岗位方面对个人的要求：

（1）个人要真诚诚实。公共关系人员的主要工作是与人打交道，即他（她）代表着一个组织与公众打交道，而不是个人与个人打交道。因此，真诚诚实的为人就显得特别重要。公共关系人员的品行稍有不端，不仅会损害公众利益，还会加害于自己所代表的组织。

（2）要有一定的思想修养与政策水平。思想修养与政策水平决定着公共关系从业人员的工作质量。如果一个人思想糊涂，政策观念淡薄，就很难把握成功的机会，更不可能向组织（公司）提供高质量的咨询。要想成为一个成功的公关人员，漂亮英俊只是其中的一个方面，更重要的是要有好的文笔、好的口才、懂业务、懂技术、有思想等特质。

（3）对新事物要有敏感性。公关人员必须具有相当的敏感性，对自己所代表的组织的环境的嗅觉应该特别灵敏，能从普遍的资料和数据中看出发展变化的趋势,从平静的表象中看出潜伏的危机,并且能够觉察出一些微妙的变化。

(4)扎实的学科知识。公关人员要懂一些与公关密切相关的社会科学知识,如传播学、社会学、社会心理学、经济学、广告学、新闻学、企业管理学、外文等。

(5)写作能力。公关人员需要经常编写宣传材料,写年报,写新闻公报等。一个公关人员不会写作,就等于缺了一只手,断了一条腿。

(6)口才要好。公关的对象是人,与人打交道必须交谈,公关人员口才好,则可以更好地吸引人,打动人,说服人,并让他人产生好感。

(7)兴趣广泛。这是由公关人员要同各行各业的人打交道这一特点决定的。

(8)富有想像力和创造性。公关人员是组织与公众的中介者,但不是"传声筒"。他应该以自己的想像力和创造性来影响组织的决策层,来感染公众。这样,公关人员作为中介者的主体意识就可以充分体现出来。

(9)要求公关人员具有吸引人的个性。一般来讲,男人的大度、豁达、才学可以吸引女性;而女性的温柔妩媚则可以吸引男性。公关人员除了有较好的体貌外,还应具备热情、机智、幽默、礼貌、识大体等个性。

(10)仪表要端庄。作为一个公关人员应该举止大方,衣着得体,精神饱满。

从公关这种职业对个人的要求来看,可以知道特定的职业对个人是有不同的要求。正是因为这种原因,才出现了职业择人的问题。

二、职业对个人的选择

从宏观角度分析,一个国家的经济与社会要发展,必然要求每一种职业都能找到理想的、符合自己要求的劳动者,实现全社会范围内劳动力与职业之间供需的平衡。这种平衡既包括数量上的平衡,也包括质量上的平衡。数量上的平衡是指每一种职业基本上不出现劳动力匮乏现象,有充分的劳动力后备军,但又不出现全社会严重的"失业"等现象。所谓失业是指有劳动能力、想从事社会劳动而又找不到工作的现象。质量上的平衡是指每一种职业的工作岗位都能找到胜任的劳动者。职业择人要求达到数量和质量上的平衡。当然这平衡是相对的,而不平衡才是绝对的。从中国的实际情况来看,劳动力资源极为丰富,今后20年内,劳动力将始终处于供大于求的失衡状态。中国目前的总和生育率为1.8个左右,接近世界上很多发达国家的水平,但由于人口惯性的作用,在今后很长一段时间内,无论采取哪一种可能的生育率假设来测算(假定总和生育率在1.62—2.1之间），劳动力供给持续增长的局面都无法改变。2010年劳动力供给将达到8.57亿人，2016年达到峰值的9.7亿人。直到2030年，一般情况下的劳动年龄人口总供给也不会低于2000年(7.8亿)的水平[①]。据学术界估计，目前城镇劳动力至少富余15%左右，农村的劳动力至少富余30%左右。因此，每一种职业不出现劳动力匮乏现象，有充分的劳动力后备军的条件是有保证的。从另一方面来看，我们的劳动力资源虽然丰富，但从质量上来看，却并非每一种职业都能找到胜任的劳动者。在职业择人这方面，中国还远没有做到数量与质量上的平衡，体现在劳动就业方面，则表现为存在各种形式的就业不充分或失业现象。失业的形式或种类各异，具体来说则有以下几种：

（1）摩擦性失业。这是指劳动力的质量和种类不能满足经济发展的需求而产生的劳动力与职业岗位间的供求比例失调现象。一方面，单位和职业需要雇用有某种技术特长的人员，而寻找职业的人却不具备这种条件；另一方面，由于有关职业的信息传播不够快，不能及时传到个人，使求职者缺乏那种能迅速移动的条件，更加剧了这种形式的失业。

（2）结构性失业。由于行业与行业之间存在着技术上的差异，同时行业之间、地区之间也存在着种种歧视，个人一时无法适应技术需求或因歧视进入不了某种职业，造成了劳动力与职业间供求的不平衡。

（3）季节性失业。它是指工作带有季节性，雇佣也带有季节性的失业。主要集中在农业、旅游和建筑部门。

（4）需求不足性失业。它是指国家在经济发展中不足以创造出足够的就业岗位而造成的失业。需求不足型失业又可分为周期性失业和增长不足型失业。

（5）隐蔽性失业。它是指劳动生产率提高后，完成同样的任务不再需要那么多的劳动力，但较多的人仍留在工作岗位上，即出现三个人的活五个人干的现象。

（6）技术性失业。它是指由于新技术、新的管理方法的运用而造成的失业。

（7）自愿失业。它是指由于劳动者由于种种原因自愿放弃工作机会或不愿去寻找工作而造成的失业。

从职业择人的这个角度看，以上各种失业形态都或多或少地与职业选择不

---

① 参见刘金塘：《21世纪中国人口发展前景》，见汝信主编：《2000年中国社会形势分析与预测》，社会科学文献出版社2000年版。

到合适的人有关(只有一种例外)。因此,加强这方面的研究和指导是我们的当务之急。

第二节　个人对职业的选择

每个人在人生的一定阶段都会面临职业选择,对个人来说,一生中会有很多选择,诸如选学校,选朋友,选恋人,选职业,选居住地等,不过对个人来说,职业选择在人生的道路上具有更为重大与深远的意义。因为个人所从事的职业会直接或间接地影响到个人生活的其他方面。同时,职业选择既是个人一生中的重要事情,也是社会的重要事情,因为它直接关系到国家、集体和个人的利益。因此,对劳动者的就业意愿、择业动机、择业特点及其影响因素进行分析,一方面可以使个人更好地认识社会,选择合适的职业,同时,也可以对劳动者进行就业指导,以保证社会上各种不同的岗位都能找到合适的劳动者,实现最大的经济效益和社会效益。

国内外学者对职业选择进行研究的理论与观点可以分为三大类,即偶然性观点、理性决定论和社会文化等综合因素决定论。

一、偶然性观点

这种观点认为,一个人之所以成为某种职业中的一员,是由于机会,而不是由于个人选择的结果,强调个人选择职业并无多大的目的性,更不是个人在许许多多的职业中精心选择的结果。持这种观点的人认为,职业选择在很大程度上是自发的、非理性的,并受环境压力的影响。比如说,一个人之所以成为某种职业中的一员,仅仅是因为某个偶然因素的作用。一个学生决定在大学学习中文可能是因为他在高考时语文获得了最高成绩,一个中学生选择了职业高中也许仅仅是因为有人告诉他汽车司机的工资很高,离开学校走向工作的关键决定只是由于偶然的不满或某种机会的诱惑。

不过,偶然性观点还强调,偶然性只是指进入职业是因为机会或迫于环境压力,并不是完全缺乏理性。

二、理性决定论

理性决定论将职业选择与个人的成熟联系起来进行考察。该理论的代表人物是美国社会学家金兹伯格(Eli Ginzberg)与美国心理学家萨帕(Donald E. Super)。

金兹伯格的理论观点在他的《职业选择》一书中得到了充分的发挥,他是从青少年心理发展的过程进行分析的。金兹伯格等人认为职业选择是一种过程,它基于人们的选择观念,而这种观念要经过若干年才形成,它不是某一时刻一下子就完成的"决定"。在职业选择过程中,包含一连串的决定,每一个决定都是个人兴趣、能力、机会和价值之间的折衷调和过程。这个过程可以分为三个阶段,即:

(1) 理想选择阶段(fantasy period)。这一时期实际上是人的少年时期,其特征是个人在幼年和儿童时期设想自己长大成人后要成为什么样的人或要当什么样的人。如"我长大了要当个科学家,当个医生"等。这种幻想并不受个人能力或真正机会的制约,因为在空想中,一个人要想成为什么样的人的愿望都是可以实现的。

(2) 试验性阶段(tentative period)。这一时期通常从10岁到12岁之间开始。这个过程也因个人智力和心智发展的不同而有所不同,一般智力和心智发展早的少年开始得较早,而发展迟缓的则较晚。在试验时期,个人常根据所希望的对未来的设想来修正自己的选择。当然这一时期个人虽已脱离了少年时的盲目、随意性幻想,但考虑问题时还比较主观,往往只根据个人的兴趣和价值判断进行行动,而不太考虑其他因素。

(3) 现实性选择阶段(realistic period)。这个阶段开始于16岁和18岁之间。这一阶段往往是人们正式的职业选择决策阶段。上两个时期的主观选择,到了这个时候就必须和个人所处的客观环境之间的矛盾进行折衷调和。这个时期往往是以缩小个人选择的范围为特征。具体来说,现实期又可分为三个小的阶段:其一是探索阶段,在该阶段,青年人试图把自己个人的选择与社会的职业岗位需要等现实条件联系起来;其二是结晶阶段,在这一阶段,青年人开始专注某一种职业目标,并努力推进这一选择;其三是特定化阶段,在该阶段,青年人为了特定的职业目的,进入更高一级学校学习或接受专业训练[①]。

金兹伯格的这种理论提出以后,也受到了一些人的批评。一些学者认为这个理论的缺陷很多。第一,这种三阶段的划分方法(包括对年龄的规定)是以美国的教育体系为基准的,反映出教育系统对学生作决定时间的影响,因而其适用性有限。第二,它受时间的限制,把18岁作为开始现实性选择的年龄不一定恰当。随着上大学人数的增加,相当一部分人对职业的现实选择都推迟到了二

[①] 转引自 Chen, M.T. and Regon, T.G. 1988: *Work in the Changing Canadian Society*. Toronto. Chapter 3.

第五章 职业选择

十多岁。而在小学没有普及,中学、高中只是一部分人才能进入的国家里,开始现实性选择的年龄却要小得多。第三,这个理论没有考虑个人参考团体的影响。此外,对于三个不同阶段个人的职业选择为什么是这种形式而不是那种形式,也没有作出必要的说明。

美国心理学家萨帕提出的是一种职业发展理论[①]。他将个人的职业选择过程与其自身自我概念的建立和发展联系起来,认为职业发展是一个"妥协过程",在这个过程中,天生才能、神经系统和内分泌组成、起各种作用的机遇、对工作时得到的上级和同事的赞许程度的评价等因素相互作用,形成了个人的自我概念。这种自我概念是一个持续发展的实体,它不断地随外界的环境变化而进行调适。萨帕的职业发展理论主要包括以下方面的论点:

(1) 人们的才能、兴趣和人格各不相同。

(2) 人们所具有的才能、兴趣和人格特点可以胜任相当多的职业。

(3) 每一种职业对人们的能力、兴趣和人格特性的要求都有特定的模式,但对职业和个人来说,仍有改变的余地。即个人虽不具有从事某种职业的能力、兴趣或人格特性,但经过种种努力,仍可以去从事这种职业。

(4) 人们的职业偏好和资历,人们的生活与工作情境以及人们的自我概念,都会随时间和经验的变化而改变,这使得职业的选择与调适成为一种连续的过程。

(5) 职业选择与调适的过程可以概括为一系列的生活阶段。按生活阶段的特点可以分为成长、过渡、探索、固定、维持和衰退几个阶段。其中,探索阶段又可分为空想、试验和现实几个时期;固定阶段又可分为尝试期和固定期等几个时期。

(6) 个人职业生涯的模式(即职业的获得、获得职业的顺序、尝试或稳定的时间水平)是由家庭的社会经济地位、个人智力水平和人格特性,以及个人所遇到的机会或机遇决定的。

(7) 可以对个人职业发展的不同阶段进行职业指导,这种指导一方面可以提高个人的职业能力,增加个人对某种职业的兴趣,另一方面也可以为个人寻找职业提供现实的帮助,并有助于个人自我概念的发展。

(8) 职业发展的过程实际上是发展和形成一种自我概念的过程,它也是一种折衷调和的过程。在这个过程中,自我概念的形成是由遗传的个人特点(如

---

① 转引自 Chen, M. T. and Regon, T. G. 1988: *Work in the Changing Canadian Society*. Toronto. Chapter 3.

天资聪慧否)、个人生理和心理的特点、个人扮演各种角色的机会,以及个人在扮演各种角色时获得他人的评价等众多因素互相影响、互相作用的结果。

(9)个人与社会、自我概念与现实之间的折衷调和,是人们把自身放入社会的职业角色的过程。这种角色扮演也是一个人从青少年时对职业的空想,到后来的职业选择咨询商谈,再到工作初任等的系列演进过程。

(10)一个人对工作的满意程度(进而是对生活的满意程度),由个人的才能、兴趣、人格特质和价值观能否找到相应的归宿,或者说以上诸方面的宣泄程度而决定。

(11)职业选择的各个阶段可以通过指导而加以改善。这里既包括培养人的职业才能与职业兴趣、使人达到成熟,也包括帮助人在职业选择上的试行选择和帮助人的自我概念的发展。

萨帕职业发展理论各阶段的详细内容包括:

(1)成长阶段(从出生到14岁)。该阶段是自我概念的建立时期。在这一阶段的初期,个人欲望和空想起支配作用。通过逐渐接触社会,对社会现实发生兴趣。其能力是次要的。它包括三个时期,即空想期(4岁至10岁),个人的欲望起支配作用,经常想像未来的社会分工及可以担当的职业;兴趣期(11岁至12岁),爱好成为志愿和行动的决定因素;能力期(13岁至14岁),个人能力逐渐增加,开始考虑职务所需要的条件(包括训练)。

(2)探索阶段(从15岁至24岁)。在这一阶段,青年人一般在学校、闲暇活动和劳动中研究自我,并进行职业上的探索。它包括三个时期,即暂定期(15岁至17岁),在空想、议论和学习课程中开始全面考虑个人的欲望、兴趣、能力、价值观、雇佣机会等,并作出暂时性的选择;过渡期(18岁至21岁),当进入劳动力市场和进行专门训练时,着重考虑现实,寻求自我概念的实现;试行期(22岁至24岁),进入似乎适合自己的职业领域并有将此职务当作今后终生职务的倾向。

(3)确立阶段(从25岁至44岁)。这是发现适合于自己的领域,并力图使其成为自己永久性场所的阶段。在这个阶段的初期,有的人经过试行后,再转做其他工作;也有的人不经试行就固定于一项工作,这一现象在专门职业中尤为常见。它包括两个时期,即:试行期(25岁至30岁),在似乎适合自己的工作中,感到不满足,转换职业后发现了终生职业;稳定期(31岁至44岁),在职业类型明确后,便努力使工作稳定下来,确保职位。对于大多数人来说,这是富于创造性的黄金时期。

(4)维持阶段(从45岁至64岁)。这一阶段人们所关心的是如何保持住

第五章 职业选择

自己确认的职业岗位,极少有人到新领域去冒险,多数人按既定方向按部就班地工作。

(5) 下降阶段(65岁以上)。这一阶段的劳动者,随着体力和智力的减弱,在工作中开始出现迟钝的现象。个人在这一时期的角色也由"参加者"演变为选拔者和旁观者。它包括两个时期,即:减速期(65岁至70岁),这是按规定退休的前期,此时人的能力减退,工作松弛,因而改换所担负的职责或工作;引退期(71岁以上),引退的年龄界限因人而异,但是离最终停止工作的时间已不再久远。对此,各人的态度也不尽相同,因而有一个适应新的自我概念的过程。

总之,萨帕认为职业选择是有目的性的,它由自我概念的形成、转变和实现组成,也即职业选择是一种理性的决定过程。萨帕的理论比起金兹伯格的理论已有很大的进步,他把个人对职业的选择看成是持续一个人一生的一种活动,这种用发展的眼光对职业选择进行分析是比较可取的,也比较符合现实的情况。但是,萨帕的理论偏重个人的心理,论证过于微观,对影响个人职业选择的社会结构因素(诸如社会、经济、文化等)论述不够,正因为这样,有一些学者尝试着用其他的理论或方法来解释个人的职业选择过程。下面,我们结合中外学者对这个问题的研究,并结合中国的实际情况,提出一种影响职业选择的综合性理论,即社会—文化影响论。

三、社会—文化影响论

理性决定论对职业选择进行研究的核心是放在个人心理发展的过程上,而社会文化影响论则把研究的重点放在个人所不能控制的社会结构上。

一些社会学家认为个人的职业选择受到社会因素的影响,尤其是社会结构的影响。如英国社会学家托尼·华森(Tony Watson)认为,一个人要得到某种工作受客观因素和主观因素的影响。客观因素包括某些资源,如金钱、技能、知识或体格。主观的因素包括个人的动机、兴趣和期望(如谋生、获得权力或得到工作满足)。所有这些因素都受到结构性因素的影响。结构性因素又分为二类,即与工作相关的结构性因素,如职业结构、劳动力市场等,另一类是非工作性结构因素,如个人的家庭、阶级、性别、种族和教育背景等。托尼·华森认为以上各因素互相影响,并对个人的职业选择产生影响,其关系见表5-1。

表 5-1　结构因素与个人职业的获得

非工作性结构因素	个人获得工作过程	工作领域的结构性因素
阶级 家庭 教育 种族 性别 媒介与 同龄群体	(a) 所拥有的资源 　　金钱、技能、 　　知识、体格 (b) 动机 　　期望 　　兴趣与愿望	职业结构和当前劳动力市场(包括工作市场的数量和类型)

资料来源:Watson, Tony J. 1980: *Sociology, Work and Industry*. Routledge and Kegan Paul, p.127.

借鉴华森对个人职业获得的研究,给合中国的实际情况,我们认为个人职业选择的过程受到多种因素的影响,职业选择与各种社会、文化、心理等因素之间的关系可用图5-1来表示(见图5-1)。

1. 上层建筑诸因素和生产方式诸因素与职业选择的关系

从宏观上看,上层建筑诸因素与生产方式诸因素对个人职业选择的影响是深远的,但从微观上看,特殊个体在特定时刻选择职业时,这些因素将失去或部分失去其制约作用。因此,我们只挑选一些主要的因素作简单的分析。

政治制度是上层建筑中最重要的组成部分。政治制度对择业的影响表现在政府制定的一系列制度、方针政策,如国家法律、法规、人口政策、劳动就业政策、教育政策对职业选择的影响上。

人口政策。人口政策可以影响一个国家人口数量的多少和人口素质的高低。人口数量的多寡影响着就业者的供应量,特别是当劳动力人口年龄构成在一段时期里过于年轻时,必然会使得就业的供给量增大,给选择较为理想的职业带来一定的困难。当这种劳动力人口年龄构成保持一定时期以后,又会出现劳动力人口的年龄构成偏于老化,这时,就业的供给又会减少。又如人口政策中对户籍、对流动人口的种种政策,实际上已经影响了城乡青年的择业态度与择业机会。

就业政策。建国以来,我们在劳动就业方面实行的是一种统包统配的就业政策,即对城镇中达到劳动就业年龄而又要求就业的人实行由国家统一包下来的政策。这种政策从根本上取消了劳动者的择业权和用人单位的用人权,用行政手段,按行政区划,按行业系统或家长所在单位,把青年安排在某一单位就业。劳动者一旦在某一单位就业,就获得了"铁饭碗",即不管该劳动者的劳动态度、技能变化等因素,一旦其在该单位就业,就理所当然地在该单位获得工

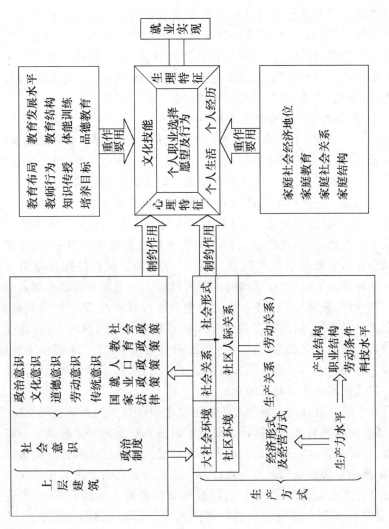

图 5-1

资、福利和保险等一套包括生老病死都在内的保障,而劳动者为此付出的代价则是丧失了职业选择和职业流动的机会。十一届三中全会以来,劳动就业等方面进行了市场化导向的制度变革,这些改革使劳动者获得了一定的择业权,用人单位也获得了一定的择人权。原先的由国家统包统配的就业政策正在让位于劳动者和用人单位双向选择的政策。无疑,这些改革和变化将会直接影响劳动者的职业选择。

社会意识形态是上层建筑中的重要组成部分。社会意识形态对个人职业志愿和期望的影响表现在以下几个方面：一是占统治地位的社会意识等对个人择业态度的影响,特别是占支配地位的思想政治教育,对个人的择业志愿和期望会产生根本的影响；二是在现实生活中,在社会上流传久远、制约性较大的习惯势力,如习惯、传统、风尚等等因素制约着人们的行为。

2．生产方式与个人的职业志愿和行为

在生产方式中,生产力的水平高低对人们的职业选择有着最根本的影响。具体来看,在影响人们职业选择的生产方式诸因素中,产业结构、职业结构、劳动条件和科技水平、经济形式或经营形式对职业选择的影响较大。

产业结构。它是指不同产业的劳动者的构成及关系。从人类社会发展的历史来看,社会经济发展水平不同,其产业结构也各不相同。大多数社会经济发展水平低的国家,其在产业结构上的表现是以农业生产为主,而像美英日等一些社会经济发展水平高的国家,其在产业结构上的表现则是以第三产业为主。从某种程度上说,产业结构的水平可以决定一个国家劳动者就业机会的水平。比如中国,在建国后至十一届三中全会的长时间内,第三产业发展迟缓,工业就业机会又有限,因而大多数年轻人纵有种种美好的向往,也只能在农业中去寻找自己的安身立命之所。十一届三中全会后,第三产业慢慢地发展起来。在发展的过程中也为一批年轻人提供了工作岗位,越来越多的年轻人希望自己在第三产业领域里找到自己的立足点。

科技水平。科技的发展和进步对劳动者职业选择的影响表现在三个方面：第一,科技的发展和进步使得社会对劳动者进入职业的要求提高了。科技的飞速发展,使得知识和高质量的劳动者越来越成为推动经济和社会发展的战略资源,劳动技能愈来愈以知识为基础,因而,对劳动者具备从事某种职业的专门技术或技能的要求也提高了。第二,科技革命将会淘汰一些旧职业,创造一些新职业,也即引起产业结构的变动。据美国商务部的《美国工业展望》统计,从1949年到1956年,由于自动化的普及,美国大约有8000种职业消失,而同时又有大约6000种新职业产生。科技进步使得运输、邮电、金融、保险、建筑、计算机等行业飞速发展,为人们提供了大量的就业机会,并促使人们在面对五花八门的新职业时,改变传统的择业观念,以便及时地把握住机会。第三,科技进步使得劳动装备水平提高,劳动条件改善,从而为人们从繁重的体力劳动中解放出来提供了条件。而劳动装备水平的高低和劳动条件的好坏在某种程度上将直接影响人们的择业观。

经济形式和经营形式。经济形式是指生产资料的所有制形式,是生产资料所有者和劳动者在生产、分配、交换和消费中的经济关系。经营方式是经济形式的具体实现形式,是生产资料所有者为了实现其经济利益,运用生产资料或其他经济手段,进行生产经营活动的方式。由于不同经济形式和经营形式的劳动组织在收入分配、福利待遇、劳动条件等方面存在着差别,因而劳动者在选择职业时自然会对此有所考虑。如在传统经济体制下,中国的所有制形式很单一,只有国有和集体两种,且国有企事业单位的劳动条件、社会地位和收入待遇等均优于集体所有制企事业单位,因而人们在选择职业时就愿意进入国有企事业单位。近几年来,一些中外合资、合作和外商独资等经营形式的企业迅速发展,其经营的灵活性和优厚的收入,富于挑战性的工作,使得不少年轻人把进"三资"企业作为自己的理想就业场所。

3. 家庭与个人的职业选择

家庭是职业选择环境中非常重要的结构性因素之一。家庭与个人职业选择的关系可以从两个方面来考虑:一是家庭对个人的职业选择起什么样的作用,二是哪些家庭因素影响个人的职业选择。

家庭对个人职业选择方面所起的作用主要表现在以下四个方面:

第一,帮助子女树立职业目标;

第二,培养子女掌握一定的技能和能力,为今后的升学、就业做准备;

第三,直接决定子女的职业(包括升学的)志愿;

第四,父母的择业意愿直接影响子女的职业选择。

家庭对个人职业选择的影响是任何其他因素都替代不了的。儿童对父母所从事职业的评价及社会对其父母职业的评价,父母对于各种职业的看法,都会直接影响子女长大成人后的工作志愿,而父母为子女所进行的各种人力投资,又会为子女长大成人后的职业选择带来种种便利。

那么,哪些家庭因素对个人的职业选择产生影响呢?我们发现,家庭教育、家庭社会关系、家庭结构及家庭的社会经济地位与个人职业选择的关系最为密切。

家庭教育对个人职业选择的影响主要体现在个人社会化的各个阶段,以及父母对子女潜移默化的教育与指导。

家庭社会关系对子女职业选择的影响体现在家庭社会关系网的大小及强度上。利用家庭的社会关系去寻求较好的职业,这是世界各国在就业方面所存在的共同现象。

家庭的结构对子女的职业选择也产生相当的影响,如破损家庭的子女往往在求职路途上要比完整家庭的子女付出更多的努力,碰到更多的阻力。

家庭的社会经济地位是影响个人职业志愿和期望的所有因素中最强有力的因素之一。在美国与加拿大所作的大量研究都表明,家庭的社会经济地位与个人的择业意愿有正相关关系。一个青年的家庭社会经济地位越高,则他越期望高声誉和高收入的职业。下表是加拿大社会学家在1976年用问卷法对三种社会经济地位不同的家庭所作的关于择业意愿的研究(见表5-2)。

表5-2 家庭社会经济地位与个人职业志愿的关系　　(单位:%)

职业意愿水平	社会经济地位			职业期望水平	社会经济地位		
	低	中	高		低	中	高
低	37	28	25	低	45	32	28
中	35	38	35	中	35	33	27
高	28	33	40	高	20	35	45
样本(人)	284	324	315	样本	278	319	314

资料来源:Structural Prisons:Barriers to Occupational and Educational Goals in a Society of Equal Opportunity. *International Journal of Comparative Sociology.* 17,pp.261—274.

上表说明,家庭社会经济地位越高,则子女的职业意愿与职业期望的水平也越高。家庭对子女就业、婚姻等方面的影响在全世界范围内都不同程度地存在。不过就中国的情况来看,影响则更为复杂、迂回,关于这方面的研究,我们尚需努力。

4. 教育与职业选择

对绝大多数人来说,教育之所以重要,是因为它与个人的职业世界有着极为密切的联系。一个人所受的教育总量和类型对职业选择和职业成就有着决定性的作用。即教育是一种过滤器,它能有效地将一些人摒弃于某些职业的大门之外,也能有效地使一些人获得某种职业机会。在封建社会的中国,通过科举制形式的教育,使少数出身低微的人可以实现"早为田舍郎,暮登天子堂"的宿愿,以此改变自己的职业地位。根据一些学者对考中功名者背景的分析,确实有不少平民子弟由科举而向上流动。何炳棣根据明代(1364—1644年)和清代(1644—1911年)42份进士名单提供的一万多个个案背景资料的分析发现:"到了15世纪中叶,由于科举已成为甄选官吏最重要的渠道,举子中40%到50%出生于贫贱家庭"[1]。在现代,教育对个人职业选择的影响依然十分巨大,特别是,假如我们把教育看作社会结构的一个因素时,教育就成了获得高地位

---

[1] Ho, Ping-ti. 1959:Aspects of Social Mobility in China, 1368—1911, *Comparative Studies in Society and History, An International Quarterly.* 1(June),pp.330—359.

和高报酬工作的手段。对部分农村青年而言,教育还是个人"脱离农门"的最有效、最公平的通道。社会学家们的研究表明,影响职业成就的决定性因素是劳动者本人的教育。据美国社会学家布劳和邓肯于1967年的研究发现,儿子的教育与其第一个职业的路径系数达到了0.44,与当前的职业的路径系数达0.394[1],是所有路径系数中最高的。在影响个人职业选择的诸多因素中,教育起着一种非常独特的作用,而且这种作用还将随着一个国家工业化和现代化水平的提高而增强。从我们国家的情况来看,教育对劳动者职业选择的影响是通过其他子因素而实现的,如教育的结构、教育的类型、教育者的行为、教育的内容等。

总之,一个人的择业意愿和行为是受多方面的因素影响的。没有一个单独的因素能够决定劳动者一生的职业选择。当我们对劳动者的职业选择行为进行研究时,就应该从多方面的角度来考虑。

第三节 劳动者与职业的匹配

正如在本章开头所说的,劳动者与职业是相互关联的一对范畴,劳动者在选择职业的同时,职业也在选择劳动者。只有当这两种选择相互一致、相互适应、相互匹配的时候,才能说是较好地完成了职业选择。

个人与职业如何匹配呢?下面将介绍有关这方面的几种理论:

一、社会心理学视角的分析

1. 人格特性——职业因素匹配学说

人格特性——职业因素匹配学说是由美国波士顿大学教授帕森斯(F. Parsons)创立,由著名职业指导专家威廉逊等人进一步发展成型。这一学说认为,每个人都有自己独特的人格特性与能力模式,人们的人格特性和能力模式与社会某种职业的实际工作内容及其对人的要求存在着较大的相关性。人们在进行职业选择以及社会对人们的选择进行指导时,应尽量做到人格特性与职业因素的接近和吻合。如何做到这一点呢?他们认为要做到这一点至少应经历以下三个步骤:

(1) 特性评价。即对将要选择职业的人的各种生理、心理条件,以及社会

---

[1] Blau, P. and Duncsn, O. D. 1967: *The American Occupational Structure*. John Wiley: New York, p.170.

背景等进行评价。具体说,要求对求职者的常规性身体与体质检查、能力测验(尤其是职业能力测验)、兴趣测验、人格测验、学业成绩、家庭经济收入、父母职业、家庭文化背景等多方面的材料作出综合评价。

(2) 因素分析。即分析职业对人的要求,包括各种职业(职位、职务)的不同工作内容,它们对人的不同的生理、心理、文化等条件的要求等,通过对这些因素的分析,使个人能够有较明确的选择目标。

(3) 两者匹配。即将对个人的特性评价的结果与对职业的因素分析结果进行对照,让求职者找寻适于自己从事的职业。

人格特性——职业因素匹配理论是建立在前人研究的成果基础之上的,其理论基础便是人格特性理论。人格特性理论认为,一个人的人格可以划分成若干种特性,每一种特性都是人所共有的,但不同的人在同一特性方面的强度或水平数值是有差异的。不同的人拥有不同的人格特性结构,因而就有了人格的差异。在人格特性研究方面影响较大的是阿尔波特的理论和卡特尔的理论。阿尔波特的人格理论将人格的特性分为支配、自我扩张、坚持、外倾(即外向)、对自己能批评、自炫、合群、利他、社会智力水平、对理论的兴趣、对经济的兴趣、对艺术的兴趣、对政治的兴趣、对宗教的兴趣等14项一般人格特性,这些特性又分为共同特性和个人特性两种。卡特尔的特性论则发展了阿尔波特的理论,他把人格特性分为表面特性与根源特性。根源特性是人格的基本特性,包括"乐群性、聪慧性、情绪稳定性、好强性、兴奋性、有恒性、敢为性、敏感性、怀疑性、幻想性、世故性、忧虑性、激进性、独立性、自律性"等项目。根据一个人在这些项目上的不同水平,可判断该人的人格特性总体状况。

2. 人格类型——职业类型匹配学说

人格类型——职业类型匹配学说是由美国著名的职业指导专家约翰·霍普金斯大学的心理学教授约翰·霍兰德(John Holland)①和他的助手在几十年间经过一百多次大规模的实验研究得出的。这种学说将人格与职业均划分成为不同的类型,当属于某一类型的人选择了相应类型职业时,即达到互相匹配。霍兰德把人的人格类型划分为六种,即:现实型(R型)、调研型(I型)、艺术型(A型)、社会型(S型)、企业型(E型)和常规型(C型)。相应地,社会职业也划分为六大基本类型。霍兰德认为,任何一项工作都可以归属于这些类型中的一种或它们中相结合的类型。根据霍兰德的观点,一个人的人格类型应该与相对

---

① Holland, J. 1985: *Making Vocational Choices: A Theory of Vocational Personalities and Work Environments.* New York.

应的职业类型相匹配。这六种基本的人格类型与职业类型便是:

(1) 现实型(R):属于现实型人格者,喜欢从事技艺性的或机械性的工作,他们安分随时,循规蹈矩,埋头苦干,情绪稳定,坚忍不拔,注重小利,处理人际关系的能力较差,但往往能够独立钻研业务,完成任务,长于动手,并以此为荣。属于这一类型的工作有木匠、鞋匠、铁匠、产业工人、运输工人等,在西方常被称作"蓝领"职业。

(2) 调研型(I型):属于调研型人格者,喜欢独立性、分析性、思考性、智力性的工作,这类人往往对自己的学识和才能颇为自信,也具有较高的学识和能力,他们乐于解决抽象的问题,通常具有非同凡响的价值观和人生观,往往能成为某些领域的创新者。但这类人不重视实际,考虑问题也较理想化,领导他人和说服他人的能力较差。属于该类的职业有科学研究、技术发明和实验工作等。

(3) 艺术型(A型):属于艺术型人格者,喜欢用各种不同的媒介表达自己的感受,他们的审美能力较强,喜欢标新立异,不同凡俗,敏感,感情丰富且易于冲动。但他们往往缺乏一些具体的办事能力,有时也易走极端。与这类人格相适应的工作有绘画、音乐创作、演戏、写小说或创作诗歌、广告设计及各类文艺工作。

(4) 社会型(S型):属于社会型人格者,喜欢与人交往,他们关心他人的利益,关心社会问题,和他人相处融洽,喜欢引人注目,经常出席社交场合,喜欢有组织的工作,对于公共服务及教育活动也感兴趣。但他们往往缺乏机械能力。属于这种类型的职业有:教师、社会工作者、调解人员、咨询人员、心理治疗医生等。

(5) 企业型(E型):属于企业型人格的人,他们的性格往往很外向,直率,果敢,敢作敢为,精力充沛,充满自信。他们常把自己看成是好的带头人,很善于说服别人,喜欢权力、地位和财富,有支配他人的倾向。但他们厌弃琐细的事情,对那些需要思维的工作也极不耐烦。这类人可以相应选择的职业有:厂长经理、推销人员、国家机关及党团组织负责人、工业顾问等。

(6) 常规型(C型):属于常规型人格者,喜欢从事有条理、有秩序的工作,他们愿意执行上级分派的任务而不愿独立负责或指挥他人。他们循规蹈矩、踏实稳重,对需要花大体力或脑力的活动不感兴趣,对人际关系紧张的问题也不感兴趣。有明确规定的事,他们做得最好。这类人为人拘谨、保守、缺乏创新。他们适合从事的职业有会计、秘书、计算机录入人员,打字员、图书资料档案管理员等。

霍兰德等人认为,每一种类型的人都有自己擅长的地方,也有自己不擅长的地方,从全社会范围及人的心理差异角度来看,这六种类型的人无所谓哪一种好些,哪一种差些,而只存在与职业类型是否协调、匹配的问题。另一方面,社会上的人往往是复杂的,变通的,不可能用简单的一种类型来概括一个人的多重特性。实际上,假如仔细地去审查一个人,就会发现这个人同时具有许多种其他人格类型的特点,只不过是大多数人总是表现为以一种类型的人格为主而兼有其他人格类型的特点。因此,职业问题专家们又进一步提出了若干种中间类型或同时具备三种类型特征的职业类群方法,并将人格类型与职业类型的这种关系用六角型相关图来表示(见图5-2)。

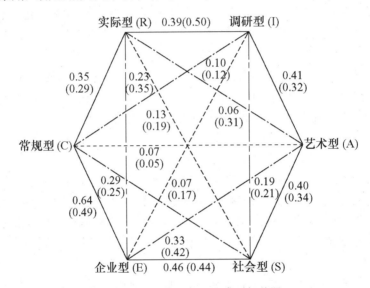

图 5-2 人格类型与职业类型相关图

图5-2中,职业类型与人格类型密切相关的类型用——表示,如调研型与实际型,企业型与社会型;一般相关的类型用虚线-·-·-·-表示,如调研型与社会型;相互排斥类型用……表示,如常规型与艺术型之间。图中的数字,没有括号的为男性的人格类型与职业类型相关系统,有括号的为女性的相关系数。

总的来说,当一个人选择与自己人格类型及密切相关类型的职业时,这种选择是协调的;当选择一般相关的类型时,属于职业次协调;当选择相斥类型的职业时,属于不协调状态。

二、经济学视角的分析

1. 新古典劳动力市场供求模型

新古典劳动力市场理论把寻找职业的人(供给者)与需要这些人的职业(需求者)看作是仅对价格作出反应,而且价格传递的信息是充分的,供求双方可以通过价格了解相关信息,并预设了信息成本为零。从供给或需求方面考虑的劳动力市场理论,往往认为劳动力的供求会自动平衡,市场的信息是完备的,个人与职业的匹配不是一个需要关注的问题。在一个完善的市场系统中,人们在求职过程中能够详尽地知道各单位的职位空缺状况以及给付的工资水平,知道全部工作定额和这些定额所需要的技能,这样人们就能完全依据这些信息决定自己的就业去向。

2. 搜寻理论(the theory of search)

20世纪30年代以来对各种劳动力市场的研究表明,劳动力市场的信息很不完备,信息的分布也不均匀,即存在供求之间的信息不对称(information asymmetry),现实的劳动力市场与假设的劳动力市场、与其他类型的市场间有着很大的差距,在劳动力市场上,有关工资、工作条件、工作机会等信息透明度较低,为获得这些信息,求职者必须依时间序列走访各单位,即进行有关工作的寻找过程。斯蒂格勒(Stigler, G)认为信息是一种稀缺商品,其获得需要花费时间、努力和金钱[①]。劳动力市场供给与需求的信息对于劳动力的匹配非常重要,而这些信息的获得同样需要成本。因此理性的求职者在工作寻找过程中会遵循"适可而止"的工作寻找原则,寻求的是满意或次优职业,而不是最优职业。

三、社会学的分析视角

1. 网络理论

以格兰诺维特(Mark Granovetter)为代表的新经济社会学家认为,新古典劳动力市场模型离现实太远,尤其是忽略了匹配问题(matching)。在经济学的模型中,价格是显示器,匹配是不言而喻的,但社会学家认为匹配远比寻找价格要复杂的多,在劳动力与职业的匹配上,重要的不是价格问题,而是信息的如何获得问题,而社会网络在信息的获得方面起着非常重要的作用。社会网络在寻找职业的人与职业需求之间充当了桥梁作用,而且通过社会网络传递信息有三个

---

① Stigler, G. 1961:The Economics of Information. *Journal of political economy* 69(June), pp. 213—225.

优点:(1)信息的丰富性。(2)信息的隐蔽性。(3)可以传递最佳信息。他分析了两种不同类型的社会网络对于职业匹配的作用。根据他的观点,强关系作为群体内部的纽带,由此获得的信息重复性高,而弱关系是群体之间的纽带,它提供的信息重复性低,充当着信息桥的角色。因此,弱关系在职业匹配上发挥着更重要的作用[①]。

2. 社会资源理论

林南等扩展和修正了弱关系假设,提出了社会资源理论[②]。林南认为,所谓资源,是指在一个社会或一个群体中,经过某些程序而被全体认为是有价值的物或形,如果这些物或形被占有会增加占有者的生存机遇。资源可分为两种,一种是个人性资源,是自身具有的,是财富、声望与地位这三种公认资源的总和。社会资源是个人在社会网中可以运用的其他人的资源,是个人的社会网络和他通过直接与间接接触能动员的资源的总体。社会资源理论认为,一个人的社会资源越多,越能从他的亲朋好友中得到帮助,职业成功的机会越大。社会资源对职业选择影响可归纳为三个命题:(1)社会资源命题,当更多的是需要运用影响和信息时,工具性行为的成功度与联系者的社会资源成正比。(2)地位强度命题,一个人原有地位(如家庭背景、初职)越高,越有机会接近或使用较好的社会资源(求职时介绍人社会地位高)。(3)联系强度命题,使用弱联系扩大接触的范围,比强关系更易接触或使用社会资源较佳的人。

第四节 当今青年的择业特点

从十一届三中全会至今,随着改革开放的进一步深化和劳动制度的改革,中国人的择业观念开始发生了变化,尤其是年轻人择业观念的变化表现得更为明显突出。这些变化主要表现为以下四个方面:

一、选择的多样化

在传统经济体制下,劳动者就业的门路非常单一,劳动者没有选择职业的

[①] Granovetter, Mark. 1973;The Strength of Weak Ties. *American Journal of Sociology*. 78, pp. 1360—1380.

[②] Nan, Lin., John C. Vaughn, and Walter Ensel. 1981;Social Resources and Occupational Status Attainment. *Social Forces* 59, pp. 1163—1181; Nan, Lin., Walter Ensel. John C. Vaughn. 1981; Social Resources and Strength of Ties: Structural Factors in Occupational Status Attainment. *American Sociology Review* 46, pp. 393—405.

权利,企业和工作岗位也不能选择所需的劳动者,即使让劳动者自己选择职业,大多数人也愿意进一些全民所有制单位(即现在的国有单位),希望自己有一个安稳的工作。这种意愿在 20 世纪 80 年代初的调查中表现得十分明显。1982年,中国社会科学院青少年研究所曾对北京、上海及四川乐山三个城市的 1872 人进行调查,调查表明,在这些人中间,愿意去工作稳定、有"铁饭碗"的全民所有制单位工作的人占 92.8%,愿意去集体所有制单位工作的占 7.4%,而愿意从事个体经营的人只占全部回答者的 0.2%。经过多年的改革,中国社会经济生活中各种成分的经济形式获得了发展,不同经济形式的单位在收入分配、福利待遇等方面的差距逐渐拉开,这些都直接影响到了劳动者对职业的选择。近年来关于高校大学生最愿意去的单位调查显示,国家机关和"三资"企业是大学生们的首要选择,见表 5-3。

表 5-3 毕业生最愿意去的单位类型排名

排名 年份	1	2	3	4	5	6	7	8
2002	国家机关	高新企业	科研单位	私营企业	国有企业	高等院校	事业单位	部队
2001	三资企业	国家机关	科研单位	高等院校	国有企业	事业单位	私营企业	部队
2000	国家机关	三资企业	高等院校	国有企业	事业单位	私营企业	科研单位	部队

数据来源:《国际人才交流》2003 年第三期,第 31 页。

大学生把国家机关作为就业首选是可以理解的,但是,把"三资"企业作为首选却是改革对人们职业选择影响的产物。年轻人选择"三资"企业是有原因的,与一般的国有企业相比,他们的收入更高,在中国目前经济水平还不是很高的情况下,获得高收入对人们的诱惑确实很大。各种全民所有制形式的单位依然是人们进行职业选择时所考虑的去处。私营企业因其近年来发展的强劲势头也已成为青年人们的求职去处。

二、个人利益与社会利益兼顾

近年来,青年的职业观念还发生了一个很明显的变化,那就是在职业选择时更注重物质利益,对个人利益在职业上如何实现成为青年人职业选择的重要考虑。

在 1982 年的北京、上海、乐山调查中,个人在选择职业时首先考虑的因素是社会地位,其次是职业的社会意义、发挥才能等因素,劳动报酬是职业选择时第三位考虑的因素。可见当时青年人在职业选择时更侧重社会利益,见表 5-4。

表 5-4 三城市青年职业选择

	第一类地位	第二类地位	第三类地位	第四类地位
北　京	社会地位	社会意义 技术构成 发挥才能	劳动报酬 劳动强度 个人条件	群众关系 组织家庭
上　海	社会地位	发挥才能 社会意义	技术构成 个人条件 劳动报酬 劳动强度	群众关系 组织家庭
(四川) 乐　山	社会地位	个人条件 技术构成 劳动报酬	发挥才能 社会意义	劳动强度 群众关系 组织家庭

资料来源:中国社会科学院青少年研究所编:《青年就业的探索与实践》,中国社会科学出版社1983年版。

不过20世纪80年代后期以后进行的各类职业选择调查显示,越来越多的人把收入水平放在了第一位。1990年北京大学社会学系职业声望调查课题组在北京和广州的调查发现,与职业评价有关的各项因素中,被调查者把收入水平高排在第一位,顺次排在下面的是:有利于发挥个人的能力,工作富有创造性,符合个人兴趣和爱好,职业对社会贡献大,职业社会地位高,职业福利待遇好、有保障,职业自主性强、不受约束,工作条件舒适,职业能保证子女有受到较好教育的条件,职业升职流动机会多。可以认为,个人利益的实现被越来越多的青年人置于了非常重要的地位。

大学生是青年的重要群体,他们在以往的职业选择中更强调自我实现与职业的社会意义,不过20世纪90年代以来的多次调查都显示了越来越多的大学生把收入作为职业选择的首要考虑,作者在1999年对北京大学和清华大学298名学生的"职业选择与职业声望"调查就显示了这种趋势,见表5-5。

表 5-5 大学生职业选择主要考虑因素

	选择职业标准 第一位考虑	选择职业标准 第二位考虑
收入水平	33.2	27.5
符合个人兴趣爱好	24.8	19.1
有利于发挥个人能力,富于创造性	16.8	20.1
社会地位	14.8	6.4
自主性强,不受约束	5.0	10.1

续表

	选择职业标准 第一位考虑	选择职业标准 第二位考虑
升职和流动的机会多	2.0	2.3
对社会的贡献	1.7	2.3
工作条件舒适、安全	0.7	4.0
职业的权力	0	1.3
其他	1.0	8.2

资料来源:作者1999年对北大、清华学生职业选择调查数据。

社会意识是社会存在的反映。发生这种变化,部分的原因是在商品经济冲击下,人们的观念发生了变化,劳动致富已成为社会赞许的行为。在过去,劳动者之间的收入差距很小,而现在,不同所有制、不同行业和职业的劳动者之间的收入差距已经拉开了,再加上物价水平的大幅度上涨,增加收入不仅迫切需要,而且可能性也增加了。另外,这种变化当然还与中国职业的经济地位、社会地位和政治地位的不一致有关。中国目前仍处于温饱水平,也就是说,解决绝大多数人的吃、穿、住、行问题仍然是首要的问题。国家所处的社会经济发展水平不能不对人们的观念产生影响。

三、自主性增强

由于受传统文化和劳动就业模式的影响,青年人职业选择的自主性很低,在就业途径上,许多青年依赖国家与家长安排就业,并在就业实现上形成了依赖国家和家庭的思想。1982年中国社会科学院调查时,90%以上的青年认为应该靠国家统一安排就业,或通过"顶替"等方式就业,只有6%的人认为应该靠个人创业,进行自主就业。

随着劳动人事制度的改革,特别是近年来在政治、经济、文化等方面的变革,许多青年已逐渐抛弃了过去依赖性、服从性的就业观念,逐步树立起了自主、自强、自己创路子的信念与勇气,愿意依靠自己的力量,通过市场实现就业。以北京市青年研究会2000年组织的北京市青年职业与流动状况调查为例,大多数青年人在选择职业时,既不是听父母的意见,也不是听朋友的意见,更不是像以往那样听从组织的安排,而是根据自己的意愿来进行选择,见表5-6。

表 5-6 职业选择时参考谁的意见

	人　数	有效百分比
父母	369	19.0
朋友、同学	193	9.9
新闻媒介	47	2.4
周围大多数人	93	4.8
自己的感觉	1153	59.3
党团组织	40	2.1
其他	49	2.5
总计	1944	100.0

资料来源:共青团北京市委员会、北京市青年研究会编:《北京青年发展报告》,北京师范大学出版社 2001 年版,第 66 页。

四、职业类别偏好变化

经过多年的改革,人们的职业偏好已发生了变化。中国人民大学劳动人事学院等单位在 1988 年 6 月至 1989 年 3 月曾对北京、陕西、上海、广东、河南等八个省市进行青年职业选择的调查(该调查共发放问卷 3400 份,回收 2440 份,有效问卷 2146 份)。从"人大调查"看出,青年们的理想选择,排第一位的是"专业技术人员",占总调查人数的 59.4%,这可能反映了青年在思想上崇尚科学、崇尚技术,愿意作一名新型专业人才的意愿。但在问及实际选择时,却有 53.1%的人选择了"机关、单位领导",这种选择意向可能与中国社会权力泛化的现象不无联系。

不过近年来的调查显示,青年人的职业类别偏好已有所改变,以北京市职业介绍中心提供的资料为例,青年人偏爱的前十位职业是:管理、财会、营销、文秘、计算机、机械、建筑、外语、对外经贸、房地产[①]。

我们从近几年有关职业选择、职业声望方面的调查还发现,一个值得引起注意的问题是青年人对一些苦、脏、累、平凡、朴素的工作岗位的不屑一顾。在本节的最后,我们想提出这么一个问题,针对当前青年职业选择观念的变化,学校和社会应该做些什么呢?我们认为从现在开始就应抓以下工作:

第一,帮助青年树立正确的人生观与职业价值观。从家庭、学校、社会三方面入手,从早期开始对青年进行多种形式的有关劳动与职业的教育,使其端正择业态度。在向市场经济转轨的过程中,社会应大力提倡艰苦朴素、大公无私、

---

① 1999 年 10 月 10 日《北京青年报》。

全心全意为人民服务、社会集体利益至上和三百六十行、行行出状元的思想,不能以为这些思想在市场经济体制下已经过时。同时,要让青年和学生摆正个人与社会的位置,个人的成功离不开他人,离不开社会。正如马克思所指出的那样,我们在选择职业时所应遵循的主要指针应是人类的幸福和我们自身的完善。……人的天性生成是这样,人只有为了同时代人的完善,为了他们的幸福而工作,他自己才能达到完善。为此,我们的电影、新闻、文艺、教育都要围绕这个主题,多进行这方面的教育。

第二,大力开展多种形式的职业指导工作,包括:(1)进行职业测验与职业鉴定,对求职者(包括还未进入劳动力市场的青年学生)的心理能力,个人兴趣、能力倾向与个性特征进行测验与分析,然后作出鉴定,使个人对自己适合于从事何种类别的工作有一个大概的了解。清醒地认识自我,这是职业选择时不至于盲从他人的出发点。(2)提供职业信息服务;使个人能够较好地认识和把握职业世界的特点。职业信息包括四个方面:一是关于职业性质、工资待遇,工作条件及提升的可能等方面的信息;二是关于求职者的最低条件的信息;三是关于准备就业而设置的教育培训计划,以及提供这种训练的教育机构、学习期限、学习资格与费用的信息;四是关于就业机会的信息。(3)开展职业咨询工作,以帮助青年及学生根据职业测验与鉴定及有关职业的信息,确定自己的职业目标。(4)指导就业途径,即积极地帮助求职者找到适当的职业。成功的职业指导可以大大减低劳动者择业的盲目性与随机性,帮助劳动者按自己的特点和爱好选择职业,也使用人单位找到符合自己要求的人力资源。因此,为下更好地配合职业指导工作,我们应立即着手制定有关法规与条件,实现职业指导的制度化,同时,还需多方建立职业指导网络,实现职业指导的规范化和组织化。

第三,健全和完善劳动力市场。健全和完善的劳动力市场在人力资源的配置(也即职业找人,人找职业的过程)上有很多优点,诸如:(1)它可以有效地配置资源;(2)能自动传递信息调节供求;(3)能对事物的价值进行客观的评价;(4)能发挥奖优罚劣的作用。在就业市场化条件下,那些被人们认为收入高、待遇好、工作条件舒心、社会地位高、发展机会多的职业,求职的人必然也多,要求必然也高,一些人可能在竞争的市场中失败而转向其他职业,一些人可能用各种办法终于获得了此类职业,但当其发现个人的能力与兴趣其实很不适合时,仍可选择自己喜欢的其他职业,这样,在市场机制的作用下,一些艰苦行业、职业最终还是有人去从事。

第四,实行公平的劳动报酬差别制度,以吸引不同能力的人去从事不同的工作。社会可以对一些劳动条件差、待遇低而又必不可少的职业实行收入倾斜政策,以吸引有才能者的进入。

总之,关于青年人的职业选择和指导,这是一项系统的工程,它有赖于个人、家庭、学校和社会的沟通与努力。

思 考 题

1. 简述职业对个人的要求。
2. 什么是职业选择的理性决定论。
3. 社会文化因素与个人的职业选择是一种什么样的关系?
4. 简述人格特性——职业因素匹配理论。
5. 简述人格类型——职业类型匹配理论。
6. 试分析当今中国青年的择业特点。
7. 论述网络理论对于劳动者与职业匹配的主要观点。

第六章

职业流动

第一节 职业流动的分类和模式

一、职业流动的概念及分类

1. 职业流动概念

职业流动与社会流动密切相关。在现代社会,职业流动是社会流动最重要的内容之一。社会流动从广义上讲是个人、家庭、社会群体在不同社会部门间的一种运动。个人职业的变化,某一社会群体社会地位的变化,某一家庭社会地位或居住地域的变化,国际间的移民,都是社会流动。狭义的社会流动一般是指个人社会地位的变化。社会学家认为,社会流动与社会结构变迁有着非常密切的关系。社会流动是社会结构、社会制度变动的量化体现,而社会结构与社会制度的变化必然表现为社会流动过程。可见,作为社会流动重要内容的职业流动,其流动的形式、内容及其规律性,在一定程度上可以反映社会的发展与变迁情况,因而,学者们对这一领域的研究一向都很重视,特别是在最近20年,社会流动研究在中国取得了令人注目的成绩。

从整体、综合研究的角度出发,我们认为,职业流动是指劳动者在职业分层体系中层级间和类属间的变动,与这种变动相伴随的是劳动者工作地点、工作内容、工作性质及职业地位等方面的变更。

2. 职业流动的分类

在不同的分类标准下,职业流动可以区分为不同的类型。

(1)以职业流动的方式为依据。根据职业流动的方式,可分为三种类型的职业流动:同行关系上的地位变动,从一种职业到另一种职业以及一种整体职业的声望的升降。

同行关系上的地位变动主要指的是个人职务的变更和职业上所取得的成就。它是职业流动研究领域里一项很重要的研究课题。这种流动的特点是个人职业流动前后,职业保持不变,但职务发生了变化。如一个人从助教升为讲师、副教授、教授,他(她)虽然经历了四种职务的变化,但依然是教师这种职业。

从一种职业到另一种职业。这种职业流动主要指劳动者职业内容、工作条件、工作地位及劳动者个人职务、职称方面的变化。如从农民到乡镇企业的工人,从售货员到歌唱家等。随着社会经济的发展和产业结构的调整,必然有相当多的人希望更换自己的职业,以便学有所用,发挥自己的最高水平。因此从一种职业到另一种职业的流动,也成为现代社会的一个重要特征。

整体职业声望的升降不仅受职业性质、职业条件等因素的影响,更与人们价值观念的变化有关。从社会存在决定社会意识这个角度来看,一种整体职业声望的升降与社会经济发展的水平和社会的制度、政策、文化等有着密切关系。如个体户这种职业的声望,在20世纪80年代初时还很低,在1985年对北京市部分市民的职业声望调查中,人们对个体户这一职业普遍持歧视态度,在90种挑选出来的职业中,个体户的职业声望排在第80位,与殡葬工、和尚等职业相伴。这种情况与中国长期以来对个体经营采取压制、取缔等做法密不可分。1990年时,在对北京各种身份的居民所进行的一次职业声望调查中,在所调查的80种职业中,个体户的职业声望排在第68位。1999年作者对北京大学和清华大学300名大学生关于80种职业的调查显示,个体户被排在第51位,声望分值高于车间主任、电工、出租汽车司机等职业。而在商品经济发达的沿海地区,如广州、深圳、浙江等地,个体户的职业声望更高一些。如1990年广州个体户的职业声望高于军人、中小学教师等职业,在80种职业中被排在第36位[①]。当然,一种整体职业声望的升降还与国家的制度、政策及舆论导向密切相关。在中国,知识分子这个社会群体地位的变迁,可以说是一种整体职业声望升降的最好例子。在封建社会时期,知识分子通称"士"。当时知识分子的社会地位在各职业中名列榜首,所谓"士农工商"。也正因为这样,才会有中国百姓对"万般皆下品,唯有读书高"、"书中自有黄金屋,书中自有颜如玉"的推崇。1949年建国后不久,我们提出的口号是"工、农、兵、学、商,团结起来搞社会主义建设",这时中国知识分子的社会地位实际已有下降。1957年开展的"反右"运动打击

---

① 参见蒋来文等:《北京、广州两市职业声望研究》,载《社会学与社会调查》,1991年第4期。

第六章　职业流动

了一大批知识精英,此后又对知识分子采取了利用改造的政策。当时有一些人认为,知识分子的阶级觉悟和对社会主义的热情远不如工人和农民,是利用和改造的对象。在"文化大革命"时期,知识分子被一些人称为"臭老九",在社会上受到打击、迫害。到了十一届三中全会以后,中国共产党纠正了对知识分子的社会偏见,肯定了知识分子是工人阶级的组成部分,是走在现代化建设前列的一部分,因而尊重知识、尊重人才重新成为社会的风尚,知识分子的社会地位再次上升。20世纪80年代后期由于社会收入分配上的"脑体倒挂",知识分子的地位又出现危机。1992年以后,随着报酬等方面"脑体倒挂"的消失,以及知识分子在社会经济生活中的作用提高,其地位又得到了提升。

(2) 以劳动者在职业分层体系中地位的变化为依据。根据劳动者在职业分层体系中地位的变化,可以将其区分为垂直流动和水平流动。

索罗金第一次区分了垂直流动与水平流动。垂直流动指的是劳动者在一种职业范围内向上或向下或者朝向一种较高级或较低级职业的流动。劳动者在职业流动前后的社会地位发生了明显的变化。在存在着事实上不平等的社会环境里,向上流动是有条件的。只有那些具备了一定条件的人才有可能升上去。索罗金(P. Sorokin)认为,追求成功的价值是一个人实现垂直流动的重要因素,他分析了垂直流动的主要通道,包括:(1) 军队,(2) 教会,(3) 教育,(4) 政治,(5) 经济,(6) 专业组织,(7) 家庭与其他社会流动机制[1]。在职业的垂直流动中,向上流动一般是劳动者期望和追求的,向下流动是迫不得已的。劳动社会学研究职业垂直流动的目的,是为了了解什么样的劳动者向上流动的机会较多,什么样的劳动者向下流动的可能性更大,什么样的社会结构能给劳动者提供更多的向上流动的机会,大规模地向上或向下流动发生在什么样的历史条件下,向上流动的规模和速度将对社会结构产生什么影响等等。

水平流动指的是劳动者从一种职业岗位向处于同一水平上的另一种职业岗位的横向流动。劳动者的职业地位在流动前后没有发生变化。这里同一水平是指两个职业岗位在工资收入、职业评价、社会声望、工作条件等方面相同或相似。例如,一名研究员到大学去当教授,一位餐馆服务员到商店去当营业员等等。

判断职业流动有没有层级的变化是区分职业流动是垂直流动还是水平流动的关键。我们以什么标准来衡量职业的层级呢?应该说垂直流动与水平流动是两种理想的流动类型,没有绝对统一的标准来进行判断。在讲职业声望时

---

[1] Sorokim, Pitrim Aleksandrovich. 1962: *Social and Culture Mobility*. Free Press of Glencoe, Illinois.

我们曾指出,职业分层的标志是职业的权力、财富和声望方面的差异。职业声望作为人们对职业的一种社会评价,它是人们对职业的权力、财富和声望等方面的一种综合评价。人们在评价一种职业声望时,自然考虑到了该工作的收入、工作内容、职业权力、劳动条件等因素,因此,职业声望可以作为人们区分职业层级的一个比较适用的指标。加之职业声望资料比较容易获得,操作起来也相对简单,同时职业声望不随时间、地区的变化而变化,因此适用性较强。

(3) 以劳动者流动的参照物为依据。根据劳动者流动的参照物,可分为代际流动与同代流动两种类型。

代际流动是指劳动者两代(或多代)之间所发生的职业类别和职业层级间的变动,即子代从父/母代所属的职业类别向别的职业类别的流动。代际流动也可分为代际垂直流动和代际水平流动两种。曾做到美国最高法院法官的阿瑟·戈德伯格,其父亲是来自俄国的犹太移民,靠摆小摊贩卖水果、蔬菜供养12个孩子,家境贫寒,戈德伯格从小历经艰辛,他的一生可作为代际向上流动的例证。代际向下流动的典型莫过于美国钢铁公司的创办人卡耐基的曾孙安德鲁·卡耐基三世。昔日的卡耐基每年都捐赠数百万计的金钱给慈善机构,但今日的卡耐基却与妻子一起过着入不敷出的生活。

现代的社会学家们越来越重视职业的代际流动研究。他们认为,代际间的职业流动,特别是向上流动的比率可以反映一个国家内部机会均等和开放的程度;代际间职业向下流动的程度,则不仅可以反映一个国家的等级开放程度,而且还可以显示出对于占有特权的个人和群体,他们将自己的特权维持住和传给子女享受这种特权利益的难易程度。另外,代际流动比率的高低也可以反映出一个国家的工业化、现代化程度。比如,在农业社会中,职业间的同质性比较强,流动的机会也少,因此,在传统、封闭的农业社会中,代际流动的比率普遍较低。而在工业化程度较高的社会,职业间的异质性大为增加,流动的机会增多,因此,代际间流动的频率就高。

同代流动又称代内流动,它指的是劳动者一生中,在具有劳动能力后,开始找工作,从无工作到有工作,经历各种职业变换,直到退休养老期间所发生的职业层级或类属间的变动。如劳动者的工作地点、所从事的各种工作的性质、工作内容及职业地位的变化等。考察同代流动可以发现社会流动的规律,找到隐藏在职业流动背后的许多问题。

(4) 以教育体制和社会化模式为依据。拉尔夫·特讷指出,在不同的教育体系及相应的社会化方式下有着不同的向上流动模式。他区分了赞助式流动(sponsored mobility)与竞争式流动(contest mobility)。

赞助式流动:精英的招募由已经是精英的人或他们的代理机构挑选,精英地位的给予是根据某些认可或设定的标准,个人的努力与策略对于精英地位的获得不起什么作用。向上流动犹如要进入一个私人俱乐部,每一个候选人必须受到某种赞助,而成员资格的获得在于赞助者认为他是否具有作为一个将来的成员所应具备的条件。在只有一种精英或已有公认的精英秩序的社会里,往往通行赞助式流动。

竞争式流动是这样一种机制,精英地位的获得是期望这个位置的个人在公开竞争中获得的鉴赏,竞争的规则是公平表演,竞争者在这个过程中尚有很大的余地应用策略。成功地向上流动这一奖品不是由已经是精英的人颁发的,而是自己应用常识、手腕、勤奋、大胆、成功的冒险、才能等获取的。在多种精英彼此竞争的社会里,往往通行竞争式流动[①]。

(5) 以流动的原因和规模为依据。按劳动者流动的原因和规模分,可以把职业流动分为宏观的结构性流动和微观的非结构性流动两种。

宏观的结构性流动指的是由于社会生产力的巨大发展或社会方面的巨大变革而引起的大规模的职业流动。例如,中国农村普遍推行联产承包责任制后,农民的劳动积极性空前高涨,使得农民的劳动生产率大为提高,农村也由此出现了大批的剩余劳动力。他们从农村流向中小城镇,甚至大城市,从传统的农业流向家庭副业、工业、建筑业、运输业、商业及服务性行业等。又如,由于我国工业劳动生产率的飞速发展和各种技术的广泛采用,原有的工业结构发生了变化。由于新兴产业的出现以及产业结构上的其他调整、变动所引起的劳动者的职业流动,其规模相当大,人数也很多,因而对社会的影响也很大,它可以使社会的职业结构发生很大变化。微观的非结构性流动指的是由于劳动者个人自身的生活和发展需要,文化知识水平和结构的变化,兴趣爱好的转移等原因所引起的职业流动。相对来说,这种流动比较零散,对社会的影响不是很突出,难以引起社会职业结构的迅速变化。但这并不表示微观非结构性的职业流动不重要,恰恰相反,它对一个社会的发展来说有着不可低估的作用,微观非结构性的职业流动是一个社会劳动者的活力之所在。

劳动者的职业流动还可以有其他分类,如根据劳动者流动的意愿,可将职业流动分为自愿流动和被迫流动;根据劳动者所跨越的区间分,有城乡流动、国内流动和国际流动;根据劳动者的职业流动是否有利于国家社会经济的发展,

---

① Turner, Ralph H. 1960: Sponsored and Contest Mobility and School System. *American Sociology Review* Vol. 25, pp. 855—867.

可将其区分为顺向流动和逆向流动;根据劳动者的性别特征,又可分为男性的职业流动与女性的职业流动等。

二、职业流动的社会结构模式

不同的社会结构有着不同的职业流动模式。社会的阶级结构(包括阶层结构)从它的变动上看,可以分为封闭性的和开放性的两种。封闭性的社会阶级结构指的是阶级划分较固定,社会流动性较小的结构。在封闭性的社会阶级结构中,个人的地位是先定的,每个人都从出生,或在一定年龄时就被安排了一个地位,这种地位很难改变。开放性的阶级结构则是指较富有弹性、社会流动性比较大的阶级结构。在开放性的结构下,人们能依靠自身的努力和社会条件的变化,使自己的职业地位等方面发生变化。开放和封闭性结构的主要差别是其所包含的地位的类型。凡是能通过直接的努力,通常是竞争,所获得的地位是自致地位。现代社会中的大多数职业地位都是这种地位。在多数情况下,地位可以依仗教育、才能等获得。根据超出个人控制范围的标准——通常是出身、年龄和性别——来指定的地位叫先赋地位。在现实社会中,纯粹封闭和开放的社会结构并不多见,一般社会的结构都是介于这两者之间,称之为混合型社会结构。根据社会结构的开放和封闭程度,职业流动的社会结构模式可相应划分为三种:

1. 卡斯特社会职业流动模式

卡斯特(caste)社会是一种完全封闭的、世袭的社会,最典型的莫过于古代的印度。在19世纪前的印度社会,存在着一种非常严格的种姓制度,它把所有的社会成员分为五大种姓,婆罗门、刹帝利、吠舍、首陀罗和贱民。每一种姓代表一种社会身份,并有由此决定的职业。婆罗门是僧侣和学者,刹帝利是武士和贵族,吠舍是手工业者和商人,首陀罗是农民和仆役,而贱民则被称为"不可接近者",被排除在职业社会之外,靠行乞等营生而生活。在这种社会中,个人所属的种姓和家庭决定了一个人的地位,且终身不变,各种姓(或阶层)之间实行的是内婚制,即严禁与其他种姓(或阶层)通婚、来往,个人只能从事其所属种姓所规定的职业,个人没有力量来改变这一切,职业之间的流动极少。

2. 开放社会的职业流动模式

在一个开放的社会阶级结构中,劳动者可以自由地在各个职业层级间挑选自己喜欢的职业,个人进行职业流动时很少受到约制。即使有约制,其影响力也很弱,在这样的社会里,职业流动的决定性因素主要是个人的技术、知识、教育等。但是,即使在当今,纯粹开放的社会阶级结构也并不存在,更多的社会结构具有混合型的特征。

3. 混合型社会的职业流动模式

混合型社会的职业流动模式是指在一个社会中,既有卡斯特职业流动的情况,也有开放的职业流动。如中国传统封建帝制社会,一方面,像皇帝、公、侯、伯、子、男等位置是世袭的,皇帝之位更是神圣不可侵犯,除皇帝的嫡系外,一般人休想染指,除非运用暴力手段,推翻一个王朝。但是,在封建社会的中国,一般平民可以通过科举或其他一些手段进入士大夫阶层,实现职业的垂直向上流动,有时甚至是更高的阶层。在士大夫下的其他职业阶层,如农业、手工业和商业等,在封建社会的中国基本上是开放的。

第二节 职业流动的影响因素

劳动者的职业流动是一种极其复杂的社会经济现象,会受到一个国家社会、经济、政治、文化和心理等方面因素的影响。影响职业流动的因素很多,每一种职业流动都是各种因素综合作用的结果。但不同的影响因素所起的作用会因职业流动的主体不同而有所不同。可以将影响职业流动的因素分为二类:结构因素和个人因素。结构因素所反映的是一个国家(地区)劳动者职业流动的社会经济机制,个人因素反映的是在同样的社会经济背景下,为什么有些人比另一些人有更多的职业流动。

一、职业流动的结构因素

影响劳动者职业流动的社会结构因素很多,比较主要的有以下几种:

1. 社会结构

社会结构的状况可以反映出一个社会为其成员进入某一位置所给予的机会和各种限制。一个社会要有秩序地运转,必定会设置各种各样的制度和法规,制定各种各样的人口和就业政策,这些,都会对职业流动产生影响。在一个开放的社会阶级结构中,劳动者可以相对自由地在各个职业层级间挑选自己喜欢的职业,个人进行职业流动时受到的限制也较少。

2. 产业结构的变化

产业结构变化会影响到社会职业结构的变化,从而对社会劳动成员的分配和安置产生影响,进而使劳动者都具有社会流动的可能性。产业结构的变动是多方面因素综合作用的结果,如科学技术的进步,劳动生产率的提高,新能源的发现,消费结构的变化等。产业结构的变动促使新的职业不断涌现,旧的职业不断淘汰,部分职业不断扩大和发展,从而促进了劳动者职业的结构性流动。在当今社会,因产业结构的变化所引起的职业流动速度在加快,并在社会经济生活中起着非常重要的作用。如在美国,专业人员和技术人员、经理和业主、办事员和店员的职位种类绝对数量从1940年的1043.4万个扩展到1970年的1869.3个,如果这些职位的增长速度与整体职位的增长速度一样的话,则从事这些工作的人员将只有1251.1万人,因而实际上这些职位比预期的增长了617.2万个,这使得1970年时全部男性劳动力的13%有机会在职业系统中向上流动,去填补那些新创造出来的工作职位[1]。

中国近几年来随着经济发展和生产力水平提高,一些被人们称之为"夕阳工业"的传统产业、手工业开始衰落,一些被人们称之为"朝阳工业"的新兴产业获得发展,特别是第三产业。到2002年,中国第三产业劳动者的比重已达28.6%,比1952年的9.1%提高了19.5个百分点,而第一产业劳动者的比重则由1952年的83.5%减少到了2002年的50%[2],这一增一减,就为社会上的一大批劳动者提供了职业流动的机会。

3. 人口变迁

一个社会的职业岗位总是处于不断的新陈代谢过程中,社会职业岗位中不断有一些劳动者由于退休、死亡或疾病等原因离开自己的职业岗位,代之以新的劳动者,这本身就是一种职业流动。另外,一个国家或社区中的人口自然增长率也会对职业流动的机会产生影响。一般来说,一个社会为了正常有序运转,对某些职业种类的劳动者数量上的要求是一定的,这样,当人口的出生率降低或死亡率提高时,向上流动的机会就增加,反之,当出生率提高或死亡率下降时,个人向上流动的机会也随之减少。

4. 教育

社会学家们认为,现代社会是地位自致的社会,而不是地位先赋的社会,即在现代社会中,个人通过自身的努力可以获得地位上的向上流动,而个人获取社会地位的一个最为重要的因素便是教育。

在当今社会,职业的专门化程度随着一个社会的工业化程度和现代化程度的提高而不断提高,在工业化国家和现代化国家(包括那些正在朝向这方面努力的国家),专业知识和专门技能已是劳动者胜任某一职业的必不可少的前提。因此,在职业结构中,职业层级的设置越来越倾向于依据个人所具有的教育程

---

[1] 丹尼尔·吉尔伯特等:《美国阶级结构》,中国社会科学出版社1992年版,第196页。
[2] 根据《中国统计年鉴2002》和《中国统计摘要2003》相关资料计算。

度。在有些社会,教育甚至成了审核考查个人能力的一种条件。如雇主在雇佣一个人之前,并不知道该人的生产率会有多高,因而雇主就得寻求那些可能代表生产率高低的指标,而教育(数量、种类)则被雇主认为是一种相当重要的差别标准。那些文凭论者认为,当今社会教育已被人们看作是个人永恒地位特质的一种标记,人们可以从一个人的文凭去推测一个人的地位和收入,它对个人职业生涯的影响是永远重要的。

教育在影响个人职业流动的机会和方向的同时,还影响着个人职业流动的愿望。社会学家们通过研究发现,一个人所受的教育越多,其内心精神世界也越丰富,也越追求个人工作、生活、个性等的自我实现,同时由于其所受的教育程度高,知识面广,能力强,在职业流动时所受的阻力也相对较小。因此,这些人往往更不愿意终身固定于一个职业,更希望得到流动的机会。国外社会学家在研究劳动者的职业流动时也发现了这种现象。如前民主德国的社会学家发现,在青年工人中,到职业介绍所寻求新工作的多数是技术水平较高的熟练工人。已引起各国政府关注的人才流失现象,也从侧面反映了高文化程度者的易流动性。

此外,教育制度、教育结构、教育内容等也会对个人的职业流动产业影响。如社会学研究发现,随着教育的普及,特别是高等教育的普及,教育对较低层次的职业地位和流动的影响将大为减弱,但高层以次的职业仍然受教育的影响,特别是那些从名牌大学毕业的高材生,往往比一般的大学生更容易进入高层次的职业。

5. 家庭背景

家庭背景对个人职业流动的作用,首先表现为父母的地位和经济能力可以给子女的职业流动带来不同的机会。简言之,社会经济地位高的家庭往往可以给子女提供进一步向上流动的条件和机会,在学费越来越贵的情况下,社会经济地位高的家庭依然能够支付子女昂贵的学费,而那些低收入的家庭将不得不在昂贵的学费前做出痛苦的选择。而且,子女一旦离开学校,还依然可以从经济上非常富有,社会交往广泛而又声名卓著的父母那里受益,一些父母甚至可以通过自己的声望和权威直接或间接地对子女的职业施加影响。其次,家庭对个人职业流动的作用还表现在对子女职业期望的影响。家庭往往可以通过深思和潜移默化的社会化模式,对子女的动机发生作用,这种社会化模式铸成了子女的抱负和为成功努力的奋斗动力。再次,家庭中兄弟姊妹的多少也会对个人的职业向上流动产生影响。最后,家庭的权力结构也会对个人的职业流动起影响作用。有的学者通过研究发现,家庭的权力结构比父母对子女的期望影响还要大,一个由母亲当权的家庭与一个由父亲当权的家庭相比,其对子女向上流动机会的影响上就有很大的差别。

6. 社区的性质和规模

社区的性质和规模决定了其相应的产业结构、教育设施和文化环境,从而为劳动者设定了相应的学习和流动机会。例如城市社区和农村社区、大城市和小城镇之间的差别就很明显,特别是在中国,由户籍制度等所造成的城乡二元结构使得农村劳动者的职业流动尤为困难。而美国的研究也发现,体力劳动者的子女职业向上流动的机会与其童年时所居住的社区大小有很大关系,较大城市的教育设施往往较好,因而体力劳动者的子女各种职业选择的机会也较大;脑力劳动者子女受社区的规模和性质的影响就比较小,因为他们的子女较容易从家庭中学习到向上流动所需的知识和技能。

二、职业流动的个人因素

在这里,职业流动的个人因素主要是指由于劳动者年龄、性别、资本拥有、价值观念等不同所造成的职业流动的差异。

1. 年龄与职业流动

人口学家和社会学家的研究表明,不同年龄的劳动者在职业流动方面有着不同的模式。年轻时,人们充满激情,富于进取,希望找到一个真正适合自己的职业岗位,因而,年轻人职业流动的愿望比较强烈。而当劳动者年老时,流动的愿望则大为减弱,倾向于安稳地过日子。

2. 性别与职业流动

在完全平等开放的社会,男女间的职业流动模式基本相同。但是在现实社会中,特别是劳动力市场上对妇女的歧视始终存在,妇女进入高等学府和某些职业的门槛往往要比男性高,而在工作中的晋升却远较男性困难。不仅如此,职业妇女还承受着传统的角色分工所带来的压力:即妇女往往必须承担更多的抚养子女和家务劳动的义务,从而影响了其自身的提高,影响了其向上流动的机会。

3. 文化资本与职业流动

文化资本是布尔迪厄提出的概念,资本是某人对自己的未来和对他人的未来施加控制的能力,是一种权力的形式。个人能够积累的资本,界定了他们的社会轨迹,并再生产出阶级区分。文化资本是以教育的形式被制度化了的资本,并以三种形式存在:(1) 具体化状态,以精神和身体的持久"性情"的形式存在。(2) 客观化状态,以文化商品的形式(图片、书籍、词典、工具、机器等)表现。(3) 体制化状态,从体制上预先承认的文化资本形态。如学术资格和文化能力的证书赋予其拥有者一种文化的、约定俗成的、经久不变的、有合法保障的价值,是得到官方承认的、得到保障的能力。布尔迪厄认为文化资本与社会资本、经济资本之间有着密切的关系,三者之间可以互相转换①。根据他的分析,个人在文化资本拥有上的差异是导致差异性职业流动的重要原因。

4. 社会资本与职业流动

社会学家们认为,个人社会资本拥有状况决定着职业流动的机会与路径。社会资本指的是个人通过社会联系猎取(access)稀缺资源并由此获益的能力。这里指的稀缺资源包括权力、地位、财富、资金、学识、机会、信息等等。个人可以通过两种社会联系猎取稀缺资源。第一种社会联系是个人作为社会团体或组织的成员与这些团体和组织所建立起来的稳定的联系。例如在中国是通过单位得到住房,通过校友会获得工作机会。第二种社会联系是人际关系网络。与社会成员关系不同,进入人际社会网络没有成员资格问题,无须任何正式的团体或组织仪式,它是由于人们之间的接触、交流、交往、交换等互动过程而发生和发展的。格兰诺维特(Mark Granovetter)和科尔曼(James Coleman)等学者都对社会资本与职业流动之间的关系有过阐述②。

5. 职业兴趣与职业流动

职业兴趣在人们的工作生活中起着很大的作用。在日常生活中,我们经常发现一些人由于从事与其兴趣不相符合的工作而无精打采。因此,当人们从事与已兴趣不符的工作时,往往会产生改换职业的想法。但在传统的劳动就业和用工制度下,劳动者没有择业的自主权,企业没有择人的用人权,造成了一批劳动者被迫从事自己不感兴趣的工作的局面;当劳动制度进行改革,允许劳动者自主就业时,必然有一部分劳动者会改换职业。同时,职业兴趣还会随着劳动者本人年龄的增长、文化知识结构和文化知识水平的变化而变化。当人们的职业兴趣确已发生变化时,就会有重新选择职业、更换职业的需要,这无论是对个人、家庭还是社会,都是非常有益的。

6. 个人身体条件及健康状况变化

有些工作本身对人的身体条件有一定的要求,需要有特殊的身体条件。当

---

① 也译作布迪厄。见布尔迪厄:《文化资本与社会炼金术——布尔迪厄访谈录》,上海人民出版社1997年版。

② Granovetter, Mark. 1973:"The Strength of Weak Ties" *American Journal of Sociology* 78, pp. 1360—1380.; Granovetter, Mark. 1974: *Getting a Job: A Study of Contracts and Careers*. Cambridge, Massachusetts; Harvard Univ. Press.; Coleman, James S. 1989: Social Capital in the Creation of Human Capital. *American Journal of Sociology* Vol. 94. Supplement, pp. 95—120.

一个人的年龄增长时,身体条件会发生相应的变化,从而出现与工作不相适应的情况,最常见的如运动员,到了一定年龄后,就无法再适应那种高强度的训练和拼搏,因而不得不结束运动生涯。

此外,诸如个人对职业评价的变化,人际关系的处理不妥以及社会上某些思潮对个人产生的特殊影响等,也会促成个人的职业流动。

第三节 职业流动的研究方法

一、职业声望的测定与流动表分析

1. 职业声望测定

职业流动分析的前提是对职业声望进行测定,测定的方法很多,可以参考第四章"职业地位与声望"的相关内容。

2. 流动表的使用

通过人口普查资料或问卷调查资料获得流动表(见表6-1)。

表6-1 代际流动模式表

父代的职业	子代的职业						合计
	1	2	…	i	…	k	
1	a_{11}	a_{12}	…	a_{1i}	…	a_{1k}	$n_1.$
2	a_{21}	a_{22}	…	a_{2i}	…	a_{2k}	$n_2.$
⋮	…	…	…	…	…	…	⋮
i	a_{i1}	a_{i2}	…	a_{ii}	…	a_{ik}	$n_i.$
⋮	⋮	⋮	…	⋮	…	⋮	⋮
k	a_{k1}	a_{k2}	…	a_{ki}	…	a_{kk}	$n_k.$
合计	$n_{.1}$	$n_{.2}$	…	$n_{.i}$	…	$n_{.k}$	n

上表中,对角线上的数字表示父亲是什么职业,子代继承了什么职业,父代与子代间的职业没有发生变化;不是对角线上的数字说明,与父代的职业相比,子代的职业发生了变化。

通过流动分析,可以获得反映职业流动的一些主要统计量。

(1)粗流动量(率)。粗流动量(率)又叫一般流动量(率),它是反映代际间流动量的最简单的指标,指不同职业类别的人与他们父辈职业的差异。

粗流动量 $M = n - \sum_{i=1}^{k} a_{ii}$;

第六章　职业流动

粗流动率 $m = \sum_{i=1}^{k}\sum_{j=1}^{k}a_{ij}/n = \left(n - \sum_{i=1}^{k}a_{ii}\right)/n\ (i \neq j)$

为了理解方便,不妨来看一个简单的流动表(见表6-2)。

表6-2　一个简单的职业代际流动表

父亲＼儿子	体力	脑力	合计
体力	70	30	100
脑力	20	80	100
合计	90	110	200

从上表可知,父代从事体力劳动的100人中,其子女有30人流动到了脑力劳动职业,而父代从事脑力劳动的100人中,其子女有20个流动到了体力劳动职业中,那么,粗流动量 $M = 30 + 20 = 50$；粗流动率 $m = \dfrac{50}{200} = 0.40$

对粗流动的测量还有另外两个指标,即流入率和流出率。

流入率:是指相对于现在的职业,父亲的职业属于其他职业的比率,亦即在某一职业类中,父亲不属于这个职业类,但儿子属于这个职业类的比率。

流入率　$m_1 = \sum_{\substack{i,j=1 \\ i \neq j}}^{k} a_{ij} / n_{\cdot i} = \dfrac{n_{\cdot i} - a_{ii}}{n_{\cdot i}}$

流出率:是指相对于父亲的职业,儿子现在的职业属于其他职业的比例,即在某一职业类中,父亲是属于这个职业类,但儿子不属于这个职业类的比例。

流出率　$m_2 = \sum_{\substack{i,j=1 \\ i \neq j}}^{k} a_{ij} / n_{i\cdot} = \dfrac{n_{i\cdot} - a_{ii}}{n_{i\cdot}}$

(2) 结构流动量(率)。结构流动量(率)是指由社会职业结构变动(一定职业的扩展或相对衰落)而引起的代际流动的量(或比率),又叫被迫流动量(率)。被迫流动量(率)又分为被迫流出量(率)和被迫流入量(率)。

结构性流动率的计算公式是:

根对于一种职业　$Z_i = (n_{i\cdot} - n_{\cdot i})/\max(n_{i\cdot}, n_{\cdot i})$

相对于职业总体　$Z = \dfrac{1}{2n}\sum_{i=1}^{k}|n_{i\cdot} - n_{\cdot i}|$ [①]

为了便于理解,我们仍以具体的代际流动为例(见表6-3)。

[①] Yasuda, S. 1964: "A Methodological Inquiry into Social Mobility" *American Sociological Review*. 29, pp. 16—23.

表 6-3　父亲与儿子职业代际流动表

父亲＼儿子	农业	非农业	合　计
农　业	80	20	100
非农业	0	100	100
合　计	80	120	200

从上表可知，200 个父代劳动力中，100 个从事非农业劳动，其子女也是从事非农业，而 100 个从事农业的父代劳动者中，由于社会结构的变动，农业已只能够提供 80 个职业岗位，其子女中有 20 个人必须进入非农业领域，则结构（被迫）流动量为 20，结构（被迫）流动率为：

$$Z = \frac{20}{200} = 0.1$$

若用上述公式进行计算，则：

$$Z = \frac{1}{2n} \sum_{i=1}^{k} |n_{i\cdot} - n_{\cdot i}| = \frac{1}{2 \times 200}[\,|100-80| + |100-120|\,] = 0.1$$

（3）纯流动量（率）。纯流动量（率）是指粗流动量（率）中不是由社会职业结构变动引起的，而是完全由社会结构开放引起的流动量（比率），这种流动又称为自由流动量（率）。纯流动量（率）的计算公式是：

相对于一种职业　　$B_i = \dfrac{\min(n_{i\cdot}, n_{\cdot i}) - a_{ii}}{\min(n_{i\cdot}, n_{\cdot i})}$

相对于职业总体　　$B = \dfrac{\sum_{i=1}^{k} \min(n_{i\cdot}, n_{\cdot i}) - \sum_{i=1}^{k} a_{ii}}{\sum_{i=1}^{k} \min(n_{i\cdot}, n_{\cdot i})}$ ①

我们不妨再来看一下具体的例子（见表 6-4）。

表 6-4　父亲与儿子的职业代际流动

父亲＼儿子	体　力	脑　力	合　计
体　力	80	20	100
脑　力	20	80	100
合　计	100	100	200

---

① Boudon, R. 1973: *Methomatical Structure of Social Mobility*. Elsvier, Amstrtdam.

第六章 职业流动

从上表可以看出,父代从事体力劳动的,他们的子女中有20个从事脑力劳动,同样,父代从事脑力劳动的,他们的子女中也有20个从事体力劳动,社会的职业结构没发生变化,仍是100个体力劳动者和100个脑力劳动者。则:

纯流动量为 $20 + 20 = 40$

纯流动率为 $40/200 = 0.2$

二、路径分析模型

由于流动表方法无法处理定距变量,因此一些学者采用线性回归方法来处理作为连续型变量的职业地位间的流动问题。最早利用职业声望得分,从阶层的角度来探讨个人职业流动的是美国社会学家布劳(P. M. Blau)和邓肯(O. D. Duncan),他们提出的统计分析模型一般被称为地位获得(status attainment)模型(Blau & Duncan,1967)[①]。

布劳和邓肯在研究中首先从理论上假定在现代工业化社会中,个人在获得社会地位(职业地位)时,要受到在个人生命周期中顺序出现的诸多因素的影响,包括父亲的职业地位和教育程度等先天性因素、本人的教育程度等获致性因素。通过比较两种因素影响程度上的差异,便可以对社会开放程度的大小做出判断。接下来采用路径分析方法,建立个人地位获得的统计模型,然后再将美国1962年实施的"一代内的职业变迁"的调查数据代入模型,对理论假设进行统计检验。布劳和邓肯提出的职业流动模型为:

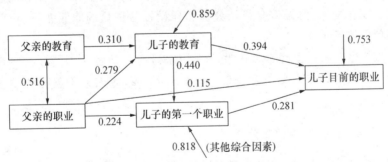

模型反映出:影响职业成就的决定性因素是劳动者本人的教育水平、第一个职业以及父亲的教育水平与职业。这些因素对劳动者的影响又可分作两个层次。从总体效果看,父亲的教育程度和职业地位说明了儿子教育程度变异量的26%,父亲的职业地位和儿子的教育程度说明了儿子第一个工作变异量的

---

① Blau P. M. and O. D. Duncan. 1967: *The American Occupational Structure*, New York: wiley.

33%，而父亲的职业地位、儿子的教育程度和其第一个职业则可说明儿子职业地位变异量的43%。从模型来看，一个人的职业成就有80%左右不受其父亲的教育程度和职业地位的影响，从而他们得出结论，认为美国是一个开放型的社会，家庭背景以外的因素对一个人职业成就的影响远大于家庭背景的影响。

在布劳和邓肯之后，利用统计模型对理论假设进行实证检验的方法，成为职业流动研究的主流模式。

三、对数线性分析模型

由于流动表分析方法在分析职业流动时的不佳表现，豪泽(Robert Hauser)等人在职业流动研究中引入了对数线性(Log-linear)分析(Hauser,1978)[①]。在代际间人们总是倾向于将已获得的各种资源，传递给自己的子女，而在代内人们也总是利用已有地位的影响，去谋取新的地位。这样不同职业地位间总是存在着程度不同的相互作用，流动表方法无法分析这种相互作用的程度，对数线性分析则可以通过将双变量相关转换成多维模式处理，来解决职业地位间的相互作用问题。对数线性分析不是直接计算流动率，而是与地位获得研究一样，采用建立理论假设进行检验的模型分析方法。但与地位获得模型中采用路径分析方法不同的是，它的分析的出发点是检验流动表中初始职业和目标职业变量相互独立的假设(注：这就是格拉斯等人提出的完全流动(perfect mobility)的概念，指的是阶层完全开放或机会均等的流动状态。)因此可以直接利用职业分类来构成职业变量，而无须像路径分析那样设置数量化的职业变量，由此简化职业地位的测定工作。

对数线性分析模型经常被一些学者用来研究劳动者在不同社会阶级之间的流动。经典的研究是戈德索普(J. H. Goldthorpe)等人关于英国劳动者的流动研究[②]。

四、Logit 回归与事件史分析

对数线性分析由于可以直接对定类变量进行模型检验分析，因此对职业流动研究具有十分重要的意义。但它无法对流动表中的初始地位和目标地位之

[①] Hauser, Robert M. 1978: "A Structural Model of the Mobility Table." *Social Forces* 56, pp. 919—953.

[②] Goldthorpe, Joan H. 1987: *Social Mobility and Class Structure in Modern Britain*. Clarendon Press, Oxford.

间复杂的流动过程给出详细的解释。而从初始地位到目标地位之间的流动的过程,是受多种因素的影响的。而地位获得模型对流动过程虽可进行多变量分析,但由于线性回归分析无法处理定类变量,也就无法在更一般的情况下对流动过程进行分析。Logit 回归分析方法某种程度上综合了以上两种分析方法的优点,使得多变量与定类变量分析同时进行。

Logit 回归分析作为一种统计分析方法,属于因变量为离散变量的离散选择模型,比较常见的 Logit 回归分析是因变量有两个取值(dichotomous variable)的两项选择模型。但对于流动分析来说,具有实际意义的是因变量有多个取值的多重选择模型。如果认为职业地位只有类别差异,那么可以采用无序多重选择模型,但是在社会经济等级结构的假设下,应采用有序多重选择模型。

事件史分析方法的分析视角从"发生概率"的角度来分析流动。考察从测量(观察)开始到某事件(某种状态的改变,如地位改变等)发生之间的时间长度或持续期(spell)。事件史分析就是探讨各种解释因素(协变量)是如何对不同持续期的出现概率产生影响。由于纵贯数据的观测值是由持续的截面数据组成的,观测(调查)开始和结束人为地打断了事件实际变化的过程,这会造成信息的损失甚至系统偏差,同时不同截面上的协变量数据也可能在观测期内发生变化。事件史分析是通过设立"删截"(censoring)和"时变变量"(time-varying ex-planatory variables)来解决这两个问题的。

第四节 中国的职业流动

一、中国职业流动的历史回顾

1. 改革以前中国劳动者职业流动的特点及其分析

在 1979 年以前,中国劳动者的职业流动具有明显的身份性、行政性特征,即职业流动大多是由政府发出行政指令,按计划统一对不同身份的劳动者进行调动的结果。这种流动特点与中国当时的社会经济结构与制度安排紧密相关。

在经济方面,表现为国家对资源的一元化占有与分配,行政权力对社会直接全面的控制。在城镇,企业在产、供、销和人、财、物等方面根本没有自主的权力,企业不是自主经营和自负盈亏的独立实体。劳动者没有选择职业和工作单位的权利,而且一旦进入某一单位,要再想变动就很困难。在农村,通过人民公社体制,层层下达指标和命令,对农民的活动范围进行了严格的控制。从 1952 年到 1977 年 25 年间的几次大的职业流动看,基本上都是行政性计划的产物。

如 1958 年的"大跃进"运动所导致的 2500 万农民进城及以后由于经济困难 2000 多万工人的"下放"运动;"文化大革命"期间将近 1700 万的城镇知识青年下乡运动及在此期间又从农村招纳 1400 多万农民进城的运动等。

在社会方面,从 20 世纪 50 年代末到 60 年代初,中国就塑造了一个以身份制度为核心的社会制度。在城镇,居民被划分为工人、小资产阶级和资产阶级等几种身份,在农村,农民则被划分为贫农、下中农、中农、上中农、富农和地主等成分。以后,这种"成分"犹如贴在个人身上的标签一样而为他人所共识,并成为各种人事安排和升迁机会的评判标准。与此同时,中国还建立了一套以户籍制度为核心的城乡分割的 14 种制度:户籍制度、粮食供给制度、副食品与燃料供给制度、住房制度、生产资料供给制度、教育制度、就业制度、医疗制度、养老保险制度、劳动保护制度、人事制度、兵役制度、婚姻与生育制度。户籍制度作为"闸门",以其制度化的方式将城乡劳动者的职业身份固定化了。这就使得中国劳动者自主选择的职业流动率很低。在农村,人民公社体制下所实行的严格的户籍制度,将农村劳动者向城市流动的大门堵得严严实实,而农民在农村区域内的流动和职业变换也非常困难。在当时,中国农民除了通过升学、入伍及入党提干外,很少有改变自己职业的通道。在城镇,自 20 世纪 50 年代开始就逐步形成了一套以劳动力计划调配为龙头的劳动就业与用工制度,企业无择人权、辞退权,劳动者无择业权、辞职权,形成了僵死的劳动力单位所有制,劳动者在各行业、各职业、各部门、各单位间的流动极为困难。

总之,在 1979 年以前,中国劳动者的职业流动渠道不仅狭窄,而且职业的水平流动和地域流动都受到严格的限制,职业流动带有明显的行政性计划集中特征。

2. 改革以来中国劳动者职业流动的特点及其分析

(1) 总体特征。改革以来,中国劳动者的职业流动发生了巨大的变化。社会职业流动开始呈现出多元化的特色。计划型流动虽还有存在,其影响和作用力已大为下降,市场型流动(即通过竞争机制实现的流动)开始在社会生活中占据了主导地位。职业流动的速度加快,职业流动的渠道拓宽。特别值得一提的是人们自由流动空间与自由流动资源的增加。在经济体制改革的过程中,原来的以国家垄断几乎全部资源的资源配置体制为资源拥有多元化的体制所取代,国家控制资源的范围缩小,控制的力度减弱。

(2) 农村劳动者职业流动特征。在由计划经济向市场经济转型的过程中,农村劳动者的职业流动机会增加,并以较快的速度与规模向非农产业转移。自 1979 年以来,在中国农村推行了以联产承包责任制为主的改革,允许农民在农

第六章　职业流动

闲时间从事各种非农产业活动，农民因此有了改变职业的自由。1984 年中央又发布了 1 号文件，允许农村中的"两户一体"自理口粮到小城镇落户，从事工副业活动，从而，中国的农民又获得了部分改变自己居住地的权力。其后，在农民向城市流动方面的政策与制度又作了某些调整，这些制度变革型塑了有利于农民职业流动的"自由活动空间"，如由于体制改革和政策的调整，在种植业本身形成了多种经营的"自由活动空间"，从产品农业向商品农业的转变由此而发生；由对农民经商，特别是对长途贩运的解禁而形成的经商为主的自由活动空间；由于国家政策的允许、支持和扶植而形成的乡镇企业的自由活动空间（包括私营企业），并由此开始了中国农村的工业化之路；由于政策上开始允许农民工进城，从事建筑、商业及其他服务性事业，并允许城市中的某些国有企业从农民中招收部分临时工，其他所有制企业和个体户从农村中雇工原则上也不再受到禁止，由此形成了一块农民进城的"自由活动空间"[1]。而农民从体制改革中得到的土地经营自主权和对自身劳动力的支配权这两项"自由流动资源"，在上述"自由活动空间"中发挥了具体的作用，并使得农民向其他职业的转移成为可能。如根据陆学艺等学者的研究，从 1978 年到 1999 年，中国农业劳动者在职业分层格局中的份额由 67.41% 下降到了 44%，下降了 23.4 个百分点，城市农民工由 1978 年的 1.1 上升到 1999 年的 7.8%，此外还有大量的农村个体与私营劳动者的出现[2]。

与此同时，农村劳动者职业流动的渠道也有拓宽。上学、参军和提干这三条传统的向上社会流动的渠道依然有效，但其在社会经济生活中的作用发生了改变。从 20 世纪 70 年代后期开始，学历重新成为人们向上流动的通道。1978 年以后，中国的教育体制迅速走上了正轨，高校招生制度的恢复，以及全面普及在职教育、技术培训等，在全社会掀起了一个学知识、用科学的浪潮，劳动者（尤其是青年人）通过刻苦努力的学习实现向上社会流动的大门敞开了。仅从 1979 年至 1997 年，各类高等院校毕业的学生数就达 933.3 万人，中等专业学校毕业学生 270.7 万人，而在这些毕业生中，有近三分之二的人来自农村，毕业后，他们成了国家的干部、知识分子和技工。参军和提干也是农村青年实现向上流动的渠道。直到目前为止，军队干部转业后仍本着哪里来哪里去的原则而进入地方干部的建制。当然，随着社会的分化，参军的政治功利性有所减弱，但其经济功利性却增加了。许多青年人，特别是农村青年将参军作为一所免费学技术、

---

[1] 孙立平：《"自由流动资源"与"自由流动空间"》，载《中国社会发展战略》1994 第 3 期。
[2] 参见陆学艺主编：《当代中国社会阶层研究报告》，社会科学文献出版社 2002 年版，第 44 页。

学文化的学校,在军队学到的各种特殊技能使这些退伍以后的军人可以在广阔的经济舞台上大有用武之地,从而实现个人社会地位的向上流动。除了上面三条传统的流动渠道外,自 1979 年以来,依靠个人能力和机会获得比一般人高的收入和通过私人攒钱投资于工商业的流动方式重新得到认可。在这方面最突出的表现是中国政府允许和鼓励一部分人通过诚实劳动先富起来,鼓励"万元户"的出现,其结果是中国出现了一个体户阶层,他们由个体商贩、私营企业主和其他民营企业家等群体组成在城乡(特别是农村)社会经济生活中产生了重要的影响。

(3) 城镇劳动者职业流动特征。在城镇,中国也进行了一系列以国有大中型企业为中心的改革,从体制上来说,城市改革的目标是要由原来单一的公有制经济向多种所有制经济并存的模式转移;在经济运行机制上则是要由原来的僵死的计划调节转变为以市场调节为主,要通过市场机制的引入来建立充满生机和活力的社会主义市场经济体系。在城镇劳动力流动方面,也采取了一系列相应的举措,从而减弱了计划管理对城镇劳动者流动的影响,也拓宽了城镇者流动的渠道。

从 1980 年 8 月起,中央提出了"在国家统筹规划和指导下,实行劳动部门介绍就业,自愿组织起来就业和自谋职业相结合的三结合就业方针,突破了国家统包统配和单一渠道就业的传统格局,逐步形成了多元化的就业格局"。1986 年 7 月,国务院又发布了关于劳动制度改革的四项暂行规定:《国营企业实行劳动合同制暂行规定》、《国营企业招用工人暂行规定》、《国营企业辞退违纪职工暂行规定》、《国营企业待业保险暂行规定》,其核心是推行劳动合同制,初步建立了企业与劳动者的双向选择机制,将市场机制引入劳动就业的体制之中。

从 1987 年开始,在部分企业中进行了改革固定工制度的试点,在全国五万多家企业一千五百多万名职工中推行优化劳动组织,实行劳动合同化管理方式,使企业与职工通过签订劳动合同的形式确定劳动关系,以代替长期以来采用行政手段确定的做法,在一定程度上赋予了企业用工自主权和职工自主择业权,促进了劳动者的合理流动,并在职业流动上出现了双轨运行的特点,即行政计划在对国有和部分集体企业的劳动者流动上仍起着一定的作用,但对个体劳动者、私营企业等就业采用市场机制调节形式,同时,在全国建立了各种劳动力市场,为国有企业和部分集体企业的劳动者流动提供市场化服务。

1992 年初邓小平南方谈话以后,城镇劳动者以市场化为导向的各项制度变革进一步深化,并对城镇劳动者的职业流动产生了深刻的影响,主要表现为:

(1)职业机会供给主体发生变化,非公有制经济单位开始成为新的机会供给的主要角色。1993年到1994年是机会供给由国有单位为主向非公有制单位为主转变的过渡时期,从1995年开始,非公有制单位提供的就业机会首次超过了国有单位,在当年城镇新增的720万个就业机会中,国有单位提供260万个,占36.1%,城镇集体所有制单位提供170万个,占23.6%,各类非公有制单位提供290万个,占40.3%,到1997年,非公有制单位提供的新就业机会已超过了50%(中国劳动统计年鉴,1998http://www.bjinfobank.com)。(2)职业机会供给主体的行为发生了变化。对于非公有制单位而言,其佣工行为基本上是市场化的,即根据市场的需求来决定机会供给的数量,根据效益的原则来安排向谁供给机会,根据工人的绩效来评价是否继续供给这种机会。对于不断改革的国有企业,其用工行为则逐步与非公有制单位趋近。(3)职业地位获得机制发生了变化。总体的变化趋势是:改革以前人们的机会获得主要是凭借身份、单位等级和行政地位,社会成员因这些资源的占有不同而具有不同的机会结构。身份是人们能否获得城镇职业机会并享有相应的职业地位资源的基本前提条件。单位等级与行政地位则决定着获得的职业机会的质量以及由此决定的生活水准。在向社会主义市场经济转型的过程中,在获得新的职业机会和升迁上,身份和单位等级的重要性减弱,行政地位(权力)依然重要,而经济资源、社会关系、教育资质、职业经验、生活经历以及个人抱负等,则起着越来越重要的作用。

此外,改革以来劳动者职业流动方面还值得一提的现象是劳动者职业流动评价机制的变化,这种变化表现为:(1)人们不再是单纯地从一个角度(如职业的社会地位)去看待一个职业,而是从多重角度去评价一种职业,即出现了职业评价多元化的倾向;(2)职业评价时功利性与实用性成分增加,比较注重职业能够给人带来的实惠;(3)更看重自我设计与自我发展。

二、存在的问题

合理的职业流动有利于劳动者个性的全面发展和人力资源的开发和利用,并可以调动劳动者的积极性。但是,目前中国劳动者的职业流动由于各种因素的制约,还存在着各种各样的问题。劳动者职业流动的主要障碍表现在:

1. 就业岗位稀缺的限制

中国人口众多,相对于其他资源,劳动力资源极为丰富,劳动力供大于求,劳动力剩余问题相当严重,这种情况在短时期内不可能有什么根本性的改变。因此,相对于劳动者而言,就业岗位就呈现一种稀缺的状态,这无疑会给劳动者的就业产生压力,一方面它迫使一些劳动者在竞争激烈的就业过程中降低自己的职业意向,另一方面也导致了劳动者向其他职业流动的困难。

2. 有关制度的制约

如户籍制度。以户籍管理政策为标志的城乡分割制度是农民流动付出的最大制度成本。1958 年 1 月 9 日,全国人大常委会第 91 次会议通过了《中华人民共和国户口登记条例》,条例中规定:"公民由农村迁往城市,必须持有城市劳动部门的录用证明,学校录取证明,或者城市户口登记机关的准予迁入证。"继而,1964 年国务院批准了国家公安部《关于户口迁移政策的规定》,进一步对迁入城镇的人口实行严格控制政策。中国社会改革开放以来,尽管对人口流动的限制在不断地放宽,农民有了进城就业的权利,但户口政策还没有在根本上得到改变,使农民不能在城市生根,由户籍制衍生的其他一系列政策和制度,如教育制度、保障制度、住房制度、医疗制度等形成了准市民融入城市社会的制度性障碍。经济系统的接纳与社会系统的排斥,使庞大的农村流动人口群体成为中国最大的人户分离的群体,阻止了准市民在城市长期生存下去。准市民是一个在城市"无根"的阶层,他们始终处于飘浮状态,只能停留在"准市民"的状态而不能彻底地转化为市民。制度性障碍是阻止农村劳动力融入城市的根本性障碍。

3. 来自观念的约束

这种观念的约束来自两个方面。一是来自社会方面。由于中国传统上对职业流动抱有偏见,认为流动就是"不稳定"和社会不安定的因素,因此对劳动者的流动采取一种限制的态度。二是来自个人方面,主要是长期的传统文化的影响使劳动者形成了求稳怕变、患得患失、安土重迁的观念。选择流动的个人常被人指责为"不安分"、"不知足"、"贪心",因而"不会有好结果",从而使劳动者在做流动决策时顾虑重重。

4. 劳动力市场不健全的影响

建设社会主义市场经济是国际社会主义发展史上的新创举,人们在这方面还缺乏管理的经验,因此,像其他生产要素市场的发育一样,劳动力市场的规范化也有一个过程。目前劳动力市场不健全对职业流动的影响主要表现为:劳动力市场服务体系的不完善,劳动力流动的机制或法规不健全(如人才流动过程中的知识产权问题),相应的配套措施没跟上(如社会保障制度不健全)。

5. 土地牵制

西方国家中进入城市的移民以家庭为主,农民与土地脱离较彻底。与之不同的是,中国的进城农村劳动力是以个人的迁移为主的,对进城的农村劳动力来说,家庭、亲属、财产、土地都留在家乡,个人外出主要是为了现金收入,这使他们少有在城市长远发展的考虑。按照目前的农村土地承包政策,对于承包后的土地的控制权在于承包者,因此,一个人外出打工,无论多长时间,土地仍然可以保留。这种土地承包政策可以使外出的农村劳动力有安全保障,在城市奋斗无论是成功还是失败,有家乡的家庭和土地作为生存的保障,不至于沦落到无法生存的地步。不过,土地既为农村劳动力解除了后顾之忧,化解了他们外出特别是失业时的社会风险,但也使他们心有所牵,无法割断与土地的"脐带",在经济上农村劳动力对城市没有产生依赖的条件,在心理上对城市的归属心理始终无法产生。

6. 社会歧视

大量农村劳动力进入城市,这是二元社会结构下形成的居民与农民两个不同的群体第一次在城市空间的大规模的面对面接触,难免产生摩擦与碰撞。在计划体制下处于优势的城市居民群体,一时难以转变自己的观念,仍然以居高临下的态度对待农村劳动力,偏见的态度与歧视的行为体现在农村劳动力的求职、生活、交往、教育、保障等各个方面,农村劳动力与市民的不平等是一个客观的社会事实。农村劳动力反映,特别是日常互动中部分市民对他们人格的歧视,给他们以巨大的心理打击,使他们对市民产生反感,难以认同。农村劳动力在心理上有受歧视感和地位低劣感,这在社会心理上形成了无形的屏障,阻止了准市民对城市与市民的认同、靠拢与融合。

总之,中国劳动者职业流动既有与发达国家工业化、现代化过程中出现的流动特点与趋势一致的情况,也有因自身社会人口、文化、制度、社会结构等影响而出现的特殊性。劳动者职业流动的常规化还有待于人们观念的变革、劳动制度的规范化、劳动力市场机制的健全和社会经济的发展。

思 考 题

1. 什么是职业分层?试比较功能理论与冲突理论关于职业分层方面解释的异同。
2. 影响职业分层的因素有哪些?如何对职业分层进行研究?
3. 什么是职业流动?它有哪几种分类方式,有何特点?
4. 简析影响职业流动的各种因素。
5. 如何对职业流动量(率)进行测算?
6. 试分析中国目前职业分层与职业流动的特点。

第七章

劳动组织

第一节 劳动组织的结构与功能

一、组织与劳动组织

1. 组织

组织是当代社会的支配要素,它包围着我们,人们以各种不同的方式被组织到了那些规模庞大、关系复杂的组织之中。我们生于斯,长于斯,老于斯。设想一下一天中的活动,有没有不受组织影响?如读书,这是一种个体行动,但书却是由一个组织——出版社出版的,你读书可能还因为是组织的要求——学校或单位。

什么是组织?学术界对此有不同的看法,但大多数学者认为组织是有目的地建构的。我们认为,组织就是为了实现其特定目标而精心建构与重构的社会单位或人类群体。

2. 组织的特点

组织是与初级社会群体不同的另一类社会群体,它的主要特点是:

(1) 有相当清晰的界限和比较明确的目标。

(2) 经过设计的劳动分工和权利分配,能使群体更为有效地实现组织的目标,完成个人力所不能的事情。

(3) 权力主要集中于领导者或行政官员手中,他们使用这种权力控制着组织的活动,以实现组织的目标。

(4) 成员资格经常变化而不固定,但组织却能独立于成员的行为而存在。

第七章 劳动组织

3. 组织的类型

组织可以划分成各种不同的类型。

美国社会学家帕森斯依据组织对社会的功能,将组织区分为生产组织、政治组织、整合组织、模式维持组织(教育、文化、情感表达)①。彼得·布劳和里查德·斯卡特则将组织划分为互利组织、赢利组织、服务组织与公益组织四种②;艾米塔·爱桑尼依据组织中依从(compliance)的特点区分组织类型,他指出,依从是处于低等位置者对组织的权威体系的反应。权威有三种类型(强制性权威,报酬性权威,规范性权威),依从有三种类型(异化性的,工具性的,道德性的),权威与依从的交互结合,产生了九种类型的组织③。伯恩斯(T. Burns)等根据组织的技术和市场境遇是否稳定、可以预测,把组织区分为两种类型:机械组织和有机组织。机械组织中高度等级性的位置的功能是有界定的,一般存在于稳定的环境中,而在变化和不稳定的环境下,组织内各种位置的角色是需要不断重新定义的,任务的完成通过经理人员之间的会议与成员之间的大量沟通而达成④。

我国习惯上将组织分为五种类型:(1)经济组织,即指各种生产与经营商品、为社会提供生产与生活服务的赢利组织,如工厂、商店、银行、农场;(2)政治组织,即指各种为阶级利益服务的政党组织、政权组织和群众团体,如军队、政府、共青团;(3)教科文组织,即各种从事教育、科研、艺术、娱乐活动的组织,如学校、研究院、图书馆等;(4)社会福利组织,即为公共福利事业服务的组织,如医院、养老院等;(5)宗教组织,即以宗教信仰为基础而形成的社会组织。

4. 劳动组织

(1)劳动组织含义。劳动组织作为组织中的一种类型,它是为社会生产商品,提供劳务,按照一定的劳动法规、章程建立起来的组织,是执行生产、经营、服务与管理职能的劳动者的有机体。

(2)劳动组织分类。根据不同的标准和研究目的,劳动组织也可以区分成不同的类型。以规模分,可以将劳动组织区分为大型、中型和小型三种;以地区分布看,可以将劳动组织区分为本地、跨地区和跨国组织三类;以组织目标或产业特性分,可以将劳动组织区分为工业、商业、服务业、农业组织等类型;以产权

---

① 参见〔美〕帕森斯:《现代社会的结构与过程》,光明日报出版社1988年版。
② 转引自 Silverman, David. 1987: *The Theory of Organization*. Gower House.
③ Etzioni, Amitai. 1961: *A Comparative Analysis of Complex Organizations*. New York: Free Press.
④ Burns, Tom and Stalker G. M. 1961: *The Management of Innovation*. London: Tavistock.

特征为标准,可以将劳动组织区分为全民所有、集体所有、个体、私有、中外合资、股份制等类型;以垄断程度分,可以将劳动组织区分为卡特尔、辛迪加、托拉斯、康采恩等四种。在劳动社会学研究中,对劳动组织一种广为运用的分类法是以组织方式与人际关系特征为标准,将其划分为正式组织与非正式组织两种类型。

正式组织是为实现组织的共同目标而按照正规的组织制度组成的,具有明文规定的单位名称、目标任务、职责分工、等级结构、人员编制以及各种规范和制度,它一般具有以下特征:(1)劳动者按专业职能实行劳动分工;(2)职责、职权及劳动角色行为由明文规定;(3)实行职权等级制;(4)因事设人,任人唯贤;(5)照章办事,工作程序化,(6)人际互动非个人化。

非正式组织是正式劳动组织中的一些成员在相互交往中自然形成的一种人际交往关系系统。非正式组织的人际关系不是契约性的,人际互动具有个人化特征,组织的结构是无形的,其成员也具有不可替代性,即在非正式组织中没有特设的"岗位",它的存在完全依靠每一个特殊的个人,在有的情况下,一两个特殊个人的存亡甚至可以决定一个非正式组织的存亡。非正式组织可能对正式组织产生巨大的影响。

二、劳动组织的结构

1. 劳动组织结构概念界定

劳动组织结构是组织内部各部分之间相互关系的一种模式,主要包括组织构造体系、权力关系体系、职位系列以及内部沟通网络等等,其中组织构造体系是劳动组织结构的基础。

劳动组织的构造体系一般是由纵向结构与横向结构复合而成。纵向结构是劳动组织的层级节制体系,主要由组织中的高层管理职位、中层管理职位、低层管理职位和基层员工四个层次构成,处于各个层次的人员的职责权力、职业地位和经济待遇等都由组织制度规定。一定组织的构造体系就有一定的与之相应的权力结构、沟通结构和角色结构。权力结构是指各层次之间和同一层次中的各部分权力等级与权力分配关系。沟通结构就是在这种组织构造网络中的正式沟通途径,表现为组织内部各个部门和成员之间的正式沟通关系。角色结构就是在这种组织结构中的职位体系,所有组织中的人员都在其中扮演一定的角色,并承担这一角色所规定的职责、义务,拥有相应的权利和权力。

2. 劳动组织结构的元素

可以从组织结构的元素与变项入手分析其特点。劳动组织结构的元素主要包括组织层次、目标、角色和联系四个方面。

（1）组织层次。帕森斯（T. Parsons）认为组织有三大层次：第一是制度层次，主要是和外界接触、维持资讯和资源的来源，由上层管理人员负责。第二是管理层次，是组织内的联络、控制、决策、排除纠纷以及解决问题的层次，由中层管理人员负责。第三为技术层次，这主要是指生产及服务的活动，由基层工作人员负责。

（2）目标。组织的目标即指其要达到的要求、要生产的东西和要做出的贡献。分析一个劳动组织的状况，就要弄清其目标是什么。斯佛曼（David Silverman）认为，可以用四种方法来辨认组织的目标，(1)组织原初提出目标法（original stated goal）。(2)组织领导者目前目标法（current goals of the leadership of an organization）。(3)从组织与环境间关系的角度，通过考察投入——产出过程，可以确定组织的目标，即组织为了生存，它必须满足的需要是什么。(4)从支配组织成员行为的一系列要求与限制看组织目标[1]。

（3）角色。组织的结构是其内部地位与角色的基本关系，它体现为该单位或办公场所所包含的活动与期望及各种头衔、工作描述与评价准则。

（4）联系。组织联系主要依靠权威和规则，横向联系则多用会议、工作组及联络人方式等。

3. 劳动组织结构的变项

劳动组织结构的变项最常用的有四个：

（1）组织规模。规模通常被人们指称为组织中成员的人数。实际上它包含四个要素：一，指组织的物理容量，如医院有固定的病床数。二，指组织中的人员。三，指组织的投入与产出。四，指以财富或财产形式等表现的组织的各种资源。组织规模具有广泛的影响力，大规模组织较倾向于科层化，组织具有较多的分工、分层、标准化和形式化特征。

（2）复杂性。劳动组织的复杂性体现在细致的分工、分层、分部门之间的联系及控制方面，其指标包括纵向分化、横向分化及地理上的分散。

（3）形式化。指组织运用抽象规则与程序驾驭成员行为的状况，它决定着组织成员的角色行为。

（4）非正式组织。当劳动组织的正式结构不能满足成员的要求时，由其来满足。

---

[1] Silverman, David. 1987：*The Theory of Organization*. Gower House.

4. 劳动组织结构的形式

结构的形式主要是指总部和分部之间的结构关系。自从现代工厂制度确立以来,组织结构的形式经历了很多变化,早期的企业组织结构一般比较简单,而且偏重于集权制,而现代社会中的企业组织结构则随着社会经济的发展而日益复杂化和多元化,并倾向于适当扩大分权管理。当今组织结构的形式除有直线制、职能制和事业部制以外,还有矩阵制和立体多维结构等。

(1) 直线制组织。20世纪以前,国外企业最早的组织形式是直线制,它源于老式军队的组织构成,组织中的各级职位都是按垂直系统排列,上下级之间是单线联系。这种组织的职权分明,命令统一,信息沟通迅捷,但组织领导的工作繁杂,独挡多面,易受领导者的能力与精力限制。

(2) 职能制组织。职能制首先由泰罗提出,并于19世纪80年代在美国的一个钢铁公司试行。这种结构在设计上主要是引入了职能部门,协助管理者执行任务或提供咨询,是一种典型的"U"型结构。其优点是分工严密,职责清晰,整个组织系统很稳定。但各个职能部门不能独立自主,日常工作依靠最高主管分派,总部要负责操作战术及战略决策,因此,组织对最高领导层的能力要求很高,协调的工作量也很大。另外各个部门之间往往会出现目标不统一等问题。

(3) 事业部制。20世纪50年代,在一些发达的工业国家出现了一种分权式的企业管理结构,即事业部制,也称"M"型结构。在这种结构中,有一个统一的领导部门(公司或总厂),在其下面,按产品、地区、顾客等将一个总经营实体划分为几个相对独立的部门,即事业部。各事业部从生产到销售拥有一整套机构,实行独立核算。公司或总厂的主要职能是制定公司政策、战略决策和协调各事业部之间的关系。典型的事业部制有三个层次,即高层管理、职能部门、事业部门。事业部制的特点是最高领导人不再过问事业部门的内部事务,只关心组织发展战略及用人方面的情况,各个事业部门独立经营,自主性、灵活性大,可以对市场的变化做出快速的反应。但存在比较多的问题是:事业部与总公司之间、事业部之间相互协调的难度较大,容易产生本位主义,管理费用高,结构的稳定性较差。

(4) 矩阵结构。矩阵结构也称目标规划结构,它是一种由纵向直线职能制与横向规划—目标小组综合而成的组织管理结构。在这种结构中,职工既与所属职能部门保持联系,又直接参与某一项目组的工作。矩阵结构实际上是对事业部制的扩展,它以规划项目为中心,综合各方面的人员形成了多个临时小组,其常设机制以专业职能分设,为各个小组提供人员,类似于学术界的"课题组"形式。矩阵结构的优点是可以集中各类专业人员的智慧,能适应变化不居的环境,保证所开发的项目按时按质完成。但它也容易产生职能部门与规划—目标小组之间责任不清、互争功利的现象。

三、劳动组织的功能

劳动组织是人们从事社会活动的基本单位,一般来讲,它有以下功能:

1．经济功能

劳动组织作为执行生产、经营、服务与管理职能的劳动者的有机体,它要通过组织其成员为实现自己的目标而努力。通过生产商品、提供劳务、创造经济价值而为社会提供各种各样的财富。同时,劳动组织还是劳动者获取维持生存和发展所需要的各种报酬的主要场所。

2．社会心理功能

劳动组织不仅能够向其成员提供职业保障、生活保障和安全保障,而且还能使劳动者因为在组织等级序列中担当一定的角色而获得社会地位、社会声望以及职业成就。

3．教育训练功能

劳动组织为每个成员提供了一个基本的职业环境,每个成员在这个环境中劳动、学习,一方面受到各种必要的职业规范、价值观念、劳动纪律、职业知识、职业技能等方面的教育,同时,也通过担当一定的职业角色而使所受的各种教育内化为自己的一种价值,起到继续社会化的作用。

4．社会控制功能

劳动组织将分散的、零乱的劳动者组织在一起,用各种劳动规范、劳动纪律及劳动法规等对劳动者的行为进行约束,在客观上起到了维护社会稳定的作用。对劳动者实行的奖励和惩罚,都可以在某种程度为社会的整合作出贡献。

第二节　非正式组织

一、非正式组织的类型

非正式组织是正式劳动组织中的一些成员在相互交往中自然形成的一种人际交往关系系统,它有多种表现形式,可以按其特性而分为各种不同的类型。

1．按与正式组织目标关系分类

可以将非正式组织区分为四种类型:

积极型,其价值观念、活动准则等与正式组织接近,其活动一般会给正式组织和本人带来积极的后果。

中间型,这种非正式组织仅是满足成员的某种需要,无所谓好坏。

消极型,这种非正式组织的活动往往会给正式组织的生产和经营等带来消极后果,如酗酒者群体。

破坏型,其活动往往会给生产或经营等带来破坏性影响。

2. 按形成基础分类

可以将其分成感情型、兴趣型和利益型。

感情型,成员以亲密的情感为基础,在社会互动过程中感情融洽,相互了解,相互支持。

兴趣型,成员由于某种兴趣爱好而结合在一起。例如,打球、下棋、钓鱼、钻研技术等,以共同感兴趣的问题为基础。

利益型,成员由于某种共同利害关系而结合在一起,例如为某方面的互利而共同对抗其他群体的结合等。

3. 按双重侧面或多重侧面分类

道尔顿(M. Dalton)从双重侧面或多重侧面来观察非正式组织,认为可以把非正式组织分为三类[①]:

甲类:垂直型。它是由同一组织系统中不同层级人员所组成,他们彼此间的关系在正式组织中表现为一种上下级关系。垂直型非正式组织又可分为垂直共栖型和垂直寄生型两种。垂直共栖型群体在吸收成员时不考虑成员的等级地位,在这种关系中,成员间互相帮助或互相利用,上级要依靠下属来实现某些正式的目标,诸如弥补其能力的缺陷,下级则依靠上级而得到保护。垂直寄生型群体也是由同一正式组织中地位不同的人所组成,只不过在这种群体中,这些人一般是朋友或亲戚关系,其中地位较低者较多地从地位较高者那儿得到各种帮助。

乙类:水平型。水平型非正式组织突破了部门界限,它是由地位层级相等的部分组织成员因为某种需要或关系所组成,他们在正式组织方面不存在上下级关系,彼此是一种同僚或同事关系,因而其地位是平等的。水平型非正式组织又可分为水平防守型和水平攻击型两种。水平防守型群体多是由其成员因本层次的共同利益和地位受到威胁而引发的,为了维护既得利益,就不得不借助团体的力量,但当外部威胁消失时,团体意识和行为也会消失。这种情况往往出现在外单位领导调入或不受欢迎的领导上任的时候。水平攻击型群体的

---

① Dalton, Melville. 1959: *Men Who Manage*, New York. John Wiley&Sons.

第七章 劳动组织

出发点不在维护既得利益,而在于改变正式组织内的某种不合理的状态。如为了废除某项规章制度或迫使某一领导下台时,有关劳动者就会组织起来进行活动。

丙类:混合型。它是组织系统中的不同层次、不同部门、不同地位、不同工作地点的所组成,因兴趣、友谊、社会满足等关系而聚合到了一块。

4. 按层次和规模分类

美国劳动社会学家将非正式组织分为劳动组织中不合群的个别劳动者,亲密朋友群体,以一定的车间、班组为基础的小团体,跨车间、班组的自发群体和非正式组织体系等五种。

二、非正式组织的特点

与正式组织相比,劳动者的非正式组织在形成的过程、目标、权威、组织边界、结构、沟通系统、成员行为等方面都有自己的特点。

1. 形成过程

从形成过程看,非正式组织最大的特点是其自发性,它不像劳动者的正式组织那样,是经过精心酝酿和设计的。

2. 目标

与正式组织相比,非正式组织的目标或目的具有短暂性、模糊性、广泛性以及满足个人社会需要的特点,而劳动者的正式组织的目标往往比较单一而清晰,持久而正式。

3. 权威

在劳动者的正式组织中,人们强调的是以职权和责任为依归的法定地位,权威是由机构赋予的,并授予职位。由于权威是由上级赋予的,因此它是向下运动的。而非正式组织中的权威则是由团体成员给予的,不代表管理当局的委托。因此,在非正式组织中,权威往往是从同等地位中自然形成的,因而它是平行运动的。有时,在正式组织中地位低的人在非正式组织中却能处于中心地位,甚至领导者对其在各方面还有所依赖,故而在非正式组织中有时也会有权威向上运动的情形。

4. 组织边界

从组织边界看,非正式组织是无形的,它既无完整的群体结构和建制,亦无固定的组织体系与纵向关系,更没有明确的工作任务与分工,人员的进出是随意的,只要成员之间有心理上的认同与交往,即可认为进入非正式组织了,因此在人员构成上具有不确定性的特点。

5. 结构

劳动者的正式组织的结构是根据技术要求而精心设计的,而非正式组织的结构是自然形成的,其结构特点取决于成员的特性。非正式结构一般有以下四种形式:一、环形结构。在这种结构中,成员之间都有直接沟通的渠道,因而群体稳定,内聚力较强。二、伞状结构。其特点是一批关系松散的成员聚集在影响力很强的领袖人物周围。三、链状结构。这是一种群体内聚力和领袖人物的影响力都比较弱的结构,内部结构非常松散。四、复合结构。这种结构又可分为多极复合和多元复合两种。多极复合是在一个非正式组织里,由于同时存在两个以上的形成因素,因而有两个以上领袖人物。多元复合则是两个或两个以上的非正式组织有着一个共同领袖人物。

6. 沟通系统

在劳动者的正式组织中,信息沟通有正式的渠道,沟通的路径是清晰的,信息一般都是经过指挥系统而扩散的。但是,非正式组织的信息沟通一般是通过非正式的沟通渠道,这种信息沟通往往是通过非正式组织成员以传闻的方式进行的,因而也称为传闻式沟通,或称之为"小道消息"。根据戴维斯对美国一家皮革公司的调查研究,传闻式沟通的形式主要有四种:一、单线型,各自只将随机将信息告诉其他人;二、闲聊型,一个人将信息告诉所有人;三、随机型,群体成员各自随机将信息告诉其他人;四、组串型,某些人有选择地将信息告诉其他人,这是最典型的方式。正式组织中的"传闻"或"小道消息"往往经非正式沟通方式而传播开来,而"小道消息"由于多属令人激奋不安和不安全的事件、最新消息或关系到自己切身利益的事情,因此它的传播尤为迅速(见图7-1)。

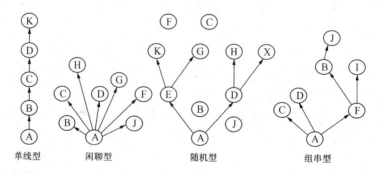

图 7-1 非正式沟通方式

7. 领袖

在正式组织结构中,劳动者的职位、权力等有明文规定。但在非正式组织

第七章　劳动组织

中,领袖人物的产生与形成由多种因素决定,诸如个人的年龄、资历、工作能力、工作地位、个性等都可以对之产生影响。在非正式组织中,那些乐于助人、善于社交、消息灵通、足智多谋、有一技之长、有特殊身份或有特殊人格魅力的人,往往被大家公认为领袖。非正式组织的领袖人物由于是成员公认而形成的,因而其在左右成员舆论,调解成员间的纠纷以及保护群体成员的利益等方面起着举足轻重的作用。

8. 行为规范

在正式组织中,劳动者的行为受到规章、规则的限制,其行为以合理性和效率为准绳。在非正式组织中,成员的行为则受团体的规范和价值观念的影响。每一个非正式组织都有自己的职业道德、惯例习俗、行话暗语和文化礼仪,它们对成员的行为起着极为重要的制约作用。非正式组织的规范和价值观念有时是与正式组织的一致的,有时则是相左的。如罗特利斯伯格和狄克生在《管理与工人》一书中所写,企业中的工人有着不同于正式组织所要求的行为规范,如在生产时不应生产太多,否则便是马屁精;不应生产太少,否则便是滑头鬼;不应向领导透露不利于同伴的任何事情,否则便是告密者;不应与大家保持距离或一本正经,否则便是怪物。

三、非正式组织的功能

非正式组织的存在对于劳动者的正式组织的目标实现和生产经营活动的运行而言,既有积极的功能,也有消极功能。

1. 非正式组织的积极功能

（1）凝聚功能。非正式组织能够满足个人的某些特殊需要,使个人在事本化的劳动组织中不再感孤独,从而有助于增强个人对正式组织的归属感。同时,在非正式组织中,个人可以检验自己的思想能否发挥作用,能够通过与他人的比较与恰当的评价,使个人更好地把握自己。而且,非正式组织还有其特有的行为规范和价值观,所有这一切,都有助于增加劳动集体的凝聚力。

（2）培养和利用领导潜力。在非正式组织中,成员之间在个性、人格、能力等方面的差别,使得某些个人获得较多的尊敬,因此,出现了以情感尺度而排列的成员的等级系统。在这个系统中,总有一个人成为非正式领导,所有其他人都是追随者,他之所以成为领导,可能因为他是一位有说服力的演说家,或优秀的组织者,甚至是耐心的听众。由于不同的人为了不同目标而处在不同的劳动集体中,所以每一个人都有机会成为领导,这使得某些方面有潜力的人得到了尝试领导职务的机会,积累了经验,而劳动者的正式组织的领导也确实经常从非正式组织中挑选,因而非正式组织实际上为培养和利用领导潜力做出了贡献。

（3）减压功能。非正式组织能够减缓劳动者在生产、生活中碰到的各种心理与社会压力,起到一种类似"安全阀"的作用。

（4）辅助生产功能。当非正式组织的价值观念、活动准则等与正式组织接近时,其活动的开展会起到辅助生产的作用。

（5）监督功能。非正式组织能够对成员施加压力,监督成员的行为,使成员的行为通过群体尤其是群体压力而得以重构。

2．非正式组织的消极功能

非正式组织的存在有的情况下也会对正式组织的目标实现和生产经营活动带来消极的影响,这些消极影响可以体现在下面五个方面:

（1）制造冲突。非正式组织在目标、利益、价值观和行为规范等方面常常有与正式组织相应方面抵触的情况。作为正式组织的成员,劳动者不能无视正式组织的规范和章程,而作为非正式组织中的一员,劳动者则会在情感上倾向于维护小团体的利益,结果很多人常常会由此产生角色冲突。

（2）反对变革。非正式组织常常是阻碍变革的根源。

（3）压制冒尖。为避免不愉快的"相形见绌"感与"相对剥夺感",非正式组织往往会限制产量,打击先进,压制其成员的冒尖。因而是孕育平均主义和大锅饭的温床。

（4）小集团行为。非正式组织中的某些人经常将小团体利益置于团体利益之上,拉帮结伙,徇私舞弊,假公济私,互相争斗,不惜牺牲他人利益,使正式组织的目标实现受到影响。

（5）散布谣言。非正式组织常常是各类谣言的活跃场所。研究表明,在非正式沟通系统中传递的信息有 3/4 是准确的,但是,那不准确的 1/4 却往往由于以讹传讹,无意中伤或恶意攻击而使个人与劳动集体遭受侵害,导致劳动意志的涣散或产业士气的削弱。

四、对非正式组织的分析

对非正式组织进行分析,一般可以从以下五个抽象层次来思考[①]。

---

① 参见刘创楚著:《工业社会学——工业社会的组织分析》,台湾巨流图书公司 1988 年版,第 158 页。

第七章　劳动组织

1. 行为层次

从行为层次看,主要考察非正式组织成员的公开行为受到哪些因素的影响,有什么特点等。一般来讲,群体成员间的地位差异、非正式组织的目标及达成目标的程序、群体内派系的发展及成员性格特征等因素都会对非正式组织成员的公开行为产生影响。

2. 感情层次

感情层次的核心是其成员的群体感情。它有以下四个构成部分:一、引起劳动者参加群体活动的要求和行动。二、群体活动所带来的满足或挫折。三、群体成员之间的爱慕或仇恨。四、成员与群体间的认同或疏离。

3. 规范层次

非正式组织成员的道德、控制及制裁观念,形成了群体的规范体系。它规定了成员在什么处境下什么应该做,什么不应该做。

非正式组织的规范可有两个极端的类型,一是极其特殊主义的,二是极其普遍主义的。它们的鲜明对照表现在下列方面(见表7-1)①。

表7-1　非正式组织规范类型

取　向	传统(例如:工厂朋友群体)	技术(医院手术队)
感情取向	奖励感情的流露	要求抑制感情
关系取向	整体接受	部分接受
地位取向	特殊的关系决定	技术性资格决定
评价取向	重视个人素质	重视实质表现

4. 目标层次

非正式组织达成目标的结构是技术体系,包括:一、技术知识及群体知识;二、评价的标准;三、判断的标准。在对非正式组织的目标进行分析时,我们还应区分个人的目标与群体的目标。个人的目标有时并非与群体的目标一致,我们应看其对目标的态度及其行为表现。

5. 价值层次

价值层次是关于整个群体的最佳状况及未来发展的观念。在这一层面,群体犹如一个人,需瞻内顾外,分析资料,进行决策,既要照顾个人的愿望与成就,又要考虑群体的发展。

---

① Parsons, T. and Shils, E. A. 1951: *Toward a General Theory of Action*. Cambridge, Mass: Harvard, pp. 80—88.; Mills, T. M. 1967: *The Sociology of Small Groups*. Englewood Cliffs, N. J.: Prentice-Hall, pp. 74—75.

第三节 劳动组织理论

自现代劳动组织——工厂诞生以来,人们就对劳动组织及劳动者进行研究,理论上的研究和实践上的探索形成了被后人称之为劳动组织理论的各种流派。根据英国组织理论学家瑞德(M. Reed)的观点,一百多年来各组织理论主要关注的问题是秩序、共识、自由、统支、控制和参与,用于分析这些主要问题的元阐述—解释架构分别是理性、整合、市场、权力、知识和正义。以此为出发点,瑞德区分了六种不同视角下的组织理论①。本节对组织理论的介绍即以这些视角为基础。

一、理性——秩序下的组织理论

古典组织理论主要关注的是秩序问题,而用以阐述解释的元理论架构是理性,泰罗的科学管理理论、韦伯的科层制(又称行政组织理论)便是这类理论的代表。

1. 泰罗的科学管理理论

泰罗是科学管理理论的创建者,这一理论思想体现在他的《科学管理原理》、《车间管理》著作及一系列的实践探索中。科学管理理论提出了以下七个主要的组织管理原理:(1)标准化原理。泰罗按照自然科学原理,对作业顺序进行研究,把各部分的工作有机地衔接起来,分析人在劳动中的机械动作,省去多余的笨拙的动作,并将劳动工具标准化,操作动作标准化;(2)合理的日工作量或恰当的工作定额原理。选择熟练工人,对其完成每道工序的时间进行测量(包括必要的休息时间和延误时间),由此规定出一个工人一天所必须完成的定额;(3)第一流工人制,根据人们不同的体质和禀赋来挑选和培训不同岗位所需要的最合要求的工人;(4)刺激性付酬制度,根据工人定额完成的情况采用"差别计件工资制",超产者多得;(5)职能管理原理或职能工长制。即将管理工作进行细分,每个管理者只承担一两种管理职能,使管理者明确职责;(6)例外原理,即企业高级管理人员把一般日常事务授权给下级,自己只保留对例外事项(重要事项)的决策和监督权;(7)精神革命论,泰罗认为,工人的工资一旦提高,"精神革命"也就会随着发生,即工人和雇主双方都不再把盈余的分配看

---

① Reed, Michael. 1996: Organizational Theorizing: A Historically Contested Terrain. in Clegg, Stewart R. Cynthia Hardy and Walter R. Nord ed. *Handbook of Organization Studies*. Sage Publication. p.34.

第七章 劳动组织

成是头等大事,而把注意力转移到增加盈余上来。因此重要的是把工人的注意力尽量引导到如何提高生产和增加盈余上。通过这些科学的组织管理原理,泰罗试图建立的是一种理性、有序的组织管理格局。

2. 韦伯的科层制

对秩序的关注,贯穿在韦伯对于科层制这种理想型组织的分析中,在韦伯来看,科层制意味着集体活动的合理化,作为一种理性化的组织和管理方式,它在保证组织及其成员行为的准确性、稳定性、严格的纪律性、有序性和可靠性方面优于其他形式的组织方式,它的最大优点就在于它的高效性,能够有效地实现组织的目标。当然,这样一种理性的使各种为了某种目标而进行的合作活动能够高效、有序实现的理想组织形态,其运行有特定的前提与要求,而这种要求与保持秩序的某种权威有关。韦伯认为,科层组织的前提是建立法定权威,而法定权威又是从传统权威和魅力型权威演进而来。法定权威是以理性为基础,建立在对法律具有无上权威的信仰上,根据法定程序而取得权威地位的人,不但有发布命令的权利,接受命令者也有服从命令的义务,但服从的是权威地位而不是发布命令的人。建立在法定权威基础上的理想的科层制有以下特点:(1)组织中的人员应该有固定和正式的职位并依法行使职权。内部分工,权力与责任有明确的规定;(2)组织的结构是一种层节节制体系(职位分等);(3)人员与工作的关系——事本关系;(4)人员的选用与保障是按照自由契约原则,公开招聘,采用考试方法;(5)专业分工与技术训练;(6)人员的升迁制度有章可循。

二、整合——共识下的理论:人际关系学派与权变学派

1. 人际关系学派

在整个30年代与40年代,古典理性组织理论在一个不确定与不稳定的世界中对于社会整合与秩序问题的解释上显得越来越力不从心。批评者指出,如果没有自愿和自发的合作,权威的实施等于是一句空话,并认为管理权力与权威的实践与理论基础并非是机械的、决定论的理性,权威的有效性应该考虑群体成员的共同体感受。组织的使命并非仅仅只是提供商品和服务,它还是一个提供成员身份的场所。理性的正式组织并不是效率的保证,组织的效率还取决于人际关系的和谐与协调。人际关系学派的出现,恰好反映了人们对组织的这种考虑和当时组织在社会生活中面临的问题。

人际关系学派是组织行为学的前身,它产生于20世纪20—30年代,以著名的"霍桑实验"及其后一系列的实验为标识,其主要代表人物是梅耶(Elton

Mayo)与麦克蕾戈(Douglas McGregor)。人际关系理论认为,组织不是达成特定目标的工具,它们是试图适应特定情景并获得生存的社会群体。组织中的目标是复杂的,多样的,组织公开表述的目标与组织实际追求的目标之间是有距离的,同时组织的目标也不是支配行动者行为的唯一目标,组织除了产出目标,还有一些支持性目标。不同行动者的目标与行为如何调适以及目标的实现,不能仅仅依靠正式结构,还需要依靠非正式结构。非正式结构是以特定参与者的个人特点或资源为基础的,对精心设计以达成组织目标的正式结构有着重要的影响。人际关系学派反对以往组织理论将组织看作是一种无个性化系统及忽视组织中个体行为的看法,强调组织成员的组织过程而不是组织构成本身对组织效能的影响。指出个人不是简单的经济人,组织参与者不是孤立的、原子化的个人,而是所谓的"社会人"。

2. 权变学派

人际关系学派虽然把组织参与者看成社会人,看到了组织中的非正式结构对于共识的达成和目标的实现产生重要的影响,但其分析基本上是局限在组织内部,没有考虑组织环境对于个人的影响,也没有把组织外部世界与组织联系起来作为一个整体进行考察,由人群所创造的文化与组织的关系、由人群所构成的部门协调、组织内部与外部的协调等重要论题,也是被忽视的。权变理论(contingence theory)可以被认为是对组织环境开始进行考虑的一种组织理论。权变理论的主要代表人物如伯恩斯和斯多克(T. Burns and G. M Stalker)[1]、伍德奥德(John Woodward)[2]等主要探讨的是一些管理问题,如组织结构、领导问题、沟通的形式化的程度、集中化、权力结构、组织瓶颈等(可以把这些变量看作自变量)。这些问题及其解决被认为与一些变量的影响有关,主要的变量包括所有权模式、策略、任务不确定性、规模、目标、技术、区位、资源、独立于其他组织的程度等(因变量),并认为如果组织内在的特征能够最好地满足环境的要求,组织就具有最好的适应性。

三、市场——自由下的资源依附理论和种群生态学

以市场为基础的组织理论看起来是一个矛盾的词语,因为正如科斯所言,如果市场是很完善的,那么企业的存在是不需要的,但实际上市场是不完善的,

---

[1] Burns, Tom and Stalker G. M. 1961: *The Management of Innovation*. London: Tavistock.
[2] Woodward, John. 1965: *Industrial Organization: Theory and Practice*. London: Oxford University Press.

第七章 劳动组织

并且由于社会经济、政治、意识形态等因素的影响,市场常常运作失败,作为集体经济行动者的企业,便是针对市场的失败而出现的一种达成交易的解决办法。在并不完善的市场架构下,组织的生存、运行以及它们的自由到底取决于什么呢?

1. 源依附理论

资源依附理论(resource dependence theory)主要关注的是组织本身在市场框架下的自由度问题,其主要代表人物有扎尔德(Zald,1970;Wamsley and Zald,1973)、汤普森(Thompson,1967)等[1]。

资源依附理论的基本假设是:没有一个组织在市场中是完全自给而自由的,所有组织都与坏境进行交换,并由此获得生存。在和环境的交换中,环境给组织提供关键性的资源,没有这样的资源,组织就不能运行,因此,对资源的需求构成了组织对外部的依赖。资源的稀缺性和重要性决定了组织对环境的依赖程度,从而也决定了组织在环境(市场)中的自由度。

资源依附理论非常关注那些关键的供给者、购买者、规则制定者及竞争者等这些互为依赖的组织行动者之间的关系,这些组织行动者或者彼此竞争直到只剩最后一个、或者长期合作、或策略性联合、或合并,无论是那一种情况,对于视焦组织(focus organization)的行动自由都产生影响。

资源依附理论分析的起点是确定视焦组织的需要和可以满足需要的来源。方法是首先确定资源的关键性,特别是针对组织的稀缺性;接着寻求关键性资源的获得途径,比如建立多渠道的资源依附途径。

资源依附理论认为组织与市场中其他组织实体的关系或互动可能是主动的,也可能是被动的,当其与其他组织实体主动互动时,组织通过参与,考察环境,进而发现机会和威胁,并由此趋利避害。

资源依附理论认为组织是有能力与市场中的其他实体进行交换,并有能力作出各种反应的,这可以表现在管理人员对环境和组织的管理。资源依附理论的一个重要贡献是让人们看到了组织在市场中的自由度:组织的自由是有限的,它的生存需要依靠采用各种战略来改变自己、选择环境和适应环境。

2. 种群生态学

种群生态学(organizational ecology)是生物进化论原理在组织研究中的运用,70 年代后期,汉南和弗里曼(Hannan and Freeman,1977)受豪雷(Hawley,

---

[1] Pfeffer, J. & G. P. Salanick. 1978:*The External Control of Organization*. New York: Harper and Row.

1950)和坎佩尔(Campell 1969)①的影响,创立了组织研究中的种群生态学理论。

种群生态学不是把组织个体当作分析单位,而是从作为群体的组织(组织种群——organizational population)入手来分析各种问题。它强调环境选择过程对于组织种群的影响,试图解释为什么一些类型(或形态)的组织生存了,而另外一些则消亡了。其基本的假设是分享系统资源的组织之间会因为争夺资源而相互竞争,这样的竞争直接影响到组织的生存与发展。

借用生物学的观点,种群生态学关于组织的基本命题是:组织类型(或形态)的适应性决定了组织的存亡。在分析时,种群生态学强调三个基本过程:变异、选择与存留。变异指的是组织的创新;选择指环境选择适宜的组织;存留指组织的生存,这些过程也是自然选择的三个阶段。在这三个过程中,环境的选择被认为是最重要的,一旦通过选择,就获得了生存的基本要素。

种群生态学理论到目前还在不断的发展,这个理论使我们看到,组织的生存和发展,组织在市场环境中的自由程度,不是由单个组织的业绩或者努力所决定的,而是与作为种群的组织的命运有着紧密的关系。

四、权力—统支:制度理论简介

以市场为基础的组织理论隐含着环境决定论的假设,组织本身的能动性被忽视,实际上,组织并不完全受环境的摆布,环境也并不完全是压制性的力量,它同时还具有使动性。瑞德把制度理论放在这一架构下似乎有点勉强,不过制度理论分析中很多方面确实涉及了统支问题。当然,制度理论关注的并不仅仅是统支问题。

制度理论代表了一种对社会、经济与政治现象的特殊的分析方法,学术界对之有老制度主义和新制度主义之分。老制度主义的分析与新制度主义的分析在很多方面有差异,如早期的研究比较强调制度压力的一致性与稳定性;而近来的研究则认识到制度环境本身也是不连续的,分割的与含混的,也会随时间而变化;早期的研究强调组织自动遵从环境制约的要求,而近来的研究则关注组织是否也经常试图影响、侵蚀与抵制制度要求,特别是当制度环境本身不是很一致时。早期的研究关注建立一种稳定的制度秩序,而近来的一些研究关注那些削弱与导致去结构化过程的因素。DiMggio 和 Powell 对于新老制度主义

---

① Baum, Jel A. C. 1996: Organizational Ecology. In Clegg, Stewart R., Cynthia Hardy and Walter R. Nord ed. *Handbook of Organization Studies*. Sage Publication.

的差异进行了比较全面的比较,见表 7-2。

表 7-2 老制度主义与新制度主义关于组织特征的比较

核心特征	老制度主义	新制度主义
利益冲突是	中心性的	边缘性的
(合力)惯性来源于	授予的利益	合法性职责(imperative)
结构重点在于	非正式结构	正式结构的符号角色
组织嵌入于	地方社区	场域、部门或社会
嵌入的性质是	吸收(co-optation)	组成(constitutive)
制度化的场所在	组织	场域或社会
组织的动力在于	变迁	持久性
批评功利主义的基础是	利益聚居理论	行动理论
批评功利主义的证据是	未预测的结果	未思考的后果
认知的关键形式是	价值观、规则和态度	分类、常规、大纲、图解
社会心理学(的考察基于)	社会化理论	归因理论
秩序的认知基础是	职责(commitment)	习惯、实践行动
目标是	置换性的(displaced)	模棱两可的
日程(agenda)是	政策相关的	原则性的

资料来源:Walter W. Powell and Paul J. Dimaggio ed. 1991:*The New Institutionalism in Organizational analysis*, The University of Chicago Press. p.13.

五、知识与控制:组织理论中的后现代主义

以知识为基础的组织理论对制度理论分析的视角与陈述表示怀疑,也对以往组织理论对组织的分析表示怀疑,认为权力与统支有效实施的基础是知识,知识就是权力。

后现代主义是与西方由发达工业社会进入信息化后工业社会相应的社会思潮,它是一种新的思维方式,超越了西方"主客二分",以主体为中心的传统观点,以反主客二分、反主体性、反普遍性、反整体性、反中心化为特征,强调否定性、破碎性、不确定性、多元性等。

像大多数社会科学一样,组织研究中的后现代主义[1]也是一个无法回避的潮流,在组织研究中,后现代主义反对理性主义偏向的任何假设,强调权力在组织塑造中的中心地位,强调文化信念和符号过程的重要性。后现代主义者们经

---

[1] Alvesson, Mats and Stanley Deetz. 1996:"Critical Theory and Postmodernism Approaches to Organizational Studies". in Clegg, Stewart R., Cynthia Hardy and Walter R. Nord ed. *Handbook of Organization Studies*. Sage Publication. pp.191—218.

常引用的经典包括福柯(M. Foucault)、哈贝马斯(J. Habermas)、德里达(J. Derrida)等。

不过,在后现代主义的组织研究中,几乎不可能选择核心的理论在这里进行介绍,原因主要有两个:第一,后现代主义组织研究的多样性;第二,"核心的"、"有代表性的"本身就是后现代主义所反对的概念。在这个意义上,后现代主义者是相对论者,他们反对普遍性规则,不承认"真实",认为对、错、好、坏都是社会建构的结果。

组织研究中的后现代主义直接脱胎于60年代后期的法国后结构主义,在语言学、符号学和文学批评等后现代主义的影响下,组织研究中的后现代主义基本是一个头绪众多的格局。对组织理论而言,后现代主义者认为,现代主义理论(主流理论)代表了从启蒙运动到理性人类的文化积累,并没有包括现时代;后现代主义代表了对理性主义的质疑。

后现代主义对组织研究主流理论的挑战主要有两点:第一,知识整体性。后现代主义者确信人类的知识是碎片化的,可以有不同的组合方式,因而也就不存在单一的权威方式。他们认为,后工业主义的发展分割了家庭、社区、社会,甚至威胁到自我的认同,譬如,电子网络就破坏了私域与公域的界限,也使得组织的边界更加模糊不清。这些都直接作用于人们的角色扮演和日常生活。第二,知识的真实性。如果说主流理论家始终不渝探讨的是"真实",那么,后现代主义者则认为后工业社会的发展已经使组织更加松散、成员的参与程度更高,进而也使得成员更加迷茫,组织行为变得越来越不可预测。

后现代主义的组织理论由于过于关注否定性、破碎性、不确定性与多元性,也受到了持实证主义立场的组织理论家的批评,他们认为后现代主义的组织研究基本上脱离了"科学",把组织研究变成了"人文游戏",即使是符号学解释立场的组织研究者也认为,后现代主义的组织研究过于激进,也远离了科学。

六、正义与参与:批判理论

批判理论出现于70年代末期80年代早期,是组织理论中比较新的流派,它向我们提供的是研究组织的一种全新的视角。主要思想营养或代表人物是哈贝马斯(J. Habermas)、埃尔文森(M. Alvesson)[1]等人。批判理论批判的是剥削、压迫、不公平、权力关系的不对称、扭曲的沟通、虚假的意识等,主要对现代主义以及整个资本主义的理性进行了批判。

---

[1] Alvesson, Mats. 1987: *Organization Theory and Technocratic Consciousness*. Berlin: De Gruyter.

第七章 劳动组织

批判理论认为,在现代主义话语下的组织与管理,强调控制、理性化以及人与自然的殖民化。泰罗的科学管理与韦伯的科层制即代表了现代主义的逻辑与工具理性化。人际关系学派(包括工作生活质量研究与后来的文化研究)强调传统中的一些特定逻辑价值和规范的有效性,其目的是通过对这些因素的关注而提高企业的效益。批判理论认为资本主义理性将社会生活置于技术理性之下,实际上是为维持某些利益群体的人服务的。资本主义的理性是一种工具理性,把解决个人和社会问题的方法归结为技术方法的使用,将人类社会的存在看作是为了实现预定的规范目标,默认组织等级与权威的合理性,将好的生活看作是由财富的拥有而不是个人的自我实现与社会民主。埃尔佛森指出,在资本主义企业中,管理专家的活动导致了组织中其他参与者的被动,占统治地位的管理阶层对现实的界定削弱了低层群体与边缘群体在工作场所的协商,金钱符码对工人的工作经历与价值是歪曲的。通过对资本主义企业的研究,他提出了关于组织批判理论的六个命题:

第一,组织中存在着技术理性和实践理性,它们之间存在着紧张,技术理性寻求的是资源最大化,短缺最小化,而实践理性追求的是自由最大化与压制(repression)最小化。实践理性强调理解的过程和结果,而不是控制和发展工具以达成目标,技术理性是工具性倾向的,它强调采用手段目标链的发展来进行控制。

第二,占支配地位的技术理性对操作过程的控制与占统治地位的社会阶层的利益是一致的。

第三,技术理性在一种意识形态的支撑下,对现实进行系统的歪曲。

第四,与人类需要相符合的组织实践以及与大多数人的利益一致的组织实践必须与技术理性的至高无上进行决裂。

第五,商业组织等是技术理性再生产的工具,而它们的存在也仰仗技术理性。

第六,对组织功能的理解应该在支配既定历史与社会框架的理性范畴下进行。

从总体上看,批判理论的主要目标是希望构建不受支配的社会与工作场所,在这样的环境下,工人们都是平等的,他们可以有平等的机会为生产系统作出贡献,满足作为人的各种需求,达到彼此的进步。不过,组织的批判理论目前还不是很成熟,有不少人在这一思想路向下对组织进行分析,但还没有形成共识,批判理论给人们以启发和灵感,但它也同样面对着很多人对其的批评。

第四节 单位——中国的劳动组织

一、单位制度形成的原因

"单位"一词,原意是城市的人指称自己就业的劳动组织,在计划经济时代,中国的劳动组织往往具有双重性质:一方面它们是分工不同的专业化组织,另一方面它们又都具有超越于专业分工的共同性质。中国的单位根据人们的工作,按照职能团块被组织在一起,单位普遍按行政组织模式构造,同时,党群组织贯穿其中,各级各类组织的同质性极高,全国形成了一个庞大的行政组织体系,国家通过行政组织体系,借助政治运动,对社会成员进行动员和管理,组织成为国家与社会成员之间不可缺少的中介,处于社会生活的中心位置,整个社会的运转表现为各级组织的运行,这种社会结构体制被学术界称为单位制度。而中国的劳动组织,则集中体现了这种单位制的特点与运作机制。

单位制度是中国基本的体制和国情在特定的历史条件下作用的结果。首先,它是特定社会历史条件的产物,其雏形可追溯到革命战争年代共产党在农村建立的独特的根据地组织制度,根据地的经验对后来党在全国的领导方式和组织方式产生了深刻的影响。其次,它是社会重新组织需要的产物。1949年以后中国面临的一个重要任务是对社会进行各方面的改造,如完成生产的社会主义改造并实现工业化。但新政权所面临的却是一个以传统农业和手工业为主、人口负担过重的社会经济,社会因缺乏现代生产方式以及近代民族主义精神而异常涣散,社会主义宏伟目标与中国社会落后状态之间的落差,导致了党和政权组织所直接推动的对社会的大规模重新组织过程。在对社会的重新组织过程中,单位逐渐成为中国一切社会组织的基本形式。第三是社会经济需要,特别是在生产力极为落后的条件下要克服外界的封锁,迅速进行工业化,国家必须在政治上实现完全的统一,集中人、财、物进行建设,这样就必须建立起一个强大的中央集权的社会经济管理体制,依靠行政的力量,就可以通过微观组织调动资源。

20世纪90年代以来,路风、王思斌、杨晓民、周翼虎、李培林、李汉林等对中国的单位制特点、成因、运作机制、发展进行了探讨[①]。下面的分析综合了这些

---

① 主要文献如:路风:《中国单位体制的起源和形成》,载《中国社会科学季刊》1994第2期;孙立平、王汉生、王思斌等:《改革以来中国社会结构的变迁》,《中国社会科学》1994第2期;杨晓民、周翼虎著:《中国单位制度》,中国经济出版社1999年版;李培林等:《转型中的中国企业——工业企业组织创新论》,山东人民出版社1992年版;李汉林:《中国单位现象与城市社区整合机制》,《社会学研究》1993第5期。

学者的研究成果。

二、单位组织的特点

中国传统的单位组织有以下一些基本特性:

1. 行政组织的功能

第一,任何单位都有一定的行政血缘关系,隶属于相应的条和块(见图7-2)

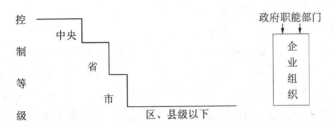

图7-2　处于条块控制等级结构中的劳动组织

第二,具有国家行政组织延伸的特性,在结构上雷同于行政组织结构,主要社会活动被限制在行政化的组织结构中。一些国有大中型企业非常像个小国家,小政府。这一特点体现体现在国有企业的组织架构的设计上。

第三,政府机构以对下属单位直接行使管理权的方式对劳动组织执行其行政功能。

第四,承担了许多本应由其他社会组织承担的功能,同时,对这些活动的管理方式以行政方式进行。

2. 功能综合

即劳动组织往往同时具有政治的、社会的以及自身专业分工的多种功能。如企业,它扮演着多重角色,实现着多种功能,远不是一个生产和经营单位,它还是一个生活单位,除了经济功能,还要实现一些特殊的政治功能和社会功能,企业本身变成了一个小社会,企业职工的生老病死、孩子入托上学、上下班交通、住房、部分食品供应、乃至业余娱乐生活和职工家属纠纷也都要企业来处理。很多企业抱怨,除了火葬场,它们几乎什么都有了。

3. 生产要素主体之间的非契约性关系

以企业为例,这种关系具有以下特点:

第一,企业与国家在财产关系上不存在"有偿"和"无偿"的债权关系。在"统收统支"的财务制度下,无论是利润的上缴还是资金的下拨,对于工厂来说都是无偿的,因此,资产的使用效率取决于行政组织系统的权威和资产使用者对这种权威的服从程度。

第二,企业组织的领导人是由上级行政机构任命的国家干部,其首要职责是完成上级党政机关下达的各项任务。企业领导人的自身利益不是与利润率而是与行政职务的级别联系在一起的,企业领导者的政绩冲动大于利润冲动。

第三,企业组织的劳动者不是企业从劳动力市场上以契约的方式招来的,而是由政府的劳动部门按国家计划分配的。

4. 生产要素的不可流动性

生产要素的不可流动性表现为:

第一,企业组织的资产由国家投入后,几乎被其永久占用。就企业来说,企业与国家的财产关系实际上是一种行政关系而不是契约关系,企业本身并没有独立的资产权,而企业资产的国家所有权实际上又是虚置的和非人格化的,这样企业资产权的实现方式就表现在企业所隶属的和难以变动的行政条块结构中,企业的资产流动在多数情况下是不可能的,资源一旦由国家配置,就在单位中沉淀下来。在这种情况下,自发地组织企业集团或企业的破产、兼并都很困难,因为任何企业的主管部门都不可能自愿地将自身掌握的配置资源"有偿"和"无偿"地转移到其他部门。

第二,企业的人力资源——干部和工人都是被国家计划和行政管理规定了固定身份的单位工作人员,流动很困难。

5. 家族化倾向

在中国的特定社会环境下,单位逐渐演化为家族式团体,它与传统式家族有很多相通之处:它们对自己的成员都具有家长式权威;个人对团体的义务比个人的权利更受到强调,而团体本身也必须负起照料其成员的无限责任——形成了父爱主义。家族化倾向表现为:

第一,重视人际关系,在人际交往方面表现出很强的私人关系意识。

第二,平均主义,尤其在分配上。

第三,服从权威,因为这种权威对个人的命运、生活机遇有着很大的影响。

第四,父爱主义。在中国的单位组织,国家对企业的父爱形式主要有诸如特殊照顾、授予特权、护短等。

三、单位制度的变化

1. 单位制度变化的原因

单位制的变化主要是由 80 年代以来中国为了实现有中国特色的社会主义市场经济目标而在经济、社会等各个领域的改革所引起的,具体来说,主要是因为：

第一，国家集中控制和统一分配资源的情况逐渐改变。如国家对指令性计划的减少，价格逐渐放开等，特别是邓小平南巡讲话及中国共产党在"十四大"确立了社会主义市场经济发展战略，使得社会经济生活中的计划性成分日益减少，市场化取向日益明显，国家对单位人财物的控制方式发生了变化。

第二，以"分灶吃饭、权力下放"为标志的宏观经济管理体制的改革使中央与地方、上级政府与下级政府的权力与利益格局发生了重大变化，原来上倾的利益格局开始向下倾斜。同时"党政分开、政经分家"等一系列改革措施使原来党、政、经集于一体的高度集中的权力与利益向政府各个部门分散，权力与利益分散的结果是使各级政府和各个部门的组织的独立利益和自主权扩大。

第三，由于政府组织与各种专业组织间实行"政企分开、放权让利"，专业组织所受到的行政控制大为减弱。市场机制的引入使改革后收入分配机制由单一的行政配置方式转变为行政与市场两种配置方式并存，组织的行为约束因而由单一的行政等级约束转变为市场约束与行政等级约束并存。

第四，在计划体制外逐渐成长起来的私营企业，在资源获取、雇佣关系、企业与国家的关系、组织结构等方面表现出与体制内企业的很大不同，并对体制内企业产生了相当的冲击。

2. 单位制度变化的表现

20世纪80年代以来，由于中国社会经济生活中推行的一系列改革，使得单位制也发生了一定的变化，这种变化表现为：

（1）单位角色职能化。随着国家工作重心向经济建设转移，企事业单位的政治职能在减弱，其专业职能在加强。企业不再是承担国家指定任务的"部件"，事业单位也不再是过去那样的国家"代理人"，它们在不同程度上成为功能性整体。

（2）单位利益独立化。政企分开使企业逐渐脱离政府的监护与干预，企业自主经营、自负盈亏则使其成为相对独立的利益主体。政府对企业不给予投资、利税包干及让企业自行消化由改革带来的矛盾等一系列措施，使企业的独立利益进一步明显化。与此相应，事业单位因定编定岗、财政包干也不得不逐渐改变它们对于政府的过分依赖，而谋求自我改善的能力，从而利益也相对独立化。

（3）单位责任具体化和内向化。由于企业成为利益主体，并同国家建立契约关系，使得企业承担的社会责任具体化。同时，企业对提高其成员的收入及生活水平的责任无处推卸，以及国家对企业约束的弱化，使企业由外向性责任向内向性责任变化,即由完全对国家负责向主要对企业职工负责转变,甚至内向性责任的承担重于外向性责任的承担,这也使得企业成为真正的职工利益的共同体。

(4) 单位的"家长"角色强化。单位成员利益共同体的形成加强了成员的同舟共济意识及企业对其成员的保障意识。这些责任的不可推卸和社会化机制使得单位的家长角色普遍强化。

这样,组织不再是国家的"部件",而是具有一定独立性的整体。虽然中国社会以组织为单位的外部特征没有改变,但组织的职能正在发生实质性变化,它们虽然还承担着一定的社会管理职能,但其中心任务是满足成员的需要及谋求组织自我发展。同时,改革以来"单位制"的某些特点有一定程度的加强。

3. 单位制度变化对中国社会结构的影响

20世纪80年代以来中国单位制度的变化对中国的社会结构产生了深远的影响:

第一,中国的单位制虽然发生了某些方面的变化,但单位制还依然存在,所以由特殊的单位现象构成的中国社会独特的两极结构:一极是权力相对集中的国家和政府,另一极是大量相对分散的单位组织,国家通过单位组织对社会成员的控制还依然存在。

第二,由计划体制外逐渐成长起来的私营企业,即非单位体制与单位体制的并存构成了当前中国社会结构的一种新形式,但以单位体制为主要要素的社会结构没有根本改变。

第三,单位体制的一些变化促成了中国社会结构的分化。结构分化是指在发展过程中结构要素产生新的差异的过程,它有两种基本形式,一是社会异质性增加,即结构要素的类别增加,二是社会不平等程度的变化,即结构要素之间的差距拉大。由于单位角色的职能化,单位利益的独立化等变化,中国社会结构的异质性大为增加,即促进了结构的分化。

第四,单位制的变化方式影响着社会结构分化的方式与走向。改革以来各类单位的自主权扩大,利益逐渐明确化,不同单位的边界扩大,差别扩大。原来由行政级别和身份等级决定的等级式社会分化逐渐转变为一种由类属和边界决定的团块式分化。社会结构从等级式分化到团块式分化的转变意味着中国社会的阶层化过程将是缓慢的。

应该指出的是,中国单位制度的上述变化对工作于其中的各类劳动者也产生了非常重要而深远的影响,并使得劳动者在工作态度、劳动行为、认同建构等方面发生了变化,这些领域的研究将是劳动社会学最具开创性与最富研究成果的领域。

思 考 题

1. 什么是劳动组织？简述劳动组织的功能。
2. 什么是劳动组织结构，试问中国劳动组织结构有何特点？
3. 简述非正式组织的类型及特点。
4. 试分析中国单位制形成的原因、表现形式，80年代以来发生的变化及其原因。
5. 谈谈你对学习西方关于组织理论的感受。

第八章

企 业 文 化

第一节 国际企业文化的兴起

一、企业文化的兴起

企业文化(corporate culture)又称公司文化,这个词在学术界的频繁出现是20世纪80年代的事情,然而企业文化至今已成为一个非常热门的话题。国际企业文化的兴起有两个基本的标志:一个是实践方面的标志,一个是理论方面的标志。

1. 实践方面的标志

企业文化兴起在实践方面的标志是一大批优秀企业的出现。经过20世纪70年代世界性的石油危机后,人们发现有一批很成功很优秀的企业顺利地渡过了难关,它们生气勃勃,获利丰厚。当人们对这些成功的企业进行探究时,发现了一个共同的现象,那就是这些企业有优秀的企业文化,是企业文化的成功建设让企业获得了生机与活力,美国硅谷的坦德计算机公司,日本的本田汽车分公司以及其他一大批优秀的公司,都是依靠了成功的企业文化而得以生存的。特别是日本企业的高效益和高生产率,其有目共睹的原因也是在于其独特的企业文化的建设。

2. 理论方面的标志

企业文化兴起在理论方面的标志是有一批专家和学者对这个问题的研究和调查以及一批重视企业文化建设的企业家对自己经验的总结。为了解开二次世界大战以后日本在世界经济舞台迅速崛起之谜,美国的专家和学者曾多次

第八章　企业文化

对日本各种公司的管理艺术进行研究,他们把日本企业成功的奥秘归结为日本企业独特管理的成功,写成了《日本第一,美国要吸取教训》(沃格尔,1979)、《Z理论——美国企业界如何迎接日本的挑战》(威廉·大内,1981)、《日本企业管理艺术》(理查德·帕斯卡尔与安东尼·阿索斯,1984)等书。通过对日本和美国企业管理的比较,人们发现,要取得成功,不能因循守旧,成功的企业往往是那些能够立足于自己的国情而去寻求各种优势的企业。学者和企业家们在这方面还有众多的著述,如特雷斯·E.迪尔与阿伦·A.肯尼迪合著的《企业文化——现代企业的精神支柱》(1982)、托马斯·J.彼得斯与小罗伯特·H.沃特曼合著的《成功之路——美国最佳管理企业的经验》(1982)以及劳伦斯·米勒的《美国企业精神——美国未来企业经营的八大原则》等书。通过学者与企业家们的共同努力,在理论界形成了企业文化探究的热潮。

二、企业文化兴起的原因

企业文化之所以能在20世纪80年代以后成为气候,这并不偶然。其因在于:

1. 竞争性原因

无论过去还是现在,无论在资本主义国家或是在社会主义国家,竞争一直存在,特别是企业间的竞争则更是随着社会经济的发展而愈演愈烈。企业要在激烈的竞争中取胜,在过去经常会用一些不正当、不合法的手段,而在当今,基本上只能依靠文明竞争。目前,企业为了增强自己的竞争能力而经常采用的办法有:第一,精心设计和制作新产品,向用户提供价廉物美的满足需要的产品;第二,采用先进的设备和工艺来进行生产;第三,提供优良的服务,视顾客如上帝;第四,对事物的变化的反应力求全面、迅速。企业能够做到其技术的变化随市场的变化而改进,能根据顾客观念、思想、时尚、趣味、爱好等方面的变化而进行调整,它是社会文化新潮的敏感器;第五,采用丰富的促销手段。第六,营造良好的企业文化,激励劳动者的生产热情。因此,企业间的文明竞争必然要求每个企业重视企业文化建设。可以说,国际企业文化建设的兴起也是文明竞争时代的产物。

2. 开放性原因

企业文化之所以能够成为世界性的潮流,它与当今世界变得越来越开放有关。这种开放表现为:第一是信息的开放。由于现代视听技术的发展,使得任何地方发生的任何重大事件都能很快地传遍世界各地;第二是科学、文化、思想和技术的开放。各国不仅在科学、文化、思想和技术方面进行交流,而且也进行了众多的合作;第三是市场的开放。在当今世界,几乎没有任何一个国家不进行对外贸易,加入或争取加入国际关贸总协定的国家越来越多就是一个例证。一个国家若采用闭关锁国的政策,在当今的世界则无异于自杀;第四是经营的开放。当今世界经营的开放表现为绝大多数的国家都允许其他国家到本国投资办企业,并给予种种优惠。

一个企业要在开放和竞争的环境下生存,它必然要面对各种各样的问题,其中一个很重要的问题便是如何对待当地文化。文化学家恩伯曾指出,人们往往对自己的文化不假思索,视为理所当然,这是因为它早已与我们自身溶为一体,无法分割了……只有当我们拿自己与其他社会的人们相比较时,才会意识到人们在文化方面的差异。因此,在本国企业文化建设得很好,经营也搞得很好的企业,当其要到国外或国内其他在社会、经济、文化差别很大的地方扩大业务、进行投资时,在企业文化建设方面一定要有所调整,以适应当地的文化,如在进行企业文化建设时应考虑当地的风俗、习惯、舆论、思维方式、行为准则和价值观念等等。只有这样,企业才能够打开局面。

另外,由于世界变得越来越开放,同时竞争越来越激烈,各国相互间的学习也在增加。如日本的管理艺术,美国的管理思想,甚至中国的企业管理精华,都成为他国研究学习与吸收创新的东西。各国相互间管理经验的学习,无疑也推动了企业文化的兴起。

第二节　企业文化的内容要素

一、企业文化界定

什么是企业文化呢?对于这个问题,国内与国外都无定论。

1. 国外学者的观点

在美国,企业文化普遍被认为是一种价值观念和意识,但在具体定义时仍各有侧重。威廉·大内认为,企业文化由传统、风气、价值观和支持性环境组成。"一个公司的文化由其传统和风气所构成。文化还包括一个公司的价值观,如进攻性、守势、灵活性,即确定活动、意见和行为模式的价值观。……理论文化具有一套独特的价值观:其中包括长期雇佣、信任以及亲密的个人关系"①。彼得斯和沃特曼则认为,企业文化主要由价值观和企业家精神构成。阿伦·肯

---

① 威廉·大内:《Z理论——美国企业界如何迎接日本的挑战》,中国社会科学出版社1984年版,第169页。

第八章 企业文化

尼迪和特雷斯·迪尔第一次对企业文化作了详尽的论述,认为企业文化包括了经营环境、价值观念、英雄人物、文化礼仪和文化网络等要素,并将价值观念视为企业文化的核心①。

2. 国内学者的观点

在中国,虽然对究竟什么是企业文化有着不下二十多种说法,但主要的看法有以下几种:

(1) 三层次论。这是一种最普遍的看法,认为企业文化是一种人类文化现象,包括企业的物质文化、制度文化和精神文化。物质文化是基础,精神文化是核心、灵魂,制度文化是中坚力量,三者是三个由大到小的同心圆,即三个层次。这种看法受文化人类学中关于文化概念的影响较大。

(2) 二层次论。持这种观点的人认为,企业文化有广义和狭义之分,狭义的是指与经营活动有关的价值观及员工凝聚力,广义的除此之外,还包括企业中管理者及一般员工的文化素质、文化心态、行为以及与文化建设有关的措施、组织、制度等。

(3) 五层次论。认为企业文化应该有五个层次,树立和普及一种对企业和职工都有益的价值观,这是企业文化的第一个层次,也是企业文化的核心。提高企业家的文化水平是企业文化的第二个层次,第三层次是企业职工的文化,第四层次是指企业家要关心整个社会文化的发展,第五层次是企业家要提高参与宏观问题的意识,研究宏观问题②。

(4) 对企业文化的特殊理解。即不是单纯地从文化人类学的角度或管理的角度理解企业文化。认为企业文化是"企业管理思想演变过程中,适应现今时代要求而产生的一种最新管理思想"。它是"一种以全体职工为中心,以培养具有管理功能的精神文化为内容,以形成企业具有高度凝聚力的团体精神为目标,使企业增强对外的竞争力和生存力,增强对内的向心力和活力的管理思想和方法"③。

我们基本赞同第四种看法。如果把企业活动的一切内容都归于企业的文化现象,这无疑已脱离了企业文化的本来含义,对实现企业文化的管理功能并无多大的益处。

---

① 参见特雷斯·E.迪尔与阿伦·A.肯尼迪:《企业文化》,上海科技文献出版社1983年版,第13—14页。
② 参见1989年6月6日《文汇报》。
③ 张宇源等编:《企业文化概论》,四川大学出版社1989年版,第50页。

二、企业文化的构成要素

关于企业文化的构成要素,不同的学者有不同的看法。对企业文化构成要素的认识,受到对企业文化概念界定的影响,国外的学者如阿伦·肯尼迪和特雷斯·迪尔将之归纳为经营环境、价值观念、英雄人物、文化礼仪和文化网络。国内企业文化方面的专著一般认为企业文化的内容要从文化的"三层结构"(物质文化、制度文化和精神文化)或"二层结构"(物质文化与精神文化)进行分析,如范周主编的《企业文化导论》认为,企业文化的内容包括企业的标志、工作环境、规章制度、经营管理行为、企业哲学、价值观念、道德规范、企业精神等几个方面[①]。

综合中外学者对企业文化内容的认识,本书作者认为企业文化主要包含了价值观念、企业意识、管理方式、企业规范、企业英雄人物和企业形象六个方面。企业的经营环境对企业文化的生成有很重要的作用,但不应视作是企业文化的内容。

1. 企业价值观念

企业价值观念是企业文化的核心。关于企业价值观念,我们应该把握这么几方面的情况。

(1) 价值观念与企业价值观念。价值观念是人们对客观事物是否具有价值和价值大小的总的看法和根本观点。企业价值观念则是企业全体(或多数)职工一致赞同的关于客观事物和人是否有价值和价值大小的总的看法和根本观点。肯尼迪和迪尔认为价值观念是企业文化的基石,是作为一个组织为获得成功而具有的哲学观的核心,价值观念给所有企业人员提供了一种有共同方向的感觉并引导他们的日常行为。如果一个企业存在作用力很强的文化,价值观念无疑在其中起着决定性的作用。作为企业价值观念,首先必须是为企业所认为有价值的东西,并为企业努力追求的目标、理想和宗旨;其次,作为企业的价值观念,必须是为全体(或大多数)职工所接受的。如果确定的企业价值观念并不为企业职工所接受,成为企业每个员工或大多数企业员工的行为指南,那么,这种价值观念就不能称之为企业的价值观念,成为企业文化的有机组成部分。正因为如此,企业价值观念有时也称为共有价值观念,而企业一致的价值观念存在与否以及企业职工对价值观念的接受程度便是衡量企业文化存在与否以及强度如何的重要标志。

---

① 参见范周主编:《企业文化导论》,世界知识出版社1991年版。

第八章 企业文化

(2) 价值体系和最高价值。企业价值观念如果存在,一定会自成体系,并有一个最主要的主题作为其最高价值。

对于企业来说,有价值的对象不可能只有一个,而会有很多。这类对象可以是物质客体,也可以是思想观念。如利润指标、产值指标、顾客意识、质量观念、创新思想等,对于企业来说都具有极为重大的价值。企业本身的价值也不会只有一个,而是有很多,它们可以是物质价值,也可以是创造新观念、新文化的价值。这许许多多对于企业有价值的对象,以及企业本身所具有的多种多样的价值,集合起来就成为一个企业的价值体系。若企业全体或多数成员对于企业价值体系有共同一致的看法或认识,则其就是这个企业全体共享的价值观念体系。

价值体系中的各种价值对于企业来说有时会出现中国人常言的"鱼和熊掌不可得兼"的情况,有时即使能够兼顾,各种价值也会有轻重缓急之分,而不应是眉毛胡子一把抓。因而在众多的价值中,必存在一个最为重要的价值或最高价值。如有的企业将人的培育、发展视为最高价值,有的则将企业的知名度作为最高价值。企业的最高价值一般是由企业主管人员根据企业生产、技术、市场等方面的情况而确定,并在企业内倡导和推广的,一般以标语和口号的形式出现。由于每个企业的产品、技术、市场情况等方面都各有特点,所以在发展过程中形成的价值观念或者领导倡导的价值观念都应该有企业自己的特色,以使职工觉得自己与其他企业的职工不一样。如美国几家大公司宣扬的价值观念,像利奥·伯内特广告公司的"做了不起的广告"、美国电话电报公司的"为人人服务"等都很有特色。

(3) 企业价值观念的培育和塑造。企业的价值观念要能成为全体职工的共识,离不开培育和塑造这个环节。对企业价值观念的培育,首先应该找出对企业来说最有价值的事项,通过简洁明确、易记好懂、富于个性、形象生动、针对问题和符合厂情的语言将其表达出来,通过领导的反复灌输和以身作则的引导,通过宣传体现企业价值观念的英雄人物,以及在实践中有意识的丰富和发展,以引起全体职工的共鸣,并内化为一种内在价值。

2. 企业意识

企业意识表现为职工对企业性质、地位、特征、企业的兴衰存亡以及个人的前途命运是否与企业依存等的看法。企业意识一般包括职工对目标的认同感、对企业的归属感、自豪感、满意感和使命感等几个方面。职工的企业意识越强,对企业的兴衰存亡越有责任感、使命感,对在企业工作越是感到满意、自豪和依赖,则其工作起来就越有劲头,这种劲头会促成企业生产的一种高昂的有特色的士气,从而推动企业的生产和经营活动。可以说,企业意识是企业生存和发展的基础,也是企业的一项有战略意义的无形资产。

3. 管理方式

企业文化作为一种企业管理思想演变过程中适应当今时代要求的最新管理思想,它首先体现了一种独特的管理方式或管理风格。为企业文化理论奠定了重要基础的《Z理论》一书,通过对日本和美国企业管理风格的研究,提出了"Z型组织"的管理模式。这种管理模式能够增加信任、微妙性和亲密性,它与美国的管理风格不同,但与日本企业的管理风格相近,其特点是:(1)实行长期或终身雇佣制,使职工在有职业保障的前提下更加关心企业的利益;(2)对职工实行长期考核与逐步晋级的制度;(3)实行以培养适应各种工作环境的多专多能人才的制度,如进行工作轮换;(4)实行一种既严守各种现代科学技术控制手段,又注重对人的经验和潜能进行细致有效启发诱导的含蓄控制手段;(5)采取集体研究与个人负责制结合的"统一思想式"的决策方式;(6)树立员工间的平等关系,以自我控制代替等级指挥,以建立一种上下级之间的亲密关系。由此来看,独特的管理方式在企业文化建设中有着特殊的意义。当然,一个企业究竟采用何种管理方式与企业的生产目标、生产设备、价值观念、职工素质等有着很大的关系。从企业文化建设的实践来看,大凡企业文化建设搞得好的企业,都有其一套独特的管理方式。而这套独特的管理方式,作为企业文化的一个组成部分,又促进了企业文化的整体发展。

4. 企业规范

企业规范反映了为全体企业人员所接受和共同遵守的行为准则。它主要包括了企业的习俗礼仪、文化网络和规章制度等三个方面。

(1)习俗礼仪。习俗礼仪实际上就是企业管理、工作等活动中一定的行为规范,它是在长期的日常工作中慢慢形成的习惯性的行为模式。这种行为规范对实现某种工作效果的影响不一定是直接的,但它对于协调人与人之间的关系以及对价值观念的认同是必需的。这些习俗礼仪有人生礼仪形式,如在生日、婚礼、丧葬等事件中为职工举行的相应的祝贺或慰问;工作礼仪,如工作期间或前后的活动、称呼等;社交礼仪,如庆典、集会、联欢会和酒会等。迪尔和肯尼迪认为,习俗礼仪是在企业各种日常活动中经常反复出现的、人人知晓而又没有明文规定的东西,它们是有形地表现出来而又程式化了的并显示内聚力程度的文化因素。根据他们对美国企业的研究,习俗的类型有游戏(如开玩笑、逗趣、即兴表演等)、聚餐(如友谊午餐、啤酒聚会)、训人(即对新来者的教育)等三种。在企业中的礼仪形式则有七种,它们是:第一,问候仪式,即对如何称呼、如

第八章 企业文化

何站立及什么程度的争论或激动是可以容忍的认知；第二，赏识仪式，即对某人或因出色地完成一项工作，或晋升、退休、或达到留任标准时而举行的活动；第三，工作仪式；第四，管理仪式，即经理们在处理日常事务时所进行的各种正式会议、计划框架、成本曲线评价、复审技术等；第五，防患于未然的仪式；第六，庆典；第七，研讨会或年会。习俗礼仪作为企业价值观的体现，往往通过随和、自然、轻松、幽默和戏剧化的方式，将企业的价值观念深入人心。

(2) 文化网络。文化网络是指企业信息传播中的非正式传播渠道。企业信息传播的正式渠道一般是官方文件、备忘录、会议等，而文化网络传播企业信息一般是通过一些有活动特点的人实现的，是由人组成的网络。企业的文化网络一般表现为文化掌故、小道消息、闲话和小集团行为。迪尔和肯尼迪则把文化网络视作与正式组织机构相距甚远并以轶事、故事、机密、猜测等形式来传播消息的非正式渠道。它往往通过与正式渠道解释不同的特点，对消息进行艺术加工，将企业的价值观和企业规范等以形象的方式灌输给广大员工，从而加强了企业的文化建设。他们发现企业中文化网络传递消息的整个过程有七种重要的角色，这些角色是自发形成的，它们是："讲故事者"、"牧师"、"耳语者"、"闲聊者"、"秘书处职员"、"间谍"和"非正式团体成员"。

(3) 规章制度。作为企业文化内容的规章制度指的是能够激发职工的积极性和自觉性的规章制度，它是人们设计出来调节人与人之间相互关系的一些约束条件。它包括用来决定人们相互关系的任何形式的制约，其中最主要的就是民主管理制度。要求严格的硬性的规章制度虽然是为生产经营活动所必需的，对职工也能起到约束作用，但对于职工积极性的发挥作用并不大。企业文化的理论则侧重于对职工软的约束，通过建立一套有利于上下级之间沟通、有利于职工主动性、积极性、创造性发挥的民主管理制度和有关制度，促进企业生产的发展。

5. 企业英雄人物

企业中的英雄模范人物在中国有很多叫法，如劳动模范、先进生产者、三八红旗手等。他们是企业文化建设成就品质化的最高体现，也是企业文化建设进一步深入开展的希望之所在。对于企业英雄，我们应该从企业英雄个体、企业英雄群体和企业英雄类型三方面进行把握。

企业英雄个体的标准是：(1) 卓越地体现企业价值观或企业精神的某个方面，他是企业文化的支柱和希望，因而具有"理想性"；(2) 英雄有着不可动摇的个性和作风，他们所做的事情是人人想做而又不敢做的，他们在其卓越地体现企业价值观的某些方面，取得了比一般人多的成绩，因而具有"先进性"；(3) 英雄的行为虽然超乎寻常,但离开常人并不遥远,他们所做的是普普通通的人也可以学做的事情,因而具有"可学性";(4)英雄给人的鼓舞作用不会随着英雄本人的去世而消失;因而具有"持久性"。一个企业内的所有英雄个体构成了该企业的英雄群体。卓越的英雄群体必定是:(1)完整企业价值观念(或企业精神)的化身;(2)不仅有体现企业价值的模范,也有灌输价值观念、培育企业精神的领导以及企业价值观的卓越设计者;(3)内部英雄辈出,群星灿烂,但却几乎找不出两个完全相同的、可以相互替代的英雄。

企业英雄多种多样,迪尔和肯尼迪认为在企业文化活动力强的企业中,英雄有两种类型:第一类是和公司一起诞生的"共生英雄"。共生英雄在数量上很少,属凤毛麟角,多数是公司的缔造者,他们往往有一段艰难的经历,但面临困难仍然有抱负、有理想,并终于把公司办起来。他们有着不达目的誓不罢休的韧劲,有着使企业不断成功的责任感和使命感,他们是企业价值观的设计者、建设者。惟其如此,共生英雄的影响常常能持续好几代人。第二类的英雄是企业在特定的环境中精心地塑造出来的,称为情势英雄。情势英雄又可分为:(1)出格式英雄。这些人行为古怪,常常故意违反文化准则,但他们聪明过人,有独特的见解,工作能力强,他们在公司面对价值观的挑战和需要某种创造力的时候起着非常重要的作用。(2)引导式英雄。这是高级管理人员为了有力地推行经营改革,通过物色合适对象而树立起来的典型。(3)固执式英雄。他们是坚忍不拔、锲而不舍、不达目的誓不罢休的人物。(4)圣牛式英雄。他们是忠于职守、坚持传统、乐于奉献、卷起袖子只知道工作的人。

从中国企业的情况出发,有的学者将我国的企业英雄分成领袖型、开拓型、民主型、实干型、智慧型、坚毅型和廉洁型七种。

企业的英雄是企业的中流砥柱,因为他们能起到如下作用:(1)他们使成功变得可以达到而富有人情味;(2)他们提供了一整套的角色模式,为全体员工树立了行为榜样;(3)他们对外作为公司或企业的象征,是企业形象的一部分;(4)树立了绩效标准;(5)激励作用。正因为企业英雄在企业文化建设中起着支柱的作用,因此,如何培育、塑造、认定和奖励英雄、便是我们在企业各项活动中不可忽视的一个方面。

6. 企业形象

企业形象是企业文化的重要内容之一。对一个企业的企业形象进行考察,可以使我们洞悉这个企业的企业文化建设的总貌。那么,什么是企业形象呢?

企业形象是指公众对企业的整体印象和评价,它是长期以来企业给公众留下的可以信赖的印象。企业形象包括三个方面:第一是企业的客观形象。它是企业实际存在的文明总体状态,也是企业形象的物质化要素。企业向外提供的物质产品和物质服务、厂房和设备情况、企业的地理位置和厂内生态环境、企业的经济效益和物质福利待遇等,都是企业形象的很重要的方面。特别是公众对企业产品质量的评价,往往会涉及一个企业的兴衰存亡。第二是企业职工形象。有一支良好的领导队伍和职工队伍,往往是保证生产顺利进行并生产出优秀产品的关键因素。因此,企业全体职工的形象如何,直接影响到一个企业的整体形象。所以,有人形象地将企业职工喻为企业形象的血肉。根据职工对企业形象树立所起的作用,企业全体职工可分为五类人:一是企业的领导层,他们对企业形象所起的作用往往是最大的;二是在直接与外界打交道的岗位上工作的职工,他们的敬业精神和友好态度,能够使公众对企业形象的评价起到潜移默化的作用;三是企业的英雄模范人物,他们使公众对企业的形象认识变得真实、可亲、感人和高大;四是企业的知名人士,他们可以从某一个侧面体现企业的风貌;五是其他普通职工,他们的素质和外观,都会对企业的形象产生影响。第三是企业的组织形象。企业的组织制度是否严格而又健全,企业组织的知名度如何,在同行业中的地位如何,这些都是企业形象的重要方面。

  企业形象对企业的作用是不言而喻的。在当今时间就是金钱,信息就是财富的时代里,良好的企业形象作为一种形象的、长期的活广告,已引起了企业家们的重视,所以,不少企业都力争为自己树立一个良好的形象,以争取更多的顾客。企业为树立自己形象而作的活动有:(1)重视名牌产品的开创。(2)重视建立企业标记。企业有明确的标记,有利于公众更快地了解企业,提高企业的知名度。(3)重视对企业家形象的宣传,因为在某种程度上企业家代表了整个企业,扩大和提高了企业家的知名度,无疑也扩大和提高了企业的知名度。(4)重视公共关系活动的开展,处理好企业方方面面的关系。不少企业从中尝到了甜头,因而乐此而不疲。

  以上便是我们所讲的企业文化的几个重要方面,当然它们不可能涵盖企业文化的全部内容,但通过它们,可以把握住一个企业文化建设的主要脉络。

第三节 企业文化的类型及特征

一、企业文化的类型

  根据不同的划分标准,企业文化可以划分成不同的类型。

1. 以市场风险与绩效反馈之间的关系为依据

  依据企业面临的市场风险的大小和企业职工对成功的决策获得反馈的速

度分类。这种分类方法是美国企业文化方面的专家迪尔和肯尼迪提出来的,其所划分的企业文化的类型有四类,即:

(1) 强人文化。属于这种文化的企业,往往是风险很大、绩效反馈很快的企业,如电影公司、出版公司、风险投资创业公司等。具有这种高风险、快反馈特点的企业,在对员工的要求方面表现为:必须坚强、乐观、具有强烈的进取心和竞争意识、风险意识。强人文化的特点就是崇尚个人明星,重视机遇的作用,对仪式与礼仪非常看重。强人文化的优点是能够适应高风险、快反馈的环境,以承担风险为美德,勇于竞争,不追究过失,能够承认个人的价值。其缺点是企业人员之间的合作意识差,短期行为严重,没有长期的目标和追求,争当个人明星,集体意识不够。

(2) "拼命干、尽情玩"文化。属于这种文化的企业,往往是风险极小、反馈极快的企业,如房地产经纪公司。这些行业真正的风险并不大,但其生产与销售的好坏却能很快知道。这种文化看重扎扎实实的工作,重视全体人员的团结协作,重视工作的程序化、标准化。它造就的是"干的时候拼命干,玩的时候尽情玩"的员工。在这种文化下的企业,工作的数量扮演着重要的角色,优胜群体是大家效仿的榜样。这种文化的优点是行动迅速,适合于完成所需工作量极大的工作。其缺点是往往缺乏思考,反应不敏,使胜利者变得愚蠢和忘乎所以。

(3) 攻坚文化。亦称"赌博文化"。属于这种文化的企业,往往是风险很大、反馈很慢的企业,如石油开采、航空航天方面的企业。这些企业的投资动辄就是几百万甚至几亿美元,但其见效却很慢,因此它要求人们具有经受长期考验的耐力,要求人们凡事仔细权衡和深思熟虑,一旦下定决心,就要坚持初衷,不应碰到困难就半途而废。这种文化的明显特征就是崇尚创造美好的未来,重视上级,重视专家,重视权威,重视逻辑与条理,不能够容忍对工作不负责任的现象,也不能够容忍不成熟的行为。这种文化的优点是其对高风险、慢反馈的环境有很好的适应性,常常可以导致高质量的发明和重大的科学突破。其缺点是对短期的问题往往重视不够,而且有时慢得让人生畏,使人失去奋斗的激情。

(4) 过程文化。属于这种文化的企业,往往是风险小、反馈亦慢的企业,如银行、公共事业公司等。其员工的工作和收入往往在短时间内不易受到影响。这种文化对人的要求是遵纪守时,谨慎周到,要求员工完美无缺,井然有序。过程文化崇尚过程和细节,要求人严格按程序办事而不过问其在现实世界中的意义,重视细节,重视小事,认为小事能够扮演重要的角色。这种文化的优点是有利于稳定,但其也容易抑制人的创造性,成为产生低效率和官僚主义的温床。

2. 以文化在企业中的地位为依据

从文化在企业中的地位角度看,企业文化有两种基本的类型:

(1) 主体文化。主体文化是与企业内正式组织并存的文化,它在企业文化中居于支配地位,是企业大力推行和提倡的"正宗文化"。

(2) 次属文化。次属文化是与企业内非正式组织并存的文化。非正式组织内有自己约定俗成的行为规范和价值准则,有自己的文化圈子和文化氛围,它们是企业中的次属文化或称副文化,它们在企业中处于被支配的地位,不是企业大力提倡和推行的文化。

3. 以企业文化对员工控制的方式为依据

从企业文化对员工的控制方式看,企业文化有两种类型:

(1) 强制性文化。强制文化是指企业文化中的制度文化部分。这种文化的特点是要求职工遵循和执行的,它对不遵循和执行这种文化的人采取强制和惩罚的措施,因而带有不可抗拒性。

(2) 非强制文化。非强制文化是指企业中的观念文化,如价值观念、经营哲学、企业精神、文化礼仪等等。这些文化能够为职工所接受,并不在于其强制性,而是依靠宣传、提倡、示范等非强制性手段而为职工所自觉接受和认可的。

4. 以企业文化所反映的基本内容为依据

从企业文化所反映的基本内容看,可以分成五种类型:

(1) 市场服务型。市场服务型文化的企业,往往把竭诚为社会、为顾客服务作为自己的宗旨,它们视顾客为上帝,重视服务质量,以向顾客提供一流的服务为己任,它们注重市场、注重信息,能够根据顾客的需求变化而迅速作出反应。

(2) 竞争创新型。具有竞争创新型文化的企业,推崇员工的创新行为,提倡开拓精神,支持革新,看重革新,容忍因革新和创新而出现的失败。企业中的职工崇尚个性,有敢于冒险和向困难挑战的精神。

(3) 团结协作型。具有团结协作型文化的企业,其内部往往有良好的人际关系和团体精神,企业的凝聚力也比较强。在这类企业中,人们推崇的是集体主义精神和团结奋斗的风气。

(4) 科学求实型。具有科学求实型文化的企业,尊重知识,尊重人才,尊重科学,知识、人才、科学是这些企业取得进步的源泉;求实、勤奋、严谨、实干是它们的工作作风,在这些企业中,科学具有至高的权威,知识具有无上的价值。

(5) 社会奉献型。具有社会奉献型文化的企业,强调艰苦奋斗、大公无私、乐于奉献和献身的精神,企业向职工灌输一种奉献光荣、视社会责任为己任的思想，员工大多具有强烈的企业意识和奉献精神。

总之，对于企业文化的分类，我们可以从不同的角度进行划分和分析。我们对企业文化进行分类，这只是一种理论上的分类，现实生活中的企业，其企业文化往往是同时兼有几种类型的特点，单一类别的企业文化是不存在的。

二、企业文化的特征

企业文化具有各种不同的特征，这种特征是由文化的基本内容和企业的个性所决定的。具体地说，企业文化具有以下特征：

1. 独特性

社会制度不同，地区不同，文化的特点也不同。而企业文化作为一种亚文化，它既存在于国家的社会文化之中，又同各企业的历史、类型、性质、规模、心理背景和人员素质等因素相关，从而在企业经营管理的发展过程中，必然会形成具有本企业特色的价值观、经营准则、经营作风、道德规范、文化礼仪等，也即每个企业都会因这些方面的差异而使自己的企业文化独具特色。这也是我们要求每个企业必须按自身的特点去进行有效管理的原因。

2. 综合性

企业文化包括了价值观念、企业意识、管理方式、文化礼仪和企业形象等因素，它渗透到了企业的各个方面。同时，这些因素也不是单独地在企业内发挥作用，而是经过系统分析和加工的方法，在企业内融合成为一个有机的整体，并进而形成整体的文化意识观念。

3. 功能整合性

企业文化的整合性是指企业文化具有强大的凝聚力，具有调整企业员工思想和行为的功能。并非所有的文化都会具有凝聚的功能，恰恰相反，有的文化具有离散、不整合的功能。而企业文化作为一种最新的管理方法，具有很强的凝聚力和向心力。企业文化的目标就是要通过精神力量的作用，把企业全体人员组织成一个有机的整体，显示企业共同的价值、目标和追求，使个人对企业产生信赖感、可靠感和安全感，企业文化建设得好的企业，还可使员工有一种对企业的依赖感和归属感。因此，企业文化能够使员工认识到企业的共同目标和利益，携起手来，齐心协力地为企业的目标去努力和奋斗。企业文化通过文化的手段，规范了员工的思想和行为，逐步使全体员工的行为趋于一致，从而起到了整合的作用。

4. 实践性

任何一个企业的文化，都不是凭空产生或依靠空洞的说教就能够建设起来的。一切企业文化都具有实践性的特征,即企业文化是在生产管理和生产经营过程中总结和提炼出来的。这种在实践中总结和提炼出来的企业文化,反过来又可以指导企业的生产经营与管理活动。企业文化的强烈的实践性,正是它区别于别的文化的一个重要方面。

5. 渗透性

企业文化能够潜移默化地作用于人的心灵,使企业的价值、规范、准则、礼仪等在职工的行为方面产生持久的作用。企业文化可以弥补企业管理中单纯依靠"法制"的不足,而且可以避免一般激励方法引起的企业各种行为的短期化等不良后果,使企业的行为更加合理。

此外,企业文化还具有社区性、行业性和群体性等特征,在此不再一一展开评说。

三、企业文化的功能

所谓功能,是指一个系统影响、改变它系统以及抵抗、承受它系统的影响和作用的能力,是一个系统从周围环境中取得物质、能量、信息而发展自身的功用。中外学者对企业文化的研究表明,企业文化对一个企业的活力,对一个企业发展的前景等都有着十分重要的影响。企业文化的功能有很多方面,主要的功能有:

1. 协调功能

企业文化能够协调企业和社会的关系,使社会和企业间能够和谐地共处。企业文化建设中很重要的一个内容便是使企业自己能够适应公众的情绪,满足顾客不断变化的需求,及时调整自己的行为。同时,每一个企业也竭力使自己与其他企业保持良好的关系,因为在当今市场经济条件下,企业之间虽然存在着剧烈的竞争,但各个企业之间总是有这样那样的联系,高明的企业不会把自己的路堵死,在竞争中作出"越轨"和"过火"的行为。

2. 导向功能

由于企业文化基本上反映了企业全体人员共同的价值观、共同的追求和理想,因此,这种强有力的文化就自然成为引导全体工作人员的有力工具。它能够使员工个体的思想、观念和追求与企业所要求的特定目标相一致,使员工为实现企业的共同目标而努力。迪尔和肯尼迪在他们的《企业文化》一书中指出:我们认为人员是公司最伟大的财富,管理他们的办法并不是直接由电脑报表而是经由文化的微妙暗示。强有力的文化是引导企业行为的有力工具,它帮助员工们做得更好。

3. 激励功能

企业文化是一种以人为中心的文化,它强调个人自由而全面地发展,强调员工的自我管理和自我启发,造就一种人人都受尊重的气氛,在这种企业氛围下,员工会有一种被赏识感、自由感、信任感和满足感,这些感觉能够促使员工努力工作,精神焕发,使潜在的劳动积极性得以发挥。

4. 约束功能

企业文化的约束功能,可分为标准约束和内化约束两种,而内化约束则是其主要的方法。它通过企业成员共同拥有的价值观念和行为准则,在企业中相互组合渗透,从而控制、协调和监督着员工们的日常行为。如企业文化中的一些非正式的、约定俗成的群体

规范或共同的价值准则,虽然没有强制的性质,但它们在个体心理上所起的影响和作用,有时反而比权威与命令更有效力,更能改变人的行为。彼得斯和沃特曼认为,在大多数情况下,有强有力文化的公司,职工都知道他们应该做些什么。而这正是企业文化对人的约束功能。

5. 振兴功能

通过抓企业文化建设,使企业摆脱困境,走出低谷,持续发展,增强竞争力,这种例子比比皆是,也是企业文化具有振兴功能的表现。企业文化之所以具备振兴功能,在于文化对于经济具有相对的独立性,即文化不仅能够反映经济,而且会反作用于经济,在一定条件下,文化能成为经济发展的先导。此外,文化不仅对经济有振兴作用,而且对企业的教育、科学以及整个企业的文明总体状态都有积极的作用。

6. 凝聚功能

通过抓企业文化,可以沟通企业内部各方面的联系,使人们的态度、知觉、信念、动机、习惯和期望等受到影响。在强有力的企业文化影响下,企业员工的思想可以得以统一,并对企业产生一种使命感、认同感和向心力,从而使企业发挥出巨大的整体效应。

7. 应变功能

企业文化像其他的文化一样,具有持续性和稳定性的特征,但是,企业文化也具有相当的灵活应变的能力,即面对企业环境的变化,它能够及时地对自己作出调整,以适应新的变化。

以上七种功能是企业文化的主要功能。除此之外,企业文化还具有创新功能、美化功能、育人功能、融合功能等。当然,我们所说的企业文化功能是指那些优秀企业所具有的功能,并不是任何企业文化都有这些功能。

第四节 中国企业文化建设

企业文化在世界各国具有普遍的适用性,依靠建设有特色的企业文化而使企业立于竞争不败之地的例子,已是屡见不鲜。但是,由于企业文化受到社会制度、民族文化、地理环境、行业特色等的影响,各国的企业文化类型绝不会是一个样子,也正因为如此,我们才有必要提出建设有中国特色的企业文化这个特殊课题。

一、中国企业文化发展的历史

虽然企业文化热是20世纪80年代才在中国兴起,但是,由于中华民族的文化源远流长,儒家的文化渗透到了社会生活的各个方面。因此,中国近代的民族工业自从产生之日起就受到了民族文化的影响,企业工作人员的行为乃至企业的行为无不受到这种文化的影响。从这个意义上说,有企业便有企业的企业文化,企业文化是与企业的产生和发展紧密相关的。纵观中国企业文化演变的历史,我们发现中国企业文化的萌芽、成长和发展经历了曲折的过程。

1. 近代民族资本主义企业文化

中国近代民族资本主义企业是在反对帝国主义的入侵和反对封建主义的压迫,在争取民族独立,寻求实业救国的斗争中获得生存和发展的,这些民族企业所首倡的企业价值观和企业精神,带有鲜明的时代烙印,特别洋溢着强烈的爱国主义热情以及自强自立、弘扬国威、不屈不挠的斗争精神。如上海荣氏兄弟与人合办的面粉厂,在30年代已是我国民族企业的魁首。荣氏兄弟成功的一个重要诀窍就是大力提倡自己的企业价值观和企业精神。"建厂力求其快,设备力求其新,开工力求其足,扩展力求其多,人弃我取,收旧变新"便是他们的目标。为了达到这些目标,他们提出了新的管理制度,大胆改革不合理的企业组织机构。大量招聘工程技术人员,取代了工头管理工人和生产技术工作惯例。这些在当时都可以称得上是大胆的创新活动。又如30年代初宋裴卿创建的东西公司提出的"以生产辅助社会进步,使游资游才得到合作,为一般平民谋幸福的东亚精神",在当时的社会上就很有影响。而卢作孚创办的民生轮船公司早在1925年就提出了"服务社会、便利人群、开发产业、富强国家"的口号,可谓中国民族资本主义企业文化建设的先驱。

2. 革命根据地成长起来的企业文化

20世纪30年代时期,在革命根据地掀起轰轰烈烈的生产自救运动时,出现了一些公营工业企业。在这些企业中,诞生了一种新型的企业精神。如抗战时期在陕甘宁边区的公营工厂中开展的"以新的态度对待新的劳动"的竞赛。延安温家沟农具厂工人赵占魁是那个时期在公营企业中涌现出来的英雄人物,全边区一度掀起了学习赵占魁,发扬主人翁精神的高潮。与此同时,晋冀鲁豫的"甄荣典精神",晋绥的"张秋凤精神"也得到了大力提倡。通过这些活动,提高了广大职工的思想觉悟,在工人中逐步树立起了自力更生、艰苦奋斗、勤俭节约等优良的工作作风。这种在公有制基础上形成的企业精神,是我国社会主义企业文化的源头。

3. 社会主义企业文化发展时期

中华人民共和国成立以后,在50年代初期,我国的企业组织机构和管理制度有了较大的变革。党和政府用政权的力量没收和接管了官僚资本主义企业,将它们变成了国营企业。共产党在工厂中实行了民主管理制度,建立了工厂管理委员会和职工代表大会,工人阶级成了生产资料的主人。这一时期工人的主人翁责任感和自豪感有了提高,劳动热情也很高昂,企业中不为名利、不计报酬、以苦为乐、以苦为荣的事例层出不穷。第一个五年计划期间,我们引进了苏联的管理制度和方法,由于在学习苏联的管理制度和方法过程中出现了教条化的倾向,一些同志把集中统一指挥与民主管理对立了起来,把物质鼓励和思想政治工作对立了起来,并出现了过火的否定科学管理方法和轻视西方管理经验的情绪。在1961年到1964年间,由于"左"倾指导思想的影响,企业管理制度的建设降到了次要的地位,企业生产很大程度上依靠"阶级斗争为纲"和行政命令来推动,使得中国的企业文化建设受到了很大的影响。但即使这样,在20世纪60年代初,中国的一些企业也出现过一些好的管理制度和方法,并涌现了一些在全国影响广泛且至今仍有影响的英模人物,如大庆油田工人在极其困难的条件下,艰苦奋斗,奋发图强,建成了具有世界先进水平的大庆油田,一举甩掉了中国贫油的帽子,为中国争了气。大庆成了中国工业战线的楷模,"大庆精神"也飘誉海外,而大庆的"铁人"王进喜则成了全国人民学习的榜样。此外,鞍钢的"孟泰精神"、"老黄牛精神"等,不仅反映了一个企业文化建设的灵魂,也为以后企业文化建设提供了不少教益。

"文化大革命"期间,由于"四人帮"煽动无政府主义,轻视规章制度,企业正常的生产秩序遭到了破坏,一些企业不顾客观经济规律,片面夸大人的主观能动作用,狠批"唯生产力论",阶级斗争成了一切工作的中心,企业中政治挂帅,破坏了民主管理的原则,给企业发展制造了障碍,也为企业的文化建设增添了困难。

第八章 企业文化

十一届三中全会以后,中国逐步转入了建设有中国特色的社会主义商品经济的轨道。1984年10月《中共中央关于经济体制改革的决定》将商品经济在我国经济生活中的地位确定了下来,并成了经济改革的思想支柱。在经济改革过程中,我们对全民所有制工厂进行了改革,这些工厂在改革以前被计划经济体制规范为没有独立的人格和意识的生产组织,它们没有自己独特的价值观体系和行为模式。与计划经济体制相对应的是一元化的"大工厂文化",这是一种没有企业个性特色的文化。尽管企业作为一个生产组织,在计划经济体制下其自身仍然能够萌生出自己的价值观,但却是极其脆弱的。随着扩大企业自主权、党政分开、政企分离等改革举措的实施,全民所有制单位经历了超计划利润分成、全额利润分成、利改税第一步、利改税第二步和厂长负责制等多方面的改革。改革后,企业成了相对独立的经营实体,国营工厂也逐步转变为国有企业,并培养起了相对独立的人格和相对独立的经营意识,使企业第一次成了有权利、有义务的法人。即在生产过程中,它是直接的经营者,具有生产资料的使用权和经营管理权,在交换、分配过程中,其地位和角色也发生了变化。随着企业由产品型经济向市场型经济的转变及乡镇企业的崛起,市场观念、竞争观念和效益观念日益为广大劳动者所接受。自20世纪80年代以来,随着企业文化热在国外的兴起,刚刚迈入商品经济的中国企业和理论界为建设有中国特色的企业文化,也做出了热烈的反应。1985年,我国管理学界和天津企业界,开始对企业文化进行研究和实践。随后,报纸杂志上陆续发表了有关这方面的文章。与此同时,企业文化建设在我国企业管理中广泛推广,不少企业根据自己的特点,进行有意识的培育和提炼,初步形成了自己的企业文化。在理论方面,我国企业界和管理学界对企业文化的研究也表现出了浓厚的兴趣。1985年以后,全国各地纷纷举办了企业文化的学术研讨会、讨论班,不少省份由企业界和管理学界联合成立了企业文化研究会。另外还出版和翻译了一些美国和日本有关企业文化的书籍,编辑出版了有关的论文集。应该说,通过二十多年的努力,中国的企业文化建设已迈出可喜的一步。但是,如何建设有中国特色的企业文化,中国的企业文化与西方的企业文化有何不同,建设有中国特色的企业文化又面临一些什么样的问题?这些都是我们今后需要重点关注的。

二、中国企业文化的特点

1. 中西企业文化的区别

中国企业文化与西方企业文化既有相似的地方,也有很多区别的地方。相似的方面表现在,企业文化都是现代企业生产与管理要求和现代化生产要求的反映;区别的地方表现在,由于各国政治制度、地理环境、文化传统不同而使企业文化各具特色方面。如中西企业文化两者赖以产生的经济基础就不同。西方企业文化的基础是以私有制为基础的市场经济,虽然它们的一些优秀企业也强调以人为中心,尊重人,关心人,并让职工参与企业的管理,但从根本上来说,西方企业的职工始终是处于被雇用的地位;而社会主义企业文化是建立在社会主义公有制的基础上的。此外,中西企业文化还在培育目标和内容方面有所不同:西方的企业文化所反映的是西方社会的经营哲学、伦理道德、价值取向、规章制度和行为规范;中国的企业文化反映的则是与我们国家的文化、体制和价值相关的要求。那么,纵观中国企业文化的历史,中国的企业文化又有什么特征呢?

2. 中国企业文化的特征

关于中国企业文化的特征,学术界对此有较多的评述和争论。

综合有关学者对这个问题的阐述,我们认为中国的企业文化有如下特征:

(1) 具有鲜明的时代特色。企业文化作为文化的一种类型,它受到当时占主导地位的价值观念、社会环境和其他一些因素的影响,因而不可避免地带有当时时代的印记。从中国企业文化演变的历史中我们可以看得很清楚。

(2) 具有以伦理为中心的特征。在中国企业中,伦理问题始终是企业文化的一个重要方面。中国的企业一向对品格上没有毛病但无所作为的人比较容易接受。于是,在我们的企业中,有不少老好人式的职工,也有不少老好人式的干部,他们政绩平平,却仍身居要职。而那些虽有所建树但品格上稍有毛病的人则常为企业文化所不容。

(3) 具有浓厚的政治色彩。中国企业的行为带有很强的行政性。在"劳动组织"那一章我们也曾提到,从某种程度上看,改革前中国的企业大体上相当于一个类似于国家行政机构的派驻机构,它没有能够成为像西方企业那样自我独立的、完全意义上的商品任务承担者。企业领导者追求行政级别的冲动大于追求经济效益的冲动。因此,企业的绝大多数活动,都和政治这个因素有着这样那样的联系,企业的文化建设也因之带上了浓厚的政治色彩。

(4) 具有非制度化特征。在中国的企业中也有很多制度和规章,但在具体执行过程中常常不能严格执行,特别是企业行为中有很多的操作程序缺乏必要的严格的规章制度作为保证。在企业运行过程中,口头承诺和约定俗成的规则往往起着主要作用。

(5) 具有非自主性特征。建国以后,在相当长的一段时间内,我们受有计划的产品经济体制影响,企业普遍缺乏质量、市场、服务等概念。由于企业不具有独立的人格,企业文化也缺乏自己的个性,各类不同的企业,其企业文化和价值观念就有着惊人的相似之处。就企业文化的核心内容价值观念而言,各个企业间就很相似,往往是国家树立一个优秀价值观念典型,如鞍钢的"孟泰精神"、大庆的"三老四严"等,然后全面推广,全国上下学鞍钢、大庆,导致各个性质不同的企业提倡的价值观念缺乏个性。改革开放以后,尤其是在中国出现企业文化热以后,许多企业都提出了自己的价值观念,但从形式到内容,仍有一哄而上、人云亦云之嫌,如北京某制药厂的"团结、求实、开拓、奉献"与湖北某制药厂的"文明、团结、创新、奋进"就没有多少差别;而北京某棉纺厂这个与药厂性质截然不同的企业,在企业价值观的提法上与药厂也区别甚微,棉纺厂"严细、求实、团结、奋进"的口号,放到即使像北京大学这样的高等学府也是适用的,因为北京大学就提倡一种"严谨、求实、勤奋、创新"的学风。

(6) 具有浓重的集体主义色彩。中国的企业文化比较强调集体主义,这当然没有错。问题是我们的一些企业在强调集体主义的同时抹杀了人的个性,将个人的正常权益湮没于顾全大局的任劳任怨的贡献中,其结果是:没有个性的劳动者也只能造就没有个性的企业文化。

当然,中国的企业文化还有其他一些特点,如有人认为中国的企业文化具有主体性、全局性、现实性和先进性特征,有的则认为还具有产品经济和大工厂文化的特征,等等。总的来说,我们以上所谈的六点仅是我们所认为的企业文化的主要特征。

三、建设有中国特色的企业文化面临的任务

要建设具有中国特色的企业文化,我们不仅需要了解中国企业文化演变的历史,中国企业文化的特征,中西企业文化的异同,而且还需要明确建设中国企业文化面临的任务和特殊难点。那么,要建设具有中国特色的企业文化,我们应该把握住什么,认清什么,理顺什么呢?

1. 正确对待中国的文化传统

中华民族有着源远流长的文化传统,可以说,要建设具有中国特色的企业文化,我们不能抛开我们的历史,抛开我们的传统。民族传统文化是我们的企业文化得以植根的土壤。世界上每个民族都有自己独特的演进途径和文化个性,在不同的社会经济条件和环境下形成了独具特色的民族心理、道德风尚、伦理观念、生活方式和民族习俗等,这些传统因素是在漫长的历史中形成的,是我们建设企业文化时应该正确对待的。比如从传统文化上讲,中国是一个礼俗的社会,儒家文化崇奉群体的精神,推崇家庭的作用,崇尚中庸之道。这些文化传

统在我们现代企业的文化建设中仍是有作用的,我们不能一概抛弃。如在全球很有特色和影响的日本企业文化,就很好地利用了群体精神(或说团体精神)这一点。日本的企业领导人不仅注重职工的技术、业务培训,努力提高全体员工的技术水平,还十分重视对职工精神方面的培训,树立团体精神,荣辱与共,使职工把忠于企业作为自己一切行为的基本准则。在对职工的培训中,竭力向职员灌输"我是公司一员"的观念。这种团体精神是日本很多企业之所以致胜的武器。又如,同样的家族观念,在中国的有些企业是发展的阻力,但在日本的公司中家族观念却得到巧妙的利用,产生了积极的效应。在这些方面,作为这类文化创建与缔造者的中国,在对民族文化合理内核的利用和光大方面,还做得远远不够。

2. 充分发挥社会主义制度的优势

中国的企业是在社会主义市场经济体制这个框架下运行的企业。从经济上看,公有制和按劳分配是社会主义的两项根本制度。从政治上讲,社会主义强调人与人之间的平等和政治生活的民主化,这些与企业文化的本质是完全一致的。充分发挥社会主义制度的优越性,可以使中国的企业在较高的起点上提出资本主义国家的企业不可能提出的价值追求,从而使企业文化建设达到一个新的高度。

3. 正确对待企业中的思想政治工作

企业思想政治工作是中国开展企业文化的一个重要组成部分。长期以来,我们比较重视企业内的思想政治工作,并配有专门的政工干部。事实上,思想政治工作为我国的企业文化建设也确实作出了应有的贡献。但是,随着改革开放的不断深入和外来思潮的不断入侵,我们传统的思想政治工作方法受到了挑战。在新的形势下,我们必须明确这样一个观念:即在中国要建设好有特色的企业文化,思想政治工作这个工具还是不能丢弃。但是,在新形势下做思想政治工作,除了不能脱离企业生产经营活动的实践,不能脱离职工的心理需求、知识水平、道德观念和思想意识外,还应该把企业文化作为企业思想政治工作的基础,既要对员工进行系统的马克思主义、党的基本路线和爱国主义的教育,又要把思想教育的内容寓于企业的文化建设中,对员工进行启发引导、点滴渗透,使其受到潜移默化的影响。

4. 注重企业家素质和职工素质的提高

企业家素质和职工素质是影响企业文化建设的重要因素,在企业文化的形成、成长、推广的种种活动中,企业家的努力尤为必不可少。成功的企业文化离不开成功的企业家,而成功的企业家往往是具有较高素质的企业家。从中国企业文化建设的实践来看,缺乏高素质的企业家是制约中国企业文化建设的一个重要因素。那么,要搞好企业文化建设,我们需要什么样的企业家呢?简而言之,我们认为企业家必须具备以下几种素质:一是精神素质;二是能力素质,企业家应有较强的组织能力、思维能力和决策能力;三是知识素质,企业家应具备较高的科学文化知识和专业技术知识;四是观念素质,企业家应有市场观念、时间观念、信息观念、效率观念、竞争观念等。职工作为企业文化的接受者和传播者,其素质也不可等闲视之。

5. 明确企业文化建设的目标

在进行企业文化建设时,必须明确企业文化建设的目标。中国企业文化的建设应努力培育企业独具特色的价值观,造就企业职工良好的精神风貌,注重培养企业内部和谐融洽的环境气氛。

此外,在进行企业文化建设时,还应该根据实际情况,运用多种形式的技术手段和生活方式,以创建和塑造优秀的企业文化,如编印内部刊物,帮助职工了解企业,奖励企业中的英雄模范人物,实行企业管理民主化,开展多种受职工欢迎的文化娱乐活动等,它们都可以起到推动企业文化建设的作用。

思 考 题

1. 什么是企业文化?简述企业文化兴起的原因。
2. 简述企业文化的各个构成要素。
3. 企业文化有哪几种类型,有何特点?
4. 谈谈你对建设中国企业文化的看法。

第九章

劳动报酬与社会收入分配

第一节 劳动报酬与员工激励

一、劳动报酬

1. 社会学意义上的劳动报酬

社会学意义上的劳动报酬,有两方面不同于经济学的含义:一是报酬本身并不局限于物质的范畴;二是报酬可以满足劳动者的全面需要。因此,从社会学的角度对劳动报酬进行研究,需要注意:

第一,社会学意义上的报酬体现了马克思主义对人的承认的基本观点。劳动报酬从根本上讲是为了满足劳动者的物质与精神方面的需要,劳动报酬的非物质方面对劳动者的激励具有非常重要的作用。

第二,社会学意义上的报酬,不仅包括劳动者通过劳动获得的工资、奖金和津贴,还包括劳动者通过劳动得到的其他方面的收益,特别是心理上的满足与精神上的实现。

2. 劳动报酬的内容

劳动者通过劳动获得的报酬项目众多,包括劳动组织支付的工资和所有其他形式的奖励,内容非常复杂,具体来讲,劳动报酬的构成可以用图9-1来表示。

总体来看,劳动报酬可以区分为内在报酬与外在报酬两大块。劳动者的外在报酬指的是由于就业关系的存在,从企业或其他形式的劳动组织得到的各种形式的财务收益、服务和福利。通常意义上的报酬指的是这种外在报酬,它可以分为直接报酬与间接报酬。

直接报酬包括基础报酬、绩效报酬、鼓励劳动者进一步提高生产效率的各

第九章 劳动报酬与社会收入分配

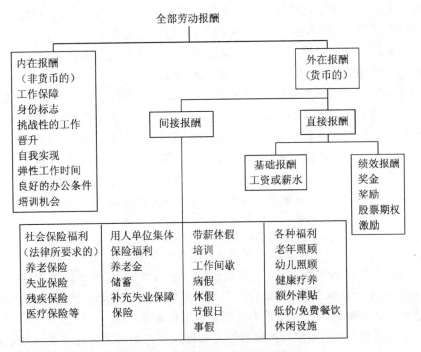

图 9-1 劳动者劳动报酬的构成

种激励性报酬和各种延期支付。

基础报酬在大多数情况下是企业或劳动组织根据劳动者的工作性质支付的基本现金报酬，它只反映工作本身的价值，而不反映劳动者因为经验或工作态度而引起的对企业贡献的差异。

绩效报酬是对劳动者的工作行为和所取得成绩的奖励，是在基础工资之上的增加，它取决于劳动者的绩效水平。

激励性报酬直接把劳动者的报酬和绩效联系起来，它们可以是短期的，也可以是长期的，可以以单个劳动者为对象，也可以以劳动群体为对象。

二、员工激励

1. 激励理论

关于劳动报酬与劳动者激励之间的关系，已有很多学者进行过出色的研究，行为科学中很多关于激励的理论，有相当部分阐述的就是报酬与激励的关系，如马斯洛（Abrahan Maslow）的需要层次理论，强调劳动者生理需要、安全需要、社交需要、尊重需要和自我实现需要满足的重要性；赫茨伯格（F. Herzberg）

则发现劳动者工作上的满足因素与工作内容有关,它们包括从工作中得到的成就、赏识、提升、工作本身、发展前途和工作责任,这些因素的满足,可以激励劳动者积极性的充分发挥。工作的不满足因素与工作周围的事物有关,包括公司的政策与管理制度、技术监督、与上级之间的关系、与同级之间的关系、与下级之间的关系、工资、职务保障、个人生活、劳动条件。要保持劳动者的积极性,就要注意劳动者这些方面的满足。亚当斯(S. Adamas)的公平理论,则更加系统地分析了报酬与劳动积极性的关系,该理论的基本思想是:职工对他所得的报酬是否满足不是只看绝对值,而是看相对值,即每个人都会将自己目前的报酬水平和贡献与自己过去的情况进行比较,同时也与别人进行横向比较,即:

$$\frac{现在的劳动报酬}{现在的劳动投入} : \frac{过去的劳动报酬}{过去的劳动投入}$$

$$\frac{自己的劳动报酬}{自己的劳动投入} : \frac{他人的劳动报酬}{他人的劳动投入}$$

当两者的比值相等时,个人就会感到公平满意,而如果比值小于自己过去的情况,或小于他人的情况,就会产生不公平的感觉。当个人感到公平时,他就会感到心情舒畅,努力工作,否则就会影响工作情绪。

亚当斯把个人的贡献与报酬看作是一种投入与产出之间的关系。对于劳动者来说,这种投入意味着教育、智慧、经验、培训、技能、年资、年龄等的投入,而产出则有工资、内在报酬、令人满意的管理、津贴、小额优惠、工作地位、职务象征等。

根据公平理论,劳动组织中的管理人员必须对劳动者的各种投入给予恰如其分的承认,并通过合适的劳动报酬体现出来,否则,劳动者因为对报酬的不满意,就会对工作没有动力和积极性,并会产生一系列不良的后果(见图9-2)。

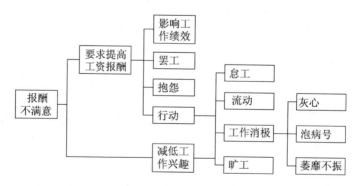

图9-2 报酬不满意的后果

第九章 劳动报酬与社会收入分配

关于激励理论对报酬与劳动者的积极性及工作激励之间的关系,还有很多的理论,因为一些理论已经在其他的章节进行了介绍,我们在这里就不再多述。

2. 劳动报酬与个人激励

这里主要是指利用报酬机制,通过对劳动者个人的业绩考核,而不是集体的业绩,来激励劳动者的工作热情与士气。

利用报酬对劳动者个人进行激励,首先是要灵活运用各类报酬,如员工劳动报酬的提高可以是基础工资、绩效工资或激励工资,它们在不同的场景下对于劳动者的激励作用是不一样的。其次,采取灵活的报酬调整政策,在对个人的报酬进行调整时,需要向劳动者解释清楚增加报酬或减少报酬、什么时候增减、加多少减多少等的标准。第三,对于劳动者的激励要采用差别化的策略。差别化策略有,如:对于操作工人,主要采取计件制,它是最古老但也是常用的报酬制度,计件制首先由工程师确定工作1小时的标准件数,然后根据工作评价确定的小时工资除以每小时的标准产量,可以得到单位产量给付的标准。计件制又分完全计件制与部分计件制(员工超过某一个产量水平后的收入由员工和企业按照某一比例进行分配);对于管理人员,则可以采取:(1)短期奖励,(2)长期激励,(3)福利计划,(4)特殊福利与津贴;对于销售人员,采取佣金制(收入完全按照业绩来确定)与底薪制(领取固定的薪水,但根据销售情况有红利等奖励)。

3. 劳动报酬与集体激励

这种激励不是在劳动者个人层次上实施的,主要是通过劳动报酬机制来对整个劳动集体的成员进行激励,一般来说,旨在影响大部分劳动者报酬的激励计划都可以被称为集体激励计划。集体激励的办法主要有:

(1)利润分享计划。利润分享计划,指的是用盈利状况的变动来作为对部门或者整个企业的业绩的衡量,超过目标利润的部分在整个企业的全体劳动者之间进行分配。这种办法的优点是,劳动者对组织和组织的目标会有更高的认同感,更加关心企业的发展和生产,努力工作,减少浪费,提高生产效率等。缺点是由于经济不景气等无法控制的因素,当利润目标得不到实现时,即使是最优秀的劳动者也不能得到奖励,同时,延期支付容易使劳动者的绩效与激励脱节。

(2)增益分享计划。增益分享计划,指的是将一个部门或整个企业在本期生产成本的节约或者人工成本的节约与上期的系统指标进行比较,然后把节约额度的某一个事先确定的比例在这一部门或整个企业的全体劳动者之间进行分配。这种办法的优点是,劳动者个人的目标与组织整体的目标联系起来,可以改进个人与团队的努力;从事间接服务的人员的个人业绩不容易考察,但现在可以得到奖励;还可以避免劳动者之间的恶性竞争。缺点是它的实施需要一些条件,如企业的规模不能太大;劳动者的业绩标准可以根据过去的状况进行考核;企业的财务情况良好;企业的产品市场需求大;劳动者能够控制产品的生产成本;在组织中有开放与信任的氛围;劳动者能够参与管理;生产部门的管理人员值得信赖;管理当局的能力强;劳动力的技术水平比较高等。

三、薪酬确定

1. 薪酬确定的原则

劳动组织内薪酬的确定,应该特别注意满足公平要求。这种公平主要包括外部公平与内部公平。外部公平性要求劳动组织的报酬标准与其他组织相比具有竞争力,否则就难以吸引或留住人才;内部公平性要求劳动组织内劳动者感到自己与同事之间在付出和所得的关系上是合理的。同时,报酬结构的确定还要研究与考虑在一个组织内部那些承担相同工作或者具有相同的技能水平的劳动者之间的报酬关系问题。一般而言,在相同的组织中承担相同工作或拥有相同技能的劳动者可能在工作业绩方面存在着差异,报酬结构与政策也应该充分体现这种差异。

因此,在报酬结构如何决定问题上,公平性起着非常重要的作用。而公平理论则是这种公平性如何得以体现的理论基础(见图9-3)

2. 薪酬制定方法

劳动组织中劳动报酬的结构是怎么确定的? 一般来说,可以以某一个方面的依据为标准设计劳动组织内部的保酬结构,这些依据可以是工作本身、工作所需要的技能、或者市场报酬水平。目前报酬结构确定的原则主要有三种:

(1)工作导向的报酬结构。这是一种以工作方面的因素为标准来设计劳动报酬结构的方法,在进行这种设计时,需要首先进行工作评价。所谓的工作评价是指根据各种工作中所包括的技能要求、努力程度要求、岗位职责和工作环境等因素来决定各种工作之间的相对价值。

工作评价的内容主要包括评价工作的任务和责任、完成工作所需要的技能以及各种工作对组织整体目标实现的相对贡献的大小等。

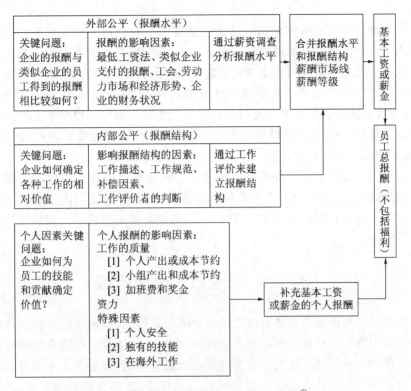

图 9-3　公平理论在报酬决定中的作用[1]

在实际工作中,工作评价一般是在组织的外部顾问的指导下,由熟悉本组织各种工作的劳动者组成的工作评价委员会实施。工作评价委员会应该按照工作对于组织的相对价值来确定工作之间的关系,要防止代表各个部门的委员会成员的本位主义倾向。主要的工作评价方法有工作排序法、因素比较法、工作分类法、点数法等。

（2）技能导向的报酬结构。即根据劳动者掌握的技能来确定报酬,而不是按照劳动者所承担的工作来确定劳动报酬,一般有两种表现形式,一种是以知识为基础的方法,根据劳动者所掌握的完成工作所需要的知识的深度来确定报酬;另一种是以多重技能为基础的方法,根据劳动者能够胜任的工作的种类数目,或劳动者技能的广度来确定报酬。这种方法主要强调的是劳动者方面的

---

[1] Leap, Terry L. and Michael D. Crino. 1989: *Personal*, *Human Resource Management*. Macmillan. p.382.

特征。

（3）市场导向的报酬结构。这是根据市场上本公司的竞争对手的报酬水平来决定公司内部的报酬结构的方法。具体做法是：首先对本公司内部的所有工作岗位根据其对公司目标实现贡献的大小进行排序，然后对市场上与本公司有竞争关系的一些公司的报酬结构情况进行调查，在确定本公司的报酬结构时，首先按照这些竞争对手公司与本公司系统的工作岗位的报酬水平来决定这些可以比较的工作岗位的报酬水平，然后参照这些可以比较的岗位的报酬水平，来决定那些不可以比较的工作岗位的相应的报酬水平。

这种方法实际上是以外部劳动力市场上的报酬来确定公司内部的报酬结构，它强调的重点是公司人工成本的外部竞争力，而不是公司内部各种工作之间在对公司整体目标的贡献上的相对关系，因此有可能使公司的报酬结构丧失内部一致性。

第二节 社会收入分配问题

不同劳动者以及劳动者群体之间的报酬差异问题，构成了社会收入分配问题的主要内容。从目前中国的情况来看，一个令人关注并值得研究的问题就是收入分配的差异问题。从银行储蓄存款余额的分布、各阶层个人年均可支配收入状况以及分位法计算的各个群体的收入差异看，都存在相当的差异，特别是从基尼系数看，收入分配差距问题比较明显。根据国家统计局公布的时间序列数据，城市居民的基尼系数由1984年的0.16上升到了1995年的0.28，上升了75%，农村居民收入的基尼系数由1982年0.22上升到1995年的0.34，而赵人伟、李实等根据两次调查数据估计的结果是，1988年和1995年全国的基尼系数分别达到了0.382和0.452[①]。

不同的人何以有不同的收入，这一问题近年来引起了社会科学家们的广泛关注，社会学家对此是怎么看的？

一、一般社会学分析

有三类主要因素对收入产生影响：(1) 工作和雇主(job and employer)的特征；(2) 从事工作的劳动者的特征；(3) 匹配过程(matching process)，即(1)和(2)的联合。为分析的目的，在某种程度上可以将这三类影响收入的要素看作

---

① 参见赵人伟等主编：《中国居民收入分配再研究》，《经济研究》1999年第4期。

第九章　劳动报酬与社会收入分配

是彼此独立而又与基本的社会结构相关的变量。

可以假定两种理想形态的情况。从工作特征来看,个人收入的多寡由职业的特征决定,而与从事该项工作的人的特征无关。韦伯关于科层制的阐述是这种情况的理想类型,也就是认为职位是由其在技术理性的劳动分工中的位置决定的,这种位置决定了相应职位的报酬,而与职位占有者的特征无关。韦伯的支持者认为,社会越是现代化,这种现象越是普遍。这种观点听起来非常熟悉,一些很有影响的关于分层的分析就持这样的观点。功能主义者明确指出,所有职位的报酬与职位拥有者间并无必然联系,报酬的不平等分配是必要的,因为一些职位在功能上比另一些职位更重要。马克思也指出,在资本主义社会中,人们的收入由其在生产资料所有制的位置及对资本的控制决定,这种观点隐含着报酬的差别与职位占有者的特点没有关系。这样,对于比较不同社会经济体制下的收入差异,分析职位在劳动分工中的位置就显得特别有意义。从实践上看,对于一些工作,个人的技能、魅力、才能与勤奋不仅无助于产出的增加,反而会减少产出的增加,如汽车流水线工作,加快工作速度不仅无助于效率的提高,反而破坏整个系统的运行,类似的工作还有大多数的秘书,甚至一些经理工作。工作的过度资力化(overqualification)与上述现象相关。

从另一个极端来看,我们可以假定一些人的经济收入主要由个人特征决定,在人类学中这一现象也被称为声望经济(prestige economics),经济报酬主要由个人声望决定,诸如依靠个人的人格力量或技巧等。在现代社会中,有些人的收入获得还依然遵循着这一模式,大多数在科层制度以外的人(如自我雇佣者)具有这一特征,一些医生、律师与作家等的收入获得具有这样的特点。

如果收入仅由个人的特征决定,则对不同人收入差异的分析只要通过对个人特征的分析即可,但实际上工作特征因素对个人的收入会产生影响,即收入是由个人特征因素与工作特征因素综合作用的结果,这就提出了第三个问题,即不同特质的个人是如何匹配到具有高低不同报酬的职位上去的。

二、收入差异理论回顾

1. 地位达成理论与人力资本理论

(1)地位达成理论(status attainment theory)。在社会学与经济学中,地位达成理论和人力资本理论是用于解释收入差异的两种很有影响的理论,这两种理论的共同特点是在分析包括个人经济成就及差异的原因时,对个人决策、工作特征及匹配过程的相对忽略。

在社会学中,自布劳与邓肯的《美国职业结构》一书问世以来,有很多学者对地位达成和收入问题进行研究,并认为地位达成或收入主要是由个人特征和社会经济背景等因素决定,斯威尔(Swell)与豪斯(Hauser)的观点尤其有代表性,他们认为,社会经济背景影响着个人的心智能力,社会经济背景和能力影响个人可以取得的教育成就,社会经济背景、能力和教育成就影响个人的职业成就,以上因素综合作用影响了个人的收入……这个模式是基本的,因为包括了关于先赋因素与成就因素的最根本的变量①。地位达成模型还研究诸如个人的家庭背景、父母的职业以及社会经济地位隶属对个人的职业选择幅度和在劳动力市场上的流动性的影响,由于这些因素的影响,在劳动力市场上形成了很多非竞争性的群体,竞争能力的不同造成了个人收入的最终不同。地位达成这一方面的研究很少关注雇主和职业特点及匹配过程对收入的影响。

(2) 人力资本理论(human capital theory)。人力资本理论最早可以追溯到现代意义的经济科学创立之处,如古典经济学家威廉·配第和亚当·斯密的劳动价值论就隐含着人力资本理论的思想。斯密在《国富论》中指出:一个国家全体居民的所有后天获得的有用能力是资本的重要组成部分。因为获得能力需要花费一定的费用,所以它可以被看作是在每个人身上固定的、已经实现了的资本。当这种能力成为个人能力一部分的时候,也就成了社会财富的一部分。一个工人技能的提高如同一台机器或一件工具的改进一样,可以节约劳动,提高效率。20世纪50年代以后,人力资本理论因舒尔茨(Theodore Schultz)与贝克尔(Gary Becker)等人的努力而进一步完善。舒尔茨认为,人力——包括人的知识和人的技能的形成是投资的结果,并非一切人力资源都是最重要的资源,只有通过一定方式的投资,掌握了知识和技能的人力资源才是一切生产资源中最重要的资源。因此,人力,人的知识和技能,是资本的一种形态,可以称之为人力资本②。贝克尔则从微观层面对教育、培训和其他人力资本投资过程进行了细致独到的分析。贝克尔认为人力资本是体现在人身上的技能和生产知识的存量,人力资本含量高的人或通过人力资本投资使个人拥有较高人力资本的个人,其技能和获利能力将大为提高,在市场活动和非市场活动中的经济决策效率也将由此提高③。人力资本的获得是通过对人的投资活动获得的,一般的人力资本投资包括各级正规教育、在职培训活动、用于改善健康状态所花费的

---

① Swell, W., and R. Hauser. 1975: *Education, Occupation and Earnings*. New York: Academic Press.
② 参见西奥多·舒尔茨著:《论人力资本投资》,北京经济学院出版社1990年版。
③ 参见加里·贝克尔著:《人力资本》,北京大学出版社1987年版。

第九章 劳动报酬与社会收入分配

时间与金钱、父母用于照看孩子的时间、寻找工作活动的时间、从一个地区向另一个地区的迁移等六项,前四项可以增加一个人所掌握的人力资本的数量,后两项则可以使一个人的人力资本实现最有效率和最有益的使用。

总之,人力资本理论认为,劳动者是理性的个体,他们将通过投资以使其一生收入的最大化,教育是其中最典型的一项投资,此外像健康、在职培训等也能对收益产生影响,劳动者的收入差异主要是初期人力资本投资与其后的人力资本投资收益差异的结果,或者说,收入的差异反映了由于教育、训练等投资不同而造成的人的生产能力的差异。个人每多投资一年或一定量的教育与培训,则在收入上就会比没有投资的人在收入回报上要高。

显然人力资本理论基本上也是从劳动力的角度进行考虑,对工作特征及其制度等方面的重视不够。问题是:如果人们精心的教育、健康等投资在市场上没有需求而不能将技能转化为生产力呢?这便是人力资本理论不能解释的地方,因为人力资本理论的基本假设是收入的差异反映的是不同的个人因为训练、能力和训练机会的差异所造成的,而且,市场的运作是良好的。

2. 制度经济学:工资结构、部门劳动力市场和劳动力序列

邓拉普(John Dunlop)非常强调工资结构这一概念,他认为某一岗位的工资关键在于该岗位在工作岗位结构中的位置、与其他工作岗位之间的关系、该工作岗位在企业中的位置及与其他企业的关系。在工作岗位结构中,有些工作是关键工作,这些工作收入的变化会引起其他一系列工作工资的变化[1]。

邓拉普的理论给后人以很多启发,多尔嘎(Doeringer)与皮尔(Piore)因此提出了内部劳动力市场(internal labor market)概念,认为劳动力的价格与分配依据一系列的行政规则与程序。在内部劳动力市场中,存在着经济学家所谓的'隐含契约'(implicit contract)、有效工资(efficiency wages)与职位晋升规则。'隐含契约'指雇主与雇员之间存在着一种没有法律约束力的默契:雇主应为雇员提供就业,保证工资延续性与工作条件等,而雇员则必须放弃为了更好的工作机会而辞职的行为。有效工资理论认为工人的生产率依赖于其工资。职位晋升规则表明在企业内部存在着工作岗位变动的相应规则,尽管在开始时劳动力的工资与其边际劳动生产率不协调一致,但在一段时间后,不同劳动者之间的不同劳动生产率会被雇主认识到,具有较高劳动生产率的人将会被提升到内

---

[1] Dunlop, J. 1957: The Task of Contempory Wage Theory. In G. Taylor and F. Piersonn (eds.) *New concepts in wage Determination*. New York: McGraw-Hill.

部市场的等级结构中较高的位置①。卡尔伯格(Kalleberg)通过对劳动者在不同部门安置机制的进一步分析发现,实际的劳动组织在以下三个方面存在着重要的差异:第一,内部劳动分工或内部任务差别;第二,晋升阶梯或内部劳动力市场;第三,它们的控制机制或在对劳动者如何引导、评估与报酬的监督层级间存在差异。这些差异对劳动者的收入会有影响。他认为,个人在劳动组织内部是有"职业生涯"的,生涯指的是工作的获得、获得的顺序、依次从事的工作及职务上的变化、变化的频率、对工作尝试或稳定的水平等。生涯线路受到结构性因素的影响,如劳动组织内的职业分布、顶端职位的招募方式、(是从内部招还是外部招)及劳动力市场制度化的人口特点(是扩张的还是收缩的?)②。

  部门劳动力市场理论强调制度性要素(工会、政府及大型企业等各类组织)可以将整个劳动力市场分割为联系松散且大小不同的准市场或部门劳动力市场,组织为劳动力市场提供了一种框架、一个个虚拟的边界以及各市场间难以消除的区别。部门劳动力市场理论其中一种典型的区分是将劳动力市场按职业的社会等级来划分,认为至少可以分为两大市场,这就是好职业的劳动力市场和坏职业的劳动力市场,前者又称头等市场或劳动力市场上层,后者又称次等市场或劳动力市场下层。头等市场的特征在于:这里的职业通常被称为好职业,在这些工作岗位上,基本工资高,额外的津贴和福利较多,工作条件好,技术要求高,在职深造和学习的机会多,被提拔的可能性大等。次等市场的特征在于这里的职业通常被称为坏职业,在这些工作岗位上,基本工资低,额外的津贴和福利较少,工作条件差,技术要求低,在职深造和学习的机会少,被提拔的可能性小等。因此在头等劳动力市场就业的人,其收入就高。另一个学者贝克(E.M. Beck)用二元经济方法来分析收入差异的决定因素,发现不同部门的劳动者收入有很大的不同,中心部门(core)的劳动者的收入高,边陲(periphery)部门劳动者的收入低,是部门的特性决定了劳动者收入的差异,而不是其他因素③。

  3. 信息与匹配问题

  从供给或需求方面考虑的关于收入差异的理论,往往认为劳动力的供求会

---

① Doeringer, P., and M. Piore. 1971: *Interal Labor Markets and Manpower Analysis*. Lexington, Massachusetts:Heath.

② Kalleberg, Arne. 1983:Work and Stratification: Structural Perspectives. *Work and Occupations* 10(August), pp. 251—259.

③ Beck, E. M. etc. 1978:Stratification in a Dual Economy: A Sectoral model of earnings Determinations. *American Sociology Review* 43(October), pp. 704—720.

自动平衡,市场的信息是完备的,劳动力的匹配不是一个需要关注的问题。然而从20世纪30年代以来对地方劳动力市场的研究表明,劳动力市场的信息很不完备,信息的分布也不均匀,信息的不完善必将加大实际工资与统一工资(在完全竞争的条件下,由供求要素的相互作用而形成的工资水平)之间的离散程度。

从供给方面看,要涉及对就业机会和工资水平等信息的搜寻过程,如果信息是完备的,人们在求职过程中就能详尽地知道各单位给付的工资水平,这样人们就能完全避开低薪工作单位而一窝蜂地涌向给付高额工资的部门,其结果是低薪单位必须不断提高工资水平,直到与高薪单位持平。在这种情况下,市场可以实现均衡,能够形成统一的工资水平。但问题是现实的劳动力市场与假设的劳动力市场、与其他类型的市场间有着很大的差距,在劳动力市场上,有关工资、工作条件、工作机会等信息透明度较低,为获得这些信息,求职者必须依时间序列走访各单位,即进行有关工作的寻找过程,自20世纪60年代以来,斯蒂格勒(G. Stigler)对信息的经济价值进行研究,认为信息是一种稀缺商品,其获得需要花费时间、努力和金钱[1]。劳动力市场中的信息同样也需要时间、努力与金钱,只是长期以来人们对此不予重视,而实际上劳动力市场供给与需求的信息对于劳动力的匹配非常重要。寻找工作信息的过程要给付成本,这个成本可以分为两部分。一部分是外显成本,如函件费用、交通费用等,一部分是寻找过程中花费的机会成本。寻找一个称心如意的工作是每一个求职者的愿望,但随着寻找过程的延续,搜寻的成本也将不断上升。因此,对于一个理性的求职者来说,他不可能无限期地寻找下去,直到寻求到满意的工作为止,事实上,大多数的求职者都根据自己的偏好遵循着"适可而止"的寻找规则:一旦发现尚可接受的工作便终止寻找过程。用经济学的语言讲,就是当寻找工作的边际收益等于继续寻找的边际成本时,求职者就会停止寻找过程。尚可接受的工作不是最好的工作,于是就会出现各个劳动者即使职业相同,但彼此之间的收入且存在一定差距的现象。

在寻找工作信息的过程中,信息的获得是一个非常关键的问题,新经济社会学家们(M. Granovetter、H. White、M. Schwartz)对这一问题进行了卓有成效的研究,他们运用"网络"、"嵌入"等基本概念对社会经济生活中的各种现象包括劳动力市场中的职业匹配过程进行了分析,提出了所谓的网络理论。网络理

---

[1] Stigler, G. 1961: The economics of information. *Journal of Political Economy* 69(June), pp. 213—225.

论认为，经济行动是被社会性地限定着的，它不能仅通过个人动机得到解释。它嵌入于现存的个人关系网络中，而不是由原子似的个人所单独进行的。网络指个人或群体间一套固定的联系或类似的社会组合。嵌入这一概念则由波拉尼(K. Polanyi)在与主流经济学原子论的斗争过程中提出，他认为经济从来就不是一个单独的领域，在前工业社会中经济嵌入于社会、宗教以及政治制度之中。像贸易、货币和市场这样的现象是由谋利以外的动机所激发的，并和具体的社会现实结合在一起。在工业革命之前，社会中的经济生活为互惠或重新分配的方式所支配，市场的交换机制还没有统治经济生活，但他认为在现代社会中，经济由市场价格来引导，嵌入现象不见了，经济行动是所谓的非嵌入。网络理论对波拉尼关于嵌入的概念进行了批评性的发展，认为若用网络理论来审视社会的经济生活及相关的社会结构，则无论是前工业社会还是工业社会，嵌入的现象始终存在，只不过是在不同的社会嵌入的程度存在着差异。网络理论的要点在于，不管从何种角度来研究经济现象，都必须仔细考察经济行动者所处的社会结构以及个人与群体之间的具体互动。格兰诺维特(M. Granovetter)分析了人们在就业中的信息网络的作用，指出社会关系的结构塑造着信息与机会的流动形式，社会网络是对相关信息的接近途径，即"入口"，在实践中，就业者或雇佣者不是通过正式的市场来一个个筛选适合自己的雇主或雇员，而是通过各自的社会关系来实现这一点。如找工作的人通过自己过去的熟人获得一份工作，雇主委托自己信任的手下为自己找到新的雇员。格兰诺维特的研究发现，寻职者通过所谓的纯粹劳动力市场就业机构实现的就业只占很小的部分，在寻找工作的过程中，大多数人更倾向于使用非正式渠道，利用个人接触等手段。这种选择既不是偶然的，也不是非理性的考虑，而是因为通过这样的渠道获得的信息成本低，而质量却高，进一步的研究发现，经由劳动力市场机构或广告等途径获得职业的人的收入与那些通过非正式渠道信息获得职业的人相比，前者的收入低于后者。他选取了一份由波士顿地区三百名男性专业人士与管理人员等组成的样本，发现这些人在最近的5年都更换过工作，非正式的人际关系是这些人找到工作的主要渠道，56%的人依靠非正式的人际关系找到工作，对于收入高的人来讲，更是这样[1]。格兰诺维特指出，在获取工作信息的过程中，经济学的理性选择方法基本没有意义，因为人们往往只是在有关人际联系中偶然地获得信息，最重要的信息提供者是工作中的或与工作有关的人，这

---

[1] Granovetter, Mark. 1974: *Getting a Job. A Study of Contracts and Careers*. Cambridge, Massachusetts; Harvard Univ. Press.

第九章 劳动报酬与社会收入分配

种提供者一般不是家庭亲属或好朋友,而是与自己工作职业完全不同的人,由此他提出了关于人际关系的弱纽带在寻找工作中具有重大作用的观点。弱关系或弱纽带是指人与人之间的关系比较松散(如与一般熟人之间)的关系。格兰诺维特认为弱纽带在寻找工作中比强纽带更重要。因为与个人最亲近的他人(如家庭成员、好友、关系密切的同事等)具有彼此重叠的社会关系,这样的一个人际关系网络中每个人都互相了解,并发生频繁的接触,所以每个人拥有的关于工作机会的信息就是同样的。只要其中一个人知道某个工作机会,其他人也会知道,所以,这样的关系无法带来更多的关于工作的异质性信息,而那些更少接触和来自各不相同的工作环境所组成的弱关系则可以提供更多的新信息。

关于在劳动力市场中的匹配,从需求方面看,信息不完善也会加大实际工资与统一工资之间的离散程度。在信息完备的条件下,企业可以毫不费力地评价各个员工的工作绩效并据此确定其工资水平。但实际情况是,供方和求方对工作努力程度所拥有的信息极不对称,供方在生产过程中极易滋生道德风险现象,求方在生产经营过程中只能部分地检测和评价供方的工作绩效。这一方面由于监督成本过高,难以实施全面监督,另一方面由于有些工作绩效经常难以计量,因此,生产经营过程中的效率损失在所难免。在现实生活中,雇主解决这一问题的举措有两个:一是人为地提高工资,使之超过市场上统一工资的水平,这样,工资越高,雇员们因玩弄道德风险或偷懒而被解雇所面临的机会损失成本就越大,雇员们要想保住饭碗就必须努力地工作,二是给付低工资,但同时增加监工的人数,这样效率损失可以部分地减少,但监督成本则相应地上升。由于雇主们所采取的措施各不相同,从而形成了企业间不同的用工和工资政策,也使实际工资和统一工资间的离散程度增加。

雇主如何确定员工的工资水平?自 70 年代以来,主要的理论有"信号论"(signaling)或"筛选论"(screening)。该理论认为,对于雇主来说,他面临着很多不确定因素,在雇用某人以前,他并不知道某一特定雇员的生产能力,雇主无法在雇用前直接观察待雇者的生产力,雇主往往通过一些"信号"来推定未来雇员的生产能力,而经常被雇主用作信号的便是教育。而雇员也经常投资于教育,去获得某种形式的信号,以此作为使雇主相信其具有某种水平生产能力的凭证,在这方面进行投资的个人将会获得很高的收益,而不作投资者则获得较少的收入[1]。这一理论与人力资本理论看来有相似之处,但实则不同,人力资本理论强调的是通过教育等投资使人们获得了更大的生产能力,从而也获得更高的经济

---

[1] Spence, M. 1974: *Market Signaling*. Cambridge, Massachusetts: Harvard Univ. Press.

收益,而信号论则强调这样的投资与个人生产能力的实际提高并无必然的联系。

三、中国的社会收入分配问题

以上这些关于收入差异的理论分析,大多以西方学者对西方社会的分析为基础,对于收入的差异现象具有一定的解释力,那么,这些理论是否可以对中国的收入差异现象进行解释呢?显然,由于中国情况的特殊性,上述的这些理论并不能够照搬使用,而必须结合中国的实际情况进行分析。

对于中国目前的收入差异分析,目前主要的理论解释有以下几种:

1. 经济学家库兹涅茨的倒 U 形曲线理论

该理论认为在市场推动经济发展的初期,社会不平等的程度会明显地持续上升,当社会经济发展水平达到比较高的程度后,由于有了福利政策和税收制度的调节,社会不平等程度才会降低,这个转折点是人均 GNP800 美元。根据世界银行估计,中国的人均 GNP 将近 800 美元,所以,中国在这之前的收入不平等一直处于上升的状况。

但是,库兹涅茨的理论是建立在各国的数据统计基础上得出的,而中国的情况具有很大的复杂性,他的结论能否在中国得到证实,还有待检验;其次,从中国的情况来看,市场的推进并不是同步的,而是分阶段的,由商品市场向生产资料市场再向劳动力市场和其他市场演进,而且市场化的程度还很不一样,如劳动力市场建设,目前还处于较低的程度,所以,在中国的人均 GNP 达到 800 美元后,收入不平等很可能会继续上升。

2. 制度分析视角

认为收入差距扩大是制度因素和非制度因素共同作用的结果,而不仅仅是市场演进的产物。研究者们普遍认为目前我国存在着三种社会资源配置的关系或制度,它们是权力授予关系、市场交换关系和社会关系网络[①]。在这里,权力授予关系和市场交换关系是制度性关系,社会关系网络是非制度性关系。

权力授予关系即社会资源主要由国家行政权力及其一系列制度安排所配置,不同社会群体及其地位获得都受到这种关系的支配和制约,在 1949 年到 1978 年前,在中国的社会生活资源的分配上,这种制度安排起着主要的作用。改革以来,这种关系虽然有所弱化,但在社会经济生活中,这种制度安排仍然起着相当的作用。

---

① 参见孙立平:《从"市场转型理论"到关于不平等的制度主义理论》,载《中国书评》1995 年 9 月总第 7 期。

市场交换关系即社会资源主要依据商品交换及其市场规则进行分配,不同社会群体成员的地位获得包括收入的获得主要依赖生产交换关系手段。在中国,这种分配关系主要是在1978年以后所进行的一系列改革的过程中逐步建立并力图完善的。

社会关系网络,指将人们之间亲密的、特定的社会关系看作是一种社会资源,借助特殊主义的社会关系机制,作用于不同社会群体成员的地位分配与地位获得。社会关系网络对资源分配的作用在人类社会广泛存在,但在东亚社会及其儒家文化圈的国家与地区,它的作用尤其明显。如费孝通在20世纪40年代的时候就指出了中国人在社会互动中形成的"差距格局"特点,在现阶段,社会关系作为一种资源的特性尤为明显。

资源配置的三种方式共存于社会,但在不同的社会阶层、群体中发挥的作用及其方式是不一样的,它不仅表现为体制内地位和权力的不同造成对三种资源配置方式的依赖不同,从而使个人在社会经济生活中的命运不同,更为重要的是人们依据现有的资源占有结构而进行的资源配置方式交换。在社会经济生活中的钱权交换、寻租行为等都属于这种交换的结果。

3. 精英变化理论

在社会学文献中,近年来有一些文献对中国社会经济转型过程中谁获得的多与谁获得的少的问题进行了广泛讨论,并形成了两种非常有影响的观点:即精英循环命题与精英再生产命题。

(1)精英循环命题。一些学者认为,向市场经济转型过程的受益者是在转型开始时在社会中处于不太有利地位的人,在转型过程中社会上层人员会有一个大的更替,并将产生一个新的企业家阶层,随着新的优势波及到以往的非特权阶层,社会的不平等将缩小。黄雅胜(Huang Yasheng)的研究发现,从1978年到1986年间,中国国家官员和企业雇员的收入差距在扩大,企业雇员的收入明显高于国家官员。魏昂德(Andrew Waider)在中国天津进行的研究表明,党的领导干部的收入在相对下降,国有部门收入不平等的程度在降低[1]。维克多·倪则依据其经验性研究,从三个论题和十个假设论证了市场转型过程中精英循环的可能性。这三个著名的论题是:(a)市场权力论题(the market power thesis)。如果剩余产品不再由再分配部门垄断,而是由市场交换进行配置和分配,那么,就会出现下述两种情况。第一,控制资源的权力会更多地存在于市场交

---

[1] 参见张宛丽:《非制度因素与地位获得——兼论现阶段中国社会阶层结构》,载《社会学研究》1996年第6期。

易中,而较少存在于再分配经济中。第二,当劳动力和商品的价格是以买卖双方的相互契约为基础,而不是通过行政法令确定时,直接生产者对其商品和服务进行交换的权力会扩大。因此,从再分配向市场的转型会及权力的转移,这种转移有利于直接生产者而不利于再分配者。(b)市场刺激论题(the market incentive thesis)。如果说再分配经济是压抑对直接生产者的刺激,那么,市场则对直接生产者提供强有力刺激。向市场经济转变意味着对人力资本特征的更高回报。(c)市场机会论题(the market opportunity thesis)。在由再分配经济向市场经济的转变过程中,会形成进入市场的新的机会结构,市场将会形成社会经济流动的另一条渠道,机会结构的变迁将会使企业家成为类似于官僚的社会成就的标志[1]。

(2)精英再生产命题。一些学者主张市场化的主要受益方是旧精英(干部或技术人员)[2]。对于传统社会主义制度滋养出来的那些技术专制官僚或技术精英,他们在转型过程中能够借助习得的专长维护其地位,无论是计划经济体制还是市场经济体制,教育在一个人的社会地位配置方面都发挥了重大的作用。而原来的干部精英,能够利用其位置便利地攫取国家财产,干部们利用非正式的渠道,利用过渡期的种种混乱含糊因素,将自己对国家财产的有限控制转变为很大程度上的实际拥有。另外,干部能凭借其私人关系网络获取有价值的商业信息乃至贷款等,他们在新的获利机会面前占尽了优势。大量的文献探讨了社会主义经济制度里国有部门内外普遍存在的具有重要意义的人际关系纽带,及这种纽带对于旧精英维持或提高其位置的特别重要的作用[3]。

思 考 题

1. 劳动报酬主要由那些内容构成,有什么特点?
2. 劳动报酬与工作激励是一种什么样的关系?
3. 劳动组织中的劳动报酬结构制定应该遵循什么原则,为什么?
4. 如何运用社会学关于收入差异的理论对中国的社会收入分配问题进行研究?

---

[1] Nee, Victor. 1991: Social Inequality in Reforming State Socialism: Between Redistribution and Markets in China. *American Sociological Review*. Vol.56(June:267—282).

[2] Oi, Jean. 1989: *State and Peasant in Contemporary China*. Berkeley and Los Angeles: University of California Press.

[3] Walder, Andrew. 1986: *Communist Neo-Traditionalism: Work and Authority in Chinese Industry*. University of California Press. Hankiss, Elemer. 1990. *East European Alternatives*. Oxford: Clarendon Press.

第十章

工 会

　　中国工会是由中国共产党领导的职工自愿结合的工人阶级群众组织。
　　在现代社会的各种组织中,工会组织有着特殊的意义和作用,工会开展的工作不仅涉及劳动者社会生活和经济生活等多个方面,而且在劳动关系的形成和变动中也起着重要作用。劳动社会学对工会进行研究,其目的在于通过工会的性质、功能、组织形式和活动开展等方面的研究,能对工会的职能、地位和权力有更深入的了解,从而更好地把握劳动关系。本章对工会的介绍和研究主要集中在以下几个方面:工会的来历及组织形式;工会的性质与职能;中国工会的地位和权力。

第一节　工会的来历及组织形式

一、工会的来源

1. 工会的产生

　　工会最早产生于18世纪末19世纪初英、法、德、美等工业革命启动较早的国家,它是工人运动发展到一定阶段的产物,也是资本主义生产方式发展和劳资关系矛盾激化的产物。具体而言,工会的产生和发展是以下一系列因素综合作用的结果。

　　(1) 现代工人阶级的产生。伴随产业革命而产生的现代工人阶级为工会的产生提供了最直接的阶级基础和依托。18世纪中叶自英国开始的以机器生产代替手工业生产、以现代工厂制度代替工场手工业的工业革命,确立了资本主义的生产关系,并塑造了一个同机械化大生产相联系的、不占有任何生产资料、以终生出卖劳动力为生的崭新阶级——现代工人阶级。现代工人阶级自诞生之日起,就开始同占有生产资料的资产阶级展开了斗争。

(2) 工人运动的发展。工业革命中大机器的广泛使用并没有改善工人的工作和生活条件,恰恰相反,资本家用机器这个现代工业的先进手段,对工人进行了更为隐蔽、严厉的剥削,造成工人失业、贫困、早逝、工伤等现象日趋严重。工人阶级在这种情况下开始了与资本家的斗争,先是破坏机器、厂房和设备,但这种原始方式在实践中大多遭到失败。工人们在实践与失败的教训基础上逐渐认识到组织和集体力量的重要性,于是工人开始采用罢工等手段来对付资本家。他们在罢工的实践中懂得了联合和组织的力量,而在罢工运动中产生的罢工委员会、工人联盟等组织则已具有现代工会组织的雏形。所以,工会是适应罢工斗争的需要应运而生并在罢工斗争中不断成熟的产物。

(3) 劳资之间的经济冲突和矛盾。在资本主义早期,工人与资本家矛盾冲突的焦点往往是经济,即工人力图使自己的工资水平不下降,资本家力图压低工资增加利润。劳资双方的力量对比在很大程度上决定了工人工资的水平。工人运动的实践证明,工人之间的联合和斗争,不仅可以消除工人之间的竞争,加强工人间的团结,还可以由此来维护工人们的经济利益,使劳动条件得以改善,使工资水平不至于下降。

总之,工会是工人运动发展的必然产物,是工人阶级维护自身利益,消除内部竞争,与资本家进行斗争的产物。

2. 工会的发展

工会在它二百多年的历史中,经历了曲折的发展过程,其发展主要可分为三个阶段:

(1) 工会产生后的最初发展阶段。在最初发展阶段,工会还只是由少数工人组成的秘密组织,其所进行的只是以保护工人经济利益、提高工资、改善劳动条件为主要内容和目的的经济斗争,且工会所进行的各种斗争带有明显的自发性。正如马克思在《临时中央委员会就若干问题给代表的指示》一文中所说的那样:"工会的产生,最初是由工人自发地企图消除或至少削弱这种竞争,以便在协定中争取到哪怕是能使他们摆脱纯粹奴隶状态的一些条件。因此,工会的直接任务仅仅是适应日常的需要,力图阻止资本的不断进攻,一句话,仅仅是解放工资和劳动时间的问题。"[①]

[①] 《马克思恩格斯全集》第16卷,第219页。

(2)工会开始政治斗争及建立自己的政党。在这一阶段,工会运动开始由单纯的经济斗争向政治斗争转变,如1931年至1948年间的法国里昂工人起义、英国工人的宪章运动和德国西西里亚纺织工人反对工场主的运动等,已明显地具有政治斗争的性质,表明工人阶级作为独立的政治力量登上了历史舞台。同时,由于工会的作用,使得工人运动蓬勃发展,工人阶级在斗争中不断成长和成熟,并逐步建立起了自己的政党。由于工人阶级政党的建立,工会的发展有了重要的转折和飞跃。这期间,各国工会运动更加蓬勃发展,出现了不同时期的国际工会组织,形成了国际范围的工人运动。有些国家还依靠工人阶级夺取了政权,建立了工人阶级自己的国家。

(3)第二次世界大战后的工会运动。第二次世界大战后,工会运动在世界范围内有了长足的发展,不仅工会会员的人数和有工会的国家数都有了增加,而且工会运动已成了影响劳动关系(特别是劳资关系)和在劳动力市场中与资方雇主抗衡的一支强大力量。这一阶段的工会运动的特点表现为:第一,工会广泛参与企业、社会、国家的管理。第二,工会运动的内容更为丰富,影响更为广泛。工会不仅在参加本国经济建设、改善工人工作和生活条件、教育和提高工人素质方面作出了积极的努力,而且对许多重大的政治、经济、社会及国际问题有了积极的影响。第三,工会运动面临着一系列从未有过的危机和挑战,如发达国家政府在劳资集体谈判中进行不利于工人的干预,一些国家的政府制定了限制工会权利的法律,工会活动的空间受到挤压;工会的组织率下降,"二战"后的50—60年代是工会运动的高涨期,工会组织率平均达到了40%左右。20世纪70年代以来,科技革命淘汰了大批低技能工作岗位,第二产业工人相对减少,第三产业工人比重上升,技能结构的变化使工人之间的收入差距拉大,矛盾加深,工会的组织率也因此下降,美、英、法等西方国家工会的组织率目前只在10%—30%左右。第四,在全球化条件下,由于资本、劳动力在国际范围内流动和转移的加强,雇主在劳动关系中处于更加有利的地位,他们常常以关闭工厂和解雇工人等手段阻挠建立工会,拒绝与工会谈判或在谈判时迫使工会妥协。另外,在全球化时代,发达国家工会与发展中国家工会的联合行动因经济差距和利益差异,也变得更加困难。

3. 中国工会的产生和发展

中国工会的产生和发展既有与其他国家工会发展共同的特点,也有因国情、文化传统不同而表现出的独特性。

中国早期工人群众组织的出现始于辛亥革命前后,它是在反帝反封建、反官僚资本主义统治的斗争中逐步成长和壮大起来的。萌芽状态的近代工会组织在1916年上海的海员工人中就已出现,但真正现代意义上的工会是在"五四"运动以后,在各地共产主义小组的影响和指导下建立起来的。如1920年底成立的中国第一个产业性工会组织——上海机器工会,便是在共产主义小组的影响和指导下建立的。中国共产党诞生后,在中国劳动组合书记部的领导下,组织和成立了许多地方性和全国性的工会组织,推动了中国早期工会运动的发展。至1925年,中国大多数省份和铁路、煤矿等产业,都建立了工会,并发动了一系列有影响的罢工运动。1925年5月,在广州召开的第二次全国劳动大会上,中国工会成立了统一的领导机构——中华全国总工会。从此,中国的工会和工人运动迈开了新的一步。从1949年以前的工会运动来看,中国工会有如下特点:主要在党的领导下开展工作,始终把推翻"三座大山"的政治斗争放在首位,把革命的中心任务作为自己的中心任务,并把积极支持农民,在革命斗争中巩固工农联盟作为自己的主要任务之一。

建国以后,工会积极配合新生的人民政府进行各种建设活动,并在社会主义建设活动中使自身得到了成长和壮大。总括建国以来中国工会运动的发展和建设及遭受的挫折,大致有以下几个方面值得我们注意:

(1) 在1950年6月制定了第一部工会法——《中华人民共和国工会法》,对工会的性质、组织原则、权利和职责等进行了界定。

(2) 配合政府积极开展社会主义建设活动,涌现了大量的先进个人和集体。

(3) 对工运理论进行了有益的探索。从20世纪50年代初至1958年,先后对工会在国民经济和社会发展中的工运方针,工会的性质、地位、作用、任务以及工会与党组织、国家机关、国营企业行政之间的关系等方面进行了理论探索。

(4) 在建国初期、大跃进时期和"文化大革命"期间,工会经受了很多曲折与磨难,甚至一度人为地"消亡"。在此期间形成的"政治挂帅"及其他一些过"左"的做法,为工会工作的开展设置了重重障碍。

(5) 在进行社会主义市场经济建设的今天,在全球化的条件下,工会在劳动关系中应扮演什么样的角色,仍急需研究。

二、工会的组织形式

1. 工会组织形式的类型

工会的组织形式可以分为三种:即职业工会、产业工会和企业工会。

职业工会是指由从事同一职业的劳动者所组成的工会。如由所有的木工组成的木工工会,或由所有的建筑工人组成的建筑工人工会等。欧美各国早期的工会常采用这种组织形式。职业工会是以劳动力市场的横断面为基础的,旨在劳动供给量和工资率的标准化。

产业工会是指按产业或行业系统建立的工会,如中国农林工会全国委员会,即是产业工会,不仅同一农林企业的职工归属这个工会,而且不同农林企业的职工也归属这个工会。

企业工会是日本工会的组织形式,它是按一个企业或事业单位为单位所组成的工会,一个独立的企业或事业,不论其规模如何,所有的正式职工都被组织进一个工会内,即采取职工全员加入工会组织的形式。各企业工会独立制定自己的章程并直接向日本政府劳动省注册登记,可以自行选择本企业工会的领导机构。

2. 工会管理体制

对世界各国工会组织的体制进行粗略的划分,大致可以分成四种类型:(1) 一元化的产业联合体制,即在产业联合的原则下成立统一的全国性组织。总工会对产业工会有一定的约束力,但产业工会仍有其独立性。当今世界大多数国家的工会都采取这种组织形式。(2) 多元化的产业联合体制,它是一种没有全国性统一联合组织的工会组织管理形式,如美国的工会管理体制即是这种形式。(3) 以企业工会为主体的企业和产业联合体制,这是一种没有全国统一的工会领导机构的组织管理体制,如日本的工会管理体制。(4) 以地方联合为主的产业与地方相结合的体制,这是中国工会的组织管理形式。

不同国家所采取的不同的工会管理组织形式,是与各国工人运动的特点、社会经济体制及经济发展的特点紧密相关的。

3. 三大国际工会组织与国际劳工组织

工会运动在其发展和成长的过程中逐步成为一种国际现象,并促成了国际工会组织的成立。目前世界上有三大工会组织,即世界工会联合会、国际自由工会联合会和世界劳工联合会。下面是对三个国际工会组织状况的一个简单介绍(见表10-1)。

表 10-1 三大国际工会组织比较

名称及简称	成立日期	会员人数	会员国	政策主张	政治倾向
世界工会联合会（简称世界工联）	1945 年 9 月	不详，原来有两亿多会员，1989 年后因前社会主义国家的退出而减少。	原由社会主义国家工会、资本主义国家工会及第三世界一些国家的工会组织构成，分布于七十多个国家。东欧各国工会于 1989 年退出，前苏联工会于 1991 年终止与其关系，并影响到其他洲一些国家的退出。但世界工联在某些国家也发展了一些新会员。	不分种族、国籍、宗教信仰和政治思想，组织和团结全世界的工会；协助各国建立工会；组织工会的共同斗争；争取工人生活和工作条件的改善；维护工人的社会经济权益。	较激进，有一定的社会主义倾向
国际自由工会联合会（简称国际自由工联）	1949 年 12 月	1996 年 6 月会员人数达 12651 万。	由从世界工联退出的西欧、北美等二十多个国家的工会组织发起，现在全世界拥有 136 个成员国。	基本宗旨是"面包、和平、自由"，主张劳资合作，通过谈判解决劳资纠纷；主张充分就业，降低通货膨胀率和保证持久经济增长的非货币主义政策等。	具有改良性及一定的"右"的倾向。
世界劳工联合会（原名国际天主教工会联合会，现简称世界劳联）	1920 年	不详	由法国等一些信仰天主教的工人组成的工会构成	主张为创造能保证每个人都得到充分发展的经济、社会、文化和政治体制而斗争；反对跨国公司与侵犯人权；主张发展和建立国际经济新秩序与阶级调和。	具有宗教性。

资料来源：根据于文霞主编：《国际工人运动史》，辽宁人民出版社 1987 年版及《世界知识年鉴》(1985—1986)，世界知识出版社两书中有关材料以及《三大国际工会组织和国际劳工组织》http://www.bbef.com/hdkx/ghhd10.htm (2002 年)资料而编。

国际劳工组织是联合国所属的负责劳工事务的专门机构，1919 年 10 月 29 日至 11 月 29 日在美国华盛顿举行了第一届国际劳工大会，宣布国际劳工组织成立。1946 年 5 月 30 日国际劳工组织同联合国达成协议，接受联合国领导。

第十章　工会

该组织是联合国系统中唯一具有三方性机制的国际组织。它的一切主要机构都由会员国的政府、工人、雇主三方代表组成,三方代表享有平等的地位,各自独立地发表意见,独立地进行投票。因此,各国和国际的工会组织都同它有密切的关系,各国工人代表均是该国最有代表性的工会组织负责人。国际劳工组织的宗旨是促进充分就业和提高生活水平;促进劳资之间的合作;扩大生活保障措施;保护工人生活与健康,主张通过劳工立法来改善劳工的状况。中国工会自1983年开始恢复在国际劳工组织的活动,目前是该组织的常任理事国。

4. 中国的工会组织

（1）会员的发展。通过一定的手续加入工会的成员,是工会组织得以存在的基础。什么样的人可以加入工会呢？1998年10月24日,中国工会第十三次全国代表大会通过《中国工会章程》第一条对此作出了明确的规定,即"凡在中国境内的企业、事业、机关单位中以工资收入为主要生活来源的体力劳动者和脑力劳动者,不分民族、种族、性别、职业、宗教信仰、教育程度,承认工会章程,都可以加入工会为会员。"职工加入工会,须由本人自愿申请,经工会小组讨论通过,工会基层委员会批准这样的程序。

从工会章程的规定来看,工会作为一种工人阶级的群众性组织,只有被认为是工人阶级的成员才能加入工会。城镇社会劳动者是工人阶级最主要的群体,在2003年9月中国工会第十四次大会上,进城务工人员（即我们通常所称的农民工）被正式承认为是中国工人阶级的新成员,并有资格加入工会,这是工会在成员资格审定上的一个重大突破。工会作为一种群众性很强的组织,它的成员非常广泛和分散,举凡承认工会章程的人,不论其是固定工,还是合同制工人或临时工等,只要例行了手续,都可以是工会的成员。因此,工会会员包含了各式各样的劳动者,涉及各种各样的职业和各个行业,会员中既有觉悟很高的劳动者,也有思想保守、比较关注自我利益的劳动者。

中国的工会自中华人民共和国成立至今,经过发展,会员的人数已达到了相当的规模。1949年时中国工会会员仅有237.4万人,1995年为10399.6万人,其后因为国有企业进行现代企业制度变革以及因为产业结构调整,职工人数下降导致工会人数有较大规模的下降,1999年工会会员为8689.9万人。从2000年开始,由于多方面的努力,工会的组织率开始以较快的速度上升（见表10-2）,到2002年6月底,全国共有工会会员13154.7万人[①]。

[①] 参见中华全国总工会：《中国工会维护职工合法权益蓝皮书》,新华网2003年：http://www.dzw-ww.com/xinwen/jhsdxw/200301240846.htm.

表 10-2　中国主要年份工会组织情况统计(1952—2001)

年份	工会基组织数（万个）	全国已建工会组织的基层单位职工与会员人数(万人)				工会专职工作人员
		职工人数	女职工	会员人数	女会员	
1952	20.7	1393.2	—	1002.3	—	5.3
1957	16.5	2158.3	—	1746.7	—	—
1962	16.5	2667.1	—	1922.0	—	8.6
1979	32.9	6897.2	2171.7	5147.3	—	17.9
1980	37.7	7448.2	2518.6	6116.5	—	24.3
1985	46.5	9643.0	3596.7	8525.8	3149.2	38.1
1990	60.6	11156.9	4291.0	10135.6	3897.7	55.6
1991	61.4	11351.4	4394.8	10389.1	3991.6	58.0
1992	61.7	11223.9	4377.1	10322.5	3974.0	58.0
1993	62.7	11103.8	4359.9	10176.1	3949.6	55.4
1994	58.3	11269.6	4483.2	10202.5	4018.1	56.0
1995	59.3	11321.4	4515.3	10399.6	4116.5	46.8
1996	58.6	11181.4	4500.0	10211.9	4093.1	60.5
1997	51.0	10111.5	4004.8	9131.0	3579.4	57.7
1998	50.4	9716.5	3882.0	8913.4	3546.7	48.4
1999	50.9	9683.0	3797.9	8689.5	3406.2	49.7
2000	85.9	11472.1	4534.5	10361.5	3917.3	48.2
2001	153.8	12997.0	5087.9	12152.3	4696.6	—

资料来源:国家统计局:《中国统计年鉴2002》,中国统计出版社。"—"表示没有查询到相关数据。

(2) 工会的宗旨。工会是代表和维护工人阶级利益的一种组织,其宗旨是把维护职工合法权益作为自己的基本职责,以宪法为根本活动准则,按照《中华人民共和国工会法》和《中国工会章程》独立自主地开展工作,依法行使权利和履行义务。

(3) 工会的章程和法规。工会组织有自己的章程和法规。在 1948 年第六次全国劳动大会上,通过了第一个工会章程——《中华全国总工会章程》,现行的《中国工会章程》是 1998 年 10 月 24 日中国工会第十三次全国代表大会通过的,章程对工会的性质、目标、任务、结构、组织原则、组织成员的地位和角色、权利与义务及组织活动规则进行了说明。

建国后第一部《中华人民共和国工会法》是 1950 年 6 月颁布的,它以法律的形式确定了职工参加和组织工会的权利及工会的地位、作用、权利和职责。1992 年 4 月颁布的新《中华人民共和国工会法》和 1994 年 7 月颁布的第一部

《中华人民共和国劳动法》,重申和规定了劳动者有权依法参加和组织工会。对于劳动者的这项权利,2001年10月修改后的《中华人民共和国工会法》明确规定:"任何组织和个人不得阻挠和限制。"除宪法和上述两部基本法的规定外,其他法律法规对职工参加和组织工会的权利也都相应作出规定,如1988年4月颁布的《中华人民共和国全民所有制工业企业法》和1993年12月颁布的《中华人民共和国公司法》明确规定,职工可以依法建立工会组织,工会要独立自主地开展工作,维护职工的合法权益。1983年9月发布的《中华人民共和国中外合资经营企业法实施条例》规定,合营企业职工有权按照《中华人民共和国工会法》的规定,建立基层工会组织,开展工会活动。1986年4月颁布的《中华人民共和国外资企业法》规定,外资企业职工可以依法建立工会,开展工会活动,工会要维护职工的合法权益。1988年7月发布的《中华人民共和国私营企业暂行条例》规定,私营企业职工依法组织工会。1990年12月发布施行的《中华人民共和国外资企业法实施细则》,增加了外资企业工会的权利、义务和外资企业支持工会活动的条款。1994年10月,中华全国总工会会同国家有关部门联合发布《关于加强外资企业工会工作几个问题的通知》,要求加快外资企业工会的组建工作。1999年8月颁布的《中华人民共和国个人独资企业法》规定,个人独资企业职工依法建立工会,工会依法开展活动。

(4)工会干部。工会组织活动的开展,需要有一个权威的、组织成员认可的领导体系。现行的工会法和工会章程对工会干部招募、权力、责任、义务都有相当明确的规定。如关于工会干部的招募标准,原则上要求符合革命化、年轻化、知识化、专业化的要求,熟悉本职业务,热爱工会工作,受到职工信赖,并能够在工作中坚持党的基本路线。规定各级工会干部的产生应该由民主选举产生。选举要采用无记名投票方式,或直接采用候选人数多于应选人数的差额选举办法进行正式选举,或采用差额选举办法进行预选,产生候选人名单,然后进行正式选举。任何组织和个人,不得以任何方式强迫选举人选举或不选举某个人。《中华人民共和国工会法》第九条还特别规定:企业主要负责人的近亲属不得作为本企业基层工会委员会成员的人选。

(5)经费来源。工会的经费是其开展各项活动的物质基础。目前中国工会的经费来自于下面五个渠道:一、工会会员按照工会章程的规定,每月向工会组织缴纳金额为本人基本工资收入的0.5%的会费;二、根据工会法和工会章程,建立工会组织的企业、事业单位、机关按每月全部职工工资总额的百分之二向工会拨缴的经费;三、工会所属的企业、事业单位上缴的收入;四、人民政府的补助;五、其他收入。

(6) 工会组织体制和机构设置。1948 年召开的第六次全国劳动大会（中国工会的前身）恢复了中华全国总工会，从此形成了全国范围（除台湾省以外）的统一的工会组织。目前中国工会实行的是民主集中制的原则，按照产业与地方相结合的原则组织工会，并实行产业与地方工会双重领导的组织领导制度，在组织形式上形成了全国统一的组织体系（见图 10-1）。

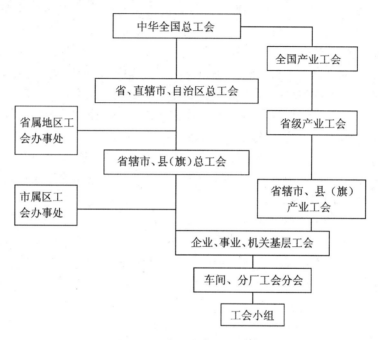

图 10-1 中国工会组织系统

在中国的工会组织系统中，中华全国总工会是中国工会的最高领导机关，其下面依次为全国产业工会、地方总工会、地方产业工会和工会基层组织。

目前我国大陆的省、直辖市和自治区总工会共有 31 个；有铁路、海员、邮电、机械冶金、教育、财贸、轻工业、纺织、煤矿地质、农林、公路运输、石油化学、城建建材、民航、国防、金融和水利电力等 17 个产业工会；截至 2002 年 6 月底，工会基层组织数达到 165.8 万多个，其中非公有制企业中建立工会组织的有 95.3 万家①。

---

① 参见中华全国总工会：《中国工会维护职工合法权益蓝皮书》，新华网 2003 年：http://www.dzw-ww.com/xinwen/jhsdxw/200301240846.htm.

第二节 工会的性质与职能

一、工会的性质

工会的性质是指工会组织区别于其他社会组织的根本属性。对工会性质的把握和认识,有助于对工会特点的把握,从而发挥工会在劳动关系及其他方面的特有作用。

很多人对工会的属性作过阐述。英国古典政治经济学的创始人亚当·斯密认为,劳工联合的原因在于加强其经济交涉力量,以便实现其经济地位的暂时改善,因而工会具有经济性。英国费边社的创建人韦伯(B. P. Webb)夫妇认为,工会是以保证和改善雇佣条件为目的的工人的经常性团体。工会的基本性质有两个:第一,工会具有政治目的和互助目的,这两个目的又是实现"保证和改善雇佣条件"这个经济目的的手段;第二,工会是工人自己的团体,因而它既不能是一个御用组织,也不能是某个政党的附属物[①]。日本学者佐藤守弘认为工会是"以提高工人生活为目的的多功能的社会集团……它的形成是由于资本主义社会劳动力的商品化"[②]。

从以上学者的观点来看,工会的基本性质表现在经济性和自主性等方面,这些观点显然与马克思主义的观点不同。马克思认为,工会是无产阶级战胜资产阶级的一种工具,它作为一种有目的的组织,既有短期的目标,也有长期的目标。短期目标是为了消除工人阶级内部的竞争及其对工资率造成的破坏性影响,长期目标是为了高度地组织、整顿和团结工业社会的工人,以战胜资产阶级这个雇主集团。恩格斯则指出,工会是无产阶级的、真正的阶级组织。列宁对工会的性质也有过精辟的论述,他从布尔什维克的观点出发,指出工会运动的主要作用在于团结工人阶级,从而促进为社会主义而进行的斗争,工会是党的代理人,是必要的共产主义的学校。他认为工会既然是对工人阶级的全面领导,就不仅要以更高的价格出卖劳动力,而且必须对资产阶级展开全面斗争,工会的自主性和党派性并不矛盾,对自主性的侵犯确实是一种干涉行为,但没有干涉照样可以有党派性,而且必须有党派性。

从以上论述我们可以对工会的性质作一个基本的概况:

第一,工会具有阶级性。从工会为之奋斗的政治纲领、目标、使命、工会的

---

① 参见万成博、杉政孝主编:《产业社会学》,浙江人民出版社1986年版,第107、108页。
② 同上。

成员和社会基础及进行社会联系的方式看,都可以体现出这一特性。

第二,工会具有群众性。这种群众性比较表现在其组织成员的广泛,组织内部的民主和参加组织的自愿性等方面,还体现在工会代表着职工群众的利益、意愿和情感,是普通职工群众保护自己正当利益的工具。

第三,工会具有经济性。即它是代表职工群众经济利益的组织。

第四,工会具有政治性。即它要维护国家的民主制度和职工群众的民主权利,并代表和组织职工参加国家管理。

此外,工会还具有其他一些性质,如教育性等,在此不再多述。

二、工会的职能

工会的职能是由工会的性质所决定的,它是指工会组织所应具有的作用或功能,工会的职能是其实践活动的总概括。

工会的基本职能有以下四个方面:

1. 维护职能

工会的最基本职能是代表和维护职工的合法权益,为职工说话、办事。

在社会主义条件下,作为企业和政府间中介组织的工会,其所代表的根本利益与国家、集体和企业的利益是一致的。但是,由于(1)目前的诸多体制尚处在一个需要完善的过程中,所以某些腐败和侵害职工利益的现象也会发生;(2)由劳动者分工和由可接近的资源不同所造成的劳动者与企业、国家间利益不同及劳动者之间(一般劳动者与管理者)的利益不同。如企业追求高额的利润和劳动者追求好的劳动条件间就存在某种矛盾和对立;(3)劳动关系的双方当事人力量存在差异。随着企业规模的扩大,生产条件的提高,企业的力量不断强大;而劳动者由于缺乏生产资料,受劳动技能和信息掌握的限制,劳动力流动性不足,加上劳动力市场供求关系的影响,劳动者的地位明显劣于用人单位,并因这种劣势地位而容易受到侵害。因此,工会作为职工自己的群众性组织,就是应该维护和保护自己成员的物质和精神利益。职工组织起来加入工会,并积极地开展工会工作,其出发点和目的,就是要使工会成为保护其劳动利益的组织。工会是劳动关系一方当事人劳动者的合法利益的代表,而不是双方利益的代表,在劳动者与用人单位的利益冲突上,工会始终应站在劳动者这一方。工会维护的是职工的总体劳动利益,基层工会是本单位职工总体劳动利益的代表,地方工会、行业工会、全国总工会则是该范围内成员工会的综合利益代表。如果工会不保护职工群众的利益,不为他们说话、办事,那么工会的存在就是一种点缀,一种多余的奢侈品。

当然,在社会主义条件下,工会在维护职工利益时并不是一味无原则地迁就职工而置国家和企业的大局于不顾。工会在这方面工作时的原则是:即要保护和维护全国人民的总体利益,又要代表和维护职工群众的具体利益;既要保护职工的权利,又要保护领导的权威;既要维护一些正当、合理制度的实施,又要反对在实施过程中任意损害职工利益的行为。在这样的一种前提下,工会在保护和维护国家所赋予职工的各项权利时,其主要活动集中在:(1)维护职工的劳动权利,这是在市场化转型过程中对职工来说最重要也是最基本的权利,它包括了劳动就业权、劳动报酬权、劳动保护权、劳动社会保险权、职业教育与培训权、失业救济权、最低生活保障权等内容。劳动权利是劳动者获得其他政治、经济、社会地位、民主参与等社会权利的必要条件。如果劳动者的劳动权利不能得到保障而被恶意侵犯,那么工会理所当然应该为其撑腰。(2)维护职工参加和组织工会的权利。(3)从多方面、多渠道展开职工的劳动保护和劳动安全工作,维护职工的劳动安全和职业健康,并对职工进行劳动保护法规等方面的宣传教育和群众监督活动。(4)维护职工的民主参与权利,使职工能够有机会、有制度化的渠道反映自己的利益诉求。(5)维护职工的民主监督权利。(6)维护社会性别平等和女职工的特殊权益,保护女工的利益不受损害。

建国以来,工会在履行自己的维护职能上,很长时期内显得软弱无力,其直接原因是20世纪50年代开始对工会"经济主义"的批判,以及工会受到过多的行政干预。应该说目前的工会章程和工会法对工会维护职能的强调,是一个历史的巨大的进步。

2. 建设职能

建设职能是指工会要积极动员和组织职工开展各种有利于社会经济发展的群众性活动。在履行建设职能上,工会主要是以劳动者代表的身份来吸引、组织职工群众参加经济建设,工会以劳动关系一方的身份来保护和调动劳动者的积极性、主动性,而不是代替行政组织或企业经营者去直接指挥生产和从事经营活动。工会开展群众性生产活动主要有:(1)开展各种形式的劳动竞赛活动,通过劳动竞赛,激发职工的责任感、积极性和创造力,提高职工的集体主义观念,培养敬业精神,并在竞赛中改进生产技术,推广先进经验;(2)开展技术协作活动。工会要积极配合、参与和动员职工群众开展技术协作活动,组织地区之间、企业之间及劳动者之间的技术协作攻关和交流活动;(3)开展合理化建议活动。工会要协助行政部门建立开展合理化建议和发明活动的一整套机构和程序,并保护职工在活动中的应有权益;(4)工会应该培养和发现先进模范人物的评比工作;(5)开展各种技术革新活动。此外,工会在组织和动员职工参加群众性生产活动方面,还可以结合改革、开放的形势和地方特点,搞一些实业性的活动。工会自建国以来在以上这些方面取得的成绩还是很大的,存在的问题和挑战在于如何提高活动的质量,而不是搞形式主义。

3. 参与职能

参与职能是指工会代表和组织职工参与国家和社会事务和企事业生产的民主管理。在社会主义条件下,工会参与对国家社会事务和企事业生产活动的管理,体现了职工的主人翁地位,体现了职工作为劳动者的权利。如果工会不代表职工群众参加国家和社会管理,职工群众就失去了参加国家和社会事务管理的一个重要渠道。只有通过工会这个重要的民主渠道,职工群众参与管理的要求和作用才能更加广泛和充分地体现出来。在这方面,它与职工以一般公民身份参加社会事务管理是有区别的。工会参与国家和企事业单位生产的管理,重在参与,而不是替代。工会"参与"的内容和途径包括:(1)代表职工参与国家及地方的政治、经济生活,在制定与实施社会和经济发展规划及有关涉及职工利益的劳动、工资、就业、社会保障、物价、住房和教育等方面的重要政策时,工会应在深入调查研究的基础上,即要反映职工群众的实际意愿和要求,又要向职工群众宣传,解释国家的有关规定,沟通职工与国家、政府之间的理解。(2)参加政治协商机构的活动,监督有关组织对劳动法律、法规、政策的贯彻实施情况,监督公职人员的活动和行为。(3)坚持和完善职工代表大会制度,将民主管理和监督的职权应用于为职工利益服务的活动之中。(4)通过平等协商和集体合同制度参与企事业活动。集体合同是工会与企事业单位行政部门及其主管机关、雇主及雇主团体之间缔结的以改革劳动组织、改善劳动条件和生活条件为主要内容的书面协议。集体合同的内容一般包括:企业的生产经营及各项经济技术指标;改善职工生产、生活条件的具体目标和措施;双方各自承担的权利、义务和责任等。工会应该通过调查研究,提出能够反映职工合法权益的集体合同建议,并由企业工会主席带领企业工会委员会成员,就集体合同草案的各个条款,与企业行政部门进行谈判,一旦工会主席代表职工在合同上签字,就意味着对合同各项内容的认可。工会代表职工签订集体合同作为一项国际惯例,是其代表职工参与民主管理的重要法律制度。(5)在公司制企业,通过由职代会或工会提名的职工董事和职工监事,参与企业的高层决策和监督机构,维护职工的权益。

工会履行参与职能的深度和广度会受到国家民主和法制建设的完善程度及工会自身素质的高低两个因素的影响。要充分发挥工会的参与职能,既有赖于国家政治生活的民主化、制度化,也有赖于工会自身参政议政能力的提高。

4. 教育职能

工会的教育职能是指工会通过各种教育方式,帮助职工不断提高思想道德素质和科学文化素质,促进精神文明建设,建立一支高水平的职工队伍。工会在组织和帮助职工进行教育活动方面,主要的工作有:(1)开展职工思想政治工作,以疏导、说服、树立学习榜样的方式,对职工进行爱国主义、集体主义、社会主义和共产主义教育,以培养有理想的职工队伍;(2)加强法制教育和职业道德教育,培养职工的职业纪律、职业道德的敬业精神,成为有道德的工人;(3)吸引和支持职工学习政治、文化、科学技术和管理知识,开展有益于职工文化素质和职业技能提高的各种文化、体育活动,办好工会的文化、教育、体育事业;(4)推动和促进职工积极建设企业文化;(5)发展职工教育事业。工会的教育职能是围绕着培养"有理想、有道德、有文化、有纪律"的职工队伍展开的。

总之,在工会的四项基本职能中,"维护职能"是最核心、最根本的职能,在各项职能中居于首位。

第三节 工会的地位与权力

可以从不同视角去认识和理解工会的地位与权力。工会地位是指工会组织依据自身性质开展活动,在协调和处理社会环境关系要素同自身的各种关系中,依法履行应尽的社会职能与权利,从而对社会环境系统及其相关关系产生重要影响,同时引起社会环境系统、工人阶级群众对工会组织存在的意义、社会作用与社会影响作出必要的价值评价[①]。工会的权力与工会的地位紧密相关,它是工会组织依据自身性质开展活动,依法履行应尽的社会职能,协调和处理社会环境关系时的行动能力。在关于工会地位和权力的分析中,其中非常重要的一个方面是关注其法定的地位、权力与实际的地位、权力状况及其关系。

一、工会的法定地位和权力

工会的地位是由工会的性质、工人阶级在国家中的地位、国家的政治体制及其工会组织自身发展的状况等因素决定的。在社会主义国家,工会拥有的地位表现在:(1)它是国家政治体制中的一个有机组成部分,即它可以维护和代表本团体成员的利益和意愿;(2)它是社会主义国家的阶级的群众基础,即工会是国家政权的"支柱";(3)它是职工群众利益的代表者;(4)它是职工群众

---

① 参见孙仲范、冯同庆等主编:《新编工会学》,人民出版社2001年版,第103页。

的组织联系者。总之,工会的地位体现为它是职工群众的代表者。

工会要在实际劳动生活中行使自己的地位和权力,则必须要有法律依据。因此,对于工会的地位和权力,中国自1949年以后即从不同的方面对其进行了法律规定。工会的地位和权力在宪法、工会法、企业法、劳动法及其他有关的法律、法规中都有明确的规定,其中工会法和企业法对工会的地位和权力等方面的内容规定得最为详细。那么,工会到底具有什么样的法定地位和权力呢?

1. 享有独立统一的组织地位

2001年10月27日第九届全国人民代表大会常务委员会第二十四次会议修订并通过的《中华人民共和国工会法》(以下简称《工会法》),将工会规定为"职工自愿结合的工人阶级的群众组织",有其全国独立、统一的组织系统,即中华全国总工会及其各工会组织。《工会法》第三条规定:"在中国境内的企业、事业单位、机关中以工资收入为主要生活来源的体力劳动者和脑力劳动者,不分民族、种族、性别、职业、宗教信仰、教育程度,都有依法参加和组织工会的权利。任何组织和个人不得阻挠和限制。"因此,工会应该可以独立自主地展开工作,它不是别的组织的附属部门,"任何组织和个人不得随意撤销、合并工会组织"。

2. 代表和组织职工参加社会生产和进行民主管理的权力

《工会法》第五条即规定了"工会组织和教育职工依照宪法和法律的规定行使民主权利,发挥国家主人翁的作用,通过各种途径和形式,参与管理国家事务、管理经济和文化事业、管理社会事务;协助人民政府开展工作,维护工人阶级领导的、以工农联盟为基础的人民民主专政的社会主义国家政权",第六条指出工会的基本职责是维护职工的合法权益,工会有代表受雇工人、职员群众与行政方面签订集体合同的权力,而且享有依照法律规定通过职工代表大会或者其他形式,组织职工参与本单位的民主决策、民主管理和民主监督的权力。

3. 代表和保护职工的合法劳动权益

工会可以对企事业单位开除、辞退和处分职工的决定提出异议并提出重新审理的要求,并依法保护职工的合法劳动权益不受侵犯。《工会法》第十九条到第三十四条对此作出了非常详细的规定,如指出:(1)企业、事业单位处分职工,工会认为不适当的,有权提出意见。(2)企业单方面解除职工劳动合同时,应当事先将理由通知工会,工会认为企业违反法律、法规和有关合同,要求重新研究处理时,企业应当研究工会的意见,并将处理结果书面通知工会。(3)职工认为企业侵犯其劳动权益而申请劳动争议仲裁或者向人民法院提出诉讼的,工会应当给予支持和帮助。(4)企业、事业单位违反劳动法律、法规规定,有克扣职工工资、不提供劳动安全卫生条件、随意延长劳动时间的、侵犯女职工和未成年工特殊权益、其他严重侵犯职工劳动权益的情形,工会应当代表职工与企业、事业单位交涉,要求企业、事业单位采取措施予以改正。(5)企业、事业单位应当对工会提出的处理意见予以研究处理,并向工会做出答复;企业、事业单位拒不改正的,工会可以请求当地人民政府依法做出处理。(6)工会发现企业违章指挥、强令工人冒险作业,或者生产过程中发现明显重大事故隐患和职业危险,有权提出解决的建议,企业应当及时研究答复;发现危及职工生命安全的情况时,工会有权向企业建议组织职工撤离危险现场,企业必须及时作出处理决定。

4. 参加企业行政领导机构或行政工作会议的权力

《工会法》第三十五条到第四十一条对工会的这一权力进行了详细规定,如指出(1)企业、事业单位研究经营管理和发展的重大问题应当听取工会的意见;召开讨论有关工资、福利、劳动安全卫生、社会保险等涉及职工切身利益的会议,必须有工会代表参加。(2)公司的董事会、监事会中职工代表的产生,依照公司法有关规定执行。

5. 其他权力

此外,《工会法》、《企业法》和其他一些法规还规定了工会拥有的其他权力,新工会法特别增加了法律责任这一章,指出了对于那些违反工会法规定,侵犯工会及其职工合法权益的情况,有权提请人民政府或者有关部门予以处理,或者向人民法院提起诉讼的权力,这使得工会对职工权益的维护有了法律的支持和依托,与以往的工会法相比而言的一个巨大进步。

应该指出的是,工会上述法定地位和权力的各个方面,除了"其他权力"中提到的法律责任赋予的权力外,其他权力的一些基本方面在 1992 年 4 月第七届全国人民代表大会第五次会议通过的《工会法》都有规定。

二、社会转型过程中工会的实际地位和权力

从工会的性质、职能及法律赋予的各种地位和权力来看,工会在职工与企事业单位间的各种关系中,作为职工的群众性组织,享有很高的地位和权力,特别是 2001 年修订后的《工会法》,更是对这种权力实施提供了法律支持。那么,工会实际的地位和权力在中国社会快速转型过程中是一种什么样的状况?下面结合作者 2000—2001 年在北京、沈阳、上海、南宁、太原等地企业的调查[①],对

[①] 资料来自作者主持的国家哲学社会科学基金课题"企业改制与工人阶级地位稳定性研究"(课题批准号 00CSH003)。作者在北京、沈阳、上海、南宁、太原等省市对经历了各种制度变革(尤其是产权变革)的国有企业进行了问卷调查(样本 867)和个案访谈(各类工人访谈 138 人)。

工会的地位和权力状况进行一个简要的分析。

1."以前的工会":还真起了不少作用

当问及工会的地位与权力,以及工会发挥的作用时,职工的回答区分了两个历史时期,即"以前"和"现在"。几乎所有被调查的工人对以前的工会都持一种比较肯定的态度。在工人的心目中,当时的工会"还真起了不少作用"。下面摘录了部分接受访谈的工人对"以前工会"的看法:

Shyang3(沈阳某企业2,下岗职工,李某):那时候工会、职工代表大会还是很正规的,提合理的建议,当然现在也有,但是那个时候把它的位置摆得高,领导和工人对话,搁一个俱乐部或会议室,你工人可以随便跟领导提出那些个问题,领导当面给解释,那个时候还可以。

Shyang1(沈阳某企业2,工会主席,张某):原来有句话叫:"过了山海关,民主管理上了天。"就是指东北的民主管理比较好一点。好像是东北工会的组织机构、级别、配备在全国是走在前边的。

TYYQ21(太原某企业内退职工):那时工会在厂里的作用还是挺大的,……工会就是起鼓动,宣传的作用,为党的政策服务。工会是工人的最高组织机构,你有什么困难,福利啦,生活啦,各方面,包括你受了歧视啦,都可以找工会,工会给你往上反映,给你解决……工会主要就是代表工人阶级。

职工所说的"以前",主要是指 20 世纪 90 年代以前,当时国家的生产和管理、职工的劳保和福利都是由国家统一安排,并在制度上给予了保证,政府代表着企业,企业代表着政府,职工与企业的关系就是职工与政府、与国家的关系。劳动者个人利益被认为与企业的公共利益一致,与企业的关系在更大程度上被看作是一种行政关系而非经济关系,因此,劳动者与企业之间的关系也不是冲突与矛盾的。在劳动者的根本利益得到保障的前提下,各种微小的利益冲突与单位内社会关系网络的稳定与协调就突出了,以前的工会在这方面确实也起了很大的作用。工会通过开展劳动竞赛、群众生产等活动,增强了各类劳动者之间的联系,缓解了人际关系之间的紧张,并在某种程度上保护了职工的利益不受侵犯。我们从个案访谈中也看到,对以前的肯定更多的是认为工会向上面反映了一些职工的基本问题,组织了很多文艺活动,增进了职工之间的联系与交流。

2."现在的工会":还能起点作用吗?

"现在的工会",主要指 1992—2001 年经历各种制度变革的工会。工会是否发挥了相关法律所规定的作用和权力?其权力和影响力相比于所谓的"以前"发生了什么样的变化?工会的作用与地位是加强了还是削弱了?从调查来看,一些企业的工会在改制过程中被撤并,一些企业因种种原因没有建立工会,一些企业虽然有工会,但工会负责人就是行政领导人,从工会组织建设的角度看,应该说工会的力量有所削弱。对于这一时期工会的地位和作用问题,大多数研究指出工会地位和权力的削弱以及职工维权的困难,认为工会已经没有什么作用。我们的调查结果认为,完全否认工会地位与作用是一种比较简单的看法,工会在企业中的实际地位与权力发挥表现为三种不同的情况:没有作用、有点作用与作用很大,问卷调查分析证实了这一点。在北京、上海和沈阳四个国有改制企业的调查显示,有一半左右的被调查者对于工会的作用持怀疑态度,在有关"当您的个人利益受到侵害时,工会能否维护您的利益?""当您行使民主权利遇到障碍时,工会能否帮助您?"及"工会在维护职工利益等方面能否发挥作用"等问题上,有四分之一的人认为工会起不到作用,有25%左右的人对于工会在维护工人利益上的左右则表示了肯定的态度,见表10-3。

表10-3 不同群体的调查者对工会功能发挥状况的认识(2001年)

(单位:%,人)

		能	不能	不一定能	有效回答数量
当您的个人利益受到侵害时,工会能否维护您的利益?	普通工人	22.2	24.7	53.1	402
	技术人员	18.1	30.0	51.9	160
	管理人员	32.3	20.5	47.1	263
	总体情况	24.0	27.3	48.8	825
当您行使民主权利遇到障碍时,工会能否帮助您?	普通工人	22.2	24.7	53.1	401
	技术人员	18.1	30.0	51.9	160
	管理人员	32.3	20.5	47.1	263
	总体情况	24.5	24.4	51.1	824
当您有意见或建议时,工会能否帮您反映?	普通工人	33.5	20.5	46.0	400
	技术人员	43.8	20.6	35.6	160
	管理人员	49.4	11.8	38.8	263
	总体情况	40.5	17.5	41.9	823
工会在维护职工利益方面能否发挥作用?	普通工人	25.3	23.3	51.5	400
	技术人员	28.8	32.5	38.8	160
	管理人员	33.2	18.3	48.5	262
	总体情况	28.1	23.3	48.6	822

(1)"现在的工会没有什么作用"。相当一些工人认为,现在的工会组织的作用已经越来越弱,他们对于工会的感受是:工会的权力是有名无实的,工会在实际工作中不能代表工人利益,不能解决工人的根本问题。

Shanghai2(上海某企业工人,王某)工会现在基本上没什么地位,真的没地位,还有工会主席在,我也不知道工会主席干些什么。原来工会好像有一大帮人,现在工会可能也就几个人,两三个人,可能管点退休工人什么的。工会主席的地位嘛肯定是最低的。

TYYQ14(太原某企业内退人员,郭某):

问:现在改革了,改革后工会的作用发挥了吗?

答:没有。

问:改革之前的工会呢?

答:改革之前的工会发挥了相当大的作用。

问:你能具体说一下吗?

答:工会主席可以代表工人向厂领导提出要求,工人的要求都能向上反映,而且党委必须有工会主席参加。

问:您能介绍一下现在厂里工会的状况吗?

答:没有什么影响了,现在任何重大决定,就是厂里说了算,以前任何方案的实施,得有工人的表决通过才能实施。

问:也就是说改革前厂里任何方案的实施,还是照顾了工人的利益。

答:对。

问:那改革后,职工的利益也就是没有得到很好的保护。

答:应该说这样,现在工人没有部门可以去反映问题。

问:工厂的改制,您也经历过,当时工人心里是否清楚怎么去改?

答:不清楚,但厂里还是组织学习了与市场经济相关的很多文件。

问:当时厂里把改制的方案步骤都详细告诉工人了吗?

答:没有。

问:那工人心里不清楚,也不去关心一下,打探一下?

答:我们当时改制就是跟着领导走,以前计划经济,现在市场经济,生产计划就由厂里而定。

问:工人说不上话?

答:对,工人说不上话,工人只有一个,即按计划要求生产。

上面摘录的是上海某企业和太原某企业一些职工关于"现在的工会"的典型看法,他们认为"现在的工会"因种种原因已经没有什么作用,在实际工作生活中,没有人来代表和维护普通工人的劳动权益。

(2)"现在的工会还能起点作用"。一些工人认为,现在工会组织的作用虽然已经越来越弱,但在实际工作生活中,还多少能够起点作用,而不是一点作用也没有,正如沈阳某企业分厂副厂长孙某所述,"现在的工会"虽然地位与作用已经不大,但还起着点作用。

"工会在企业中的作用,不是太大,企业毕竟是以生产经营为主,职工大多对企业的事情也不是特别关心,能按月发工资就行,再说的确工会的权力也有限,像国外的工会都是独立的……咱们的工会都是党领导下的工会,工会领导大多是党委选派的,工人真正在这里边自立性不大;但咱们工会在关键的时候,损害工人利益的情况达到一定程度了,也会出来给工人说话。"

(3)"现在工会的作用还挺大的"。一些被调查者认为,"现在工会"的作用还是挺大的,在实际的工作生活中,它还能够帮助职工解决许多实际的问题。企业改制以及整个中国大的环境的变化,使工人因种种原因发生了分化,如果没有工会的介入,普通工人的境遇会比现在更差。

沈阳 XJIV 6(沈阳某企业1,二分厂工人):工会作用挺大,各个分厂有个支会,我现在是二分厂的支会委员,困难补助啦,谁家有个大事小情啦,搞什么文体活动啦,这都是工会。现在咱厂一般一个月一次困难补助,一年就是厂怎么困难的情况下也有,虽然多与少不一样,体现了工会对工人的关心。咱们(全公司)一年的困难补助得有十万、八万的。

Shyang1(沈阳某企业2,工会主席,张某):我们工会委员有的都是享受副处级待遇,算企业中层干部。我们的生产机械部长享受企业中层干部待遇,工资岗级享受十级岗,比高级工程师的岗还高一级。现在有三个部长加一个副主席,加上我一个主席,中层以上干部配备是比较全的。工会副主席是十二级岗,享受企业最重要岗位的中层干部岗,这也能说明东北工会的地位(张举了一些具体的例子来说明工会在维护职工的合法权益上发挥了很大的作用)。

总体来看,在改制比较早也比较彻底的企业中,特别是私人股份占据大股的改制企业中,员工对于工会的地位与作用的评价普遍是现在不如以前,现在的工会已经没有作用了,或者只发挥很小的作用。在改制刚刚起步,而且公司制还没有规范运作起来的企业中,员工认为工会还起着比较大的作用,能够在某种程度上维护工人的合法权益,从而维护工人在社会、职业、经济与政治上的不合理侵权,防止普通工人地位的大幅度下滑。

3. 影响工会地位与权力的因素

从企业层面看,工会的地位与作用在不同的企业各不相同,问题是:为什么有的企业工会还能够发挥点作用或发挥相当大的作用,而在有的企业则不行?在实践中,如何发挥工会在维护工人地位与权益上的作用呢?下面是我们根据经验调查而提出的一点建议。

(1)要切实保证工会在企业中合法独立的组织地位。企业改制后,劳动者与企业之间的关系和利益格局发生了变化,在市场经济体制下,工会在维护职工利益、协调劳动关系方面越来越体现出其不可替代的作用。一个真正代表和维护职工利益的工会组织的存在,对于建立、协调稳定的劳动关系和保证市场经济的正常运作至关重要,2001年修正通过的新工会法,让我们看到了这样一种希望。在制度上保证工会在企业中的合法独立地位是其发挥作用的前提。在认识上我们应该抛弃这样两种错误的观点:一是认为既然有了"新三会",工会等"老三会"就没有必要存在,二是认为既然有工会也发挥不了什么作用,或根本发挥不了作用,工会有没有也就无所谓。因此,在实践上要运用法律工具保证工会的建制与独立存在,要防止撤并工会等行为的发生。在劳动关系越来越复杂化的今天,随着政府从企业中的逐步退出,工会也被人们期待发挥其更大的作用,我们从调查中看到了工会存在的必要性以及人们对工会作用发挥的期待。

Shyang12(沈阳企业2,电工,陆师傅):

问:工会在咱厂子里发挥作用吗?

答:工会还行吧,比如一个工人不该下岗,那工会就管了,这个人不符合什么条件,它有政策的。现在工会普遍不起作用,但我们的工会还可以。它有个职工代表大会,我参加过,过程嘛,就是说现在局里定下来工人要下岗了,同意的就举手,那就举手完事呗!在这之前首先开预备会,念文件让大家讨论,谁有意见谁提出来,到最后举手就完事,没有一次说把厂子的意见反驳了,小的方面差不多,大的原则性方面的问题就更反不了。应当说职代会也有作用,有一种威慑力量,什么叫威慑力?就是他不敢整的太过分。如果没有这个,就不一定整哪儿去了。有这个,他就得近人情,不近人情大家就是不同意,这种力量平时反映不出来,但是就好像是核武器,你放在那儿有威慑作用,到时他就不敢打你。

GX12(南宁某企业工人,张某):现在我们还没成立工会,……无论是合资还是独资,在中国的话,肯定要设立工会。设立工会的话,工人有什么意见可以向工会提,工会再把我们的意见转达给他们,进行协商。……现在没有工会的话,我们说话跟谁说都没有作用。现在大家希望选一个选票最高的人当工会主席,要自由民主选举。你要让我投票的话,我肯定选一个能为我说话的。

(2)工会应该切实把维护职工的合法权益放在第一位。1992年的工会法在制定和实践中推行时,当时中国还没有提出社会主义市场经济的口号,而且企业的改革远没有今天这样深入。从1992年到现在虽然只过去了十年多,但劳动者与企业的关系已发生了深刻的变化,随着企业公司化改造的扩大,以及

第十章 工会

非公有经济的发展,劳动关系在部分企业发展成为冲突性的,在一些企业侵害工人基本利益的事件也常有发生。新工会法看到了劳动关系的这种变化,明确地把维护职工合法权益放在第一位,这是历史的进步,如果在实践上确实能够依法而行,那么工会是可以维持工人地位的稳定性的。正如沈阳企业2,工会主席所说的那样:

工会的四项职能中,维护职能应该放在第一位。但过去好像是没有人敢这么讲,还是谈建设职能是第一位。现在咱们实行市场经济之后,尤其企业扩大了用人权、分配权,那么这就涉及劳动关系的内容,也就是工作时间、工作稳定不稳定、劳动报酬、劳动安全保护和保险。这些内容是由企业决定,而不是由国家决定。那么企业就截然成为劳动关系的一方,劳动关系的主体就是它;另一方就是工会、就是职工。企业是法人这一方,决定了工人干多长时间活,再有劳动法规定约束它。那也有不执行劳动法的,它随便干。这样,工人这一方成为劳动关系主体的真正的一方,这时的工会的职能就应该是和过去计划经济时不一样了。工会就应该把维权放在第一位(沈阳企业2,工会主席,张某)。

遗憾的是,在实践中,有很多工会干部没有意识到这一点,更有很多企业行政领导不想让工会的维护职能放在第一位。因此,在实践上大张旗鼓地宣传与推行工会维权意识的教育是非常必须的。

(3) 提高工会干部自身的素质。部分工会干部自身素质较低,有的甚至已经丧失了"敢于和善于"这一维护职工权益的起码条件,维权工作几乎名存实亡。实践证明,作为专职工会工作者,特别是担负领导责任的工会主席,如果没有较高的政治、经济、法律、文化、理论素养,没有对工会工作的热爱和投入,没有敢于维护职工权益的魄力,是不可能把维权工作落到实处的。沈阳某企业工会主席指出,作为一个真正想为职工做点事情的工会干部,就该有"铜头、铁嘴、橡皮肚子、飞毛腿。铜头啥意思呢?工会这地方经常得要碰钉子,为职工的利益奔走呼号,上蹿下跳,总要碰钉子。但是依你的地位和身份,为职工想办成点儿事,你还不能出火花,所以得戴个铜帽,不能谁一顶你你就跟人家犟,就干起来了,那办不成事。所谓铁嘴呢,那就是要替职工利益说话的时候,你也得有一套语言艺术了。橡皮肚子是指工会这工作,在现阶段这个位置,要想维护职工的利益,你大概什么脸色都得看,什么语言都得遇到,工会主席的肚子就得像橡皮肚子,酸甜苦辣该装的什么都装,没有这么一个肚量你也没法干。因为它不是玩权的地方,工会这地方权力威信是零,不生产权力,人家入会还得劝一句过来,不爱进,所以没有权力可言,只能是完全靠人格的威信,信任威信去做些工作。飞毛腿,我估计这玩意儿就是特别为职工办成点儿事,不知道费多大劲来回跑"(沈阳企业2,工会主席,张某)。

(4)工会地位和权力影响力的发挥与企业的经济效益紧密相关。工会在维护工人权益上能够发挥什么样的作用,发挥到什么程度,有的时候光靠热情和法律还不够,如果企业本身都已不存在,劳动关系都难以为继,更何谈工人的利益?正如一些工人所说的,如果企业没有效益,给职工办事也就谈不上了。

Shyang3(沈阳企业2,下岗职工李某):什么组织最能代表咱们工人的利益?现在的情况看,工会关心职工利益是理所当然的,但是对于任何一个企业,工会再能够管理,企业没有效益,也就管不了。假如你想一年给职工解决几件大事或办几件好事,而且劳动合同中动态部分写上了,但企业没有钱,没有效益,那什么事也办不成。对这个事来说,他们之间有个什么样的关系?工会与行政领导有一个相互密切配合和默契的关系,比如说工会需要依靠行政的雄厚的资金来给职工解决实际困难,那么作为行政来讲,他通过工会来给职工解决问题,就这么回事。

GX11(南宁个案11):工会现在正在筹建,还没有正式成立。(你觉得咱们工会应该起个什么作用?)工会我觉得,这个不能独立地讲。因为外资企业的话,如果它效益不好的话,你也没办法,对于工人的福利,如果效益不好的话,怎么去谈福利。

因此,如何努力地提高企业效益,增加企业的竞争力,这是工会工作顺利进行的保证,也是工人地位得以维持与提高的基础。

(5)工会地位与权力的发挥要依靠建设职能的积极发挥。工会的地位、作用除了法律规定的以外,也得由工会积极发挥建设职能去争取和创造,如果只是等靠要,那么天上是不会掉下馅饼的。工会主席张某认为:

工会在维护职工具体利益的时候也得考虑到企业的发展、企业的利益,只有大河水满了,小河才能够有水啊。这样像困难阶段的大型国有企业,非单纯得要求工人的保险费得发,工资得发,不能欠。……你得干一些实实在在的事,那就是要履行好自己的建设职能,要将企业的发展也作为工会的一项重要职能去做。……在生产环节上的一些关键问题要主动攻关,所以我们企业从1991年后,每年在三四月份组织各个生产车间进行生产中的一些关键环节的攻关,把项目提出来,然后由各个车间落实,这个项目是哪个技师或哪个工程技术员做项目负责人,这个项目什么时候完,工会专门有一个攻关项目协议书,每年都搞一次协议签订仪式。这项活动对企业行政来讲,它特别欣赏。每年大概一般的能够攻关七八十项,有时候一百多项,创效益一般都在一百多万以上。……这几年工会组织工程技术人员、技术工人为企业生产环节上出现的一些关键问题攻关是很有效果的。不仅是党的领导认可,下边中层干部、职工都认可(Shyang1,沈阳企业2,工会主席,张某)。

(6)工会在维权上发挥作用的状况还取决于工人自身积极主动的参与。在企业改制过程中,我们发现普通工人各方面的地位有较大幅度的下降,这种下降引发人们对工会地位与作用的思考,引发了人们对企业行政方面侵权的指责,我想有些指责是有道理的,而有些指责是欠考虑的,特别是,如果工人本身缺乏足够的地位意识,缺乏对公共生活的积极参与,又何谈自身利益的保证?调查发现,一些工人一方面指责工会在维护工人权益方面起不了什么作用,另一方面却不在行动上去主动地争取自己的权利,这种能动性的缺乏正好为行政的强权提供了土壤。

(7)工会地位与权力影响力的发挥需要工会干部注意工作方法。最后需要指出的是,工会维权作用的有效发挥还需要工会干部注意工作方法,毕竟我们现在所处的环境是一种企业行政占据优势地位的环境,工人利益的维系和保证在很大程度上是在企业内部进行,这意味着工会权力与影响力的发挥需要与行政进行争取、协商与妥协,而适当的工作方法则可以使工会与行政的交涉更为有效。

思考题

1. 什么是工会?
2. 简述工会的三种组织形式。
3. 简述三大国际工会的特点。
4. 简述工会的性质与职能。
5. 试论中国工会的地位与权力。
6. 试分析在企业改革的形势下,工会如何保障工人的利益。

第十一章

劳动关系

有一定的生理、心理和文化属性的劳动者,当其处于劳动生产过程时,必然会发生各种各样的劳动关系。劳动关系的研究在劳动社会学中有非常重要的意义,因为许多劳动问题都或多或少与劳动关系有关。对劳动关系的研究,有助于我们深入了解劳动者的行为,从而加深对劳动社会学中其他各种劳动问题的理解。

第一节 劳动关系概述

一、社会关系

人是社会的动物,在社会生产活动和日常生活中会发生各种各样的关系,人们在社会交往中形成的、较为普遍的联系或行为模式,即为社会关系。

商店中售货员与顾客的关系,企业中领导者与普通职工之间的关系,家庭中父母与子女之间的关系等,都是社会关系。社会关系的存在,一方面源于人们的社会生活和社会交往,另一方面则源于个人关系的普遍化。

对社会关系概念的把握,须从内涵和外延两个方面入手。社会关系作为一种相对稳定并具有一定形式的联系,从内涵上看,主要强调的是一种联系,而不是行为。从外延上看,社会关系作为社会交往中形成的行为模式,之所以存在,在于人与人之间的互动。互动指的是人与人之间的交往行为,这种行为带有一定的依赖性。互动的特点影响和决定着社会关系的特点。人与人之间的关系可以表现为竞争关系、冲突关系、强制关系、顺应关系和合作关系,而社会关系的这些特点便是由互动双方的地位和角色决定的。

二、社会关系的类型

社会关系从不同的标准划分,可以区分为不同的类型。

(1) 根据人们社会活动的领域划分,社会关系可分为经济关系、政治关系、法律关系或一般社会关系。经济关系是人们在从事社会经济活动过程中建立起来的关系,政治关系与其他关系也是在其相应的活动过程中建立的。

(2) 根据结成社会关系的主体划分,可以将其划分为:个人与个人的关系,它是全部社会关系的起点,是社会中最简单、最基本的关系;个人与群体的关系,如一个工人与工厂的关系;群体与群体之间的关系,如管理人员与普通工人之间的关系;社会现象之间的关系,这是高层次、大范围的社会关系,如失业现象与社会稳定之间的关系。

(3) 根据交往的密切程度,可将社会关系划分为初级关系与次级关系。初级关系也叫首属关系,它是建立在感情基础上的社会关系,反映人们之间广泛、深入、直接的交往,如夫妻关系、朋友关系等。次级关系则与此相反,它是以事缘为基础的社会关系,如同行关系、上下级关系等。

(4) 从社会关系存在的形态看,可将社会关系分为静态关系和动态关系。前者指社会关系的构成模式,亦称社会结构,如阶级结构、职业结构等;后者指社会关系的相互作用模式,亦称社会互动,其主要形式有暗示、顺应、同化、交换、合作、竞争、冲突、强制等。

(5) 从社会关系规范化的程度进行区分,可将社会关系区分为正式关系与非正式关系。正式关系是指那些制度化、契约化了的社会关系,因而具有非个人性。非正式关系是指非制度化的、非契约化的社会关系,因其发生无固定的程序,因而具有情感性特征,如朋友关系、恋爱关系等。

(6) 根据社会关系产生的基础分类,可以将社会关系划分为血缘关系、地缘关系和业缘关系。以血亲或生理联系为基础而形成的社会关系即为血缘关系,如家庭关系、亲属关系和婚姻关系。直接建立在人们空间与地理位置关系基础上而形成的社会关系即为地缘关系,如邻里关系、同乡关系和街坊关系等。以人们的工作和社会分工为基础而形成的社会关系,即为业缘关系,如同事关系、师徒关系等。

三、劳动关系界定

劳动关系是社会关系的一种表现形式,劳动关系也称为社会劳动关系,指的是人们在一定形态的生产资料所有制基础上,在社会劳动过程中所形成的社会经济关系的总和。劳动关系的这个定义包含两个方面的含义:第一,它指的是由生产资料所有制形式即产权关系决定的劳动关系,它是由于人们参加社会劳动的方式不同,即劳动力与生产资料结合的方式不同而引起的。到目前为止,由于劳动力与生产资料结合方式不同,人类社会的劳动关系已经历了原始社会的劳动关系、奴隶社会的劳动关系、封建社会的劳动关系、资本主义社会的劳动关系、社会主义社会的劳动关系。第二,指的是由劳动分工与协作的形式所决定的劳动关系,这类劳动关系发生的原因在于劳动者在社会分工体系中所处的位置不同,他们彼此联结的纽带是因劳动者因为分工不同而从事的职业,所以这类关系也经常被称为业缘关系,如上下级关系、同事关系、师徒关系、主客关系等。

在国外,劳动关系一般被称为劳资关系。在日本,劳资关系被称为劳使关系,这一概念具有中性意味。在英美文献中,劳资关系被称为"产业关系"(industrial relations),这种产业关系不仅包括劳资双方及其组织之间的相互关系,而且包括劳动者及其组织与政府之间的关系、雇主及其组织与政府之间的关系。在产业关系中,劳资关系是基础与核心,是指涉及处理工人与管理者的各种有关工资、工作条件、罢工权利等问题的正式的或非正式关系[①]。

Industrial relations 第一次介绍到中国时被翻译为产业关系,在1949年以前,这一概念被广泛运用。1949年以后,停止使用产业关系这个概念,因为这个词是西方引进的。在1950年代和1960年代,社会主义劳动管理制度取代了这个旧概念,成为描述1949年以后新产业关系制度的词语[②]。1970年代以后,中国实行经济改革,意识形态与词语的变化也在这个过程中发生,industrial relations被赋予了新的名字,主要被看作是一种劳动与资本之间的关系(labor capital relation),20世纪80年代以来,中国学界较为流行的看法是对劳动关系作扩大的理解,即劳动关系不仅仅是劳资关系。

可以看到,在劳动关系这个概念的两个含义中,人们更经常关注的是第一个含义上(在产权关系决定)的劳动关系,因为它是具有本质意义的关系,因此本章重点将介绍这种劳动关系。不过由劳动分工与协作的形式所决定的劳动关系同样也有意义,因此也会对其进行简要说明。

[①] Warner, Malcolm and Yingzhu. 2000: The Origins of Chinese "Industrial relations". in Malcolm Warner ed. *Changing Workplace Relations in the Chinese Economy*. MacMillan Press Ltd. p.16.

[②] 参见袁伦渠:《中国劳动经济史》,北京经济出版社1990年版,第72页。

第二节 业缘关系的类型

一、业缘关系及其特点

业缘关系是人们由于从事共同的或有关联的社会工作而结成的社会关系，它是一种以职业为其联系纽带的人际关系。业缘关系随着社会生产的发展、社会分工的日益复杂而产生，它是一种比血缘关系、地缘关系更为高级的社会关系。在人类社会的初期，人们主要以家庭作为劳动的单位，家庭成员以年龄和性别为分工，共同劳动，共同分享劳动果实。家庭通过"家长制"的形式对生产进行组织管理，权力等级与血缘等级同构，血缘是维系生产的纽带。这种以家庭为劳动单位的生产劳动带有很大的地缘性，即活动的范围狭小，很多人终身在一个地方从事一种职业，所谓"生于斯，长于斯，老于斯"。在这种情况下，劳动技能的习得和劳动地位的取得多半依靠家庭，依靠先天和继承的关系。

业缘关系的发展与劳动分工的深化，特别是与现代工厂制度的建立密切相关。人类社会的三次大分工和现代工厂制度的建立，不仅使人们的劳动活动逐渐从家庭中脱离出来，而且从地域的控制和限制中脱离出来，劳动分工所造成的职业多样化，使得职业活动变成了人际活动的主要媒介，甚至如西方社会学研究所指出的那样：在当今高度发达的社会经济条件下，职业在某种程度上已成了一个人社会地位的指示器。工厂制度的建立，不仅使社会化大生产成为可能，使工业关系主宰世界，而且促成了与工业相关的其他劳动关系——商业关系、法律关系等的进一步发展。

与血缘和地缘关系相比，业缘关系表现为：

（1）人际交往的非私人性，即交往或互动的双方都是以其职业群体中的角色身份所规定的角色规范行事，具有公事公办的特征；

（2）业缘关系管理与控制手段的正式性，即社会规范（法律、法规、制度、惯例等）和角色规范（职业纪律、职业规章、职业道德等）是调节业缘关系的强制性杠杆，它们具有正式控制的特点。

二、业缘关系的类型

业缘关系作为人们从事共同的或有关联的社会工作而结成的社会关系，从最基本的方面来看，以劳动组织为这种关系发生的场景，可以分成两种基本的关系：纵向关系与横向关系。

1. 纵向关系

(1) 纵向关系的概念与一般特点。纵向关系主要反映的是处于不同职业分层层级节制体系中劳动者之间的相互关系。在中国，用最通俗的词来反映纵向关系，即为上下级关系。在生产劳动过程中，处于指挥、协调、监督和调节职能的劳动者即为所谓的领导者、上级，而需要听从指挥、服从管理的普通劳动者，就是被领导者，是下级。比如企业中的管理人员与职工之间的关系，就是一种上下级的关系。但所谓的上级、下级，领导与被领导之间的关系，在纵向关系中都是相对的概念。

在上下级关系中，领导与被领导的关系实质上是领导者（上级）在劳动群众中（下级）的实际影响力。领导的实际影响力取决于权力性影响力和非权力性影响力。权力性影响力是一种合法权力，它可以是由上而下的授予，也可能由其他形式的委托而产生。合法权力主要由领导者的职权来体现，如在企业中，对厂长、经理、车间主任等位置都规定了相应的职权，这种职权对普通的职工群众有一种强迫性的、不可抗拒的影响，并且可以因为这种强迫性而使人产生服从与敬畏的心理。非权力性影响力更多的是属于自然影响力，它并没有合法权力那种明显的约束力与强制性，但在实际生产劳动中，非权力性影响力往往具有权力性影响力所不能发挥的作用。非权力性影响力不是由上级授予的，也不是由别人委托的，它是由领导个人的一些特性决定的，领导者的道德、品行、人格与工作作风、领导者的工作能力、领导者的各种知识和业务水平以及领导者与职工群众的感情好坏等，都可以成为决定一个领导者非权力性影响力的高低的因素。在上下级关系中，非权力性影响力可以使人产生敬爱、敬佩、信赖和亲近的行为。

一般而言，实际影响力的强弱可以影响劳动群体内部的心理气氛和劳动效率，如在企业领导者与职工之间的关系中，领导者有哪些权力，有多大的权力，这是规范职工行为的法律依据，否则就会出现工作上的混乱。而领导者的领导能力、领导作风和感情好恶等因素，又影响着这种权力的进一步发挥。

上级与下级，或者领导者与被领导者之间的关系也可以表现出正式关系与非正式关系的特点。正式关系表现为由职业群体或劳动组织中的角色身份所规定的那种制度化、契约化了的关系，典型的理想型的上下级关系就如韦伯对于科层制的分析那样，是一种由位置决定的权力关系，在管理与控制上主要是根据法律、法规、职业纪律、职业规章等正式性的规则。非正式关系表现为上下级之间不是按照正式的规章与要求建立的关系，而是由非制度化的、非契约性的因素影响而结成的关系。

第十一章 劳动关系

在对上下级关系进行研究时,近年来学者们更多关注的是劳动组织或集体中上下级之间的权力关系和非正式关系研究。如西方一些学者对中国劳动组织中的权力关系及其特点的研究。

(2) 中国的纵向关系及其特点。从中国的情况来看,劳动中的纵向关系在社会经济实行全方位改革的条件下,发生了很大变化,这种变化对中国的社会结构产生了深远影响。

魏昂德(Andrew G. Walder)和奥依(Jean Oi)在研究共产主义式的组织和运行过程时发现,在劳动组织中,人们是通过一种与上级的私人性关系来追逐自我利益的,他们把这种关系称作为庇护主义关系(clietelism)网络,它主要存在于工厂领导人和积极分子之间。从他们的研究来看,改革前劳动组织内部(单位内部)的纵向关系是一种以庇护主义为主要特色的关系。魏昂德认为,庇护主义关系有以下特点:一、上下互惠,下级(积极分子)对上级效忠,并得到上级的保护和有利于自己的利益分配;上级则依靠下级作为自己权力的基础,使自己的工作和指令得以贯彻实施。二、积极分子与非积极分子之间存在裂分。三、对积极分子的回避(avoidance of activists)[①]。后来中国的一些学者对这一问题也有一些理论上的探讨,如孙立平等,认为庇护主义关系这个概念是对中国纵向劳动关系特点的一种较好的分析范式,但指出魏昂德的分析忽视了领导集团内部的分裂,实际上领导集团内部的分裂导致了单位内部的派系结构,即不同的领导人拥有自己的庇护主义关系网络,重要的裂分不在于积极分子与非积极分子之间方面,而在于不同的派系之间,不属于任何一个派系的成员成为边缘分子,即纵向关系是一种派系式的庇护主义关系。

20 世纪 80 年代以来的中国社会发生了很大的变化,由于单位组织对制度环境的依赖性减弱,自主性增加(有了部分的"产权"),同时由于资源分配规则的有意识形成,魏昂德等所描述的纵向关系也因此有所改变,一种改变是上下互惠关系中的"惠",以往庇护主义关系双方用来交换的"惠"是私人效忠、服从与庇护,现在交换的,除了私人效忠和服从以外,还有物质、金钱等,因此这种关系更趋向于短时的具体交换。另一个改变是下级与领导人之间的关系具有了合作工具性的内容。从领导人的角度说,他的个人利益与组织的良性运转密切相关,而组织的有效运作在很大程度上要依赖于下级的工作,因此,对于下级来说,与领导人建立良好的关系,关键在于工作上的配合,特别是在工作中做出一

---

① Andrew, Walder. 1986:*Communist Neo-traditionalism:Work and Authority in Chinese industry*. University of California Press.

些突出的成绩来。

2. 横向关系

横向关系反映的是处在同一职业层级节制体系的劳动者之间的社会关系或不同职业的人在职业交往中形成的关系。横向关系既可以发生在成员与单位外的个体之间,也可以发生在单位内的不同部门的成员之间,以及同一部门不同成员之间,如同事关系、主客关系等,往往是工具性、制度性和情感性关系的统一。

(1) 同事关系。同事关系是指在同一劳动组织中从事一定职业的劳动者之间的社会关系。从关系主体看,同事关系是由同一职业群体的人组成的;从交往的情况看,同事关系是由处于共同的活动空间的人组成的;从协调的机制看,同事关系是利益性、制度性和情感性的统一。处在同事关系中的劳动者,虽然同属一个职业群体,并在同一空间活动,但这些劳动者来自不同的家庭,他们有自己的心理、物质和文化需求,有自己的利益追求。因此,在根本利益一致的前提下,还存在各自不同的个人利益。互为同事的对方,在劳动生产过程中还表现为一种分工协作的关系,这种关系需要规章、规则和制度的保证,这也是产生同事关系的劳动组织得以存在和发展的基础。然而,在严格的组织原则下,规则和制度对个性的否定,使得劳动者常常感到有一种超越自身的外在力量左右自己,有一种被制度"异化"的感觉,他必然要寻求一种感情上的交流,而同处一个职业群体和活动空间的同事,因其分工与协作所造成的频繁互动和无法回避性,必然成为情感交流的对象之一。于是,同一班组、科室、车间的职工,天长日久,他们中有的成了朋友,有的成了亲家,有的甚至组成了家庭。正因为如此,我们说同事关系是利益关系、制度关系和情感关系的统一。

同事之间的关系,从互动的角度看,可以区分为三种主要的关系:第一,竞争关系。劳动者因其背景不同,有着各自不同的需要和追求,当劳动组织提供的资源有限,不能够满足每一个劳动者的需求时,劳动者之间就处于一种竞争的状态,在这种状态下的同事关系即为竞争关系。比如同处在招工、就业、增加工资、评奖金、分房子,甚至子女入托上学以及公费医疗中的住院和开药等情况下的劳动者之间的关系。竞争有机会公平的竞争与机会不公平的竞争。在机会公平的竞争条件下,所有的劳动者具有同样的机会,贡献、学识和能力是在竞争中取胜的关键因素,机会公平的竞争因其公开性和公平性而对劳动者有一种激励作用。机会不公平的竞争有两类:一类是结果拉平或过分悬殊;另一类是竞争手段不正当,如徇私舞弊。这两类机会不公平的竞争都会损害同事间的关系。第二,冲突关系。同事间的冲突有两种表现形式:一是由客观上的不一致所导致的,如目标、利益等的不一致;另一类则是由当事者主观上的不一致造成的,如情感上的敌意与排斥。第三,顺应与合作关系。在顺应的情况下,当事者中的一方或双方因信息压力、群体一致性压力或因个人的个性特征而采取顺应的行为,即不支持也不反对的行为;在合作的情况下,当事者的一方或双方由于认识到在竞争或冲突的情况下,双方都不可能取胜,因而产生了一种彼此作出让步,共同去获得胜利的目标认同。

(2) 主客关系。主客关系是指不同职业的人在职业交往中结成的社会关系,最常见的是服务业(包括商业)中服务者与被服务者之间的关系。一般称提供服务的一方为"主"方,称接受服务的一方为"客"方。营业员与顾客的关系、律师与委托人之间的关系、演员与观众的关系、医生与患者之间的关系等,都是一种主客关系。与上下级关系和同事关系相比,主客关系具有以下特点:一、从关系主体看,它是组织内部职工与组织外部他人之间的关系;二、从交往的情况看,它常常是短暂的、偶发的和不稳定的(当然就整个社会而言,其发生是必然的);三、从协调关系的机制看,主要是通过规章制度、职业道德和社会公德;四、职业的性质、职业条件、职业地位和职业声望等因素对主客关系有着不同程度的影响;五、主客关系的最大特色体现为服务性,即一方向另一方提供服务,另一方则向其支付必要的服务费用。人们对服务的需要是主客关系得以存在的基础。由于主客关系的服务性,因此服务质量的好坏对主客关系有直接影响。

总的来说,主客关系是劳动社会化程度不断提高的结果,它是人们生活质量不断提高金额社会现代化程度增加的一个客观指标,正因为如此,主客关系在社会生活中有着其独特的意义和作用。随着社会的发展和主客关系的多样化,对主客关系的研究将会越来越成为一个重要的课题。

第三节 劳资关系及其变迁

一、劳资关系的发展阶段

英美等西方国家的劳资关系在其二百多年的发展历程中,根据美国学者R.希尔费丁对劳资斗争的分析,大致可以分为三个阶段[①]:

第一阶段,劳资关系表现为单个的资本家与单个工人之间的关系。在这一阶段,劳动力市场上因存在一批经常的"产业后备军"而处于供过于求的状态,

---

① 参见万成博、杉政孝主编:《产业社会学》,浙江人民出版社1986年版,第122—123页。

工人在生产中处于非常不利的地位,而作为雇佣者的资本家一方,由于其对生产资料的占有和在社会经济生活中的统治地位,对工人几乎有着生杀予夺的权力(当然是通过经济实现)。在这个时期,工人尚处于分散而竞争的状态下,犹如马克思所描述的"装在袋子里的土豆",还没有团结和组织起来。因而其所处的劳动条件虽然极为恶劣,也少有大规模的反抗,即使有反抗,也采取怠工离职等个人性的非正式形式。

第二阶段,劳资关系表现为单个资本家与组织起来的工人之间的关系。在这一阶段,经历了无数次个人反抗失败的工人们逐渐团结起来,组成了自己的利益组织——工会,通过工会这个工具,工人在劳动力市场上的无秩序竞争现象得到改善,工会取得了对劳动力商品供给的垄断权,从而增强了自己的斗争力量。工人经常通过工会发起各种有组织的罢工活动,使劳动力市场中劳资双方的力量发生变化。这个时候的资本家尚未组织起来,资本家对付工人的有些办法不奏效,而工会代表工人的利益所提出的要求和政策却有不少能够得到实现。

第三阶段,劳资关系表现为组织起来的资本家和组织起来的工人之间的关系。为了对付工人组织,同时也是由于产业结构的变化、资本积累和垄断发展的需要,各种形式的雇主协会得到发展。由于资本家组织和工人组织的发展,资本家和工人之间的对立和斗争也渐渐有了普遍的重大的社会意义和政治意义。劳资之间的冲突与斗争手段也较以前有了变化和翻新。根据莫尔(W. E. Moore)的研究,在劳资双方的斗争中,为了得到有利于自己的条件和结果,双方都会使出各种武器来对付对方①。

在资本家(企业)一方,常用的对付工人的武器有:(1)高压和权力的实施;(2)利用和收买工贼;(3)列黑名单,实行反工会的差别待遇和签订个人劳动合同;(4)勾结社会上和政府的头头,召集同情企业的市民会议;(5)开展返回工作岗位运动;(6)停工;(7)关闭工厂;(8)反工会宣传。

在工人一方,常用的武器有:(1)暴力和破坏;(2)静坐、罢工;(3)抵制、怠工和限量生产等间接抵制手段;(4)组织工人纠察队或进行说服工作;(5)通过宣传赢得社会支持,通过工人政党增强自身力量。

总之,在劳资关系发展的不同阶段,劳动关系的表现形式和斗争手段各不相同。劳资双方总是随着具体情况的不断变化而改变自己的斗争策略,以尽量争取在劳动力市场上处于有利的地位。

---

① 参见万成博、杉政孝主编:《产业社会学》,浙江人民出版社1986年版,第125页。

二、劳资关系的类型

劳资之间的相互关系,因时代、国家、行业、企业的不同,其互动所表现出来的关系也各不相同。劳资之间的关系可能是敌对的、冲突的,也可能是顺应的、合作的。美国劳动社会学家诺克思(J. B. Knox)曾根据经营者的类型及其对工人的态度,将劳资关系区分为五种类型,即:"家族主义型"、"亲权型"、"契约型"、"敌对型"、"社会体系型"(见表11-1)。

表11-1 劳资关系的各种类型

经营者的类型	对工人的看法	劳资关系的类型
伙伴、同事	伙伴、同事	家族主义的
博爱家	依赖性的孩子	亲权的
资本家	经济人	契约的
技术专家	机器、工具、动物或有心理问题的人	契约的
上述任意与第一栏不对应的一种	上述任选一种	敌对的
关系学专家	生物的、心理的、社会的存在	社会体系

对于资本主义条件下的劳资关系,还有其他一些学者进行过研究,如克尔(C. Kerr)和中山伊知郎都认为,劳资关系有四种类型:"绝对型"、"阶级斗争型"、"亲权型"和"竞争型"。"绝对型"劳资关系是指决定劳动条件的实权完全掌握在雇佣者手里的劳资关系;"阶级斗争型"劳资关系是指劳资双方互相敌对,并以此进行不断的斗争,在阶级斗争过程中所形成的劳资关系;"亲权型"劳资关系是指雇佣者和被雇佣者之间靠温情主义结合起来的关系;"竞争型"劳资关系是指劳资双方在互相承认对方地位、共同承认通过谈判和协商来解决劳资问题这一原则下形成的劳资关系[①]。

三、劳资关系中的主要行动者

劳资关系通常有三个主要的行动者:代表工人的工会、雇主(或企业)、政府。这三者也被称为劳动关系中的"三方"。在劳动关系的发展演变过程中,工人成立了工人阶级自己的组织——工会,在劳动关系中代表和维护工人在就业、工资、保险、福利、劳动条件以及其他方面的合法权益,通过联合起来的力量

---

① 参见万成博、杉政孝主编:《产业社会学》,浙江人民出版社1986年版,第126页。

与强大的雇主进行抗衡,从而形成了劳资关系的主体双方;而政府作为第三方,则对劳资关系进行规范与协调。"三方"因其利益与立场的不同,在劳动关系中有不同的地位和角色。

1. 工会在劳资关系中的地位与作用

在市场经济国家,工会在劳资关系中占据着相当重要的地位和作用。工会的类型、组织目标、行动纲领及活动方式面对劳资关系的内容会产生很大的影响。

(1) 工会的类型及其行为。工会因组织目标、行动纲领及对雇主的态度不同可以区分为"商务工会"、"提高工会"、"革命工会"、"掠夺工会"和"依附工会"[1]。不同的工会在对劳资关系的反应有比较大的差异。"商务工会"是一种比较保守的工会组织,满足于在自由企业的资本主义体系中工作,阶级意识淡薄,职业意识较强,其目标仅限于改善雇员的经济状况,取得较好的协议或合同。"革命工会"具有比较激进的政治思想,强调长远意识形态方面的目标,其主要目标在于推翻现存的经济体系和政治体系。"掠夺工会"是一种具有敲诈勒索性质的工会,其领导人员表面上是真心实意为会员谋利益,实际上却是在掠夺会员,为自己谋私利,他们有时还和雇主结盟,共同侵害会员和消费者的利益。"依附工会"是一种形式主义的工会,它的创建、集会地点、资金及被允许进行集会交涉的项目等一切活动,都由雇主决定。这种工会的主要职能是为了防止企业外工会组织来组织本企业的雇员,从而最大限度地维护企业雇主的利益。在这五种类型的工会中,"革命工会"、"掠夺工会"和"依附工会"在西方国家一般被视为非法,不能合法存在。能够合法存在的主要是"商务工会"和"提高工会"。

(2) 工会对劳动关系的影响。总体来看,工会通过有组织的行动,可以对劳动关系施加如下影响:一、改善工人的货币性与非货币性就业条件,如通过交涉和斗争使工人得到休假工资、健康保险、养老金等待遇;二、迫使资方就工人工作条件的改善等事项作出某种妥协,如工人在工作场所的安全、生产方法的改进、加班加点的拒绝等方面有相当的权力;三、通过劳动力供给的控制,改善工人在劳动力市场的地位,对劳动力的价格进行某种控制,并迫使资方在工资问题上考虑工人的利益或满足工人的要求;四、通过工人政党或工会组织,支持各种有利于工人雇佣条件改善和就业情况改善的立法、政策和规定,以保持工人在劳资关系中的有利地位,如支持反移民的立法,支持有关产品的进出口关

---

[1] 参见〔美〕C.A.摩尔根:《劳动经济学》,工人出版社1984年版,第340—341页。

第十一章 劳动关系

税立法等;五、通过工会协调、组织和帮助企业经营者的生产活动。

总之,随着工会在劳资关系中影响的扩大,它已成为资方雇主的一个强大对手和抗衡力量。

2. 劳资关系中的资方

在劳资关系中,最初的资方往往是单个的雇主或企业,他们有完全的能力对付松散的工人联合。只是当工会力量不断增强时,雇主们才因为想超过劳工所拥有的联合经济力量而组织起来,于是产生了代表资方利益的地方性雇主协会。

显然,雇主的联合在劳资关系中有着不可估量的作用。雇主协会不仅采用种种合法手段(如通过活动促使政府制定有利于资方的劳工立法),使劳资关系的发展能最大限度地顺着资方的利益和意愿发展,保持其在劳动力市场上的绝对主导地位,而且还采用种种不合法的活动(如歧视参加工会的雇员等反工会的手段),来阻滞工会的发展。

雇主在联合起来尽量维护自己的利益这一根本点上是一致的,但是,从各个雇主的情况看,在利益上又有一定的差异,正是这种差异使得雇主协会间也会有所区别。根据雇主协会在劳资关系中的行为表现,可以区分为四种类型:

(1) 战斗性协会。战斗性协会的主要目标是消灭工会。参加战斗性协会的雇主们及其支持者认为,雇主有权按自己的意愿管理企业,使用雇员,这是企业生存和发展乃至自由企业社会生存和发展的关键。因此,他们想尽种种办法阻止和反对工人联合,阻止工人联合起来讨价还价。雇主经常采用一些反工会的手段来阻止工会化运动,如宣传、利用和收买工贼、列黑名单、实行差别待遇制、停工、关闭工厂、暗插间谍,甚至暴力等,都是战斗性协会的雇主们惯用的手段。战斗性协会在20世纪以前曾广为流行,但到了20世纪30年代,由于其所采用的一些反工会手段在美国遭到立法禁止,因而慢慢退出了历史舞台。

(2) 交涉性协会。交涉性协会的主导目标是通过联合雇主的努力,帮助会员企业与有关工会交涉时达成最有利的劳动合同。交涉性协会的成员们在原则上承认工会的合法地位及其谈判能力,但为了在交涉中争得更为有利的地位,他们常常使用会员的财政捐款,雇用精通集体交涉的专家和办事人员为其服务。交涉性协会一般并不负责会员企业的合同实施。

(3) 实施性协会。实施性协会不仅帮助会员企业与工会进行合同谈判,还帮助其实施合同,主要是为了对付强大的工会力量。

(4) 磋商性协会。磋商性协会既不参与合同谈判,也不帮助会员企业实施劳动合同,也没有各种专职的应付谈判的办事人员,其主要职能在于召集会员企业,交流信息,讨论问题,以此获得对付工会的经验,完善自己的谈判方案①。

3. 政府在劳资关系中的作用

在劳资关系中,政府实际上扮演着一个中间调停人的作用。如当劳资双方间的冲突进行协调或当劳资冲突到不可收拾时,政府再出面进行干预,政府干预、调停劳资关系的工具性手段是立法。如随着工人运动发展和工人政党的出现,标榜民主和选举的资本主义国家,在制定有关劳动立法时,要考虑数目广大的工人的选票投向问题,因此,在劳动立法方面要考虑劳工的利益。同时,政府为了达成整个社会经济能够持续和谐发展的目标,也需要考虑制定适当的劳动政策。为了敦促有关劳工立法的实施,在政府部门中一般都设有国家劳资关系委员会之类的机构,它受理劳资双方的申诉并帮助监督有关劳动立法的实施,下表是有关美国私营部门集体谈判的主要联邦立法(见表11-2)。

表11-2 美国私营部门集体谈判的主要联邦立法

日 期	法令名称	特征性条款
1932年	那里斯—拉瓜迪亚法案	1. 限制雇主利用法院决议和禁令作为反对工会的武器。 2. 禁止以迫使潜在雇员同意不参加工会作为就业条件的"反工会"合同。
1935年	国家劳资关系(瓦格纳)法案	1. 限制雇主和雇员的不公平的劳工活动。特别是要求雇主同代表其多数雇员的工会谈判。不准干预雇员的组织权。 2. 成立国家劳资关系委员会处理劳资争端。国家劳资关系委员会有权调查被称为不公平的劳工活动、命令侵权终止,并有权让法院执行其决议。国家劳资关系委员会也有权引导雇员代表工会的选举。
1941年	劳资关系(塔夫特—哈特莱)法案	1. 限制工会的某些活动,其中有一部分是允许州通过工作权力法,禁止以工人参加工会(或拒绝参加工会)作为就业条件的要求。
1959年	劳资报告和揭发方案(兰德姆勒—格里芬法案)	1. 旨在保护工会会员的权力,增加工会民主。它包括定期报告工会财务状况的条款和引导工会选举的条款。

资料来源:〔美〕罗纳德·伊兰伯格著:《现代劳动经济学》,中国劳动出版社1991年版,第424页。

从上表可以看出,由于工人的斗争以及社会经济的发展,政府对劳资关系

---

① 参见〔美〕C.A.摩尔根:《劳动经济学》,工人出版社1984年版,第445—446页。

的态度是逐步变化的。目前西方一些国家为了协调和改善劳资关系,还从社会、政治、经济、文化方面制定了一系列旨在协调、改善劳资关系的举措,即在制度和法律方面保障集体谈判制度、工人参与企业管理的制度、工会参与国家社会经济决策制度等的运行,并建立协调劳资关系的各种机构。通过这些举措,发达国家的劳资关系目前基本上是一种对话和妥协合作为主的局面。而达成这种对话和妥协合作为主局面的劳动关系调整机制主要是集体谈判制度、民主协商制度和劳动争议处理制度。这些制度的建设与政府的努力是分不开的。

四、西方国家劳资关系的新趋势

二次大战后,在科学技术革命的推动下,企业间的竞争越来越激烈,经营者们逐渐认识到,企业要在优胜劣汰的市场经济中处于不败地位,雇主要获得更多的利润,不仅需要强有力的管理者和精通业务的专家,还需要雇员的积极性和责任感,需要处理好企业内部各种各样的关系。而雇员们也觉得,自己的切身利益与企业的利益有着密切的关系。在这种情况下,劳资关系有了新的变化,表现为雇主自愿或不自愿地放弃对企业权力的独揽独断,主动或被动地推行民主协商管理制度,采取劳资协商合作的方式来决定生产经营和利益分配。这种关系变化的一个突出表现是 20 世纪 80 年代以来在西方广泛倡导企业的人力资源管理模式,强调在员工与管理者之间建立新型的劳资关系,认为员工作为一种重要的人力资源,在企业的成功中发挥着重要作用,而企业的成功也需要仰仗这种宝贵的人力资源的开发。实践人力资源管理的企业,强调工人对生产过程的参与,鼓励个人对生产的负责;建立形式化的、正式的规则进行管理;建设内部劳动力市场,营造晋升阶梯,实践以成就为基础的晋升准则;强调保持稳定的就业关系的重要性;实施业绩考评制度、信息交流制度、利润分成制度等来激励员工。这种试图通过人力资源管理模式建立劳资之间协调、合作之间关系的努力,已越来越成为众多企业的追求,而人力资源管理也在美国等一些国家成了标准的 MBA 课程的一部分,并日益对其他国家的劳动关系产生了影响。

第四节 中国的劳动关系及其变迁

一、劳动关系的性质与类型

1. 劳动关系的性质

在社会主义条件下,劳动者与各种私有制形式的雇主之间的劳动关系,主要包括劳动者在集体劳动中的参与方式,劳动分工与协作形式及其利益分配方式。劳动关系的性质取决于生产资料所有制的性质。那么,中国的劳动关系又有什么样的性质和表现形式呢?

就理论上而言,社会主义条件下的劳动关系是一种平等合作的利益共同体关系,也即民主管理的关系。因为在社会主义公有制条件下,劳动者享有对生产资料共同占有、使用和处分的权利,因此,也就毫无疑问地有权参加各种生产管理活动。这种管理是一种民主管理,因为民主的本意是多数人的统治,而民主的本质表现为一种管理权。

但是,在实际的劳动生活中,由于中国目前仍然处于社会主义初级阶段,还存在多种形式的生产资料所有制,因此,劳动关系的性质、运作方式等,又随所有制形式、劳动者与生产资料结合的方式等的不同而不同。

2. 劳动关系的类型

可以根据所有制形式、利益关系特点、交换方式等对劳动关系进行区分。

(1) 按生产资料所有制(产权制度)划分。按生产资料所有制(产权制度)分类是划分劳动关系的一种主要方法,因为生产资料所有制(产权制度)是劳动关系的性质及其特征的决定性因素。以此为标准,中国目前的劳动关系主要有以下七种类型:

第一,国有经济的劳动关系。

典型的国有经济是国有企业,生产资料归国家所有,企业隶属于政府,由政府代表国家行使所有权。在职工与国有企业建立的劳动关系中,企业只是与职工进行劳动交换的形式主体,国家是企业背后的真正主体。在计划经济体制下,国有企业由政府直接负责经营管理,企业没有自主权,不是独立的经济实体,其职工具有国家职工的身份,职工与企业的劳动关系的各个方面均由政府确定。在市场经济体制下,国有企业具有独立的法人资格,并享有充分的自主权,企业成为劳动力市场的主体,也是与职工进行劳动交换的主体,国家不再是企业的直接指挥者,而是劳动关系的协调者,即职工与企业的劳动关系要受到政府制定的政策、规章等的约束。

第二,集体经济的劳动关系。

在集体所有制经济中,生产资料归这个集体的全体职工所有,即每个职工都是所有者中的一员,同时,职工又是与集体经济组织建立劳动关系的劳动者,与其进行劳动交换。因此,集体所有制经济组织的职工具有双重身份。在这种情况下,每个职工既享有作为所有者的合法权益,其中包括参与集体经济组织管理以及决定利益分配的权利,又作为一个普通劳动者接受集体经济组织的劳

第十一章 劳动关系

动管理,并履行自己的责任和义务,也享有劳动者的合法权益。

第三,股份制经济中的劳动关系。

股份制是市场经济发展的产物,是在市场经济中进行资源有效配置和提高经济效益的一种企业组织形式与经营管理体制。现代企业制度以股份制企业为其主要的形式,并在社会经济生活中居于主导地位。股份制企业的性质由控股权归属者的性质和利益主导关系决定。在规范的股份制企业中,产权关系非常明晰,所有权与经营权彼此分离,劳动关系双方的主体地位明确,劳动交换的权力结构以及利益格局比较规范。股份制经济组织中劳动关系的建立、维持、调整和终止,都主要通过市场机制的有效运作实现。在这类经济组织中,职工既可以通过购买本企业的股票而成为股东中的一员,从而具有双重身份;也可以不买本企业的股票,只是作为企业的雇员。职工是否拥有本企业的股票对于职工与企业之间的劳动关系通常没有显著性影响。

第四,股份合作制经济中的劳动关系。

股份合作制是由劳动者全员入股自愿组织起来,从事市场经营或服务活动,实行民主决策与管理,按劳分配与按资分配相结合,利益共享,风险共担,独立核算,自主经营,自负盈亏,并以企业财产独立承担民事责任的一种企业制度形式。在股份合作制企业中,企业资产是由全体职工分别按照一定份额的出资所构成的。股份合作制虽然在形式上也采取股份制的某些做法,但与股份制那种股权式合资的资产组织方式不同,它的基础是劳动合作,在本质上是合作经济股份制。另外,它与集体所有制经济组织也有明显的不同,因为后者没有对股权进行量化。在股份合作制企业中,职工具有股东和劳动者的双重身份,职工与企业之间形成了比较紧密的利益共同体。

第五,私营经济中的劳动关系。

私营经济中的劳动关系,从本质上而言是一种劳资关系,即是一种以剩余价值的追求为目的雇佣劳动关系,具有阶级剥削的性质。在这种劳资关系中,雇主不仅占有和支配生产资料和剩余价值,而且一般都直接掌管企业的生产经营权、工资分配权、劳动力支配使用权等,雇主在劳资关系中往往处于主导地位,雇员只是出卖自己劳动力的雇佣劳动者,处于被雇佣、被管理,甚至被压迫、被剥削的地位。劳资双方的利益存在着对立性,劳资关系在根本上具有不平等性。当然由于私营经济是在社会主义的大框架下运行,因此,劳资关系会受到社会主义劳动法律体系的约束,并表现出不同于资本主义国家私营经济劳动关系的一些特点。

第六,个体经济中的劳动关系。

个体经济是以所有制为基础并以生产资料所有者从事个体劳动为特征的一种经济组织类型。个体经济一般有两种类型,一类是以自营职业者为主体,即通常被称为自谋职业的个体户,他们既是所有者,又是劳动者,一般以单干为主;另一类是有雇工的个体工商户,业主雇用一个或几个雇工。按照国家有关规定,个体工商户的雇工应在7人以下,如果雇工人数在8人以上,则应登记为私营企业。在有雇佣现象存在的个体经济中,会出现劳资关系。

第七,外商投资经济中的劳动关系。

在中国的外商投资经济主要包括外商独资企业、中外合资企业、中外合作经营企业三种类型。在外商独资企业中,生产资料所有权全部归外商所有,外商全权掌握企业的经营管理,企业具有资本主义性质,劳动关系是一种雇佣劳动性质的劳资关系。中外合资企业一般实行股份制,而中外合作经营企业则属于契约式的联营企业,在这两种企业中,中外投资双方各占有企业的部分资产,其中外商所有的资产属于私有性质,中方资产的性质则由投资方的所有制类型决定,因此劳动关系比较复杂。一般而言,在后两种企业中,职工只具有雇员身份,劳动关系基本上是一种雇佣性的劳资关系。不过,外商投资企业因处于中国的社会、经济、法律架构下,因此,外商投资企业的劳资关系与资本主义国家的劳资关系有所不同。

(2) 按劳动关系主体双方的特征分。以劳动关系主体双方的特征作为划分的标准,可以区分为三类不同的劳动关系:劳动者个人与企事业等经济组织的劳动关系,劳动者个人与国家的劳动关系,劳动者集体与经济组织的劳动关系。

在劳动者个人与企事业等经济组织的劳动关系中,劳动者个人和企事业单位都是相对独立的交换主体,双方在劳动关系中都享有比较充分的自主权,如私营企业中的劳动关系双方。

劳动者个人和国家的关系是指全民所有制单位的劳动者因其有"国家职工"身份而与缺乏充分自主权的企事业单位之间形成的劳动关系,这种劳动关系在传统的国有企业中占据主导地位。

劳动者集体与经济组织的关系是指工会作为职工的代表,与有关经济组织签订集体合同而发生的劳动关系。

(3) 按劳动者与生产资料结合的具体方式分。从劳动者与生产资料结合的具体方式看,劳动关系主要有两种表现形式,即合同化的劳动关系与非合同化的劳动关系。

合同化的劳动关系是指双方用劳动合同的形式来建立和调整劳动主体之间的关系。劳动合同所确定的劳动关系、劳动关系主体双方的权利和义务,一般都具有法律效力。

非合同化的劳动关系是指由国家或劳动者所在单位的有关规章制度来确立的关系,以往中国城镇国有企业的固定工既是属于这种形式。

(4) 按利益关系划分。按照劳动关系双方的利益关系标准,可以将劳动关系区分为三种类型:一是利益冲突型的劳动关系,劳动关系双方利益尖锐对立,并因这种利益对立而产生激烈的矛盾冲突;二是利益一体型的劳动关系,其特点是强调劳动关系主体双方利益的一致性,并且往往以雇主为中心,通过密切的合作形式形成利益共同体;三是利益协调型的劳动关系,劳动关系主体双方在人格上和法律上地位平等,并享有对等的权利,通过平等协商的谈判来保障双方的合法权益。

二、中国劳动关系的变迁及其特点

从1949年中华人民共和国建立至今,中国的劳动关系发生了比较大的变化,特别是20世纪90年代以来,这种变化尤其明显。

1. 计划经济体制下的劳动关系

在计划经济体制下,中国在所有制方面搞"一大二公",以实行全民所有制为主,集体所有制为次,几乎消除了其他形式的所有制。国营经济组织是城镇劳动的主要组织方式。

计划经济体制下的劳动关系具有以下特点:第一,劳动关系的形成不是通过市场决定的。计划经济体制下的企业不是市场经济意义上的经济企业,其劳动力具有固定资本而非可变资本的许多特性,劳动力不是一种随时可以从企业中分离出去的生产因素,企业的需求也不是根据市场对产品的需求而变动,劳动者的工资级别和就业条件是由上级机构来制定的;第二,企业不仅承担经济功能,而且还承担社会和政治的功能,企业是分配各种资源(工资、福利等)的主要场所,人们除此之外无法从别处获得这些资源,企业的党组织和工会组织承担职工的思想教育,党组织还掌握着企业的资源分配权,并因此在企业中形成了服从党委的人际关系。第三,就业关系稳定与广泛的社会福利。工厂非常类似于一种总体性制度(total institutions)。

魏昂德把计划经济体制下职工与企业的关系概况为以"工人对企业有组织的依赖(organized dependence)为主要特色的新传统主义"。他指出这种有组织的依赖主要表现在三个方面:

(1) 对企业的经济与社会依赖。所有的劳动者都依赖所在的组织以满足特定的需要,但是劳动者对组织的依赖的程度在不同的国家表现出很大的不同。与市场经济国家相比,中国的劳动者对企业表现为一种全面的依赖,依赖的程度高。因为在计划经济体制下:第一,在不存在市场的前提下,劳动者与工作单位之间不是一种契约交换关系。劳动者无权选择职业,这种劳动关系是根据劳动者的身份与资格确立的,是被国家分配进入的单位。第二,个人一旦以分配的方式进入单位,就如进了保险箱,单位就对其负起了无限的义务,包括基本生活保障(失业、医疗、养老);福利保障;生活服务;住房;食堂;浴室;就业;对个人的管理与控制;为个人参加各种社会活动提供担保;第三,职工个人除了单位没有其他可供选择的机会与资源,不能调换工作;第四,单位之间与单位内部的流动、资源的供给受到严格的控制。

(2)对管理的政治依赖。对管理依赖的程度可以从两个方面来看,一方面是工人通过有组织的方式集体独立抵御管理方面的企图的能力;另一方面是管理方面通过有组织的方式抵御工人的有组织的活动的能力。他发现在国营企业中,工人对管理的政治依赖很高。

(3)对上级的人身依赖。这种依赖反映了劳动者为满足个人的需要而对其上级的依赖程度。由于领导者有权、有能力对劳动者的录用与解雇、报酬的分配及其他资源的获得进行操纵,因此劳动者对领导的依赖程度很高[1]。

总体来看,在计划经济体制下,企业不是独立的经营实体,没有用人的自主权,职工也没有择业的自主权,国家成为劳动关系中的一方主体,而且起着支配劳动者一方的作用,劳动者因满足需要的其他替代性资源的缺失而对企业全方位依赖,这种依赖本质上是对国家的全方位依赖。

2. 体制转轨中的劳动关系

1978年十一届三中全会以后,中国在社会、经济生活的各个领域进行了改革。在改革过程中,劳动关系制度也进行了一系列有意义的变革,这些改革主要表现在以下四个方面:

(1)实行劳动合同制度。劳动合同即劳动契约,它的一个显著特点是当事人双方可就某些事项进行自愿协商,在订立合同时,双方具有平等的法律地位。实行劳动合同制度,目的就是为了使企业和劳动者可以在平等的基础上进行协商。企业可以根据生产、工作的实际需要和市场供求的变化,调整劳动力结构,合理配置劳动力;劳动者可以按照自身的条件和自己的意愿,选择适当的生产和工作岗位,发挥自己的潜能。依法订立的劳动合同具有法律效力,双方要根

---

[1] Walder, Andrew. 1986. *Communist Neo-traditionalism:Work and Authority in Chinese industry*. University of California Press.

据劳动合同履行自己的职责,同时享有劳动合同条款规定的权利。中国从20世纪80年代初期开始推行劳动合同制度,并在1994年《中华人民共和国劳动法》(以下简称《劳动法》)颁布后成为一种确立劳动关系的基本形式。

(2)推行集体协商与集体合同制度。《劳动法》对这一制度有较详细的阐述,用以规范企业、职工和国家之间的社会劳动关系。《劳动法》规定,企业职工一方与企业可以就劳动报酬、工作时间、休息休假、劳动安全卫生、保险福利等事项签订集体合同。通过推行集体协商和集体合同制度,增强了工会组织代表职工参与协调企业劳动关系的重要职能,有利于维护企业全体职工的合法权益,预防和减少劳动争议的发生。

(3)恢复、建立和健全劳动争议处理制度。中国的劳动争议处理制度始于建国初期。根据《共同纲领》的规定,中华全国总工会于1949年11月制定了《关于劳资关系暂行处理办法》。其中第27条对劳资争议的协商、调解、仲裁和法院审判的处理程序作了规定。劳动部门也专门设立了劳动争议调处司。1950年6月,劳动部发布了《劳动争议仲裁委员会组织及工作规则》。同年10月,经政务院批准,劳动部发布了《关于劳动争议解决程序的规定》。这些规定的实行,使我国的劳动争议处理制度初步建立,并在协商劳动关系中发挥了重要作用。1955年7月以后,劳动争议处理机构陆续被撤销。有关规定自行停止实行。人民法院也不再受理劳动争议案件。此后一直到1986年之前,劳动争议处理工作按照归口交办的原则,由信访部门承担。1987年7月31日,国务院发布了《国营企业劳动争议处理暂行规定》,这是劳动争议处理制度重新恢复的标志。1993年7月31日,国务院颁布了《企业劳动争议处理条例》,将其适用范围扩大到中国境内的所有企业。1994年7月出台的《劳动法》,对劳动争议处理的程序和机构作出了明确规定,标志着劳动争议处理体制在国家基本法律中得以确立。另一方面,按照"重在源头、重在预防、重在调解、重在基层"的原则,各地总工会加强企业(特别是非国有企业)劳动争议调解委员会的建设,并制定相应的工作制度,规范调解程序,将大量劳动争议化解在基层。目前,中国正在继续积极探索建立与社会主义市场经济体制相适应的、符合中国国情的劳动争议处理体制。

(4)探索建立劳动关系的三方协调机制。中国在1990年时就批准了国际劳工组织制定的《三方协商促进履行国际劳工标准公约》。目前,在国家一级和大部分地区,都已经分别建立了劳动关系三方协调机制,由各级劳动行政部门、企业组织和工会组织三方代表通过协商方式,对涉及劳动关系方面的重大问题进行经常性和制度化的沟通与协商,对具有重大影响的集体劳动争议和群众性事件进行调查研究,提出解决问题的有关意见,对制定涉及调整劳动关系的法律、法规、规章和政策提出意见和建议,并监督实施。在市场经济体制下,三方的互相交流与沟通,通过协商解决矛盾和争议,将是劳动关系规范化的重要保住。

3. 劳动关系变迁的特点

总体而言,自从 1978 年改革以来,中国的劳动关系发生了有意义的变迁,国内外学者对此进行了有益的探讨,如李静君认为,在改革过程中,新传统主义的劳动关系在部分国有企业已经成为历史,取而代之的是失序专制主义(disorganized despotism),企业中厂长和管理层总揽权威,合同制、企业自主、科学管理的引入,使以往国有企业中的互惠关系消失,一系列企业福利制度在改为社会层次的安全网时,由于改革不到位,使大部分工人失去讨价还价的权利[①]。陈佩华则对外资企业内的劳动情况进行调查,发现外资中来自欧美与来自东亚的资本,在劳动管理上有明显不同的模式:欧美的公司注重人力资源管理(HRM)较重视工人的意见、工作动机及权力下放,而来自东亚的外资厂,其劳动条件近乎 19 世纪工业革命初时的苛刻,包括低薪,工作时间长、宿舍拥挤、工业意外频生,她将民工的处境类比为新隔离制(bonded labor)[②]。

应该说,改革以来中国劳动关系的变化是广泛而深远的,本书把劳动关系变迁的特点概括为以下五个方面。

(1) 由单一类型的劳动关系向多种类型劳动关系并存转变。改革以前,中国的劳动关系以全民所有制的劳动关系模式占主导地位,集体所有制企业也往往参照全民所有制企业劳动关系的模式执行,成为"二国营"。改革以来,由于多种所有制并存,非公有制经济实体大量涌现,各种类型的劳动关系并存成为中国社会经济组织方式的一大特色。

(2) 国有企业中传统的单层次的国家对职工的劳动关系转变为国家与企业、国家与职工、企业与职工的多层次复合式劳动关系。劳动关系的这种变化主要是企业和劳动者在劳动关系中的主体地位逐步明确的结果。

(3) 由稳定的劳动关系向多变的劳动关系转变。在计划经济体制下,企业没有用人的自主权,劳动者也无择业的主动权,劳动者的职业流动很低,人们往

---

① Lee, Ching Kwan. 1999:"From Organized Dependence to Disorganized Despotism: Changing Labor regimes in Chinese Factories", *The China Quarterly*. 157, Mar.

② Chan, Anita. 2001:*China's Workers under Assault: The Exploitation of labor in a globalization Economy*. M.E. Sharpe, Inc.

往在一个单位一干就是一辈子。改革以来,随着阻碍劳动者职业流动的各种阻碍逐步消除,职业流动现象增加了,劳动者与企业也不再是一种一成不变的关系。同时,由于市场的变化莫测和供求的波动,已经拥有用人自主权的企业将会根据市场供求调节劳动力的需求,更使得劳动关系具有了多变性的特征。

(4)由身份制的劳动关系向非身份制的劳动关系转变。在计划经济体制下,中国的劳动关系具有身份制的特点,劳动者依其城乡身份、所有制身份、干部工人身份等的不同,其所属的劳动关系特性也不同。身份是社会对每个人既有地位和财富合法性的确认契约,是根据各方的利益关系订立的规范个人和社会行为的协议,身份是凝固化的,人们很难通过后天努力自主地获取某种身份。这是一种缺少公平竞争机会的体制。改革以来,这种以身份为标志划分的各类劳动关系正在逐步消失,取代它的是以某类职业、行业及企业差别为特点的非身份制的劳动关系。

(5)由行政性依赖的劳动关系向契约交换型劳动关系转变。在改革以前,中国劳动者与劳动组织的关系是一种行政性的依赖关系,我们可从以下两个方面来看劳动者对作为工作单位的组织的依赖程度:一是职工各方面发需求有多大比例是通过工作单位来满足的,二是是否有其他手段、机会满足这些需求,即资源的替代性。在计划经济体制下,劳动者是被分配进入劳动组织的,作为单位的劳动组织对其成员负有全面的义务,如基本生活保障(失业、医疗、养老);福利保障;生活服务等;对个人进行管理与控制;为个人参加各种社会与政治活动提供担保等。职工个人也没有其他可供选择的替代性机会与资源,他们的职业流动也受到严格的控制。在这种情况下,劳动者与单位之间的关系是一种全面的行政性依赖关系。改革以来,这种情况有了改变,首先是造成个人对单位强依附的传统组织体系有所改变。1984年开始的城市经济体制改革,使政企合一、党政合一的传统的金字塔式的层级结构发生了变化,劳动组织(即单位)与国家的关系发生了改变。其次,二十多年的改革使得在原有铁板一块的体制之外,生长出了一块自由活动的空间,即在完全由市场规则调节的社会经济活动领域里,出现了大批不由国家——单位体制控制的自由流动资源。劳动者与企业开始以劳动合同———种新的契约形式缔结劳动关系,劳动者在选择职业、选择单位、选择流动及作出流动决策时,更多地受到了利益的驱动。关于这方面的问题,我们在"职业选择"和"职业流动"那几章也作过阐述,在此不再多述。

思 考 题

1. 什么是劳动关系?
2. 什么是业缘关系,它有哪些类型?
3. 简述劳资关系的概念及其发展阶段。
4. 试分析工会在劳资关系中的地位与作用。
5. 简述西方国家在二战以后劳资关系发展的新趋势。
6. 试论改革以来中国劳动关系的变迁及其特点。

第十二章

劳动制度基本分析

人们的劳动行为和劳动关系受到劳动制度与规范的约束。劳动制度在人们的劳动生活及社会经济发展中扮演着非常重要的角色。对劳动制度运行机制及其社会经济效果进行考察,是劳动社会学研究的又一重要领域。

第一节 劳动制度初析

一、劳动制度的含义

1. 制度与社会制度

什么是制度？美国老制度经济学代表人物康芒斯认为,制度是集体行动对个体行动的控制[1]。新制度经济学代表人物诺思则认为,制度是一个社会中的游戏规则,是用来调节人类相互关系的一些约束条件。它包括人类用来决定人们相互关系的任何形式的制约,制度由正规的成文规则和那些作为正规规则的基础与补充的典型的非成文行为准则组成[2]。社会学家认为制度是社会生存和发展所需要的协调性与合作性赖以建立的基础,它是围绕社会基本需求而建立起来的关系系统。在这个系统内,共同的价值、规范、程序都被组织了起来。按我国著名社会学家吴文藻的观点,制度是由于人类团体活动而引起的某种社会关系……是有组织的人类关系的形式或者说是有组织的人类活动的体系。社会学家维克托·尼则把制度看作是支配社会关系的互为关联的规则与规范,包

---

[1] 参见〔美〕康芒斯:《制度经济学》(上册),商务印书馆1981年版。
[2] 参见〔美〕R.科斯:《财产权利与制度变迁》,上海人民出版社1991年版,第3页。

括型塑行动者选择集的正式制约与非正式制约①。

社会制度则是为了满足人类的生存需要而形成的社会关系以及与此相联系的社会活动的规范系统。社会制度可分为三个层次：一是总体社会制度，或曰社会形态。如资本主义制度、社会主义制度；二是一个社会中不同领域里的制度，如经济制度、教育制度等；三是具体的行为模式和办事程序，如考试制度、审批制度等。劳动社会学把劳动制度作为社会制度的一个下属制度来进行研究，主要是指第二层与第三层意义上的制度。

2. 劳动制度的界定

劳动制度是人类在一定社会生活中为满足劳动关系发展的需要而建立的有系统、有组织并为社会所公认的劳动行为规范体系。劳动制度应该有正式的与非正式的区分，正式的劳动制度是支配劳动关系的互为关联的规则（是言明的，书写的那一套），包括广义和狭义的。广义的劳动制度，主要是指国家或有关权力机构制定的、约束人们劳动行为及其劳动关系的法律、法令或其他相应的形式，表现为与人们参加社会劳动、建立劳动关系直接有关的一系列办事程序、规章和规定，这一层次的制度也就是政府的行政性制度，如劳动就业、劳动工资、劳动保障等制度。狭义的劳动制度是指与劳动就业直接有关的办事程序、规章和规定的统称，包括劳动者的招收、录用、培训、调动、考核、奖惩、辞退、工资、劳动保险、劳动保护等制度。这一层次的制度通常表现为工作组织内的劳动制度。非正式的劳动制度主要是指依靠非正式监控机制而体现的规则，如社会赞同与社会不赞同。

本章主要介绍政府的行政性劳动制度与工作组织内的劳动制度及其变迁。

二、劳动制度的要素与特征

1. 劳动制度的构成要素

劳动制度是由各种要素所组成的一个综合体，它的构成要素有四个方面：概念系统、规范系统、组织系统与设施系统。

概念系统是劳动制度的理论基础，是劳动制度产生及其运行合理性的根据。它主要包括三个方面的内容：一是马克思主义等关于劳动的学说；二是社会学关于社会制度的理论；三是社会劳动实践中积累的丰富的经验知识。

规范系统是指劳动制度本身的一套基本内容，这些内容包含了成文与不成

---

① Nee, Victor. 1995: Sources of New Institutionalism, In Mary Brinton and Victor Nee. *The New Institutionalism in Sociology*. New York. Russell Sage Foundation. p. 8.

文的规范,并确定了劳动者的地位、角色、权利与义务等。劳动制度的内容可以是基于实践经验而约定俗成的规章、准则,也可以是国家政府部门借鉴国外经验,参照本国实际而制定的一系列法规。

组织系统包括劳动制度的制定机构、执行机构和执行人员。它是劳动制度形成和实施的保证。

劳动制度的设施系统指推动、执行和检查劳动制度的物质手段,包括制度承担实体和一系列相应的物质设施。

2. 劳动制度的特征

劳动制度作为社会制度的一种,既有与其他制度相同的共同特征,也有其本身所独有的特色。总的来说,劳动制度有以下四个特点:(1)普遍性。劳动制度的普遍性是由劳动的普遍性决定的,因为生产劳动是人类社会生存和发展的基础与动力,任何社会、任何时代都离不开劳动。(2)组织强制性。劳动制度是一种组织化的社会规范,它作为制约劳动关系和劳动者行为的一种规范体系,对劳动者具有强制作用。如正式的劳动制度往往是由国家或有关权力机构制定的,以确定的规则或法令等形式表现出来的劳动规范体系,劳动制度对从事劳动的所有社会成员都具有强制作用。(3)相对稳定性。劳动制度一旦形成,就具有相对的稳定性,没有巨大的社会变革的冲击,一般不会轻易发生改变。但是劳动制度的稳定性只是相对的,随着社会和时代的变迁,劳动的形式、条件、内容及彼此合作的方式都会发生变化,因而劳动制度也要作相应的变更。(4)系统性。劳动制度的运行必须有相应的制度配合,形成一套行之有效的制度体系,才能对人们的劳动关系与劳动行为进行有效的规范与约束。

第二节 政府的行政性劳动制度

行政性劳动制度最主要的内容是劳动就业制度、劳动工资制度与劳动保障制度。

一、劳动就业制度

1. 就业制度及基本类型

(1)就业制度的界定。就业制度也有广义与狭义之分。广义的就业制度是指直接或间接规范劳动者就业行为的制度总称,包括雇佣解雇制度、用工制度、就业培训制度、就业服务制度、辞职退休制度和劳动计划管理制度等;狭义的就业制度仅指雇佣解雇制度及用工制度。雇佣解雇制度是指劳动者进入或退出企业的方式,它反映的是社会劳动者如何被安置到成千上万个不同职业岗位的方式;用工制度则是对劳动者进入企业之后将与企业保持一种什么样的关系的规定。

(2) 就业制度的基本类型。社会制度、民族文化与历史传统不同的国家和地区,其所采用的就业制度也各不相同。从反映就业制度核心的雇佣解雇制度和用工制度来看,现行的就业制度基本上可以分为两种类型,即契约雇佣就业制和行政配置就业制。

契约雇佣就业制是以劳动力市场为依托,采用类似商品交换的方式,将劳动的供给与劳动的需求联系起来的一种配置劳动者到各种职业的方式。例如通过劳动立法规定契约就业、最低工资线、男女同工同酬等原则。在契约雇佣就业制运行的过程中,政府对其基本上采取不干预的政策,只是规定一些基本的原则,创造一个与国家经济发展水平相适应的就业环境。采用契约雇佣的国家,劳动者与雇主要签订雇佣合同,合同规定了雇佣的期限,双方的权利、权利和义务关系。劳动者要变更合同期限,可以通过终止合同或续签合同的方式进行,调整合同的行为比较自由也比较频繁。劳动者与雇主所签订的劳动合同对双方都有同样的约束力,如雇主想对雇员的劳动期限进行调整时,同样也可以终止合同或续签合同。目前欧美一些国家的就业制度基本上是这个类型。在实行契约雇佣就业制的国家中,采用终身契约雇佣制的国家并不多,目前应用得成功的只有日本一个国家。终身契约雇佣制是维持日本劳动关系的根本制度,这种制度在日本企业中有着重要的地位。在日本的一些企业中,雇主很少解雇或开除职工,职工也很少像欧美中的工人那样动辄就中途流转,只有在企业倒闭或职工犯有严重错误时,才会对职工采取解雇的行为。日本的这种终身契约雇佣就业制虽在企业中占据主导地位,但它既没有法律根据,也没有明文的规定,而只不过是受传统民族文化的影响而约定俗成的一种行为。日本的民族文化不同于欧美崇尚个体主义的文化,他们比较重视群体的特征和群体的和谐统一,倡导个体对群体的归属。这种文化深深植根于民族文化之中,并成了指导日本人行为规范的一个重要准则。因此,终身雇佣制在日本能够盛行,是与其民族文化有很大关系的。

行政配置就业制是政府采用行政办法把劳动者统一分配到企业,以固定工形式将劳动者和企业的劳动关系固定下来的一种就业制度。这种就业制度的基本特征是充分就业,即保证每一个达到劳动年龄的劳动力都有就业的岗位,对社会劳动者实行统包统配的安置方式。劳动者一旦进入某一个企业,便和该企业达成了一种基本终身固定的关系。传统经济体制下的中国就业制度,就是

第十二章 劳动制度基本分析

这种制度的典型。中国几十年来采用这种就业制度的经验表明,行政配置劳动者就业的方式在一定的历史条件下也曾起过积极的作用,但其在运行过程中所表现出来的弊端也同样明显。

2. 计划经济体制下的中国就业制度

中国的劳动就业制度是在废除了旧中国雇佣就业制度的基础上,在进行社会主义建设的过程中逐步形成、建立、发展起来的。新中国建立之初,为了稳定局势,解决旧中国遗留下来的失业问题,党和政府对国民党政府遗留下来的旧公职人员和1952年前后实行民主改革多余出来的人员,采取了全部包下来的政策。对在官僚资本主义企业中工作的职工,不仅包下来,而且实行"原职原薪"不变的政策。对于社会上的失业人员,则一律登记,然后分别介绍就业或给以转业训练,或给予救济;对于新毕业的大学生,则全部由国家统一分配工作。以后,对于城镇复员转业军人、中专毕业生、技工学校毕业生、城镇未能升学的中学毕业生也由国家安置就业,甚至连刑满释放人员也需要由国家进行安置就业。由于这些政策与制度的规定,人们所担心的公开的失业问题得以避免,显示了社会主义制度的优越性,也使中国逐步形成了一套行政配置的就业制度。中国传统劳动就业制度的基本特征表现在它是以劳动指令性计划为龙头的三位一体的结构。这个三位一体指的是我国劳动就业制度主要是由劳动计划体制、就业体制和用工制度三部分构成,而劳动者就业、辞退等安置的计划性与行政性则为就业体制的核心。

传统劳动行政计划的主要特征是指令性"人头"计划;传统就业体制的主要特征是"统包统配";传统用工制度的主要特征是国家固定工制度,即终身制。指令性"人头"计划集中过多,统得过死,只管城镇,不管农村;只管全民单位,不管其他所有制的单位。劳动的中长期计划缺乏科学依据,年度计划也缺乏稳定性和准确性,而且与生产计划也衔接得不好,使计划失去了应有的严肃性和指导性。从实践来看,我国的劳动计划制度也很不完善,曾多次出现"一统就死,一死就放,一放就乱,一乱就收"的局面。统包统配的就业制度,对劳动力的配置不考虑价值规律,将城镇的就业全部由国家包下来,把安置就业的重任都推给了国家。同时,它压抑了劳动者个人就业的积极性,使得个人选择职业的渠道很狭窄。从劳动者本人来看,没有择业的自主权、主动权,没有充分发挥自己才能的机会;从用人单位来看,没有了用人的自主权,阻碍了用人效率的提高。用工方面的固定工制度,能进不能出,企业和劳动者双方都缺乏互相选择的权力,使用工制度失去了应有的活力。

3. 中国劳动就业制度的改革

从 20 世纪 70 年代末至今,中国的劳动就业制度进行了一系列的改革。回顾二十多年来的改革,可以发现,劳动就业制度的改革是分阶段逐步推进的。这一渐进改革体现在以下四个基本的方面。

(1) 对"统包统配"就业格局的改革。改革初期(1978—1983 年)劳动就业制度的变革主要针对的是用工制度,通过改革逐渐打破劳动就业"统包统配"的格局。

改革初期,在劳动用工方面,中国所面临的最大问题是安置城镇劳动力。"文化大革命"结束以后,上山下乡的知识青年陆续回城,加上城镇积累的待业人员和新增长的劳动力,在城镇形成了待业高峰。1978 年和 1979 年城镇待业率居高不下,出现了建国以来的第三次失业高峰(第一次失业高峰是 50 年代初出现的,这是旧中国遗留下来的问题,第二次是 60 年代初期出现的,在 50 年代后期"大跃进"运动中,城镇职工人数急剧膨胀所导致,第三次是上山下乡的青年返回城镇要求就业导致的)。1978 年失业人数达 530 万人,失业率为 5.35%,其中待业青年占 47%;1979 年失业人数达 567.6 万人,失业率为 5.4%,其中待业青年为 45.5%[①],成为当时影响社会安定的问题。

为了解决城镇就业问题,这一阶段提出了"三结合"的就业方针,推出了劳动服务公司这一新型的社会劳动力管理组织,深刻地触动了传统就业制度中的"统配问题",同时也在一定程度上触及了"统包问题。"

"三结合"就业方针于 1980 年 8 月提出,中共中央和国务院转发了《进一步做好城镇劳动就业工作》的文件,制定了这个新的就业方针。即今后就业实行"在国家统筹规划和指导下,实行部门劳动部门介绍就业、自愿组织起来就业和自谋职业相结合的方针,简称为"三结合"就业方针。"三结合"就业方针的实行,开始触动原来"统包统配"的就业制度,并对人们就业意识的转变了很大的作用。

劳动服务公司是社会劳动力管理的一种综合性机构。劳动服务公司这个词在 1978 年提出来,1979 年创建,它既担负着组织社会劳动力发展各项经济事业的责任,又承担着劳动部门的部分行政职能,用经济手段和行政管理相结合的方法组织和指导就业,主要任务是:一、对待业人员进行统计、登记和调查研究,介绍和安排待业人员就业;二、掌握社会各方面对劳动力的需要,输送临时

---

① 参见中国统计局社会统计局编:《中国劳动统计资料(1978—1987)》,中国统计出版社 1989 年版,第 109 页。

工,对临时工进行统筹安排,协调和管理工作;三、组织集体经济事业,安排待业人员就业,指导民办集体经济组织和个体经济的发展;四、建立培训中心,发展职业教育;五、安排企业富余人员,开辟生产门路;六、发放待业津贴及管理待业职工等。

劳动服务公司有两种类型:一种是省、市、县(区)劳动部门办的,另一种是全民所有制企业、事业、机关、群众团体以及街道办的,两者都归口于相应的主办单位领导。

举办劳动服务公司的意义在于它在统筹社会劳动力方面的作用,使企业与劳动者个人间展开双向选择有了一定的基础和条件,企业可以更好地把握劳动者的情况,而劳动者也可以对市场的劳动供求状况有一个大概的了解。

(2)对新就业劳动者实施劳动合同制。劳动就业制度改革的第二步开始触动固定工制度。实行劳动合同制度的目的是要打破固定工制度的弊端。从1980年开始,劳动部门先在上海部分国有企业的熟练工、普通工中试行劳动合同制,在试点的基础上,中央于1981年10月转发了《关于广开门路,搞好经济,解决城镇劳动就业工作的文件》,提出要在企业中实行合同工、临时工、固定工等多种形式的用工制度,"六五"期间在国有企业、事业单位中,除新建单位必须增加的人员和按国家规定统一分配的人员外,一般不再增加固定工的方针。到1982年,已经在广东、广西、湖北、江苏、安徽、江西、上海、北京等8个省、自治区、直辖市的部分城镇16万人中试行劳动合同制。1983年2月,劳动人事部为了进一步推动用工制度改革,颁发了《关于积极推行劳动合同制的通知》,要求各省、自治区、直辖市都进行劳动合同制的试点,合同制工人总数达到65万人[①]。

继1983年2月劳动人事部发出《关于积极推行劳动合同制的通知》以后,1984年10月中共中央在《关于经济体制改革的决定》中再次指出:"在企业、国家机关和事业单位改革工资制度的同时,还要加快劳动制度的改革。"与此同时,在矿山、建筑、装卸、搬运业中推行了农民转换工制度和招用农民合同工制度,在各地试行劳动合同制的基础上,1986年7月国务院发布了《改革劳动制度四个规定的通知》,即《国营企业试行劳动合同制暂行规定》、《国营企业招用工人暂行规定》、《国营企业辞退违纪职工暂行规定》、《国营企业职工待业保险暂行规定》。规定自1986年10月1日起,在国有企业新招收的工人中,普遍实行劳动合同制。所谓劳动合同制,指的是劳动者与企业通过自愿平等、相互协商

---

① 何光主编:《当代中国的劳动力管理》,中国社会科学出版社1990年版,第176页。

的原则签订劳动合同,确定劳动关系,规定双方的责、权、利。劳动合同的内容一般包括生产任务、用工期限、工作条件、劳动报酬、保险福利待遇、劳动纪律、变更劳动合同的条件和违反劳动合同应承担的责任,以及双方认为需要规定的其他事项。

1986年实行的劳动合同制的主要内容如下:

第一,有关雇佣劳动合同制工人的规定。国有企业在国家劳动工资计划指标内招用的常年性工作岗位上的工人,统一实行劳动合同制;根据生产、工作特点和需要,可以招用5年以上的长期工,1年至5年的短期工和定期轮换工,都应当签订劳动合同,试用期为3个月至6个月;企业招用工人,应当面向社会,公开招收,不得以任何形式进行内部招工,不再实行退休工人"子女顶替"的办法。内招或子女顶替的办法始于1956年,1962年之后形成制度,1956年劳动部同意轻工业部和纺织工业部所属企业从社会上招用职工时,对年老体衰、退休职工或不够退休条件的退职工人,可吸收一名有城市户口的子女进厂代替工作,1962年精简职工期间,为了便于安置和处理老弱残职工,1962年10月,中共中央国务院在《关于当前城市工作若干问题的指示》中指出,"年老退休的职工,家庭生活困难的,允许子女顶替"①。

第二,有关劳动合同制工人待遇的规定。劳动合制工人的工资保险福利待遇,应当与本企业同工种、同岗位原固定工人保持同等水平,其保险福利待遇低于原固定工人的部分,用工资性补贴予以补偿,工资性补贴的幅度,为劳动合同制工人标准工资的15%左右;劳动合同制工人待遇包括退休费、医疗费和供养直系亲属抚恤费、救济费,劳动合同制工人的退休养老基金由企业和工人缴纳,企业缴纳的退休养老基金数额为劳动合同制工人工资总额的15%左右,工人缴纳的数额不超过本人标准工资的3%②。

(3)对原有固定工的改革。劳动制度改革的第三步是对原有的固定工队伍进行改革。从1987年起用工制度改革更多地集中在"搞活固定工制度"上,1987年2月劳动人事部在桂林召开的劳动制度改革座谈会议上专门研究了搞活固定工制度问题,会后,在实行劳动组合、搞活固定工制度的试点上有了新的进展。劳动人事部同年9月在青岛召开了全国搞活固定工试点工作会议,会议

---

① 劳动人事部政策研究室编:《劳动人事法规章文件汇编(1984—1987)》,劳动人事出版社1989年版,第314—325页。

② 参见中国劳动人事编辑部:《中国劳动人事年鉴(1949—1987)》,劳动人事出版社1989年版,第192—193页。

第十二章 劳动制度基本分析

要求,结合推行承包经营责任制,全面推行搞活固定工制度的试点,此后在全国范围内全面展开了搞活固定工制度试点工作,搞活固定工制度主要采取了优化组合的改革,优化组合有三种主要的形式。

第一种形式是通过劳动组合,择优上岗,实施合同化管理,把生产上不需要的富余人员撤离出来,由企业内部消化安置,上岗职工和下岗职工,在经济待遇上有所差别,绝大多数试点企业采取这种形式。

第二种形式把就业制度改革与工资、保险福利以及人事制度改革结合起来,实行综合配套改革,具体做法是:劳动就业制度改革重点在企业内部实行劳动组合,择优上岗,实施合同化管理;工资制度改革重点是实行工资总额同经济效益挂钩办法,人事制度改革是实行干部聘任制;保险福利制度改革重点是解决保险社会化问题。

第三种形式在劳动组合的基础上,在企业内部实行全面的劳动合同制,允许企业辞退富余人员,这种形式只是在个别地区试行。

20世纪80年代后期开始的这些优化组合具有局限性:第一,实施主体的问题,企业还没有确立自己的独立地位,常常受到有关政府部门的干涉,因此出现政府给予企业指标,企业被动执行的现象;第二,考核问题,即由于缺乏科学的标准,考核常流于形式;第三,职工受到不少心理压力,如不安、反感、抵抗、失望等,对企业实施优化劳动组合带来一定影响;第四,富余人员的消化大部分是企业内安置。自我安置产生了很多问题,如冗员由企业自我消化安置,不仅在一定程度上削弱了优化劳动组合的积极效应,而且也不利于调动企业开展这项工作的积极性。同时,企业自我安置冗员迫使其兴办第三产业,进一步加重了"小社会"的矛盾,对搞活企业十分不利。

(4)全面实施劳动合同制与"减员增效"。从1992年开始,国家加快了就业制度变革的步伐。劳动部在1993年印发了《关于建立社会主义市场经济体制时期劳动体制改革总体设想》,希望通过劳动力市场来实现劳动力的合理流动。1994年颁布的《劳动法》强调了企业和劳动者双向选择的权利,并规定全面推行劳动合同制。1995年《劳动法》贯彻实施以后,几乎所有的职工都与企业签订了劳动合同。在双向选择的基础上,国有企业对劳动者进行了优化组合,对劳动者进行考核,择优上岗成为国有企业内经常性的劳动管理工作。在1995年9月28日中国共产党第十四届中央委员会第五次全体会议通过的《中共中央关于制定国民经济和社会发展"九五"计划和2010年远景目标的建议》中,减员增效被提出来作为一种搞好国有经济的机制(人民日报1995年10月5日)。到1997年,"下岗分流,减员增效"已成为社会的主流话语。改革的结果是劳动合同制普遍地代替了以往的"终身就业制",不同的企事业单位在人员录用、用工形式、工作调换、流动及辞退等方面的自主权大为增加。这一时期改革的主要特点是实施全员劳动合同制,试图建立一种"通过市场实现劳动力合理流动"的模式。通过劳动力市场建立劳动关系的前提是劳动力供求双方的独立性,《关于国有企业转变经营机制条例》、《公司法》、《劳动法》都给予了企业(用人单位)和劳动者双向选择权,作为用人单位必须拥有自主用人建立劳动关系的权利,这种自主权贯穿在招聘、录用、惩罚、辞退、解除劳动合同等各个环节,特别是《劳动法》中规定建立劳动关系应当订立劳动合同,因此用人单位通过解除劳动合同可以实现自己的雇佣自主权,劳动者也同样拥有支配自身劳动力的权利。

二、劳动工资制度

1. 工资制度及基本类型

(1) 工资制度的含义。工资问题是现代分配问题的核心,可以说,它是一个世纪难题,因为它涉及当代社会每一个人,涉及生产问题,也涉及分配问题,进而涉及社会问题和政治问题。工资作为劳动者个人消费资料的主要来源,作为激励劳动效率的一个重要杠杆和实现人力资源合理配置的基本手段,是任何一个政府都非常重视的问题。

工资制度与工资问题紧密相关,它是有关工资形式、工资标准和工资支付的原则和办法的总称,一般包括工资决定制度、工资等级制度、工资支付制度、奖金制度、工资的定级和升级制度、最低工资制度和工资管理制度。其中工资决定制度与最低工资制度是工资制度的基本内容。

(2) 工资制度的基本类型。工资制度随各国社会制度、文化、民族及社会经济发展的阶段不同而有所不同。现行的工资制度基本上可以分为二大类型,即西方资本主义国家的工资制度和东方社会主义国家的工资制度。

西方资本主义国家工资制度的基本类型主要有:

根据社会经济发展的历史阶段,西方的工资制度大致经历了这么几种类型:

第一,生存工资制度。生存工资制度产生于西方经济科学的发展初期,这一制度的积极鼓吹者是古典经济学家亚当·斯密与大卫·李嘉图。他们认为工人的工资只要能够维持在生存水平上就可以了,即工人的工资等于工人及其家庭维持最低生活的费用。这种生存工资制度因其在经济生活中所暴露出来的种种问题,在19世纪中期为大家所抛弃。

第二,工资基金制度。工资基金论的主要倡导者是约翰·穆勒,工资基金制度即是在工资基金论的基础上形成的。工资基金论的要点是:工资不是由生存资料决定的,而是由资本决定的,工资是资本家全部资本的一部分,是其用于补偿机器设备消耗、购买原材料等生产资料消费以后的剩余部分。资本的这一部分在一般情况下固定不变,这一部分构成了一个社会的工资基金(也叫劳动基金)。工资高低首先取决于工资基金的高低。在工资基金确定后,工人的工资水平就取决于工人人数的多少。工资基金论的产生与资本主义原始积累的过程紧密相关,这种理论几乎是生存工资制度的翻版。

第三,边际生产力工资制度。边际生产力工资制度的理论基础是边际生产力工资论,其代表人物是美国著名经济学家克拉克(J. B. Clark)。边际生产力工资论认为,工资取决于劳动的边际生产力,也即企业主总是力图使他所雇用的最后一个工人带来的收益与支付给该工人的工资相等。在实际操作运行时,由于各种因素的影响,工资可能高于或低于劳动的边际生产力,但这种偏离不会太大。

第四,集体谈判式的工资制度。集体谈判式的工资制度是目前西方一些国家确定工资的一种基本制度。集体谈判作为处理劳资关系的一种规范,起源于英国并随着工业革命的发展而传至欧洲大陆和北美洲。到了20世纪即为大多数新兴工业化国家所采用。

集体谈判工资制度也是工会发展的产物。所谓集体谈判就是以工人集团,即工会为一方,以雇主或雇主集团为另一方所进行的、为达成关于规定工作条件的协议所进行的协商。集体谈判的内容十分广泛,工资等级和标准、工资增长幅度、福利待遇标准等,都是劳资双方集体谈判的主要内容。这些谈判内容一般由劳资双方经谈判以后通过签订合同的方式确定下来,合同条款由资方负责执行,劳方负责监督,政府对此一般不作干预,只有在出现与政府宏观经济目标严重背离情况时,政府才出面进行干预。

为集体谈判工资理论及制度作出贡献的学者有英国经济学家多布(M. H. Dobb)、美国经济学家邓洛普(J. T. Dunlop)和张伯伦(M. W. Chamberlain)等人。集体谈判工资制度的主要特点是由于工会的作用,遏制了工人之间的竞争,使工人自己成了劳动供给的垄断者。在进行劳资谈判的过程中,工会常常通过各种办法来提高工人的工资。这些主要的办法包括限制劳动供给、提高标准工资率、消除买方垄断、通过改善对劳动的需求(如提高企业劳动生产率,帮助企业改善经营管理,帮助扩大广告宣传和维持高额垄断价格,鼓动政府提高关税,限制国外商品进口,扩大国内商品出口)等措施来提高工资。

集体谈判作为工人集团和雇主集团进行交涉、保障自身利益的强有力手段,经过欧美工人阶级上百年的斗争,不但在提高工资水平上取得了惊人的成就,而且在工资制度上获得了相当程度的保障,如确立了最低工资率制度,生活费用保障制度,同工同酬原则和工资偿付保证制度(即在工厂倒闭或资方宣布破产时,工会方面有保留其资产,并要求首先清偿积欠工人工资的权利,其他方面不得阻挠或要求享受同等优先权),确立了报到工资和带薪假期制度和逐年加薪的原则。

目前,西方一些国家工资谈判的水平差异还较大,也有不同的表现形式,主要有三种:一是分散化的工资决定,即企业工会与企业管理部门(或单个雇主)协商决定,二是高度集中化的工资谈判,即全国性的工会组织与雇主协会间的谈判。前者有美国、日本、加拿大一些国家,后者则有丹麦、瑞典等一些国家。三是像统一前的联邦德国和比利时等一些国家,是一种半集中化程度的工资谈判制度,谈判主要是在产业工会和产业雇主协会之间进行。

社会主义国家工资制度的基本类型是:

改革前大多数社会主义国家实行的是一种中央集权式的工资制度,在这种工资制度下,政府是工资决策的唯一主体,政府通过两大手段对工资进行直接的规定,其一是通过由上而下地下达指令性计划,通过层层分解,把工资总额下达到各个企业,工资的决策权掌握在政府的手中,地方和企业只是计划的传达者和执行者;其二是由国家确定统一的工资,包括工资的标准、工资的等级,统一规定工资的形式,统一规定劳动者转正定级、调资、升级的时间和幅度,统一规定工资的标准和范围等,各个企业根据政府制定的工资政策和工资制度,把权威机关下达的工资总额分配到职工个人。中央集权式工资制度最根本的特点是企业和个人无权对工资的决定进行干涉,工资制度具有很强的行政性特征。中国传统工资制度就是中央集权式的工资制度,这种制度在执行过程中暴露出种种问题,成为改革的重要原因。

2. 最低工资制度

最低工资是国家为保证维持劳动力再生产的最低需要,以一定立法程序规定的,要求用人单位对在正常劳动时间内履行正常劳动义务后的劳动者,必须支付最低限度的劳动报酬。它的一个重要特征是国家运用了法律手段对最低的限额作了规定。最低工资制度作为商品经济和现代工资制度发展到一定阶段的产物,它不仅具有限制雇主随意压价、改善雇员生活、缩小收入差别的功能,还具有调节经济、干预分配、稳定社会秩序的功能。

(1)最低工资制度的产生和发展。自19世纪后半叶开始,最低工资制即成为了劳动保护法的一项重要内容。新西兰和澳大利亚是最早制定有关最低工资条例的国家,到了1909年,英国也建立了最低工资制。国际劳工组织在各国建立最低工资制度的过程中也起了十分重要的推动作用。1928年,第十一届国际劳工大会通过了关于确定最低工资办法的第26号公约和第30号建议书。根据当时国际劳工局为审议该公约而起草的《关于最低工资的报告书》统计,到1928年为止,只有18个国家建立了各种不同形式的最低工资制。1951年,第三十四届大会又通过了关于在农业中确定最低工资的第99号公约和第87号建议书。1970年第五十四届国际劳工大会再次通过了特别参照发展中国家情况的确定最低工资办法的第131号公约和第131号建议书。由于国际劳工组织的推动,最低工资制度已经成为国际通用标准而在世界各国普遍推行。到1985年为止,在国际劳工组织成员国中,承认第26号公约和第131号公约的国家分别达到了97个和32个之多。

（2）最低工资标准的确定。最低工资标准的确定是推行最低工资制度的关键。确定最低工资标准时通常应综合考虑社会和经济等各方面的因素。最低工资标准的确定既要考虑公平原则,保障低收入者的生活,又要顾及企业的支付能力及最低工资对就业产生的消极影响,一句话,最低工资的制定应兼顾公平和效率。具体来说,在确定最低工资标准时应考虑以下几个方面的因素:一、工人的最低生活费用;二、工人的赡养系数;三、工人的平均工资水平;四、居民平均生活消费;五、工人的消费结构及其变动趋向;六、社会劳动生产力平均水平和预期发展水平;七、市场消费品物价指数及变动趋向;八、其他有关的影响或比较因素。

国际劳工组织在1970年对最低工资标准确定的原则是:在决定最低工资水平时,在可能和适当范围内应将各种因素考虑进去,包括:一、工人和他们家庭的需求,考虑全国工资的总的水平、生活费用、社会保障津贴以及其他社会集团的有关生活标准;二、经济因素,包括经济发展的需要、生产率水平和达到及维持一切高水平的就业思想。

根据国际上的经验,最低工资标准的确定和调整与平均工资的关系十分密切,西方工业化国家的最低工资通常为平均工资的40%—60%。

（3）最低工资标准的制订方式和实施范围。国外最低工资标准的制定一般有两种方式,一种是以美国为代表,一般由国家立法机构直接制定并交行政部门执行;另一种则以日本为代表,一般是由国家立法机构确定最低工资标准的原则、办法,而标准本身的确定、修改和调整则由社会各方组成的最低工资委员会具体决定。

最低工资实施的范围在各国有所不同,概括起来大概有以下几种情况:

一、在全国范围内实行统一的最低工资限额,如加拿大、日本、西班牙、荷兰、葡萄牙等国;二、在不同行业中规定不同的最低工资标准,如法国、比利时等国;三、只是在某些部门中实行最低工资限额,而且不同产业的最低工资标准不同,如英国、爱尔兰等;四、不实行最低工资制度,或者仅仅对极少数工人实行最低工资保护,如奥地利、挪威、瑞士等国。

3. 中国工资制度的发展及改革

(1) 中国工资制度的历史回顾。计划经济体制下的中国工资制度是一种典型的中央集权式的工资制度,它基本上是在第一个五年计划时期形成的,特别是1951年至1953年在全国范围内进行的第一次工资改革和1956年进行的第二次工资改革,基本上形成了全国统一的工资制度。全国所有的国家机关和事业单位实行二十五级工资制,干部按职务定级,以职务差别体现劳动差别,一职多级,上下交叉。全国所有的国营企业实行八级工资制,工人和技术员按技术和职务定级,企业干部则实行职务工资制。从此,工资的决策权基本上被政府部门所控制,工资标准、工资形式、转正定级、调级、升级的时间、幅度、标准和范围都由中央政府统一规定。管理上的高度集中和形式的过于繁琐是工资制度初创时期的最大弊端。

客观地说,这套工资制度也曾起过一定的作用,但是,在第二个五年计划以后,其弊病日益明显,特别是"大跃进"和"文化大革命"运动期间的一些做法,使本已高度集中的工资制度更为集中。这种工资制度损伤了劳动者的积极性,阻碍了社会经济的发展,成了低效率的一个根源。

如果要对过去的工资制度的缺陷和弊病进行概括,那么"低、平、乱、死"这四个字是最好的概括。

所谓"低",指的是职工的工资水平在很长的一段时间内一直处于一种冻结状态。职工工资水平的冻结状态既与在经济发展缓慢、财政困难的条件下仍坚持高速度、高积累和高投资的经济发展战略有关,也与积累本身效率低,投资效果差,浪费大等因素有关。

所谓"平",指的是工资分配中的平均主义和"大锅饭"现象,即长期以来,职工收入的多少与企业生产经营的好坏脱节,与自己的劳动投入、劳动技能脱节,干多干少一个样,干好干坏一个样,干与不干一个样。不同群体劳动者之间的收入,如脑力劳动者与体力劳动者之间、复杂劳动与简单劳动之间等也缺乏必要的差距。从反映收入公平程度的基尼系数来看,根据国家统计局的抽样调查资料和世界银行专家的估计,在1952年至1986年之间,中国城市地区居民收入的基尼系数值一直在0.16—0.17之间徘徊,低于世界上大多数国家,说明我们国家收入分配中平均主义现象严重，一些必要的差距没有拉开。

所谓"乱"，指的是高度集中的工资制度对劳动者统得很死，即使劳动者的工作岗位发生了变化，劳动单位进行了调换，其工资也往往不能作相应的变动。在一个地区或一个大企业内同时存在几十种甚至上百种标准的工资情况，这种现象也并不少见。这些繁杂的标准，内行记不住，外行也看不懂，搞得非常乱。

所谓"死"，指的是传统的工资管理体制由于中央大权独揽，企事业单位没有收入分配的自主权利，劳动者个人也没有多少劳动与收入的选择自由，把工资这个原来相当活的调节经济与劳动的杠杆搞得很死。

总之，到了70年代末80年代初，传统的工资制度也和其他的各种僵硬的制度一样，已到了非改不可的地步。

（2）中国工资制度的改革。工资制度的改革也是一个渐进的过程。1978年以来的工资改革主要表现在以下几个方面：

首先，恢复物质激励制度与工资调整。改革初期（1978—1983年）工资制度改革是从确认按劳分配原则入手，恢复计件工资和奖金制度开始的。之后随着国有企业改革的深入，逐渐否定过去计划经济体制实行的等级制度，并且打破了"文化大革命"时期形成的平均主义工资分配制度，按照马克思主义的观点，按劳分配的原则由社会主义阶段的生产力发展水平决定的，即社会主义社会刚刚诞生，劳动生产力还没有得到充分的发展，因此只能按照劳动者提供的劳动数量和质量给以报酬，此外，按劳分配原则是对优异生产成果的刺激，是提高劳动生产率的手段。

工资制度方面的改革主要包括：1977—1983年，主要是恢复"文化大革命"以前的物质刺激制度和工资调整措施；1977—1979年对企业职工工资进行了调整；1978年恢复了奖金和计件工资制度；1981—1982年对事业和国家机关调整工资；1983年对企业职工调整工资，实行浮动工资制。

总之，改革初期政府推行的包括工资制度在内的改革是在"计划经济为主，市场调节为辅"的总体构思下进行的，因此处于改革的探索阶段。

其次，全面推行工效挂钩的政策。这一阶段的改革始于1984年后，在中国工资改革史上被称为第三次工资革命，改革的主要内容有：第一，对工资实行了政企分开的管理体制，企业工资从此和国家机关、事业单位脱钩，国家不再对企业职工的工资调整和改革进行统一的安排，企业职工工资的多少将取决于企业本身的经济效益，国家只对机关、事业单位的工资分配进行管理。第二，大多数企业进行了工资总额与经济效益挂钩的办法，如工资总额与上缴利税量挂钩，与实物量挂钩，与产值量挂钩，与实际工作量挂钩，与多个指标综合挂钩等。

"挂钩"办法的实行,在一定程度上动摇了"大锅饭"式的工资分配体制,扩大了企业工资分配的自主权,使得企业必须将工资增长建立在提高经济效益的基础上。第三,在企业进行工资改革的同时,从1985年起,机关、事业单位的工资制度改革迈出了重要的一步,即废除了原有的机关、事业单位等级工资制,推行了以职务工资为主要特色的结构工资制度。这种新的工资制度由基础工资、职务工资、工龄津贴和奖金四部分组成,把职工的职务、能力、贡献和责任大小作为确定工资报酬的主要依据,初步解决了机关和事业单位劳动者职级不符、劳酬脱节的矛盾,为今后进一步理顺机关、事业单位工作人员的工资打下了一定的基础。第四,企业内部的工资分配制度取得了一定的进展。在改革中,各企业运用已经获得的工资分配自主权,结合本企业的实际情况,对一些分配形式进行了尝试,如浮动工资、承包工资、岗位工资、结构工资、分解工资、提成工资、内部津贴、百分计酬等。这些尝试力图打破企业内部分配上的平均主义状况,理顺内部分配关系,调动职工的积极性,以提高企业的经济效益。

再次,按劳分配与按要素分配并存,尝试建立集体谈判工资制度。在企业进行现代企业制度试点的同时,工资制度也进行了改革。具体办法是:政府不再直接参与企业的具体工资分配,只是规定总体框架,企业按照这个总体框架自主确定工资总额及具体的分配方案,政府宏观调控主要表现为制定工资指导线。工资指导线由三部分构成:当年企业货币平均工资增长基线、货币平均工资增长预警线、货币平均工资增长最低线。企业支付给提供正常劳动的职工的工资不得低于各省最低工资标准。企业的工资形式通过用人单位与工人或者工会通过平等集体协商和集体谈判来决定,1994年颁布的《劳动法》和2000年10月劳动和社会保障部部务会议通过的《工资集体协商试行办法》为工资制度改革提供了法律依据。

在工资分配上,除了继续强调按劳分配的原则以外,1997年的"十五大"提出实行多种分配方式并存的制度,即按劳分配、按要素分配结合的制度,这为资本、科技等生产要素参加分配提供了政策依据。按劳分配和按要素分配结合使收入分配趋向多元化,同时不同劳动者之间的收入差距拉大。

三、劳动保障制度

1. 劳动保障制度的涵义

劳动保障制度是劳动制度的一个重要组成部分,它是国家根据有关法律规定,通过国民收入分配和再分配的形式,对劳动者因年老、疾病、伤残和失业等而出现困难时向其提供物质帮助以保障其基本生活的一系列制度。

第十二章 劳动制度基本分析

劳动保障制度的主要功能是保证劳动者的职业安全,从而保证劳动者及其家庭生活稳定,社会安定,保证整个社会经济发展和社会进步。

劳动保障制度所涉及的内容非常广泛,职工的生育保障、疾病保障、失业保障、伤残保障、退休保障、死亡保障等都是劳动保障制度的内容,其中失业保障制度和退休保障制度是劳动保障制度中两项最主要的制度。

2. 失业保障制度

失业是现代经济运行过程中不可避免的一种社会现象,它给每个失业者及其家庭带来灾难,也给社会经济的发展抹上了一层阴影,因而各国都十分重视对失业者进行保障。失业社会保障就是当劳动者一旦失去工作之后仍能获得基本的物质帮助的一种制度。失业保障制度的建立有助于劳动者维持基本生活,从而保护劳动力资源的生产和再生产;同时,它也可以起到缩小收入差距,保证和维护社会安定的作用。失业保障制度有三个最主要的特征:第一,普遍性。它是为保障有工资收入的劳动者失业后的基本生活而建立的。第二,强制性。制度范围内的单位及其职工必须按照法律法规参加失业保险,并履行缴费义务。第三,互济性。收缴的失业保障金在统筹地区统一安排使用。

失业保障制度的基本内容包括:保障范围、资金来源、资格条件、给付标准、给付期限和管理体制等六个方面。

(1) 失业保障实施的范围。失业保障实施的范围因一个国家失业保障制度类型的不同而不同。当代失业保障制度主要有强制性失业保障、非强制性失业保障、失业补助制度、双重失业保障制度等四种。在实行强制性失业保障的国家里,约有半数国家的失业保障涵盖到了大多数企业雇员。实行非强制失业保障的国家,实施范围以工会是否建立失业基金为前提,凡自愿建立了失业基金的各工会的会员,必须加入失业保障,可以参加工会而没有参加者,是否加入失业保障以自愿为准。实行失业补助制度的国家,符合经济情况或收入情况调查所规定条件的企业雇员和无资格享受正常失业保障待遇的企业雇员,都在失业保障的实施范围之内。

(2) 失业保障的资金来源。各国失业保障资金的来源主要有三个渠道:政府财政补贴、雇主提供的资金和雇员提供。资金来源总是上述一种方式或几种方式的组合。究竟采用何种方式来筹集资金,则要取决于经济发展、失业水平、就业机会及能否保证充足的资金等多方面考虑。实施失业保障制度的国家,其资金的筹集方式大致有五种:一、全部由国家负担,如澳大利亚、新西兰和匈牙利;二、全部由企业雇主负担,如印度尼西亚;三、全部由工人自己负担,前南斯拉夫;四、由国家、雇主和工人三方负担,如日本、英国和加拿大等国;五、由国家和企业雇主共同负担,如美国、意大利等国。

（3）失业保障待遇的资格条件。享受失业保障待遇必须具备相应的条件和资格。一般而言,什么人能够有资格享受失业保障津贴要考虑以下条件：一、失业者必须处于法定最低劳动年龄与退休年龄之间。二、失业者必须是非自愿失业,即劳动者虽已失业,但本人不但有继续就业的意愿和再就业的劳动能力,而且到国家就业机构进行了登记,并愿意听从就业机构提供的职业选择和工作场所选择。三、缴纳过一定期限的失业保险费或者在受保职业工作一定年限。

（4）失业保障的待遇的标准。失业保障待遇的给付标准一般有两种：一种是政府规定的合理给付期限内的失业保障享受标准,即失业津贴；另一种是超过合理给付期限而给予的失业救助金。失业津贴可以保障失业者的基本生活条件,而失业救助金只能提供给失业者最低的生活标准。在确定失业保障的待遇标准时,如何确定合适的失业津贴标准最为关键,它是失业保障制度成败的关键。制定合适的失业津贴标准的必须明确：一、给付标准不能超过失业前的工资标准；二、给付的标准不能低于或等于维持最低生活水平所需要的收入；三、给付标准不仅应考虑失业者本人的基本生活保障,还要考虑失业者配偶及其未成年子女的基本生活保障；四、既要考虑使受益者收入损失得到部分补偿,又要避免因标准过高或过低而对就业造成妨碍。国际劳工组织在这方面也有一些规定,认为失业津贴应以失业者原工资或投保费用作为制定依据,失业津贴宜界定在失业者原工资的 50% 以上,并且应该有一个上限。按照上述原则和具体准绳,各国对失业保障津贴的给付标准都作了一定的规定,具体可见表12-1。

表12-1　部分国家失业津贴的给付标准

国家	给付标准	国家	给付标准
美国	工资的 50%,最多不超过 80%。	英国	25 岁及以上者为每周 £ 49.15,18—24 岁者为 £ 38.90。
日本	工资的 60%—80%,最低 1300 日元一天,最高 10660 日元一天。	西班牙	工资的 70%,6 个月后为工资的 60%。
德国	有子女者为工资收入的 67%,无子女者为工资收入的 60%。	澳大利亚	21 岁以上者为每周 144.45 澳元,21 岁无子女单身者为 160.1 澳元。
芬兰	工资的 42% + 118 芬兰马克/日	阿根廷	工资的 60%。

资料来源：Social Security Administration Publication, No. 13-11805, 1997: *Social Security Programs Throughout the World.*

第十二章 劳动制度基本分析

（5）失业保障待遇的给付期限。失业保障待遇的给付涉及两个方面的问题：一是法定的等待，二是最长支付津贴期。

劳动者刚一失业不能马上就给付失业津贴，必须有一个等待的期限，这样做有助于减少种种有意制造的非自愿失业事件，尽量减少冒领失业津贴行径，同时也有利于社会保障机构开展工作。迄今为止，各国规定的等待期限一般在7天之内。如美国有五分之四的州把这一期限规定为7天，新西兰和日本也是7天，英国是3天。

劳动者失业津贴的给付期限与一个国家劳动者失业的情况和生活水平等因素有着密切的关系。国际劳工组织综合各国失业情况和工人生活，确定失业津贴给付的上限为每年156个工作日，下限为每年78个工作日。因此，不少国家把每年失业津贴给付期的上限界定为26周，下限界定为13周。当然，各国失业津贴的给付期限会因本国的情况而各不相同。

3. 中国的失业保障制度

（1）中国失业保障制度的发展。中国失业保障发展的历史较短。解放初期，中国曾实行过短暂的失业救济制度。1950年，政务院发布《救济失业工人暂行办法》，保障了旧中国遗留的400多万失业人员的基本生活，并很快解决了失业问题。由于中国在很长的一段时间内把失业看作是资本主义的伴生现象，因此，失业保障的相关理论和实践基本上都是空白。虽然中国在建国初期就建设社会保障制度，在1953年修订颁布的《中华人民共和国劳动保险条例》中规定了养老、医疗、工伤、生育等内容，但唯独没有规定失业保险，因为当时认为社会主义国家不应该有失业。真正以建制为目标提出在中国建立失业保险制度是在1986年，其制度依据是《国有企业职工待业保险暂行规定》。1993年，国务院颁布《国有企业职工待业保险规定》，对保险对象、保险水平、保险项目、保险费来源、给付条件等做了详细规定，对1986年提出的失业保险制度做了部分调整。在此基础上，国务院于1999年颁布了《失业保险条例》，总结吸收了中国失业保险建立和发展的实践经验，借鉴国外的一些成功经验与有益做法，对原有制度进行了大胆突破，使失业保障制度框架得以初步形成。

（2）现行失业保障制度的基本内容。

第一，享受失业保障的条件。现行的失业保障制度，基本覆盖了城镇所有企事业单位及其职工，包括：国有企业、城镇集体企业、外商投资企业、城镇私营企业和城镇其他企业及其职工，事业单位及其职工。

第二，失业保障金的筹集。在费用筹集方面，实行国家、用人单位、职工本人三方负担的筹集原则。城镇企业事业单位按照本单位工资总额的2%、职工本人工资的1%缴纳失业保险费。在失业保险基金入不敷出时,财政将给予必要的补贴。

第三,失业保障基金的开支项目。开支项目主要包括失业救济金、失业职工的医疗费、失业职工的丧葬补助费、失业职工直系亲属的抚恤费和救济费、失业职工的转业训练费、失业职工的生产自救费和失业保险管理费等方面。

第四,失业保障金的给付标准。失业保障金的标准一般应高于当地城市居民最低生活保障标准,低于当地的最低工资标准。

享受失业保障待遇必须符合以下三个条件:第一,按照规定参加失业保险,所在单位和本人已按照规定履行缴费义务满1年;第二,非本人意愿中断就业;第三,已办理失业登记并有求职要求。当失业人员出现重新就业、服兵役、移居境外、享受基本养老保险待遇、被判刑或劳教,或者拒绝重新就业时,将停止享受失业保险待遇。

失业人员领取失业保障金的期限,根据失业人员失业前所在单位和本人累计缴费时间长短而不同。享受失业保险的上限分别为12个月、18个月和24个月。

由于中国失业保障制度建立和推行的时间较短,因此,在运行中还存在不少问题。主要表现在:保险统筹的层次低,互济性较差;基金支出结构不合理,管理费支出过高;失业保险的社会功能较弱等。在国有企业深化改革的过程中,面临职工的大量下岗和因劳动力供给远大于需求而造成的大规模失业挑战面前,失业保障制度的完善已成为刻不容缓的任务。

4. 退休保障制度

退休保障制度既是劳动保障制度的重要组成部分,也是社会保障制度的基本内容。当今实行退休保障制度的国家,从退休保障基金的筹措方式来看,大致可以分为三种类型,即:投保资助型退休保障制度、强制储蓄型退休保障制度和统筹型退休保障制度。

(1)投保资助型退休保障制度。投保资助型退休保障制度要求劳动者和雇主定期交纳老年退休保险金,而政府则扮演税收上帮助、财政上最后出台的角色。从投保资助型退休保障制度的基本内容来看,主要有以下特点:一、退休保障待遇的享受条件。第一,必须定期交纳老年退休社会保障金,并交够一定的期限,如美国规定,投保10年就是法定的最低投保年限。第二,劳动者必须达到法定退休年龄并退出原来的工作岗位后才有权利享受退休待遇;二、退休保障待遇的制定原则。第一,退休金与投保金额成正相关的原则,即劳动者在业期间投保的金额越多,年限越长,则退休后享受到的退休金也就越多。第二,分享经济成果的原则。第三，照顾被抚养人口的原则。第四，与物价挂钩的原则，根据物价的波动而对退休金的标准进行调整；三、退休保障待遇的给付标准。一般取决于三个要素：即退休者在业期间的基础工资，退休者投保的年限和退休金率（即每投保1年获得的占基础工资一定比例的退休金）；四、退休保障金的形式。一般有政府法定退休金、企业补充退休金和个人储蓄退休金三种形式。

（2）强制储蓄型退休保障制度。目前实行强制储蓄型退休保障制度的国家不多，原因在于其过分强调自我养老保障，投保费率过高，而且需要一系列要求很高的前提条件，即它要求：拥有一个有政府权威的、专业性能强的统一的社会保障机构，并拥有一批熟悉社会保障业务的工作人员。这个机构要负责制定总投保费率和投保比例，为每个投保劳动者制定一张老年退休保障卡，登录劳动者的姓名、年龄、所在单位以及每月交纳老年退休保障费的数额及交纳的年数。此外，还要制定退休保障金的储蓄利率。这确实是一系列非常复杂和繁琐的工作。至今，只有新加坡在这方面获得了成功。

（3）统筹型退休保障制度。大多数社会主义国家的退休保障制度都属统筹型，这种退休保障制度的基本特征是国家（也通过国有企业）利用自己的财政资金发放退休金，劳动者个人只需交纳很少的退休保障费，甚至不交。待劳动者一退休或失去劳动能力后则一概享有国家法定的保障待遇。中国和前苏联等国实行的退休保障制度基本属统筹型。

中国统筹型退休保障制度的基本内容可以从以下几个方面来考虑：

第一，退休保障的实施范围：可以区分为企业职工的退休和机关事业单位工作人员的退休两块来考察。企业职工退休的实施范围主要是国有企业事业单位、城镇集体企业、外商投资企业、城镇私营企业、其他城镇企业及其职工，实行企业化管理的事业单位及其职工。一些地区还将个体户及自由职业者纳入保险范围。机关事业单位的工作人员都在保障实施范围之内。

第二，资金来源：中国退休保障资金的来源在不同的历史阶段有所不同。企业职工的退休保障资金来源，在20世纪50年代初期至1965年，退休保险基金按企业全部工人与职员工资总额的3%提取，实行社会统筹。1965年后退休费用改由企业直接支付，各企业因退休人员的多寡不同而造成退休费用负担的畸轻畸重，这种情况一直持续到1978年。从1978年起，国有企业和部分集体企业单位的职工退休费改由社会统筹，主要是以地方为主体，对位于当地的国有企业，不管退休职工多少，一律按工资总额的一定比例定期交纳社会保险费，然后由地方社会机构对退休职工按原定标准给付退休金。1991年以后，国务院颁布了《关于企业职工养老保险制度改革的决定》,规定今后养老保险将实现由国家、企业、职工个人三方共同负担的办法。养老保险分为三个层次,第一层次为基本养老保险(也称国家基本养老保险),是由国家统一下达政策,强制实施,这一层次的保险可以保障退休职工的基本生活需要。基本养老保险基金由国家、企业、个人三方负担,企业按职工工资总额的一定比例缴纳基本老保险费,这个比例各地略有不同,如上海为25%,宁波市是20%,武汉市是26%。职工个人也要缴纳基本养老保险费,一般不低于个人缴费工资基数的3%的比例缴费,以后每隔两年提高一个百分点,最终达到个人账户养老保险费的50%。第二层次是企业补充养老保险,它是企业根据自身经济能力,为本企业职工所建立的一种追加式或辅助式养老保险,养老保险金从企业自有资金中的奖励、福利基金内提取,然后由国家社会保险管理机构按规定记入职工个人账户,所存款项及利息归个人所有。第三个层次为职工个人储蓄性养老保险,保险金由职工个人根据个人收入情况自愿参加。

机关事业单位工作人员的退休保障资金主要由国家提供,资金来源较为可靠。

第三,退休金给付标准。企业职工的退休金标准与个人在职时缴费工资基数以及缴费年限长短挂钩,缴费工资越高,缴费年限越长,个人账户积累越多,退休时基本养老金就越高。按照现行制度,满足以下三个条件的,可以按月领取基本养老金:第一,参加了城镇企业职工基本养老保险。第二,达到了国家法定退休年龄,即男年满60周岁,女干部年满55周岁,女工人年满50周岁。因病完全丧失劳动能力以及从事特殊工种工作的符合条件可提前退休。第三,个人缴费满15年。个人缴费年限不满15年的,只能一次性领取个人账户存储额。

机关事业单位工作人员的养老金标准,是按照其在职时的贡献大小(即所积累的年功贡献)和国家的经济发展水平来确定。领取退休金的人需要符合的基本条件是达到国家法定退休年龄,即男年满60周岁,女干部年满55周岁,参加革命工作年限满10年;男年满50周岁,女干部年满45周岁,参加革命工作年限满10年,经过医院证明完全丧失工作能力的;因工致残,经过医院证明完全丧失工作能力的。

目前,一般在对建国以前参加革命工作的老干部,其退休后可享受相当于本人标准工资100%的退休待遇,普通职工的退休金随工龄的不同而不同,其退休金在标准工资的60%—80%之间。而全国劳动英模,革命和建设中有过特殊贡献者,以及军以上战斗英雄,若退休后仍保持自己的荣誉,可得到比规定标准多5%—15%的退休金。

（4）中国退休保障制度存在的问题。从目前来看，中国的退休保障制度还存在很多问题，主要有：第一，退休保障制度实行的范围狭窄，且具有很大的身份性特点。现行退休保障制度的实施对象、享受的权利和待遇水平，基本上是根据劳动者个人的身份地位而定的；因此，各种所有制、各种用工形式的劳动者及城乡人口之间等，在享受权利和待遇水平方面存在很大差距。第二，缺乏个人参与和积累，社会保险的激励机制不够强，个人缺乏自我保障的责任和意识。第三，管理服务的社会化程度低。原有退休保险的管理和服务基本由单位负担，现在虽实行社会统筹，但管理和服务的社会化程度依然较低，劳动者仍过多地依赖单位。第四，管理体制尚未理顺。在很多方面有多头管理、政出多门、互相扯皮的现象。同时，在管理机构和管理人员方面也依然缺乏一支训练有素的队伍。第五，立法不健全。有些地方出现了任意挪用退休保障统筹金，拖欠上交统筹费以及有意加大本企业退休金支出的现象。

中国的退休保障制度尚有待于进一步改革与完善，我们认为，在对退休保障制度进行改革要遵循的原则是：保障水平与我国社会生产力的发展水平及各方面的承受能力相适应；社会互济与自由保障相结合，公平与效率相结合；政策统一，管理法制化，行政管理与保障基金管理分开。改革的主要内容包括以下七个方面：一、扩大职工基本养老保险的覆盖面；二、职工基本养老保险费用由单位和个人共同负担；三、合理确定职工养老保障水平、筹资水平和积累率；四、职工基本养老保险实行社会统筹与个人账户相结合的做法；五、建立离退休人员基本养老金的正常调整机制；六、实行多层次的职工养老保险；七、提高养老保险管理服务的社会化程度。

第三节　组织中的劳动制度

对于组织中的劳动制度，我们也可以从就业制度、工资制度和退休制度三个主要方面来进行分析。

一、就业制度

组织中的就业制度是指组织根据国家的劳动就业制度和有关法规，结合本组织的状况而制订的与劳动就业直接有关的办事程序、规章和规定的统称，包括劳动者的招收、录用、用工、培训、晋升、考核等方面的制度。

在我国，改革以前，以国有企事业劳动单位为例，独立的就业制度几乎是不存在的,劳动部门对劳动力的分配与使用实行严格的控制,企事业单位劳动用工的规模、用工方式、人员的来源、劳动岗位的分配、劳动者的辞退等,都受到劳动部门的制约,这种制度实际上是一种与国家的劳动就业制度高度重合,它导致了企事业单位活力的丧失与人力资源的浪费。

自1979年以来,对劳动就业制度逐步进行了改革,同时,国家还进行了一系列有关扩大企业自主权和实施现代企业制度的改革,这些改革的结果是劳动合同制普遍地代替了以往的"终身就业制",不同的企事业单位在人员录用、用工形式、工作调换、流动及辞退等方面的自主权大为增加。由于企事业单位就业体制方面自主权的扩大,也使得不同的企事业单位在就业制度方面表现出了很大的异质性,即不同的企事业单位,由于其市场类型、产权特征、管理模式等的不同而表现出很大的差异,因此,对于一个企业来讲,其就业制度的内容到底是什么样的,需要通过劳动社会学的调查研究方法,通过对个体的企业进行详细的调查后,才能够进行把握。

1. 劳动合同制——组织内就业制度的总体特征

劳动合同制是组织(各种企事业单位)根据国家的劳动法规制定关于劳动者与用人单位确立劳动关系、明确双方权利和义务的协议。

从目前中国的情况看,虽然劳动合同制的实施时间还不长,在实施过程中也存在着这样那样的问题,各个企事业单位在劳动合同制具体的运作方式上存在着很大的差异,但以下这些方面是各个企事业单位在实施劳动合同制时都要涉及的项目,包括:一、签订劳动合同的原则;二、劳动合同生效的条件;三、劳动合同的内容,一般包括:劳动合同期限;工作内容;工作时间和休息时间的规定;劳动保护和劳动条件(包括女职工和未成年职工保护条例);劳动报酬;劳动纪律;劳动合同终止的条件;违反劳动合同的责任;其他协商条件;四、劳动合同双方的法律责任、权利与义务;五、集体合同的鉴定及其条件;六、职业培训;七、社会保险与福利;八、劳动争议的处理;九、劳动合同制的监督与实施。

2. 员工的招聘

正如我们在前面所讲,在劳动就业制度改革以前,企事业单位的招聘功能几乎是不存在的。改革以来,企事业单位在这方面基本上拥有了自主权,而且由于市场竞争的加剧,对这方面的工作也日益重视,许多企事业单位因此都有关于这方面的相应的制度规定。员工招聘方面的制度主要包括:一、招聘计划;二、招聘方式;三、对员工进行选择的标准;四、招聘来源(如是通过内部招聘的办法还是通过外部招聘的办法)。

3. 员工的录用

员工的录用过程包括对工作申请人进行测评、制定录用决策和对录用结果作出评价,录用制度的内容基本上也包括这么几个方面。如对工作申请人进行测评方面的制度,就要对企事业希望录用的人员在知识、技能、忠诚度、创造力、适合程度、业绩、灵活性、培训潜力、晋升潜力等方面的要求进行规定,这种规定一旦确立,就要严格执行,防止在录用过程中的"关系"、"后门"与"人情"因素的作用。

4. 员工的考核

对员工的工作绩效进行考核,这也是改革以来企事业单位劳动就业工作中一个非常重要的内容。员工的绩效考核制度是对员工在一个既定的时期内对组织的贡献进行评价的相关的政策、规定与操作办法。这种考核制度可以为企事业单位在员工的提升、训练、奖励、工作调换以及解除劳动合同等方面的决策提供科学的依据。员工绩效考核制度一般涉及以下五个方面的内容:一、为什么要进行评估。二、应该由谁来评估员工的工作,即评价者的构成及条件。三、应该评估什么?在对员工的工作绩效进行考评时,有很多可以考评的,最主要的是考评员工的特征、员工的行为和员工的工作结果。员工的特征是员工行为的原因;员工的行为可以帮助我们了解员工是否在努力完成工作任务;员工工作的结果则可以证实员工的行为和组织目标之间的联系。具体而言,员工的考评内容如表12-2。对于这些内容,企业(或其他工作组织)都应该有相应的规定。四、应该怎样实施绩效考评?企事业单位在进行员工的绩效考评时,一定要对员工在这方面有交代。在传统的考评工作中,对于"德"的方面的因素(政治意识、爱国主义、团体精神、勤奋工作等)方面特别重视,改革以来对劳动者的工作能力、创新精神、劳动纪律、责任感、工作数量与质量等方面则给予了较多的重视。五、什么时候或间隔多长时间进行评估。

5. 员工的培训

员工培训制度是指组织为了实现自身和员工个人的发展目标,对员工进行有计划的职业培训的各种政策、规定与实施办法。员工培训制度的内容在各个企事业单位是各不相同的,大致涉及的内容包括:一、培训经费的提取或筹集;二、培训对象如何确定;三、培训方式或途径;四、培训效果的评价等。

表 12-2　绩效评估内容

员工特征	员工行为	工作结果
工作知识	完成任务	销售额
力　气	服从指令	生产水平
眼—手的协调能力	报告难题	生产质量
证　书	维护设备	浪　费
商业知识	维护记录	事　故
成就欲	遵守规则	设备修理
社会需要	按时出勤	服务的客户数量
可靠性	提交建议	客户的满意程度
忠　诚	不吸烟	
诚　实	不吸毒	
创造性		
领导能力		

资料来源：George T. Milkovich and John W. Boudreau.1994：*Human Resource Management*, Richard D. Irwin, p.170。

二、工资制度与激励的变迁

组织内的工资制度是指该组织在有关工资结构、工资形式和工资支付等方面所制定的一系列的政策、原则、规定及操作方法的总称。

1. 工资结构

工资结构,指的是一个组织中各种工作之间的报酬水平的比例关系。这种比例关系包含两个方面的含义:一是不同层次的工作之间报酬差异的相对比值,二是不同层次的工作之间报酬差异的绝对水平。一个组织工资结构的确定应该充分体现内部公平和外部公平。所谓内部公平指的是在一个组织内部不同的工作之间、不同的技能水平之间、不同的工作环境的工作之间的报酬水平应该协调。所谓外部公平是指本组织的薪酬水平同其他组织的薪酬水平相比应该具有竞争力。组织的薪酬结构是一项非常重要的管理工具,对员工的工作行为和态度有着非常重要的影响,如果报酬差别过小,则那些承担责任重大、内容复杂和比较辛苦的工作的员工就会感到自己的工作没有得到充分的补偿,产生不满或离开组织,如果报酬差别过大,则那些从事相对简单、任务比较轻松的员工又可能产生不满。不合理的工资结构对组织整体竞争能力的提升具有严重的危害。

第十二章 劳动制度基本分析

从中国的情况看,企事业等组织在工资采用什么样的结构方面经历过很多的变迁,在很长的一段时间内,企事业单位在工资的结构上并没有自己决定的权利,而是遵循全国统一的工人、技术人员与干部有别的等级工资制。国有企事业单位工人的,根据其技术等级、工作类别、地区类别而被区分为八个等级,这种级别在全国各个城市是一致的,即属于同一工资级别者,无论其在哪个单位(行业、产业、部门、地区)都享有大体相同的工资水平(见表 12-3 和表 12-4)。

表 12-3　国有大中型企业的工资类型与等级

1985 年以前															
工资等级		1	2	3	4	5	6	7	8						
标准月工资(元)		33	39	46	54	64	74	85	99.5						
1985 年以后															
工资等级		1	2	3	4	5	6	7	8	9	10	11	12	13	14	15
工资地区类别	1 类	33	36	40	44	48	52	56	61	66	71	76	81	87	93	99
(从 1—11 级)	8 类	40	44	48	53	58	63	68	73	79	85	91	98	105	112	120
	11 类	43	47	51	56	61	66	72	78	84	91	98	105	113	121	129

资料来源:Nyaw, Mee-Kau. 1995:'Human Resource Management in the People's Republic of China.' in Moore, Larry F., P. Devereaux Jennings(eds). *Human Resource Management on the pacific Rim.*, Walter de Gruyter. p.197.

表 12-4　国有企业干部与技术人员的工资类别

		工资地区类别(11 个地区中的 9 个类群)								
		1	2	3	4	5	6	7	8	9
工资等级	1 级	248	255	263	270	277	285	292	299	306
(从 1—17 级)	10 级	102	105	108	111	114	117	120	123	126
	17 级	34	35	36	37	38	39	40	41	42

资料来源:Nyaw, Mee-Kau. 1995:'Human Resource Management in the People's Republic of China.' in Moore, Larry F., P. Devereaux Jennings(eds). *Human Resource Management on the pacific Rim.*, Walter de Gruyter. p.198.

改革以来,企事业单位在工资结构(特别是工资等级结构)的确定上有了相当的自主权,因此,在如何制定工资的结构方面,企事业单位之间的差异也扩大,如有的企业采取工作导向的工资结构,即以工作为依据,通过对工作的评价来设计工资结构;有的企业采取技能导向的工资结构,即根据员工掌握的技能来确定其应得的报酬;有的企业则采取市场导向的工资结构,即根据市场上本企业的竞争对手的工资水平与结构来决定本企业内部员工的工资结构。

2. 工资形式

1985年以后,国家机关和事业单位、企业等进行了工资制度的改革,机关、事业单位实行以职务工资为主要内容的结构工资制,企业内部的工资分配形式,由企业根据实际情况,自行研究决定。在国有工业企业中,一般由厂长提出方案,提请职工代表大会审查同意;在中外合资或合作经营的企业中,由董事会决定;在外商业独资企业和私营企业中,由所有者决定。目前,中国企事业单位的工资形式主要有以下几种:(1)技能等级工资制,它主要依据劳动者所达到的技术等标准来确定工资的等级;(2)岗位工资等级制,它主要依据劳动者在生产中的工作岗位来确定工资标准;(3)岗位技能工资制,它是一种以劳动技能、劳动责任、劳动强度、劳动条件等基本劳动要素评价为依据,以岗位或职务工资和技能工资为主要内容,根据劳动者实际劳动质量和数量来确定劳动报酬的多元组合的工资类型;(4)绩效工资制,它主要是根据劳动者劳动成果或实际成绩来决定劳动报酬,绩效工资制的具体类别很多,常见的有定额工资、计件工资、提成工资等;(5)结构工资制,它是由若干工资部分构成或工资单元组合而成的工资形式。结构工资一般包括基础工资、职位工资、工龄工资、奖励工资和灵活变动部分,基础工资主要是确保劳动者的基本生活,它时常要根据物价与通货膨胀的水平而进行相应的调整,但在一段时间内是相对稳定的。职位工资是技术人员与干部根据其担任的相应的职位而得到的那部分报酬。工龄工资是基于劳动者的工作经验而设定的。奖励工资是根据企业的经营绩效与劳动者的工作绩效而分配的。最后,一些企事业单位还有灵活变动部分的报酬分配。

3. 工资支付

工资支付办法通常是由人事部门按照最高管理当局的方针拟订的,它强调的是支付标准与规模相当的竞争性组织的相对高低和差异,包括工资等级和工资幅度、加薪基础、晋升、降级、调职、付薪的机密性、小时工资率、加班、休假、工作时间等各个方面。有效的薪酬给付策略应该具有以下效果:(1)吸引和保持组织优秀的员工;(2)鼓励员工积极提高工作所需要的技能和能力;(3)激励员工高效率地工作;(4)创造组织所希望的文化氛围。

三、退休制度与管理

组织内的退休制度主要是关于组织中的劳动者在达到一定的年龄后必须脱离原来的社会团体或社会工作,并获得相应的基本生活保障的一系列规定与政策。

传统退休制度的主要内容为离退休条件及待遇的规定,这种条件和规定在全国基本上是统一的。离退休的条件是:男性干部和工人年满 60 周岁且连续工龄满 10 年者,女性干部满 55 周岁、女性工人满 50 周岁且连续工龄满 10 年者;在特殊劳动条件工作者,男性职工的退休年龄可以提前到 55 周岁,女性职工可以提前到 45 周岁;省部级领导干部的离退休干部的退休年龄可以延长到 65 周岁;1949 年 10 月 1 日前参加革命工作的老干部的离休年龄为男性 60 周岁,女性 55 周岁。退休养老的待遇是:根据连续工龄的长短按月发给退休费,其数额为本人退休前工资的 60%—70%,有特殊荣誉称号的,其退休费可以高于规定标准的 5%—15%。离休养老的待遇,除了照发原标准工资外,另外再按参加革命工作的年限发给相当于 1—2 个月本人标准工资的生活津贴。

自 1979 年以来,中国的退休制度也进行了各种改革,改革的结果是企事业单位在关于劳动者退休条件及其待遇规定上的自主权增加。从退休条件来看,除了根据目前《中华人民共和国劳动法》和相关政策规定的退休与离休外,增加了企业内退休、企业内病退、假退等类型的退休,如沈阳某机械行业的一个国有企业在 2000 年 7 月就有这些类型的退休,该企业规定,凡是在 50 岁以上的男性职工(干部 55 周岁以上)、40 周岁以上的女性职工(女干部 45 周岁以上),除了特殊的需要以外,一律实行厂内退休;男 50 周岁、女 45 周岁以上、连续工龄满 10 年的,可以办理病退;在前几年,男 45 周岁以上、女 38 周岁以上者,可以办理假退。厂内退休、病退、假退者的待遇上存在着较大的差别。沈阳的该企业在 1997 年规定,比法定退休年龄提前两年退休的内退人员,可以领取 100% 的技能工资和劳效工资;提前 5 年以上 10 年以内的,可以领取 80%,病退与假退者,按照国家的有关规定执行,但实际上其可以领取的比率还要低一点①。

需要指出的是,由于目前中国养老保障制度的改革正在进行过程之中,所以,企业的退休制度也没有一个确定的模式。

思 考 题

1. 什么是劳动制度?简述劳动制度的要素与特点。
2. 什么是就业制度?有哪些类型?
3. 试论中国就业制度的特点及其改革。

---

① 根据作者 2000 年 7 月在该企业的实地调查。

4. 什么是工资制度？有哪些内容？
5. 什么是最低工资制度？最低工资制度是怎样决定的？
6. 试论中国的工资制度及其改革。
7. 试论中国的失业保障制度及其改革。
8. 论述中国企业劳动制度的特点。

第十三章

劳动社会学与劳动问题

前面各章我们介绍了劳动社会学的一些基本知识和理论,本章我们将运用劳动社会学的有关知识与理论,着重探讨现实生活中的劳动问题。

劳动社会学研究的劳动问题,是劳动领域中发生的被多数人认为不合理或不能容忍的事件或情况。这些事件或情况,影响了多数人的生活,由于单靠个人的力量无济于事,因而必须以社会群体的力量来对其进行诊断,并采取必要的措施来预防或解决。

中国目前需要探讨和亟待解决的劳动问题很多:

从地域上看,存在着城镇劳动者的就业问题与农村劳动者的就业问题;

从就业主体上看,存在着特殊群体劳动者的就业问题,如残疾人的就业问题,中老年人的就业问题,青年人的就业问题,移民群体的就业问题,女性的就业问题等;

从劳动关系的角度看,则可以发现中国目前的劳动关系正在发生急剧的变化,存在诸如工人地位的边缘化,工会在劳动关系型塑方面的作用与地位问题,社会转型过程中工人阶级的重构问题,城镇化过程中的农村劳动力进程与劳动关系重新塑造问题,等等;

从劳动者与职业岗位的结合情况看,还存在着失业问题,职业选择问题和职业流动问题;

从劳动制度看,还存在着劳动、就业、用工、保障、福利等制度的改革问题。

此外,还有一系列由综合因素作用而产生的劳动问题,如劳动积极性问题,劳动者的集体性行动问题等。

在这里,我们不可能面面俱到,而只能选择一些与劳动社会学关系密切并在社会经济转型过程中亟待研讨和解决的问题。由于劳动制度及其改革、劳动者的流动问题、工会及劳动关系问题、社会报酬与收入分配问题等在前面各章已有较多阐述,在此不再多述。本章着重探讨的劳动问题仅限于以下三个方面:一、失业问题;二、特殊群体的劳动就业问题;三、女性与就业问题。有一些非常有意义的劳动问题,因为篇幅而没有在这里进行探讨,如制度变革过程中劳动关系的变革及其工人的行动回应,希望读者能够运用有关劳动社会学的理论知识,通过积极的实地调查,去进行思考和研究。

第一节 失业问题

一、什么是失业

1. 失业与失业率

对于什么是失业(unemployment),中外学者在这方面有较多的研究,如有的人把失业看作是失去了职业;有的人认为,不管是否有职业,凡是无事可干的,都是失业;还有的人认为劳动力与生产资料的结合就是就业,劳动力与生产资料不能结合就是失业;还有一种看法认为失业是有劳动能力的人找不到工作的现象。

对于什么是失业,不同国家有不同的认识与界定,在将什么样的人统计为失业者这个问题上,也有着相当的差异。

按照国际劳工组织(International Labor Organization)规定,失业是指在一定年龄以上,在参考时间之内(例如4周或3个月)没有工作,目前可以工作,而且正在寻找工作的人。具有失业保险系统的国家,估计失业率是根据失业的登记以及他们正在寻找工作的证明来进行的,但这一估计不包括已经放弃就业要求的人。在日本,失业是指具有劳动能力、思维能力的人(即劳动力人口),由于没有获得有收入的工作而不劳动,是客观失业;因罢工而不劳动或因工资过低而不劳动,是主观失业。美国规定失业者是指在工作年龄阶段内(16岁以上人口)具有劳动能力,在调查期间内属于下列情况的人:(1)一个没有工作的人;(2)过去的4周里曾努力寻找工作的人;(3)过去的4周里正在等待重新雇佣回原单位的人;(4)在4周内正等待向新单位报到的人[①]。

中国从1994年起正式使用失业与失业率概念,国家统计局把以往的"城镇

[①] Dornbusch, Rudiger and Stanley Fischer. 1994: *Macroeconomics*. McGraw-Hills. Inc.

登记待业人员"改为"城镇登记失业人员",城镇登记失业人员是指非农业户口,在一定的劳动年龄内(16岁以上,男50岁以下、女45岁以下),有劳动能力,无业而要求就业,并在当地就业服务机构进行登记的人员。这一关于失业的界定有不少问题,如:(1)失业人员不包括城镇中来自农村的劳动力,低估了城镇实际的失业率;(2)仅包括登记的失业人员,大批未登记的人没有包括在里面;(3)从1993年来出现大批下岗职工,其中有相当一部分实际失业人员没有统计在内;(4)统计口径未能与国际接轨;(5)相当一部分失业人员实际上从事着一定的工作,但没有被识别出来。鉴于上述缺憾,国家统计局目前正在积极研究符合中国社会经济现实的失业与失业率概念。

从研究的角度出发,我们认为,失业是指劳动力人口中有劳动能力和工作愿望的那些人在一定时期内因失去工作并在相应的失业管理机构登记在册,要求就业而没有找到工作的情况,失业者在这一时期完全处于闲置状态。

失业率(unemployment rate)指失业人数在一定的社会经济活动人口或某种劳动适龄人口中的比例,它是反映一个国家或地区社会经济发展的一个非常重要的综合性指标。对于失业率的计算,一般采用如下公式:

$$失业率 = \frac{失业人数}{在业人数 + 失业人数} \times 100\%$$

根据一个国家获得失业率数据方法的不同,失业率一般可以区分为两种:登记失业率和调查失业率。登记失业率是根据在劳动就业机构登记的失业人数计算的失业率,调查失业率是劳动就业当局定期对样本家庭进行调查而获得的失业率,这两个指标之间有一定的距离。

中国目前采用的是城镇登记失业率,主要是反映城镇范围内处于明显失业状况的人,但对失业的其他形式,如企业下岗职工、大学生毕业生失业等未能反映。城镇登记失业率的计算公式是:

$$城镇登记失业率 = \frac{城镇登记失业人数}{城镇从业人员 + 城镇登记失业人数} \times 100\%$$

2. 失业的类型

根据不同的分类标准,我们可以对失业进行分类和研究,明确失业的类型对理解中国的失业问题非常有必要。目前常用的失业分类有以下三种:

第一种,将失业划分为七种类型:(1)摩擦性失业;(2)结构性失业;(3)季节性失业;(4)需求不足型失业;(5)隐蔽型失业;(6)技术性失业;(7)自愿失业。这是一种综合的划分方法,关于每一种失业类型的界定及其特点,我们在职业选择那一章已作了说明。

第二种，只把失业类型分为显性失业和隐性失业两大类，有的学者也称其为公开的失业与非公开的失业。公开的失业，劳动者完全处于闲置状态，即在劳动年龄内的劳动力没有工作、无事可做的情况。非公开的失业包括下面五种情况：(1) 就业不足(underemployment)，指那些实际工作时间少于他们能够并愿意工作时间的劳动者；(2) 伪装的就业不足(disguised underemployment)，指一些人虽然看起来在全天工作，但他们提供的劳动成果实际上只要更少的时间就能完成；(3) 隐蔽性失业(hidden unemployment)，指有一些人因无工作可做而被迫选择非就业的活动，如受过一定教育的人想工作而找不到工作，选择继续学习；(4) 健康受损(the impaired)，指在正常情况下本来可以工作的人，因营养不良和疾病等原因，以至于不能做全日工作；(5) 无生产性(the unproductive)，指本来有生产性的劳动者，因补充性的物质资源不充分，生产率极低，生产出来的成果以至于不能补偿他们的生活必需品[①]。

第三种，把失业的类型分为自愿失业与非自愿失业两类。所谓自愿失业是指由于家庭、生育、学习等因素，会导致某些人主动要求暂时不就业或停止工作，因而失业。另外，对社会提供的就业岗位，劳动者因为嫌其工作条件差，或嫌收入低等原因而不愿接受工作，也属于自愿失业。所谓非自愿失业是指在市场经济条件下，人们愿意接受现行的工作条件和工资水平，但仍然找不到工作的现象。

二、失业现象产生的原因

关于失业现象产生的原因，西方就业理论曾经对此作过很多的阐述。

19纪初期的法国经济学家萨伊认为，在"商品—货币—商品"的交换过程中，货币只是一种交换媒介，商品流通实际上是一种物物交换，一种商品总是用另一种商品来购买，出售与购买是同一个过程，买就是卖，卖就是买，因此，供给本身也就给自己创造了需求，并且供给必然等于需求，在资本主义社会中，不会发生生产过剩或失业现象，即使有失业现象，也只是暂时的。他的这一思想被经济学家们称为萨伊定律。

19世纪末，经济学家约翰·哈布森指出，由于消费不足，会造成经济的周期波动，从而引起失业。

到了19世纪70年代，英国经济学家吉文斯提出了周期性的太阳黑子理

[①] 参见〔美〕爱德华兹著：《发展中国家的就业》，1974年版，转引自谭崇台主编：《发展经济学》，上海人民出版社1989年版，第195—196页。

论。他认为,太阳黑子会周期性地对地球产生影响,从而引起经济活动规律性的变化,一般当太阳黑子变动时,天气随之发生变化,农业生产也因天气的变化而发生变化,工商业及其他经济活动也随之发生变化。

20世纪20年代后期,美国经济学家熊比特提出了创新理论,对周期性失业现象从创新、银行的作用等方面进行了阐述。同一时期的英国经济学家皮古则强调,企业主对经济的过分乐观和过分悲观的心理反应会造成经济的扩张或收缩,从而引起失业现象。此后的货币论、投资过剩论和投资不足论基本上是围绕着私人国内总投资的重要性、乘数效应和加速因素对经济和就业的影响而展开,其中尤以凯恩斯的理论影响最大,他认为失业是由于有效需求不足引起的。在资本主义社会中,由于消费倾向递减规律、资本的边际效率递减规律和货币的灵活偏好规律这三个基本心理"规律"的作用,社会的有效需求是不足的,失业因此而存在。他认为解决失业问题的办法是增加有效需求,而这靠厂商的努力是不可能的,必须通过政府的力量,对社会经济进行适当的干预。他主张通过增加总投资需求、物价上涨、降低实际工资的方法,来增加对劳动力的需求。

自20世纪60年代中期以后,西方社会中的失业问题越来越严重,而且失业问题还和通货膨胀结合在一起,失业问题变得越来越复杂。凯恩斯的理论及其对策也不能有效地对这些就业问题给予解释和解决,西方一些经济学家和社会学家尝试用其他的理论视角对就业问题进行分析,由此涌现的就业理论很多,如供给学派、合理预期学派、货币主义学派、劳动力市场结构分析(技术结构、部门结构、制度结构、社会结构)等,这些理论对结构性失业、自愿失业等问题进行了阐述。其后的发展经济学家还对发展中国家的就业问题进行了系统的分析,如刘易斯的二元经济发展模式理论、托达罗模型等。总的来说,这些学者对失业问题的研究尽管有各种局限性,仍给我们以启发和帮助。

可以这么说,失业作为那些能够工作又愿意工作的人无法得到工作岗位的现象,几乎是市场经济的工业社会的普遍现象。在农业社会中,失业虽也存在,但不是一种引起普遍关注的社会问题。这是因为土地对容纳农业劳动者具有足够的弹性,而且农业社会的同质性很强,职业分化程度很低,农民的就业基本上是一种自然就业。但工业社会作为一个高度分化了的社会,在劳动方式、影响劳动就业的诸因素方面与农业社会有着很大不同。工业社会的专业化、集中化和理性化,使得人与劳动岗位的结合被限制在一个相对狭小的范围内。在市场经济中,个人的就业经常会受到经济波动、季节性波动、技术革新等因素的影响,从而使劳动者因一些并非个人的因素而失去工作岗位。而一旦失去了适合于他的工作岗位,又会因经济、技术、专业化等非个人的因素而永远被排斥在就业者行列之外。因此,在市场经济的工业化国家中,一个人是就业还是失业,并不完全取决于自身,而往往取决于一系列与个人无关的社会经济因素,如劳动力市场的结构、性质及其运行机制,生产的规模以及发展的速度,居民的购买力及对某种商品的嗜好,技术革新,银行利率,对利润和经济前景的预期以及政府的人口、经济政策等,所有这些因素都可能使劳动力市场中的工作岗位大于对其需求,从而使个人能够比较容易就业,也可能使工作岗位稀缺而出现失业,甚至即使在劳动力市场上有足够的工作岗位,却因其不开放而造成结构性失业。总之,在市场经济国家,由于社会经济因市场的变化无常而瞬息万变,个人的能力和精力也不能保证其对成千上万种职业的技能都能够掌握,同时劳动力市场也不可能完全开放,因而失业总是在所难免。

三、失业的代价

失业问题是当今大多数国家在社会经济发展中普遍存在的问题,它既是综合性的经济问题,也是复杂的社会问题,有时甚至会酿成激烈的政治问题。失业对于国家、社会和个人的代价,也不仅仅是纯粹经济的,而是综合的、多样的。学者们认为,失业的代价至少包括以下三个方面:

1. 物质上的直接代价和间接代价

对一个国家来说,失业最明显的直接代价是资本、生产资料和劳动力资源的损失。对家庭来说,失业的直接代价是家庭生活水平的下降。对劳动者个人来说,失业的代价表现为劳动力作为一种宝贵的生产要素,在失业期间被永久性地浪费掉。失业的间接代价在数量上难以估量,但却实实在在的存在。它的损失主要表现为在萧条时期,由于失业减少了对工人的培训或对工人的降级使用,使工人的素质不能提高或有所下降。

2. 心理上的代价

失业的心理代价表现为:它既威胁失业者及其家属的生存,同时也打击失业者的自尊心,并会影响到别人对他的尊重。在当今社会中,人们常常以一个人是否就业来衡量他的价值,以其从事的职业的种类及特性来判断他在社会中的地位。一个人不能找到工作或保住自己的工作,往往会被别人看轻。同时,随着失业时间的延长,个人也会觉得他在为自己、为家庭谋生等基本问题上的无能,从而产生一种无用感。如果失业后因生活收入来源中断而耗尽了家庭的储蓄和其他财产,并迫使个人不得不借钱维持生活,则会使个人产生失望感和绝望感,从而摧毁一个人生活的勇气和信心。

3. 社会代价

长期存在的大量失业现象,会造成社会的不稳定。对失业者的调查和研究表明,失业及其造成的威胁会引发人们的玩世、悲观和激进行为,特别是容易促成人们的激进行为,造成暴力行动或政治、经济上的革命性行为,使社会动荡不安。

正因为失业对于国家、社会和个人有如此难以估量的打击和损害,因此,现代社会各国政府对就业问题及失业问题都很重视,并在经济、政策等方面采取各种行动,以尽量减少失业或缩短失业的时间。但尽管采取了各种各样的办法,失业仍不同程度地存在。

那么,中国有没有失业,与西方其他一些国家相比,中国的失业又有什么样的特点?

四、中国的失业问题

按照经典作家的阐述,社会主义不存在失业,失业是资本主义社会特有的现象,社会主义可以凭借计划的力量实现经济运行过程中的充分就业——即人人有其位的就业目标。但实践表明,在社会主义初级阶段,失业问题依然存在,中国也不例外。当然,中国的失业问题因为种种原因,有它自己的特点。

1. 中国经济体制改革以前的失业特点

经济体制改革以前的中国,城乡就业和失业表现出极为不同的形态。在城镇,失业并没有被消灭,而是以一种特别的形式——隐性失业的方式存在着,并时常以公开的方式暴露出来。在农村,失业主要表现为就业不充分。在人民公社体制下,农村中的失业问题被"一个人的活三个人干"、"三个人的饭五个人吃"的现象所掩盖。

20 世纪 80 年代以前的城镇失业实际上经历过三次高峰。第一次是 20 世纪 50 年代初出现的。中华人民共和国成立之初,在经济上面临着百废待兴的局面。在劳动就业方面,也面临着沉重的压力。这一方面表现为城镇存在着大约 400 万的失业大军(相当于城镇劳动者的 23.6%),另一方面则表现为农民的贫困与破产。为解决失业问题,当时采取了一系列的措施,在城镇采取了对国民党政府的工作人员实行包下来的办法(原职原薪),同时对失业人员采取以工代赈、生产自救、组织培训和输送到国民经济有关部门就业的办法;在农村,一方面开展土地革命,让破产无地的农民从事农业生产,同时也安排城镇中来自城镇的失业人员回乡。1952 年开始,中国实行了第一个五年计划,随着投资规模的扩大和社会主义建设的全面展开,城镇中对就业的需求增加,到 1957 年,城镇的就业人数已由 1533 万人增加到 3103 万人,城镇的失业率也由 1952 年的 13.2%降为 1957 年的 5.9%,旧中国遗留的 400 万失业人员也基本得到了安置,至 1958 年,中国宣布消灭了失业现象。

第二次失业高峰是在 20 世纪 60 年代初出现的。在第二个五年计划期间(1958—1962 年),由于当时"左"的思想和政策的影响,在经济建设上不切实际地追求高速度,造成了一些地区和部门劳动力不足假象,加之在劳动就业工作上提出了"人人有事做,处处无闲人"等口号,使全国职工人数在 1958—1960 年增加了 2500 万人,造成城镇的社会经济难以承载的局面。虚假的繁荣过去以后,政府不得不对国民经济实施"调整、巩固、充实、提高"的方针,并于 1961—1963 年的三年间对城镇职工进行了精简,共精简 1940 万人,若把这三年间压缩的职工数看作是由工业生产萎缩和人员多余所造成的失业,则在此期间平均每年的失业者为 776 万人,与 1962 年的城镇劳动者人数进行比较(4537 万人),1962 年的失业率当在 5.84%左右。

第三次失业高峰是在 20 世纪 70 年代末出现的。"文化大革命"期间,中国正常的就业工作几乎陷于停滞的状态,这一期间,由于在经济工作方面的失误,使得城乡劳动力出现了违背社会经济发展的大对流现象:一方面,政府采用知识青年"上山下乡"的政策,将成千上百万的城镇知识青年动员到农村去进行劳动锻炼,另一方面,又从农村招收了 1300 万农民进城,从事工商业活动。"文化大革命"结束以后,迫于知识青年要求回城的强烈要求与行动,政府开始落实知识青年回城政策,但由于城里的工作岗位上早就人满为患,他们中的很多人回城后找不到工作,出现了所谓的"待业"问题(那时候中国还不承认失业),待业实际上就是失业,至 1979 年,城镇失业问题达到了高峰,失业率为 5.4%,失业问题成为当时一个严重的社会问题。

就经济体制改革以前中国失业的社会经济原因来看,不外乎下面几点:第一,劳动力供大于求;第二,在高度统一的计划经济体制下,劳动就业制度的弊端加剧了劳动力供求的矛盾;第三,生产关系的变革过激过快,限制了人们就业渠道拓展;第四,经济结构不合理,产业结构单一;第五,政治社会气候的影响。

2. 改革以来中国失业的特点

经济体制改革以来,中国的失业问题不仅没有消失,反而更为复杂多样了。总的来说,其特点可以概括如下:

(1)隐性失业依然是一个严重的社会经济问题。隐性失业是指劳动力与生产资料只有形式上的结合而没有内容上的结合或结合得不充分、不合理的现象。隐性失业在城市的表现形式主要有两种:一、暂时脱离工作岗位的非正常放假,即由于各种原因,职工不能按照制度工作时间进行就业,只能是工作时间的一部分。非正常放假的职工的收入与正常就业的职工的收入有较大的差距。

二、低效率和冗员,也称在职失业,指劳动者虽然能够按照制度工作时间工作,但在实际生产过程中却没有被使用或使用不充分,与生产资料之间依然处于游离状态。城镇隐性失业人员的数量保守的估计是15%,较高的估计是30%。在农村,尽管有1亿多的农村劳动力转移到了乡镇企业和其他产业,但仍存在着数目可观的剩余劳动力。根据我们对农村的调查,农村劳动力剩余量约为全部农村劳动力的三分之一左右。城镇中规模庞大的民工群体仅仅是农村长年隐性失业和季节性失业的一个小小镜头。

(2)隐性失业显性化。近年来,随着企业经营机制的转变,企业在人财物、产供销等方面有了一定的自主权。社会主义市场经济体制也把企业推向了竞争的战场。一个企业能否生存下去,职工的收入能有多少,包括经营者的收入、地位和升迁,也越来越与企业的微观经济效益相关联,特别是90年代以来的现代企业制度建设和企业改制的进行,隐性失业逐步显性化。表现为:第一,全国登记失业率与失业人数达到了建国以来的第四次失业高峰。从1993年开始,登记失业率日益上升,由1993年的2.6%一路攀升到2003年6月底的4.2%。第二,登记失业人口大幅度增加。第三次失业高峰过后,中国城镇的登记失业率在1983年下降为2.3%,登记失业人口是271万人,但是1993年城镇的登记失业人口达到了420万人,以后逐年增加,到2002年,登记失业人口达到了770万人,2003年6月底全国失业人员为795万人。第三,从1993年以来,全国城镇实际失业人口已增加了1倍,实际失业率已经达到了很高的程度。由于登记失业率没有考虑下岗职工的情况,因此,登记失业率数字并不能够反映中国失业的实际情况,如果考虑到近年来下岗职工中未能再就业者的情况,则中国实际的失业率远比现在的要大。以2002年为例,登记的失业人员为770万人,仅国有企业的下岗职工就达410万人,按下岗职工中40%的人已重新就业计算,登记的失业人员就远不是770万人的规模,真实的失业率也不是4%。第四,失业者中文化程度在初中及以下、失业时间在6个月以上的、年龄在16—25岁的各为60%左右[①]。

在显性失业队伍中,还有一个目前被忽视的群体——农民工。农村实行联产承包责任制以后,许多农村劳动者出让了土地经营权,进城务工经商,但由于

---

① 相关数字及资料可参考国家统计局编的历年《中国统计年鉴》,劳动和社会保障部网站上公布的相关资料,网站地址为:http://www.molss.gov.cn/。

目前户籍制度等尚未理顺,在城镇人生地疏、没有户口的农民,他们的居住和工作很不稳定,一旦有经济波动和其他社会波动,首先受到冲击的是他们。如1989年全国各大城市对农民工进行清退,仅北京市就清退了60万人左右。在2003年突如其来的"非典"时期,大量的农民工被清退。这些被清退的人中有不少人实际上处于一种"两头"失业的状态。农村劳动力由隐性失业转为显性失业,这是现阶段我们研究失业问题所不能忽视的。

(3)职工下岗的常规化。在计划体制向市场经济体制转换的过程中,城镇人口的下岗失业问题逐渐突出。"职工下岗是在经济结构调整这一特殊情况下出现的现象,下岗职工仍同企业保持劳动关系;而失业则是指有劳动能力的人找不到工作……下岗是与特定单位保持劳动关系但在调查周内不在关系所在单位工作的人员"[①]。根据劳动部和国家统计局1997年7月《城镇劳动力调查制度》的说明,下岗职工实际上包含了轮岗、放长假、待岗和内退四类人员。目前中国下岗的形势是:第一,全国城镇下岗职工的人数在1992年以后经历了一个先快速增长到缓慢下降的过程,目前下岗职工的人数仍保持着相当大的规模。1992年中国下岗职工人数大约为250万人,1993年为300万人,1994年为360万人,1995年为564万人,1996年为891.6万人,1997年为1151万人,1998年为892万人,1999年为872万人,2000年为941万人,2003年6月底全国下岗国有企业和集体企业下岗职工为600万人,下岗职工的规模还是很大。第二,下岗职工的主体是原来国有企业的职工。国有企业的下岗职工,1993年为19万人,1994年56万人,1995年急增到356万人,1996年为542万人,1997年为586万人,1998年为610万人,1999年为650万人,2000年为657万人,2001年开始在一些城市进行下岗和失业并轨的工作,使下岗职工的数量下降,2001年国有企业下岗职工人数为515万人,2002年为410万人,到2003年6月底,全国国有企业实有下岗职工356万人。第三,下岗职工集中分布在纺织、机械、煤炭等传统行业。如纺织行业,从1993年开始,纺织工业全行业亏损,到1996年底,国有纺织企业中有130多家破产,剩下的企业中,42%亏损,亏损额占全国国企亏损额的11%,到1997年底下岗职工已达274万人,在1998年初,中国政府决定对国有纺织企业实行战略性重组,要求三年压缩1000万纺锭,分流安置120万职工[②]。第四,下岗人员在地域分布上相对集中在一些老工业基地,如东北的黑龙江、吉林、辽宁等省市。仅这三个省1998年的下岗职工即达189.9

[①] 马洪、王蒙奎主编:《中国发展研究》,中国发展出版社1999年版,第121页。

[②] 参见石万鹏:《1998—1999年我国纺织行业结构调整分析》,《中国工业经济》1999(3),第25页。

第十三章 劳动社会学与劳动问题

万,占全国下岗职工的 21.3%①。第五,下岗者多为年龄 35 岁以上、文化程度在初中以下的人。以 1998 年的情况看,下岗人员中年龄小于 35 岁的占 33.27%,年龄在 35—46 岁之间的占 42.4%,46 岁以上的占 24.33%。文化在初中及以下的占 84.23%,高中及以上的占 15.77%。

(4) 失业与劳动力短缺并存。在大多数人来看,失业与劳动力短缺并存在中国是一种让人费解的现象,但事实表明,这种现象确实存在。一方面,企业存在大量的冗员,另一方面,却又存在着所需要的劳动力短缺现象。这种短缺表现在:第一,由于劳动力市场不存在储备,或根本不存在劳动力市场,企业找不到它所需要的劳动力,只能临时培训企业内人员,或降格以求;第二,有些工作比较辛苦、劳动条件差的岗位大量缺员;第三,信息不畅通,寻找工作者并不知道工作机会的存在;第四,劳动力市场的政策性隔绝使寻职者不能跨地区和行业进行流动,劳动力流动机制不畅,供需不能及时见面,造成冗缺并存,如某些工作对农民有歧视性就业规定;第五,有些人消极等待分配工作,而不是积极主动地去寻找工作。劳动力结构性供需失衡问题,从劳动力资源素质看,表现为劳动力素质普遍较低。特别是劳动力后备资源中技术文化水平低的人比比皆是,而高技术、高文化素质的劳动力则十分短缺,因而相当一些对技术水平或工作熟练程度有要求的工作岗位很难找到所需要的人员;从行业和工种看,那些被人们称为苦、脏、累的生产岗位和行业受到冷落。

(5) 出现了职业选择性失业现象(或自愿失业)。职业选择性失业指的是人们达到劳动年龄以后,在初次择业时,需要反复权衡、比较,选择职业和从业单位,另外,劳动者就业后,随着本人技能的提高,兴趣的变化,需要再次选择新的职业,或因为个人对工作岗位的偏好,当社会提供的就业岗位与个人的选择意愿不符合时,个人宁可等待,也不愿意迁就,这样,从择业到实现就业或再就业之间,就会出现一段失业时间。职业选择性失业现象的出现,是 20 世纪 80 年代以来劳动就业中的一个新问题,其主要原因是因为处于社会经济变革时期的人们择业观念的变化,职业选择性失业的数量有多少,目前没有统计,但是,从某个侧面也可以反映出这种失业的规模,在目前中国的城镇,一方面是大量城市的下岗失业者赋闲在家,另一方面是大量的农民工在城市从事城里人不愿意干的活,如 1998 年中国流动的农村劳动力即为 4424 万人,占中国农村劳动力的 9.5%,相当于城镇从业人员总数的 21.1%,其中城镇单位使用的农村劳

---

① 根据《中国劳动统计年鉴(1999)》,中国劳动出版社 2000 年版,第 15 页、第 492 页有关数据计算。

动力为913万,占流动农村劳动力的20.6%①。

3. 为什么近年来下岗与失业问题形势越来越严峻

(1) 劳动力供给总量所导致的就业压力。主要来自三个方面:一是隐性失业的公开化,现代企业制度变革等过程中出现的下岗失业问题,使得大量原来的从业人员从企事业单位中剥离出来,加入到了需要重新就业队伍的行列。二是每年新增劳动力资源数量庞大,给就业带来沉重压力。由于中国的人口基数大,在一段时间内又在人口政策上出现了失误,造成人口和劳动力自然增长和机械增长过快,需要就业的人太多的局面。如在1980—2001年期间,平均每年人口净增长1315万人。三是工业化、城镇化过程中农村劳动力转移——民工潮的压力。中国1980年时有乡村从业人员31386万人,其中农业劳动者29808万人,到2002年,中国的乡村从业人员是48527万人,其中农业劳动力31991万人,而在这期间,在耕地数量有所减少的情况下,农业机械总动力却有较大幅度的提高。以中国目前农村的生产力水平看,农业生产只需要2亿左右的劳动力,农村中大约有1.2亿剩余劳动力在千方百计寻找机会向城镇转移,但近年来的情况是,乡镇企业的个数与从业人员有所减少,对农村劳动力的吸纳作用减低,农村劳动力转移的压力增大。

问题的症结还在于中国庞大的劳动力供给是与社会经济的转型相伴随的,中国目前正处在经济体制、经济增长方式以及由农业为主的传统经济到现代经济的这三个转变过程中,社会经济处在现代化和工业化的进程中,大量农村剩余劳动力向非农业转移,农村由以往的吸纳新增劳动力的重要领域,变为排斥劳动力的领域。下岗职工的下岗分流受到农村剩余劳动力的"大潮顶托",给就业问题的解决带来了很大的困难。

(2) 依靠投资和国民生产总值增长速度带动就业的效应减弱。从20世纪80年代以来的情况看,中国GDP增长对就业的拉动作用大幅度下降,1981—1985年间,GDP每增长1个百分点,就业增长为0.33个百分点,1986—1990年间,GDP每增长1个百分点,就业增长为0.26个百分点,1991年以后,GDP每增长1个百分点,就业增长只有0.11个百分点。原因是经济发展过程中劳动生产率水平的提高,单位GDP生产所需要的劳动力数量减少。上海、沈阳等一些城市已经出现就业弹性系数为负的情况。

(3) 第二产业特别是制造业吸纳新增劳动力的能力下降。中国的制造业

---

① 根据《中国劳动统计年鉴(1999)》,中国劳动出版社2000年版,第26页、第128页相关数据计算。

第十三章 劳动社会学与劳动问题

已经由"短缺型经济"向供大于求的"相对过剩型经济"转变,这一转变使其对新增劳动力的吸纳作用降低。在传统经济下,中国的经济是一种短缺型经济,产业结构因此也具有短缺型特征。所谓短缺,是指供小于求的状况。产业结构演变中的短缺现象是指各个产业的有效供给长期不能满足需求,尤其是短线产业长期不能改变面貌,经常成为经济增长的瓶颈。在传统经济下,各个产业的产品处于供不应求的状态,消费品、生产资料短缺。经济发展高潮时短缺,低潮时当然更加短缺,这种情况一直持续到20世纪80年代。

20世纪90年代以后,过剩型经济的表征逐渐显现,表现为:第一,当某种社会需求产生的时候,供给经常可以以更大的规模产生;第二,价格的变动已经很难调整供求双方的关系,相当多的生产经营者被迫在成本线以下抛售产品;第三,供给方的利润被压低到银行利息率以下,但是资本已经很难找到更加有利的领域进行转移,只有通过继续追加投资和扩大规模,通过过度竞争的方式,把其他供给者排挤出局才能维持自己的利益;第四,经济系统从封闭走向开放时,在系统的外部普遍存在着技术以及资本力量更加强大的过剩生产能力。

相对过剩明显地体现在如下领域:产品与生产能力过剩,金融资本过剩,这些过剩约束了就业的拓展。

(4) 需求不足使就业形势恶化。在大多数工业品过剩或饱和的另一面是需求的不足,从总量上来看是国民收入的产出部分没有被相应的需求花费掉。需求分为四个方面:出口、企业投资、消费和政府支出(包括公共工程支出)。这些领域的需求不振是20世纪90年代第四次失业高峰的一个重要原因。

(5) 体制转轨带来的失业。鉴于国有企业经济效益的下滑,1992年党的十四大提出了建立现代企业制度目标,并在1993年11月党的十四届三中全会上通过了《关于建立社会主义市场经济体制若干问题的决议》,进一步明确提出国有企业的改革方向是建立适应社会主义市场经济要求的产权明晰、责任明确、政企分开、管理科学的现代企业制度。1997年,中国又进一步提出了国有大中型企业三年走出困境的目标,使原有体制下形成的劳动用工制度与向市场经济转变的企业改革目标之间的矛盾日益突出,冗员成为企业摆脱困境的体制性包袱,减员增效成了企业的一个策略性选择。在企业职工下岗分流的同时,国家机关、事业单位人员的分流也在近几年展开。这些举措是造成中国20世纪90年代隐性失业显性化步伐加快的重要原因。

4. 缓解失业问题的建议

中国失业问题的治理是一个综合的工程,需要多方面的配合,我们认为,为了使中国的就业形势不至恶化,并在控制恶化的基础上进行治理,需要我们在实际工作上注意以下几点：

（1）实现以人力资源开发与就业中心的发展战略。要找准就业在社会主义市场经济中的位置，把它作为实现可持续发展的头等大事。市场经济能够提高效率，但会带来失业和通货膨胀问题。至今没有一个市场经济国家不存在失业，问题是如何看待失业。如 1995 年 130 个国家在丹麦首都召开的社会发展问题首脑会议所通过的宣言中承诺："把创造就业、减少失业和促进适当的有收入保障的就业置于政府政策和战略中心"[①]，可见各国政府对就业问题的重视。

要充分认识人力资源开发在解决就业问题中的作用。第一，广泛宣传人力资源开发的重要性；第二，增加科技与教育的投入，尤其是鼓励发展有利于增加就业岗位的科学技术；第三，发展职业技术教育与培训，提高劳动者的素质。

（2）继续推进经济增长，保持或扩大就业需求。正如前面一再强调的，经济增长虽然不能彻底解决失业问题，但至少能够缓解失业问题。因此，要努力保持中国今后几年持续的经济增长，要加强基础设施建设，带动经济结构的调整，为长期发展做准备，同时带动相关行业的发展和扩大就业。

（3）大力发展非公有制经济，减轻就业压力。要转变思想观念，端正对非公有制经济的认识，下功夫为公有制经济的发展创造或提供良好的宏观环境，同时加强宏观引导，保障在非公有制经济部门工作者的合法权益。

（4）积极发展小企业。积极发展小企业，切实为小企业营造良好的经营环境，使小企业成为就业机会的一个增长点。中小企业可以通过分包或配套合同的方法，为大企业提供服务，促进专业化分工和协作的发展，促进全社会经济效率的提高。各国的小企业发展在社会经济中都发挥了重要的作用。在中国，小企业也为社会提供了大量的就业机会。在城镇，工业劳动力的 75% 是由中小企业安排的，在农村，以中小工业企业为主的乡镇企业安排了一亿左右的富余农村劳动力，相当于农村剩余劳动力的 50%。小企业的发展还促进竞争，抑制垄断，活跃了市场，丰富和方便了人民的生活。但小企业在发展中也面临着各种问题，如资金困难，缺乏必要的融资渠道；外部经营环境的不公平；缺乏经营和管理人才，在人力资源上处于劣势；缺乏信息和技术支撑。

为了发挥小企业在缓解就业问题上的作用，我们应该必须为其发展营造一个良好的经营环境，如促进社会观念的转变，明确小企业不等于无效率，"放小"是改革策略，不是不重视小企业；为小企业改善融资环境。由于小企业规模小，资信不足，银行不敢贸然给予贷款，要针对这些问题采取措施来解决；对小企业

---

① 《中国劳动》1996 年第 1 期。

进行各种形式的改革,如实行股份制、股份合作制、合资合作经营(即所谓嫁接改造)、破产、资产拍卖竞价出售、无偿转让产权、兼并与联合、下放企业管理权限、托管及租赁经营、承包经营等,使其能够充满活力。

(5) 消除体制障碍,解决下岗职工的再就业问题。下岗职工再就业之所以成为难点和热点,并不单纯是就业机会问题,综合各种研究结果,目前全国范围内从事有收入劳动的下岗人员的数量大约占总数的一半左右。但是,下岗人员(包括已就业的)对政府和原企业有强烈的依赖。这里问题的核心是原来的体制承诺了对职工的就业保障及其他生活福利保障,目前下岗人员对政府和企业的压力,实际上是对传统契约关系和旧体制承诺的追索,因此,政府最基本的对策应该是消除体制障碍,对职工过去的劳动关系和政府承诺进行补偿。具体补偿办法,可以结合企业改制,给职工以部分股权,并进行说明;也可以结合住房制度改革,明确将政府补贴部分定位为对过去贡献的补偿。现在对下岗职工的生活,政府也作了很多工作,但定位说明不够。下岗职工的再就业要注意三个方面的问题:一是注意转变下岗职工的观念:下岗职工应该有竞争的观念,政府的再就业工程不可能永远对其进行保护,必须要有市场就业的观念,充分认识到各种形式的就业都是就业。二是注意提高下岗职工的素质:下岗职工的心理素质、技术素质。三是注意职工下岗过程中的道德问题:下岗职工不是一个永久不变的身份,对于已经以各种形式就业的下岗者,应该不再领取下岗津贴。

(6) 强化劳动力市场,积极推进劳动力市场发育。由于中国劳动力市场营造的时间不长,发育还不完善,现在的劳动力市场存在着明显的分割性、不统一性和多层次性:中国的劳动力市场是一种在城乡二元经济结构基础上并存的城市内部二元体制结构下生成的市场,可以区分为体制内劳动力市场和体制外劳动力市场,体制内劳动力市场又分割为体制内存量合同工市场与临时工、农民工劳动力市场;体制外劳动力市场区分为体制外城市劳动力市场与农村劳动力市场。20世纪80年代以来新兴部门的发展和市场空间的生成,农村大量的劳动力和一部分城镇劳动力逐渐由市场来配置,催生了中国劳动力市场的逐步发展成长和企业用工制度的市场化,形成了所谓的体制外劳动力市场。同时,国有企业在改革开始后长达十余年的时间里继续大量吸纳劳动力,计划配置劳动力的机制和劳动者的铁饭碗制度并没有根本打破,从而延续了原来计划体制下的用工制度,而同时,国有企业在吸纳劳动力时也逐步受到市场竞争的影响,在用工行为上也有一定的市场化趋向,特别是在招收临时工和农民工上表现得尤其明显,由此形成了体制内劳动力市场的分割。不同劳动力市场的劳动者在以下方面存在很大的差异:第一,劳动用工形式和内容的差异,第二,工资形成以及福利保障的差异;第三,管理上的差异;第四,职业保障与稳定性的差异。

要发挥劳动力市场在治理失业问题上的作用,必须做到:第一,建立城乡一体化的市场,规范和完善劳动力市场的运行,要打破所有制、地区和城乡分割的界限,在就业竞争机制、双向选择机制、失业机制、社会保障机制等多方面努力;第二,从体制外到体制内的、先易后难的顺序,对劳动力市场进行规范与管理;第三,取消户籍制度与变相的固定工就业制度,尽量缩小由国家安置的就业的份额;第四,健全社会保障制度,重点在于尽快建立一个覆盖城市各类单位与个人的社会保障制度,由企业保障向社会保障转化;第五,逐步建立现代化劳动力市场服务体系,如职业介绍网络体系、信息网络和教育培训体系,创造有利于劳动力市场自由流动的条件与基础;第六,完善劳动力市场的运行规则。

(7) 在保持一、二、三产业协调的前提下,大力发展第三产业。20 世纪 80 年代以来,中国经过一段时间的产业结构调整以后,第三产业有了比较明显的发展,劳动力逐步由第一、第二产业向第三产业转移,第三产业的发展提供了相当数量的劳动需求,成为吸纳劳动力、解决就业问题的重要途径。目前,中国第三产业就业比重与发达国家相比还有很大的距离,这方面的发展还是有很大潜力的。

(8) 有计划、有步骤地引导农村劳动力的转移和就业。农村的剩余劳动力除了向乡镇企业、小城镇和大中城市等非农领域转移外,应特别注意发展农村的多种经营,使农、林、牧、渔业向更深更高的层次发展,并带动农村劳动力的转移。

总之,中国失业问题的解决将是一个长期的历史过程,它不仅需要我们动用经济、政治、法律、社会等各种手段,还须国家、社会、企业、家庭、个人等多方面的共同配合与努力。

第二节 劳动中的特殊群体

劳动中的特殊群体主要是由于年龄、生理结构、技能等方面的特点,在社会劳动过程中遇到了特殊的社会问题而形成的具有独特行为规律的群体。残疾人群体、中老年人群体和移民群体是最为典型的特殊劳动群体。对这些群体就业问题的研究,有助于我们加强对就业问题的认识,提出具有针对性的解决就业问题的举措,并促进社会的稳定和发展。

一、残疾人的劳动就业问题

1. 残疾人和残疾劳动者

什么样的人是残疾人？国际上比较权威的关于残疾人的界定有两种：(1) 根据 1975 年第三十届联大通过的《残疾人权利宣言》，残疾人就是"任何由于先天性和非先天性的身体和精神缺陷而不能保证自己可以取得正常的个人生活全部或部分必需品的人"；(2) 根据国际劳工组织在《残疾人职业康复建议书》中的规定，残疾人是指那些"由于生理或心理损伤而使他们实际获得和保持适当职业的机会减少的人"。在中国，根据 1991 年 5 月 15 日正式颁行的《中华人民共和国残疾人保障法》，残疾人是指"在心理、生理、人体结构上某种组织、功能的丧失或者部分不正常，全部或者部分丧失以正常方式从事某种活动能力的人"。

残疾人之所以不同于正常人，主要是因为其生理或心理缺陷所造成的劳动能力的损伤，作为全部或者部分丧失以正常方式从事某种活动能力的人，在劳动问题上有三种表现：第一，虽然存在某种组织、功能的丧失或者部分不正常，但是仍可能参加某种相应的劳动；第二，虽然残疾但并未影响从事某些劳动；第三，由于残疾而在从事某些劳动时，需要通过采用特殊的劳动方式才能达到正常的劳动结果。

从残疾者身体部位与机能缺陷对劳动的限制情况看，可以将残疾劳动者区分为四类：一是视觉机能缺陷者（即盲人），这部分人虽然因视觉机能丧失而对劳动活动产生障碍，但仍可依靠敏锐发达的触觉及听觉从事相应劳动。根据中国 1987 年对残疾人的全面调查，当时全国共有视力残疾者 755 万人，占残疾人总数的 15%，其中有劳动能力的占 18%，有部分劳动能力的占 44%。二是听觉和语言机能缺陷者（即聋哑人）。聋哑人虽然对声音失去了感知，丧失了部分语言的能力，但仍可从事某些种类的劳动。根据 1987 年调查，全国听力残疾者占残疾者总数的 34%，其中有劳动能力的占 45%，有部分劳动能力的占 35%。三是肢体和运动机能缺陷者（即肢残者），这类人在全部残疾者中约占 15%，其中具有劳动能力的占 12%，有部分劳动能力的占 56%。四是智力机能缺陷者（即智残人）。肢残者的听觉、视觉及肢体功能虽未受到损害，但其劳动能力受到较大的影响，不过他们中相当一部分人经训练和康复后，仍能从事一些简单的劳动。中国的智残者约占残疾人总数的 20%，其中有劳动能力的占 34%，有部分劳动能力的占 56%。

残疾人因生理或心理缺陷成为社会的特殊群体，他们在社会性资源的分配上处于弱势的地位。他们是经济贫困阶层的主要组成部分,虽然具有劳动能力,但在经济活动和就业竞争中居于劣势,只能获得较低劳动报酬的就业岗位,甚至根本无法获得劳动岗位而成为没有收入来源的失业者。残疾人在学习、生活和劳动中有着比一般人更多的困难和障碍,理论上他们拥有法律赋予的各项权利,如中国的《劳动法》规定劳动权利是公民的基本权利之一,劳动权利包括参加工作或者谋取职业的权利,并对这些权利的实现作了明确的条款规定,但在现实劳动力市场中,残疾人的就业权利实现却困难重重,这也是劳动社会学对残疾人就业进行关注的重要原因。

2. 残疾劳动者的社会化

社会将一个初级社会化了的人转变成一个能够适应社会和时代文化,掌握社会所需要的劳动技能和必要的劳动规范,成为合格的劳动者的过程,这是一般意义上的劳动者社会化的含义。残疾人参加社会劳动,同样也需要经历劳动社会化的过程。但是,残疾人的社会化必然会因其生理和心理缺陷而受到种种限制。这种限制主要可分为两个方面:一是残疾人自身。一般社会化就其实质而言是"学习",即学习技能、文化规范,达到掌握这些要求,以获得社会角色的最终目的。但是残疾人往往难以完全像正常人一样,通过正常的途径来达到劳动社会化的目的。如聋、哑、盲、弱智儿童,他们不可能像正常儿童那样,通过一般的学校、一般的教学而获得各种知识及成为一个劳动者所需的技能。又如肢体残疾者,虽然也可以进一般的学校,但其在生活自理和学习方面碰到的困难是常人难以相比的,其在这方面所付出的代价使得学习更为艰辛和困难。二是外部环境的影响。这种影响又表现为两种情形:第一种,全社会对残疾人的劳动社会化问题关心和重视不够。从国家方面来看,由于经济和人力等方面因素的限制,尚没有建立一整套为残疾人康复服务的训练机构、康复设备和科学的康复训练方法。同时,在残疾人社会化方面,还存在着一些人为的障碍和社会歧视,如在大学生录取上对残疾人的排斥。在家庭方面,在出现残疾人这种不幸面前,往往束手无策,任其自然,在痛苦之中承担应尽的义务。第二种,残疾劳动者适应工作亚文化、适应劳动环境时受的限制和影响比较多,如歧视与社会排斥,从而使其适应的过程比一般劳动者的适应过程更长,有的甚至根本无法适应。

从这两方面的限制来看,残疾人为工作而进行的社会化应从两个方面入手:一是残疾人需要克服来自自身的困难,身残志不残,尽量克服生理或心理缺陷所造成的困难,发挥优势。实践表明,残疾人由于某种机能的残缺,可能使另一些机能相对发达,如盲人的听觉往往较好,这即是所谓的"补偿效应"。残疾人应充分利用这种"补偿效应"。二是改善残疾人社会化的外部环境。一方面,残疾人及其组织要积极努力促使社会改善其学习条件。另一方面,国家和社会也应该给予残疾人更多的关心和重视,尽可能地在残疾人社会化方面提供方便,给予照顾。只有这样,才能够更为有效地利用和开发各种层次的劳动力资源,为社会主义建设服务。

3. 残疾劳动者的就业特点

残疾人由于自身生理和心理等方面因素的制约,在劳动就业方面表现出不同于一般劳动者的特点:

(1) 具有强烈的就业意识。残疾劳动者对于劳动就业所持的观念、态度和期望的总和,构成了其就业意识。残疾人给家庭和社会的依赖,并不是他们所愿意的,而是无可奈何的选择。事实上,极大多数残疾人特别希望拥有一份自己的工作,这样不仅经济上有了一定的收入,能够养活自己,而且还可以考虑其他诸如恋爱、婚姻及建立家庭问题,从而能够过上一种正常人的生活。

(2) 就业渠道狭窄。对于残疾人来说,就业的渠道较一般人狭窄,残疾人就业主要是通过以下三种渠道:一是分散就业,即让残疾劳动者分散在各个普通企事业单位中,与健全人一起工作。为了能让一些普通企事业单位接收残疾人就业,国家对此作了一些专门的规定,如要求国家机关、企事业单位、社会团体、城乡集体经济组织等按职工人数的一定比例(1.5%)接收残疾人就业,如果达不到这个比例,就要交纳残疾人就业基金,这是近几年来国际社会普遍采用的有效办法。中国也采用了这种做法,以保障残疾人的就业。二是集中就业,即把残疾人集中安排到专门为他们开办的福利企业中工作,这些企业可以从行业、职业的选择、劳动组织、劳动保护、工作时间、工作强度等方面尽量考虑各类残疾人的不同特点,既有助于科学管理,提高生产效率,又有利于解决这部分人的生活问题,国家对这些福利企业则有一些政策上的优惠。截至2002年底,全国共有社会福利企业3.6万个,集中安置残疾人就业68.3万人①。福利企业的发展为一些残疾人提供了就业的机会,但在向市场经济转型的过程中,福利企业无论在经营机制、技术力量、生产效率、产品质量等方面都面临着重大的挑战,并给残疾人的就业稳定性带来了负面的影响。残疾人就业的第三种渠道是自谋职业,如在家庭及社会的支持下,从事个体经营获得。不过自谋职业也存在着资金、技术等问题的约束,残疾人在求职道路上的行走充满着荆棘。

(3) 就业水平低,失业率高。在就业方面,残疾人可分为在业残疾人和不

---

① 参见国家统计局编:《中国统计摘要2003》,中国统计出版社2003年版。

在业残疾人两大类,在业与不在业的比例大约为35∶65。如到2001年底,全国以各种方式实现就业的残疾人为2200多万,约占全部残疾人的35%,占有劳动能力而积极希望就业的残疾人的80%左右①。这些就业的残疾人基本上达到了经济和生活上的自立,有的甚至成了社会中收入水平较高的人。但是,和一般社会劳动者相比,残疾人的就业率还很低,而且就业也很不稳定。在20世纪90年代中期以来的下岗浪潮中,残疾劳动者也不能幸免。如1995年底中国的福利企业有6万个,残疾劳动者93.3万人,而在2002年,福利企业的数量为3.6万个,残疾劳动者数量为68.3万人,25万残疾人因此不得不离开福利企业。而那些分散就业的残疾劳动者,也有很大的比例下岗,失业。

(4)残疾人的失业时间长,安置难度大。与一般人相比,残疾人的失业时间常常更长,就业安置的难度更大。其原因在于:第一,中国本来就是一个劳动力严重过剩的国家,不仅在农业中存在着大量的剩余劳动力,工业中也存在着大量的隐性失业现象。就业岗位的不足使得残疾人在与正常人进行就业竞争时格外艰辛与困难。第二,普通企事业单位考虑到劳动生产率和经济效益,往往不愿意或拒绝接收残疾人就业。在劳动生产中,按照生产岗位对劳动者的要求以及市场经济中人们对效益和效率的追求,残疾人显然是最没有竞争力的求职者。第三,随着劳动制度的改革,残疾人的就业也被纳入了市场调解的轨道,在相当长的一段时间里实行的由民政部门、劳动部门及街道统一安置残疾人就业的办法在市场化改革过程中遭遇到了挑战。第四,残疾人自身的文化素质和劳动技能较低,影响了他们的就业。第五,福利企业有限,难以满足众多残疾人就业的需求。第六,社会偏见与歧视。

(5)已就业的残疾人以从事体力劳动为主。从已就业的残疾劳动者来看,由于生理或心理的缺陷和较低的文化技术水平,加上社会环境的约制,使得他们中的极大多数人只能从事一些职业声望较低的职业,他们中的大多数人主要集中在农业生产部门和工业部门,约占85%,另外有15%左右的人在第三产业中的商业和服务业就业。

4. 解决残疾人就业问题的基本思路

解决残疾人就业问题需要社会多方面的配合。第一,必须消除人们对残疾人所抱有的偏见与误解,认识残疾人就业对社会、家庭、个人的意义;第二,为残疾人提供更广泛的社会化条件,向他们提供和正常人平等的就学和社会参与机会,制定有效措施提高残疾人的文化素质和劳动技能,改善他们在就业竞争中

---

① 根据《中国社会报》2002年11月6日的相关数据计算。

的弱势地位;第三,创造适合残疾劳动者就业的社会环境,按照残疾人的构成状况,研究和开辟出更多的适合残疾劳动者从事的就业岗位,采取多种形式促进残疾人就业;第四,国家立法保障残疾人的就业权利,制定相应的政策和法规确保企事业单位雇佣一定比例的残疾劳动者,尽可能给予残疾劳动者一个稳定的就业环境;第五,逐步建立一套协助残疾劳动者就业的社会服务体系,积极为残疾人服务,以便能够帮助他们实现就业。

二、中老年人的就业问题

1. 中老年劳动者就业现状

中老年劳动者是相对于青年劳动者而言的。对于老年劳动者,各国一般都有比较明确的界定,一般是把处于退休年龄之外的劳动者称为老年劳动者。国际上一般将60岁以上者界定为老年人,在中国,对老年劳动者年龄的定义一般为男60岁以上、女50岁以上。对于中年劳动者的界定则比较模糊,主要是因为关于青年的年龄界限在不同的场合有不同的标准。青年年龄的上限在各国差异很大,从21岁到34岁不等。我们区分不同年龄群体的劳动者,主要是为了凸现不同年龄群体劳动者在劳动方面的社会差异性。在这里,我们考虑到中国不同年龄群体劳动的社会差异,从静态的角度把男35—59岁、女35—49岁的劳动者作为中年劳动者。

根据第五次人口普查数据计算显示,2000年中国60岁以上的老年人口为12798.2万人,其中在业的为4222.0万人,占33.0%。这些仍在工作岗位上的老年劳动者中,男性为63.1%,女性为36.9%。男60岁以上、女50岁以上的人口为18006.5万人,在业人口7431.2万人,占41.3%,其中男性占35.9%,女性占64.1%。

从老年劳动者的产业分布看,60岁以上的在业人口中91.0%的人是在第一产业(农林牧渔业)就业,3.1%的人在采掘业、制造业、电力、燃气及水的生产和供应业、建筑业等第二产业就业,另外有5.9%的人在第三产业就业,主要从事的是零售、餐饮和仓储工作。

从职业分布情况来看,老年劳动者主要从事的是生产型、体力劳动型为主的职业,60岁以上仍从事农业生产的老年劳动者为3847.3万人,占老年劳动者的91.13%,与第四次和第三次人口普查的相关数据比没有显著的变化。老年劳动者中有0.43%是国家机关、党群组织和企业事业单位负责人,2.12%的人为生产运输设备操作人员及有关人员,1.41%的人为专业技术人员,还有一些人则为办事人员及其相关人员。

第五次人口普查数据显示,男 35—59 岁、女 35—49 岁的劳动者总计 28387.2 万人,占在业人口的 42.45%。从产业分布看,从事第一产业的为 63.95%,从事第二产业的为 15.97%,从事第三产业的为 20.18%,这样的一种劳动力产业结构分布与中国劳动者总体的产业分布比较接近。从职业分布来看,农林牧渔业劳动者占的比重最高,其次是生产运输设备操作人员及有关人员,两者合计就业人数为 22196.7 万人,占中年劳动者的 78.19%,其余的主要是办事人员和有关人员、商业服务业人员以及企事业单位的负责人。

2. 影响中老年人就业的因素分析

(1) 劳动力市场状况的影响。劳动力市场的供求状况是影响中老年劳动者就业的重要因素。首先,国民经济增长速度限制着社会劳动力需求总量增长的规模,当劳动力市场上的供给大于对其的需求时,对中老年劳动力的就业需求就会受到抑制。其次,不同产业、行业和职业结构的变化速度直接影响着中老年劳动力需求的变化。再次,技术结构及其水平与对中老年劳动力的需求有着非常密切的关系。一般而言,技术更新的速度越快、先进技术所占的比例越大,对中老年劳动力的需求就越低,因为中老年劳动者所掌握的技能多属于中间或传统技术,而其对先进技术的消化与吸收也受到各种因素的约束。再再次,对中老年劳动力的需求受到其社会平均工资水平的影响,较高的工资水平会限制对劳动力的需求。最后,经济结构的影响,如个体经济实体比例较高的结构,对中老年劳动力的需求较高。

(2) 经济重构与企业重组的影响。在中老年劳动者就业问题上,一个非常重要的因素是经济重构与企业重组,特别是经济重构过程中企业的转产、改制、重组等,会造成企业大规模的裁员,引起企业雇佣状况的变化。当某个工作岗位要被取消,资格和经历通常不会对这个岗位上的工作人员起到保护作用。在经验、技术能力、受教育程度等条件相同的情况下,中老年工人通常会首先遭到裁减。尽管四五十岁的工人是成熟工人,他们一般不太容易失业,但是一旦失业,则会比二三十岁的失业者更难找到工作。失业不仅意味着正常收入的丧失,更重要的是相应的医疗、退休保障的大幅度减少或丧失,对中老年人的后期生活带来沉重的打击。

(3) 年龄歧视。年龄歧视是指依据年龄对某些人群施以某种不公正和消极待遇的做法。在就业领域中绝大部分人会相信雇主歧视年纪较大的人,而一些雇主也不否认这一点。劳动领域中的年龄歧视是普遍存在的现象,因此,一些已步入老年型社会的国家采取法律的手段来阻止就业中的年龄歧视现象。美国在 1967 年通过的《就业年龄歧视纠正法案》就是一个典型的例子,该法案的宗旨是保护40岁以上的工人免遭仅仅因为年龄过大而被雇佣者解雇[①]。

中老年人在就业中会遭遇的年龄歧视主要源于社会对中老年劳动者的一套程式化看法,如认为上了年纪的工人拒绝变化、没有创造性、判断太差、过于谨慎、体力差、对技术变化不感兴趣,以及不可训练造就等。社会学者们对于这些看法的准确性进行了大量研究,美国的研究者在对150多项关于老年和工作方面的研究进行总结后得出如下结论:(1)中老年工人的劳动态度和工作行为通常与企业组织功能的有效程度相符;(2)中老年工人对工作的满意程度高于其他年龄群的工人;(3)中老年工人对企业比较忠诚,自动脱离在业劳动组织的可能性比较小;(4)健康的中老年工人缺勤率低于年轻工人,健康状况不良的中老年工人的缺勤率高于年轻工人;(5)与年轻工人相比,中老年工人不容易在工作岗位上受伤。但是他们一旦受伤,需要更长的时间才能恢复,而且致残的可能性比较大;(6)中老年工人具有继续学习的能力。关于中老年工人能否与年轻工人一样胜任工作,有的研究表明他们的劳动表现与年轻工人无异;另外一些研究表明他们不如年轻工人,所以在这个问题上还无法下结论。至少所有这些研究都没能提供排斥中老年工人的充分理由[②]。

纠正就业的年龄歧视,并不等同于否认年龄对某些工作可能存在的影响。一些老年劳动者确实在体力方面不如年轻人,不适合于从事某些工作。解决这个问题的办法是尝试寻找有效的劳动力体能衡量标准并以相同的标准划分工作类别,根据体能标准把劳动者安置在相应的工作岗位上,而不是简单地根据年龄标准安置劳动力。

3. 老年劳动者的退休

退休是指老年劳动者达到退休制度规定的年龄、工龄条件后从职业工作中退出,享受社会保险和劳动补偿性质的养老待遇和权益的一种制度及由此而产生的社会行为。

退休是近代工业社会的产物,它的出现基于以下因素:(1)人的寿命的延长,活到老年的人越来越多;(2)现代工业社会生产力提高,有能力赡养数量众多的老年非劳动力人口;(3)社会的发展,出现了社会保险或社会保障制度,为老年退休者提供了生活保障;(4)缓和劳动力资源供大于求的矛盾,使社会劳

---

① Sandell, Steven H. 1988: Public Policies and Programs Affecting Older Workers. In Borus, M. E. et al. *The Older Worker*. Industrial Relations Research Association. p.210.

② Deoring, Mildred., Susan R. Rhodes & Michael Schuster. 1983: *The Aging Worker: Research and Recommendations*. Beverly Hills, CA: Sage.

动者因经常有年轻人的进入而保持活力;(5)使劳动者在年老不能工作或脱离工作后仍能有一份基本的物质保障等。

退休是老年劳动者生活中重大的变化和转折,它意味着个人职业生涯的终结和人生最后阶段的到来,并会导致个人地位、角色、行为的一系列转化,从而改变个人的生活条件、生活水平与生活方式。对于退休人员而言,虽然退休可以使老年人在获得收入保障的情况下有更多的闲暇时间和社会活动时间,有更多的精力从事自己感兴趣的活动,但是,退休对于大多数人而言,也会在经济、社会、心理等方面带来消极的影响。

首先,退休直接导致了老年人收入的减少,因为退休金收入一般不会高于在职职工的工资收入。同时,全球性的人口老化趋势加重了在职人员为退休者提供养老金的负担,扶养比的提高使老年人的退休金不可能与经济发展同步增长,通货膨胀又常常使领取固定退休金的老年人因退休金的贬值而导致生活水平的下降。

其次,退休造成相当一部分老人社会地位的下降。工业社会中,一个人的社会地位在很大程度上是由职业地位来体现的。退休后,老年人因职业角色失去了原有的业缘关系,失去了与原来职务相联系的权力和声望,由原来受家人和社会重视的群体变成了相对被忽视的群体。

再次,对心理和生理方面会产生不良影响。由于多数退休者是在仍然能够工作且愿意继续工作的情况下被迫退出劳动岗位,突然停止工作会使许多人感到不适应,他们在丧失工作角色后往往心理负担很重,许多人变得若有所失,不知所措,烦躁、抑郁,其中一些人甚至出现了"退休综合症",要经过较长的时间才能稳定下来,开始适应退休生活。为了填补退休后生活的空寂,相当一部分老年人只能依靠低层次的闲暇活动来度过余生。

最后,生活品质下降。退休使多数退休者的生活节奏和生活内容由原先的紧张、充实变为松弛、单调,生活空间变得狭小,收入水准也相对下降,加之工作压力、社会职责及与职业相关的各种社会联系与活动因职业角色的丧失而中断,遂使老年人的生活显得枯燥、空虚与无聊,生活品质大为下降。

总之,退休给老年人带来了不少烦恼和问题,如何帮助老年人适应从工作到退休的生活骤变?如何让老年人有一个快乐的、积极的退休后生活?这确实是我们值得思考的问题。

4. 中老年人的再就业

中老年人的再就业主要有两种情况:已退休者再就业和中年职业变动。已退休者再就业主要指退休的老年人在脱离主要工作岗位,享受退休金以及相应劳动保障的同时,借助于自己的一技之长,在社会职位层级体系中找到自己的位置,从而继续保持其与劳动市场接触的过程。中年职业变动则指由外因(如失业、健康状况等)和内因(如个性、追求事业成功等)引发的脱离已经从事的职业,开始新职业的行为。

就老年人而言,再就业对个人、家庭、社会都有积极的功能。首先是经济方面的功能。再就业不仅可以增加收入,提高自我供养能力,而且还可以由此降低家庭和国家对老年人的赡养压力。其次,再就业可以改善老年人的自我感觉及其增进他们的健康。由于老年人因退休中断了以往的业缘关系和与职业相关的社会交往,使得老年人常对自身社会价值与地位产生怀疑,有的变得精神抑郁,意志消沉。减少老年人消极情绪,提高其生活品质的一个重要措施便是创造条件让其积极参与社会活动。通过参加社会活动,老年人可以更好地融入社会,更好地体味自己对于集体和社会的积极意义与价值。与非就业者相比,他们与周围的世界产生了更多、更积极的交流,从而避免了退休后闲置在家、无所事事可能产生的"人老无用"和被社会抛弃的感觉。由于再就业的关系,形成较为积极活跃的社会交往,从而在心理上保持了健康和乐观向上的心态。再次,有利于社会对老年人力资源的利用与开发。老年人队伍中有相当数量的专家学者、工程技术人员和各类能工巧匠,他们长年积累和掌握的知识、技术和管理工作经验等,可以通过再就业为社会积极发展服务。而老年人中有的则从事勤杂、清洁、门卫、传电话及街道居委会里等青年人不屑干的工作,而这些工作对社会的正常运转又是必不可少的。此外,随着老年人口数量的增加,如何积极地开发和利用好老年人力资源,对社会经济发展的意义也越来越大。

当然,在劳动供给大于需求的情况下,中老年人的再就业将促使劳动力市场上的竞争更为激烈,在这个过程中,中老年人由于适应技术发展和产业结构变化速度较慢而往往处于弱势地位。

三、移民群体的就业问题

1. 移民劳动群体的主要特征

移民劳动群体是指以谋求高收入和优越生活条件为目的,跨区域流动(尤指欠发达地区流向发达地区)的各种年龄、职业、文化层次的劳动者。20世纪80年代以来,这类劳动群体在中国大幅度增加,根据有关统计数据推算,目前中国的流动人口大约占成年人口的十分之一,其中70%属于移民劳动者,这些移民劳动者具有以下特征:

第一,移民劳动群体的主要成分是农民,其中绝大多数为进入城镇务工经商的劳动者。

第二,男性劳动者多在建筑施工等行业劳动,女性劳动者大多集中于家庭服务、服装等行业,且沿海地区移民劳动群体中的女性比例要高于男性。

第三,该群体中绝大多数人属于 15—29 岁的年龄段,约占这个群体总数的 71%。

第四,该群体文化程度相对于城镇劳动者偏低,约 60% 以上的人只有初中和小学文化程度。但相对于农村劳动者而言,他们属于文化层次较高的人。

第五,从职业特征来看,该群体主要从事的是体力和技术含量较低的工作①。

2. 移民劳动力对移居地劳动力市场的影响

首先,移民劳动力是城市劳动力市场中不可缺少的后备和调节力量。虽然许多城市本地的劳动力资源并不缺乏,但由于职业偏好以及选择性因素的影响,往往不愿意从事那些脏、累、苦而报酬偏低的工作。大多数移民劳动者(特别是农民工)及时地补充了这些行业的劳动力。目前在城市地区的建筑、运输、装卸、采矿、环卫、修路、餐饮、招待、纺织、保姆等行业,很大程度上依赖外来移民劳动者的劳动。其次,移民劳动者为城市劳动力市场引入了竞争机制,促进了城市劳动力生产率的提高。大量移民劳动力进入城市,客观上增加了城市劳动力的供给总量,而且还促使城市形成了初级的、自发的劳动力市场,对中国劳动力市场的成长和发育起到了积极的作用。同时,他们把就业竞争意识传给了城市劳动力,促使许多城市劳动者不得不与外来民工在同样的劳动力市场上进行竞争,从而大大提高了企业的劳动生产率。

移民劳动力的大量进入也会对当地劳动力市场造成一些负面影响。一些学者认为,它会加剧城市原有的就业困难和低素质造成的工作质量下降和劳动事故的增加。中国城市劳动力资源在总体上严重过剩,某些行业的劳动力不足,基本上也是结构性的问题。大量农民工的进入,占据了一般城市劳动力能够承担并愿意承担的工作岗位,使一部分城市劳动力失业,造成了人力资源的某种浪费。另外,移民劳动者中的农民工虽然数量庞大,但劳动力质量较低。由于缺乏专门的培训,他们在生产过程中无法保证工程或产品质量,造成了低质量产品充斥市场。而且缺乏安全生产常识也使他们中间工伤事故频繁

---

① 参见蔡昉著:《中国流动人口问题》,河南人民出版社 2000 年版。

发生①。

3. 移民劳动者面临的问题

移民劳动群体进入城市,参与移入地的劳动竞争,行使自己作为社会劳动者的权利。但与本地劳动群体相比,他们在竞争过程中会遭遇更多的限制,这主要表现在:

(1) 合法居留权的问题。中国户籍制度最大的弊端是造成了城市居民和农村居民身份上的不平等,这种不平等使得移民劳动者虽然多年居住、工作在城镇,却难以获得城里人的合法身份。他们的就业因此受到限制。有些城市还采取了强化户籍管理、关闭或抑制劳动力市场、行业性歧视、增大迁移成本的政策措施。移民劳动者除了需要支付流动本身的迁移成本以外,还必须缴纳外出打工许可证办证费、管理服务费、外来人员就业证办证费、暂住证办理费、施工管理费、治安管理费、计划生育办证费等直接或间接的费用。户籍制度分隔了外来农民工与城里劳动者,使得移民劳动者难以融入城市的主流生活,也助长了城里人对外来劳动者的歧视。

(2) 移民劳动者的社会化问题。移民劳动者在社会化过程中会遇到更多的困难与问题。以移民劳动群体中的农民工为例,由于中国农村教育还很落后,虽然外出的农民工大多数是农村中的"高学历"人士,但与工业化过程对劳动者的要求而言,还有相当的差距。农民工的预期社会化程度普遍较低,他们当中相当一部分人连基础教育都没有完成,对现代社会的劳动职业及其要求了解甚少甚至完全陌生。由于他们在城市通常从事技能要求较低的工作,或还没有规范的行业,用人单位很少重视对他们进行职业角色和企业特点、规范方面的教育,也很少对他们进行职业技术培训。虽然外来农民工在城市工作和生活了一段时间后,会不同程度地接受城市的思想观念,扩展自己的视野,劳动素质和劳动技能也在劳动过程中得以提高,但是,他们的社会化总体来说还是不足。从劳动技能的掌握上看,他们依然属于文化基础差,无专门技术的劳动群体。从职业角色和身份的转换看,他们依然户籍制度等的约束和本地劳动力的歧视而困难重重。他们依然是工业化过程中会随时遭遇淘汰命运的劳动者。

(3) 移民劳动者的劳动保障问题。移民劳动者的收入与本地劳动者的收入存在着差距,就农民工与城市劳动者的收入比较而言,农民工在工资收入和非工资收入方面都远低于城市劳动者。如城市劳动者的非工资收入中相当重要

---

① 参见上海社科院经济所发展室:《农业劳动力转移:一个跨世纪的历史难题》,《上海经济研究》1995 第 12 期。

的一块是用人单位为他们支付的失业保险费、医疗保险费和养老保险费,这些费用加在一起相当于其工资的 31%—36%,而农民工一般不能享受到这些待遇,用人单位也就少支出了这笔费用。因此,移民劳动群体中的农民工往往是缺乏保障的劳动力。

其实,作为现代产业的劳动者,农民工同样面临着诸如工伤、失业、疾病、年老无依等风险,这些风险也不是个人的力量所能够承受的,让同样参与了工业化生产过程的农民工独自承受这些社会风险是公平的。国家应尽快立法将农民工的劳动保障纳入到社会保障体系之中。外来农民工的劳动保障问题涉及的不仅是经济效益问题,更是社会效益和现代劳动者的基本权利问题。

第三节　女性与就业

中华人民共和国成立后,中国妇女广泛参与了各种社会、政治、经济、文化活动,在各项事业中发挥了巨大作用。但是,近年来,随着劳动制度的改革及社会主义市场经济改革的深化,女性的就业首先受到了冲击。因此,女性就业作为一个社会问题受到了人们的广泛关注。本节主要探讨女性劳动参与的特点、存在的问题及发展前景。

一、女性劳动能力

在社会生活中,女性因生理或文化特征有别于男性而被看作是一个相对特殊的群体。与男性相比,女性的劳动能力有如下特点:

首先,女性在一生中要经历"五期",即经期、孕期、哺乳期、更年期及后稳定期五个特殊的生理时期。在经期时,女性常常会感到疲倦,神经紧张,情绪波动也较大。虽然此时她们依然能参加生产劳动,但体力与智力的发挥会受到一定的影响。女性怀孕后,会出现一系列的生理反应,如呼吸加快,行动不便,出现生理性贫血等,怀孕后期常常需要离开工作岗位,只能休息或干一些极轻便的活。哺乳期的女性既要照看婴儿,又要康复身体。进入更年期的女性,由于卵巢功能衰退,会出现内分泌功能暂时失调,记忆能力减弱,情绪不稳,动作不协调等现象。

其次,从女性的体力看,由于其身体结构和生理结构方面的特点,也有别于作为比较对象的男性。女性的身高、体重平均而言不及男性,骨盆宽、盆底薄,负载能力差、另外,女性的输氧能力也不及男子,基础代谢的能力也低于男性,但女性的持久力却强于男性。

再次,从智力方面看,女性在逻辑推断能力、抽象思维能力和创造性能力方面不及男性,但在观察能力、记忆能力及形象思维能力方面却有相当的优势。女性观察敏锐的优势在文学和艺术领域表现得比较突出。女性作家的作品往往在揭示人的内心世界、感情的细微变化方面令男性作家自叹弗如。女性敏锐的观察力常常使她们能从细小的差异中发现新的问题,导致新的发现。女性的记忆力比男性强,特别是机械记忆和联想记忆的能力比较强。此外,女性还具有形象思维的优势。由于女性"右半脑"比较发达,她们往往具有较强的空间感、色彩感和节奏感。按照巴甫洛夫的理论,女性是属于艺术家型的人,能完整地、全面地、从整体上把握现实而不分割和分解现实。加上女性的想像力十分丰富,往往会产生一种令人惊叹的直觉,即在判断过程中,当男性用逻辑推理的办法无法解决时,女性却能指出正确的途径。这种优势,使得不少女性在科研、政治与经济领域找到了自己的用武之地。

总的来说,由于女性特殊的生理特点,使其劳动能力有别于男性。

二、中国女性劳动参与的现状及其特点

建国以来,中国在劳动就业上以充分就业为目标,坚持男女平等就业,从制度层面上保障女性的社会劳动权利,使大多数女性实现了劳动参与的愿望。总的来看,中国女性目前的劳动参与具有如下特点:

1. 女性就业比例比较高

中华人民共和国成立后,党和政府就十分重视女性的劳动就业问题,在"男女平等,同工同酬"的口号下,女性劳动者的就业比例有了很大的提高。1949年中国城镇女性从业人员为60万人,只占全部职工人数的7.5%。到第一个"五年"计划结束时,女职工人数为213.3万人,占全部职工的11.68%。在改革开放前夕的1978年,城镇全民、集体所有制企事业中的女职工人数为3128万人,占职工总数的32.9%。1995年全国城镇单位中的女性就业人员达到最高峰,有5889万人,占单位从业人员的38.5%。其后城镇单位女性从业人员因受到国有企业改制而有所下降,2001年底单位从业人员数为4225.7万人,占全部单位从业人员的37.8%。与此同时,相当多的女性从事了个体经营活动。虽然20世纪90年代以来的改革使女性的劳动参与受到挑战,但是女性的高水平就业已成不可扭转的态势。根据第五次人口普查资料计算显示,2000年在66974.9万在业人口中,女性为30324.0万人,占45.34%,比1990年第四次人口普查时女性的在业率还高0.44个百分点,比世界平均水平高出9.34%。中国15岁以上的劳动人口中女性的就业率超过了70%,也是世界最高的国家之一。

2. 女性劳动者就业分布广泛,农业劳动具有女性化趋势

总体来看,女性劳动者的就业领域非常广泛,国民经济各行业中女性劳动者占有相当高的比重,见表13-1。

表13-1　2000年女性劳动者的行业分布

	全部在业人口行业结构(%)	该行业女性劳动者占全部女性在业人口比(%)	该行业女性就业人口占该职业总就业人口比(%)
农、林、牧、渔业	64.38	68.84	48.49
采掘业	1.04	0.41	17.84
制造业	12.46	12.53	45.61
电力、煤气及水的生产和供应业	0.63	0.42	30.25
建筑业	2.68	0.66	11.11
地质勘查与水利管理业	0.13	0.07	24.39
交通运输、仓储及邮电通信业	2.58	1.03	18.14
批发和零售贸易和餐饮业	6.69	7.33	49.65
金融保险业	0.59	0.61	46.79
房地产业	0.23	0.19	36.52
社会服务业	2.15	2.03	42.77
卫生体育与社会福利业	1.06	1.30	55.41
教育、文化艺术和广播电影电视业	2.56	2.79	49.46
科学研究和综合技术服务事业	0.22	0.18	36.22
国家机关、政党机关和社会团体	2.35	1.44	27.75
其他行业	0.25	0.18	33.67

资料来源:根据国务院人口普查办公室,国家统计局编:《中国2000年人口普查资料》(中册),中国统计出版社2002年版,第1571页数据计算。

不过绝大多数女性是在农业部门就业,大部分女性从事的是体力劳动。根据第五次人口普查资料计算,女性农林牧渔业劳动者占全部在业人口的31.22%,占全部女性在业人口68.84%,这两个百分比与1990年第四次人口普查的相应数据相比都有不同程度的下降。但农林牧渔业的女性劳动者比例在2000年达到了48.49%,比1990年高1.14个百分点,比1982年第三次人口普查时比高2.25个百分点。从总体上可以看出农业劳动具有女性化的趋势。如果从农业劳动力的内部结构来看,农业劳动的女性化趋势就更为明显。从20世纪80年代以来,由于农村经济体制的改革,大量农业劳动力转移到了第二和第三产业部门。这些转移劳动力总体的规模在1.5个亿左右,其中60%以上是

男性,在跨区域流动的农村劳动力中,男性则占到3/4,女性仅占1/4弱,尤其在西部地区,男性高达80%以上。另外,农村女性劳动力转移中的逆向转移(出去后再回乡)比例较男性大。虽然在已经实现非农转移的劳动力中女性约占1/4,但其中大多数为未婚女青年。随着年龄的增长,都将面临一个结婚和寻找"归宿"的问题,然而由于农民身份的限制,要在城里解决这一问题比较困难,她们中的大多数人将选择回家乡。从内在机制来看,农业女性化还有其特有的原因,需要特别指出的是,中国农村劳动力的非农化,并不是在农业高度发达的情况下开始的,更不是因为破产而流向城市,他们是为了追求发展,追求富裕,尤其是在家庭为单位的农业经营方式和较低的农业商品率、收益率的条件下,使得有能力的农业劳动力(主要是男性)在非农化选择时更自由、同时也更具优势。另外,家庭联产承包责任制的推行,使农村人口相对平均地获得了一份耕地,但人均耕地的狭小使得土地对大多数农民只具有生存保障的功能,而无生产资本的意义。农民从土地的获益有限,并迫使农民为改善生活而不得不寻找能够获得现金的非农业渠道。由于女性承担着抚育子女和赡养老人等大部分家务,加上女性自身因素的限制,许多女性只好选择了留守农村。

3. 女性就业的层次较低

从三次人口普查的资料看到,女性在业人口的职业结构在近二十年的时间里发生了较大的变化,如2000年女性在专业技术人员中的比重达到了51.7%,比1990年的相应比例提高了6.6个百分点,女性在国家机关、党群组织、企业、事业单位负责人中的份额也较1990年提高了5.2个百分点,见表13-2。

表13-2 女性在业人口的职业分布 (单位:%)

行业	1982 男性	1982 女性	1990 男性	1990 女性	2000 男性	2000 女性
国家机关、党群组织、企业、事业单位负责人	89.6	10.4	88.4	11.6	83.2	16.8
专业技术人员	61.7	38.3	54.9	45.1	48.3	51.7
办事人员和有关人员	75.5	24.5	74.1	25.9	69.7	30.3
商业工作人员	54.1	45.9	53.2	46.8	50.0	50.0
服务业工作人员	52.1	47.9	48.3	51.7	50.0	50.0
农林牧渔水利业生产人员	53.2	46.8	52.1	47.9	51.5	48.5
生产、运输设备操作人员及有关人员	64.6	35.4	64.3	35.7	66.6	33.4
不便分类的其他从业人员	—	—	58.3	41.7	63.8	36.2

资料来源:1982年和1990年数字根据第三次和第四次人口普查相关资料计算。2000年数据根据国务院人口普查办公室,国家统计局编:《中国2000年人口普查资料》(中册),中国统计出版社2002年版,第1571页资料计算。

但是,女性的就业层次总体而言还较低。专业技术性领域的大多数女性实际从事的是半专业性工作,女性占优势的医疗卫生职业类别中,绝大多数女性属于非技术性的、服务性的医疗人员。在国家机关、党群组织、企业、事业单位负责人中,女性就业人员的比例本来就不高,然而,在这不高的比例中,大多数女性从事的是低层次的管理和辅助工作,如低层管理人员和居委会干部中的女性比例均在80%以上。在商业工作人员中,女性大多为售货员、服务业等类型的工作者,那些外向型的采购、供销及经纪人仍为男性的天下。

4. 女性劳动者的文化、技术素质呈多元化趋势,但总体低于男性

根据第五次人口普查资料分析显示,中国女性就业人员具有小学及以下、初中、高中及中专、大专及以上文化程度者的比例分别为48.73%、36.62%、10.82%和3.83%,小学及以下文化程度者的比例高于男性,而初中及其以上文化程度者的比例则低于男性。从就业女性不同行业的文化构成看,文化程度较高的女性集中在一些第三产业的领域。大专及以上女性就业者在科学研究和综合技术服务事业中占53.43%,教育、文化艺术和广播电影电视业中占41.46%,在金融保险业中占39.93%,在国家机关和社会团体中占38.29%。从就业女性不同职业的文化构成看,文化程度较高的女性大多为国家机关、党群组织、企业、事业单位负责人、专业技术人员、办事人员和有关人员,农林牧渔业中女性文化程度在小学及以下的占48.73%,见表13-3。

表13-3 女性在业人口职业的文化程度结构 (单位:%)

	小学及以下		初中		高中及中专		大学专科及以上	
	全部	女性	全部	女性	全部	女性	全部	女性
国家机关、党群组织、企业、事业单位负责人	6.03	6.70	26.11	25.06	32.96	34.35	34.90	33.89
专业技术人员	2.21	1.53	14.14	13.20	43.40	48.46	40.25	36.81
办事人员和有关人员	6.56	4.04	23.24	19.78	37.85	43.19	32.35	32.98
商业服务业人员	20.75	22.53	50.33	49.66	24.89	24.80	3.03	3.01
农林牧渔水利业生产人员	55.01	63.26	40.37	33.96	4.52	2.73	0.10	0.05
生产、运输设备操作人员及有关人员	20.03	22.06	57.28	57.62	20.46	18.51	2.23	1.81
不便分类的其他从业人员	27.20	28.33	47.30	47.37	21.07	20.70	4.43	3.60
小计	40.98	48.73	41.70	36.62	12.65	10.82	4.67	3.83

资料来源:国务院人口普查办公室,国家统计局编:《中国2000年人口普查资料》(中册),中国统计出版社2002年版。

总体来看,女性在业人口的文化程度与第三次和第四次人口普查时的状况相比已有了相当的提高,但总体的素质还普遍偏低,与社会经济发展的要求还

有很大的差距。

三、劳动领域中的性别不平等

无论是在有酬劳动还是无酬劳动领域,都存在着各种形式的性别不平等现象。尽管在一些现代社会中女性已广泛参加社会劳动,但她们大多从事的是低收入、低声望的工作,在劳动报酬、就业机会以及晋升的机遇等方面都落后于男性。在中国,虽然政府一再强调男女平等就业、同工同酬,但现实劳动就业中的性别不平等也不同程度地存在着。

1. 收入的性别差异

收入的性别差异是一个世界性的问题,在世界各国,男性的收入平均高于女性是一个客观存在的普遍现象,即使在发达国家也是如此。如在美国,1998年女性每周的平均收入是456美元,男性是598美元,女性收入是男性收入的76.25%。从中国的情况来看,男女两性的收入之间也存在着差异。1990年的调查表明,中国城市女性职工的平均月收入是149.60元,是男性收入的77.4%。农村女性的年平均收入是1235元,是男性收入的81.4%[①]。从第二期全国妇女地位抽样调查的结果来看,男女两性之间的收入差异依然较大,调查结果表明,从总体来看,1999年男性和女性的年平均收入分别是7434.10元和4552.73元,女性收入是男性收入的61.24%。这种差异在受教育程度不同的人口群体中也显而易见,表13-4。

表13-4 两性的收入差异

受教育年数分组	平均年收入(元)	
	男性	女性
6年以下	5213.62	2681.87
6年到9年	6469.28	4554.23
9年到12年	9019.94	6585.00
12年到16年	13237.24	9430.32
16年以上	12948.34	10455.61

资料来源:第二期全国妇女地位抽样调查资料。

表13-4中的数据说明,虽然随着受教育年数的增加,男性和女性的收入都在增加,但是,在受教育年数相同的人口群体中,男性的收入均高于女性。同

[①] 参见中国妇女社会地位调查课题组:《中国妇女社会地位概观》(全国卷一),中国妇女出版社1993年版。

时,如将两性的收入状况与1990年的情况进行比较,可以看到男女两性的收入差异呈扩大的趋势。

2. 存在着职业性别分隔或性别排斥

职业性别分隔是指某些职业、工作岗位和工作地方(places)女性或男性比重过大和集中的现象。完全的分隔意味着一些群体成员被完全摈弃在某些类别之外,完全的整合则表现为不同群体成员在结果上的均衡分布。如护理职业中女性工作人员的比重达到了90%以上,这是一种程度较大的分隔。虽然中国女性人口的就业率比较高,但就业的层次比较低,即使是在女性比重较大的专业技术领域,女性也基本上从事半专业、非技术性和服务性工作。管理类职业中的女性绝大多数是低层次的管理和辅助管理人员,置身于高层次管理者行列的女性凤毛麟角。而低层次的就业又进一步影响了女性的收入水平。

从表13-5可以看出,中国女性劳动力在某些职业类别中非常集中,典型的如幼儿保育员、家庭服务员、护理人员等,见表13-5。

表13-5 1990年中国的十种"女性"职业

职业类别	性别比例	职业类别	性别比例
幼儿保育员	99.75	图书资料业务人员	77.91
家庭服务员	98.77	档案业务人员	74.64
护理人员	95.66	电信业务人员	72.77
旅店、饭店服务人员	85.19	环境清洁卫生人员	67.26
纺织、针织、印染人员	78.42	财会和审计人员	59.18

资料来源:刘德中,牛变秀:《中国的职业性别隔离与女性就业》,载《妇女研究论丛》2000第4期。

另外,在经济结构转型过程中,女性更多地处于下岗、待岗和失业状态,为了生存,相当一些女性进入到低收入和非正规经济部门就业,逐渐出现了低收入的、非正规行业的女性化。在劳动力市场上,女性更多地遭受性别歧视,并因此而难以进入某些她们向往的职业领域。她们中相当多的人只能在初级劳动力市场、甚至边缘劳动力市场谋求职业。以改革开放以来非国有经济发展迅速并比较集中的广东、浙江等省份为例,这些地区的电子电器、纺织服装、轻工产品等生产企业,女工人数占到职工总数的80%,她们主要来自农村的未婚女性。这些女工的工资一般较低,很少或根本没有劳动保护和劳动保障,工作条件恶劣。这些以农民十分进入城市或工业部门谋求职业的女性农民工,基本上是处于劳动力市场的底层,处在多种权利被剥夺的境地。

职业的性别分隔对女性产生了重要的社会后果,包括一种职业女性从业者越多,报酬越低;典型女性职业福利待遇低,在职训练少;晋升机会少;实施权威的机会少。社会与雇主一般倾向于低估女性劳动者集中工作的价值。

3. 两性在职业发展机会方面存在差异

女性的职业生涯不同于男性,总体而言女性职业升迁的机会要少于男性,这一点从女性总体而言较低的就业层次可以得到反映。如1990年全国女性的在业人口为6472万人,其中女性占44.9%,2000年女性在业人口为66974.9万人,女性占45.3%,但是女性在领导层中的比例却远低于此。1990年,国家机关及其工作机构负责人中,女性为11万人,男性为1125万人,女性仅占总数的8%;在党群组织负责人中,女性74万人,男性658万人,女性只占10%,女性在企事业单位负责人中也只占10%。在2000年,根据第四次人口普查资料的分析,发现在中国共产党中央委员会和地方各级组织负责人中,女性占9.73%,在国家机关及其工作机构负责人中,女性占12.95%,在事业单位负责人中,女性占16.75%。有学者用"玻璃天花板"的概念来形容女性职业发展的困境,是指那些建立在个人态度或组织偏见基础上的、阻止有资格的女性向劳动组织中的管理层次位置晋升的人为的、看不见但确实存在的障碍。

4. 关于性别不平等的理论

上面分析了劳动参与方面性别不平等的几种表现,这种表现背后的原因是什么呢?现有研究提供的解释主要有以下几种。

(1) 人力资本理论。人力资本理论建基于新古典经济学的理论假设基础之上的,新古典经济学假设工人与雇主都是理性的,劳动力市场运作是有效率的。工人在考虑了自身的素质、局限和偏好之后,会选择一份收入最好的工作;雇主在竞争和有效率的市场上会通过成本最小化来追求利润最大化,雇主付给工人的工资是其边际产品。新古典的人力资本理论认为,从正式教育看,女性的人力资本投资低,受教育水平和教育领域都不如男性,从在职训练看,由于结婚、做家务、照看孩子等影响,使得女性获得的训练机会、训练时间等方面都不如男性,上述原因还经常引起女性参与劳动力市场的间断,造成她们工作经验较少。因此,女性一般倾向于选择工作时间有弹性、有较高的初始工资、工作经验要求较低的职业。许多影响男女职业选择偏好的因素,也影响雇主对男女雇员的偏好,雇主更倾向于把需要较高教育水平和工作经验的工作提供给男性雇员。女性的高缺席率、高迟到率、高人事变动率等使女性被认为是高成本的工人,影响了雇主为女性提供工作。

(2) 分割的劳动力市场理论。劳动力市场分割理论也是建立在新古典经济学的基础上的一种理论。它假设制度和政策在决定雇佣、提升和报酬等方面起着主导作用,同时假设劳动力市场本身就是分割的,每个分割的市场又都是依据新古典经济学的理论运行的。该理论强调劳动力市场至少可以分为初级劳动力市场(primary labor market)和次级劳动力市场(secondary labor market),初级劳动力市场是由没有什么技术专长的人组成的,次级劳动力市场则是由具有较高文化程度、技术专长的人组成。所谓的分割不仅说明两个劳动力市场之间存在差异,而且强调从初级到次级劳动力市场的不可进入性或存在次级劳动力市场对初级劳动力市场的排斥。根据这一理论,女性劳动参与的不平等是因为劳动力市场的分割,女性通常被局限在初级劳动力市场,次级劳动力市场的工作岗位往往对女性进行排斥,而女性自身也难以改变处于初级劳动力市场的境遇。那些没有能力进入大学的女性则更没有机会进入到头等劳动力市场,升迁机会对她们来说是完全封闭的。城市女性的受教育状况通过劳动力市场结构性地决定了女性职业发展的空间。女性由于承担生育及养育责任,使得那些即使能够进入次级劳动力市场的女性也无法与具有同样教育背景的男性进行同等的竞争,因为在时间成本和未来预期发展预期上两性失去了可比性。另外,劳动力市场的分割还导致了"男性工作"和"女性工作"的分化,女性被制度化地隔离在某些职业之外,而只能高度集中于某些所谓的女性行业、女性职业。

(3)歧视模式理论。歧视模式理论的主要观点是:女性被安排从事被隔离的工作,同样的工作给予不同的报酬和职业名称,并因不平等的提升或下岗机会而造成就业机会的受限和阻塞。导致这种歧视的原因是包括对性别的刻板观念以及以男性统治为社会特征引致的完全性别歧视。男性作为社会的优势集团,可以限制女性对社会经济和政治权利机会的分享。贝克尔(Gary Becker)最早对劳动力市场中的歧视现象进行分析,他认为歧视是因为人们对某一群体成员特性的偏见或"品味"所致。雇主、同事与顾客都有可能有这种歧视。劳动力市场上性别歧视广泛存在,性别歧视实践者认为一旦雇用女性就会破坏合宜的性别关系。

四、女性劳动参与面临的挑战

建国半个多世纪以来,中国女性在男女平等、参与社会劳动方面取得了一些成就,妇女较高的就业水平即反映了这一点。但是妇女较高的就业水平背后也隐藏着诸多的矛盾,而这些矛盾与挑战在社会转型过程中已显得越来越明显。

1. 工作和家务——双重角色的冲突

中国女性的就业水平与世界其他国家的女性比是属于相当高的,而且绝大多数女性从事的是全日制工作,而同时,女性又被社会文化规范赋予了担当更多的养育子女和敬养老人的义务,因此,中国的工作女性承担着双重的角色:工作和家务。近年来有关妇女就业和生活的一些调查也表明,中国职业女性往往在很长一段时间内都处于生活负担过重、生活节奏过于紧张、角色冲突强烈的生活之中。据"中国妇女社会地位调查"资料显示,中国城镇妇女一天的工作时间为7.05个小时,比男性低0.54个小时,但每天的家务劳动时间达4.66个小时,比男性多2.5个小时,女性在这些时间里主要是做饭、购物、洗衣、照看小孩。女性每天的闲暇活动时间为4.84小时,比男性少0.79个小时①。这说明女性在参与社会劳动的同时,家务劳动的负担并没有减轻。

女性较重的家务劳动负担妨碍了她们对工作的更多投入,造成了在业女性家庭和工作角色的冲突,使她们在竞争中处于不利的境遇。中国女性较高的就业水平是在家务劳动尚未社会化、现代化的基础上实现的,这既是造成女性家庭和工作角色冲突、身心疲劳和紧张的一个重要原因,也是造成女性就业困境的重要因素。因此,我们在强调妇女解放和广泛参加社会劳动时,必须注意妇女就业环境的改善,这种改善主要靠在科技发展引导下,在工业高度发展的基础上,家务劳动的进一步社会化和现代化。同时,就业环境的改善也可以通过对劳动组织的重构、实行弹性工作制、分职制、非全时工作等举措来进行,此外,还要大力提倡男女共担家务劳动的风尚。由于中国经济发展水平的限制,以及传统性别文化的影响,建立能够缓和工作女性角色冲突的就业环境还需要一个过程。

2. 体制转型过程中的女性失业和贫困化

在经济体制转型的过程中,特别是劳动制度的市场化改革使得中国女性(特别是城镇女性)受到很大的冲击和挑战。第一,当企业将经济效益作为其最大的目标追求时,必然要把竞争机制引入到劳动用工制度中,一些被企业认为不利于提高效益的职工会因此被"分流"、"优化"和"下岗",而女性在这一过程中是首当其冲的,因为中国目前总体的就业环境是一个劳动供给远大于需求的市场环境;第二,中国尚未建立生育补偿制度;第三,中国目前依然实行男女有别的退休制度;第四,女性总体的素质还不够高;第五,劳动力市场的性别分割与社会歧视还难以消除,等等,这些方面的综合作用使得女性在社会转型过程中有更多的人处于下岗、失业的境地。根据第五次人口普查资料显示,15—34

---

① 根据中国妇女社会地位调查课题组:《中国妇女社会地位概观》(全国卷一),中国妇女出版社1993年版,第八章中有关资料整理而成。

岁未工作人口中,失去工作正在寻找工作的女性达258.4万人,占该年龄段未工作人口的28.8%;男性失去工作正在寻找工作者为248.4万人,占该年龄段未工作人口的27.5%;35—49岁未工作人口中,离退休的女性达261.5万人,占该年龄段未工作人口的8.8%,离退休的男性为59.8万人,占该年龄段未工作人口的2.0%,这些数字从侧面表明了女性在转型过程中更多地遭遇下岗、失业的处境。当这些女性失业者被迫进入劳动力市场参与竞争,希望就业时,她们面临的是更为艰难的再就业道路,在国有企事业单位工作多年的女性发现,她们的劳动技能已经远远落后于现代技术的要求,要想就业,一切必须从头开始,对于一个承担主要家务负担的中年女性,无疑这是一个十分大的压力。与下岗、失业增加伴随的是女性的相对贫困化,她们的收入因失去工作而大幅度下降,即使有幸在非正规部门找到工作,也是属于收入低下行列。

3. 在业女性的分化

在市场化转型的过程中,中国女性劳动者也因原有体制、城乡身份、单位身份、资源拥有状况等原因而发生分化,其中一个非常重要的分化是因受教育程度的不同而引起的职业分化。从全国普通高等院校学生的性别构成看,女性大约占三分之一的比重,总体低于在业人口的性别构成,从15—19岁在业人口状况来看,该年龄段的女性就业者占全部女性人口的46.4%,比男性的相应百分比高3.6%,而这一年龄段的在校学生,女性要比男性低4个百分点。由此,不仅在业的男性与女性之间因接受教育的机会与程度不同而发生分化,而女性之间也因人力资本投资的不同而产生分化。那些接受较多教育的女性,有更多的机会在头等劳动力市场谋求自己的职业,而那些没有技术专长、受过很少教育及接受过很少职业培训的女性,则将更多地遭遇下岗与失业,成为市场经济条件下最无行动能力的群体。在社会经济转型的过程中,我们也看到一些女性因条件的优越而进入到了所谓的"男性职业"领域,而一些女性则因劣势的积累而只能在传统的"女性职业"工作,甚至连这样的一份工作也难以为继。此外,由于城乡身份的分割,进入城市打工但依然背负农民身份的女性,成为劳动力市场中最底层的群体。这些分化表明,女性在业群体并不是一个同质的群体,这种异质性也型塑了解决女性就业面临挑战问题的复杂性。

思 考 题

1. 试分析中国就业无保障和在职失业的原因与后果。

2. 试分析中国目前的失业问题及其解决失业问题的对策。

3. 中国女性的就业问题有什么特征，试问在经济改革的条件下，女性的就业受到了什么样的冲击。

4. 论述作为特殊群体的中老年人的就业特点。

5. 残疾劳动者的社会化有何特点？

6. 论述移民群体面临的主要就业问题。

主要参考书目

中　文

1. 刘艾玉:《劳动社会学教程》,北京大学出版社1999年版。
2. 刘创楚:《工业社会学——工业社会的组织分析》,台湾巨流图书公司1988年版。
3. 鲁·施托伯格:《劳动社会学》,劳动人事出版社1985年版。
4. 袁方、姚裕群主编:《劳动社会学》,中国劳动社会保障出版社2003年版。
5. 袁方等主编:《劳动社会学》,劳动出版社1991年版。
6. 马赫纳雷洛夫,(МАХНАРТЛОВА,В.П.)主编:《劳动社会学》,人民出版社1984年版。
7. 〔美〕摩尔根:《劳动经济学》,工人出版社1984年版。
8. 〔美〕派克:《工业社会学》,台北桂冠图书股份有限公司1986年版。
9. 〔日〕万成博:《产业社会学》,浙江人民出版社1986年版。
10. 赵履宽、王子平:《劳动社会学概论》,上海人民出版社1984年版。
11. 〔美〕李·泰勒:《职业社会学》,台北国立编译馆1972年版。
12. 潘锦棠主编:《劳动与职业社会学》,红旗出版社1991年版。
13. 伊万诺夫·麦奇科夫斯基等:《劳动经济学》,三联书店1981年版。
14. 陈达:《我国抗日战争时期市镇工人生活》,中国劳动出版社1993年版。
15. 〔美〕罗纳德·伊兰伯格:《现代劳动经济学》,中国劳动出版社1991年版。
16. 〔英〕安东尼·吉登斯:《社会的构成》,三联书店1998年版。
17. 〔法〕布尔迪厄:《文化资本与社会炼金术——布尔迪厄访谈录》,上海人民出版1997年版。
18. 边燕杰主编:《市场转型与社会分层》,三联书店2002年版。
19. 冯同庆:《中国工人的命运:改革以来工人的社会行动》,社会科学文献出版社2002年版。
20. 冯同庆主编:《中国职工状况:内部结构及其相互关系》,中国社会科学出版社1993年版。
21. 常凯主编:《劳动关系·劳动者·劳权》,中国劳动出版社1995年版。
22. 〔美〕大卫·桑普福特和泽弗里斯·桑纳托斯主编:《劳动经济学前沿问题》,中国税务出版社2000年版。
23. 〔美〕丹尼斯·吉尔伯特、约瑟夫·A.卡尔:《美国阶级结构》,中国社会科学出版社1992年版。

24. 〔美〕哈里·布雷弗曼:《劳动与垄断资本》,商务印书馆 1978 年版。
25. 〔美〕赫伯特·西蒙:《管理行为:管理组织决策过程的研究》,北京经济出版社 1988 年版。
26. 〔美〕加里·贝克尔:《人力资本》,北京大学出版社 1987 年版。
27. 〔美〕西奥多·舒尔茨:《论人力资本投资》,北京经济学院出版社 1990 年版。
28. 李春玲:《中国城镇社会流动》,社会科学文献出版社 1997 年版。
29. 李强:《当代中国社会的分层与流动》,中国经济出版社,1993 年版。
30. 陆学艺主编,《当代中国社会阶层研究报告》,社会科学文献出版社 2002 年版。
31. 许嘉猷:《社会阶层化与社会流动》,三民书局 1986 年版。
32. 许欣欣:《当代中国社会结构变迁与流动》,社会科学文献出版社 2000 年版。
33. 〔德〕马尔库塞:《单向度的人》,上海译义出版社 1989 年版。
34. 〔美〕帕森斯:《现代社会的结构与过程》,光明日报出版社 1988 年版。
35. 〔美〕威廉·大内:《Z 理论——美国企业界如何迎接日本的挑战》,中国社会科学出版社 1984 年版。
36. 孙彤编著:《组织行为学》,中国物资出版社 1986 年版。
37. 杨晓民、周翼虎:《中国单位制度》,中国经济出版社 1999 年版。
38. 全国总工会政策研究室:《1997 中国职工状况调查·数据卷》,西苑出版社 1999 年版。
39. 〔英〕汤普森:《英国工人阶级的形成》,译林出版社 2001 年版。
40. 〔美〕阿尔伯特·O.赫希曼:《退出、呼吁与忠诚——对企业、组织和国家衰退的回应》,经济科学出版社 2001 年版。
41. 赵人伟等主编:《中国居民收入分配研究》,中国社会科学出版社 1994 年版。
42. 范周主编:《企业文化导论》,世界知识出版社 1991 年版。
43. 张宇源等编:《企业文化概论》,四川大学出版社 1989 年版。
44. 〔美〕特雷斯·E.迪尔与阿伦·A.肯尼迪:《企业文化》,上海科技文献出版社 1983 年版。
45. 孙仲范 冯同庆 常凯主编:《新编工会学》,人民出版社 2001 年版。
46. 〔美〕裴宜理:《上海罢工——中国工人政治研究》,江苏人民出版社 2001 年版。
47. 宋晓梧:《产权关系与劳动关系》,企业管理出版社 1995 年版。
48. 李培林等:《转型中的中国企业——工业企业组织创新论》,山东人民出版社 1992 年版。
49. 〔美〕康芒斯:《制度经济学》(上册),商务印书馆 1981 年版。
50. 〔美〕R.科斯著:《财产权利与制度变迁》,上海人民出版社 1991 年版。
51. 中华全国总工会:《中国职工队伍现状调查(1986)》,工人出版社 1987 年版。
52. 中华全国总工会:《走向社会主义市场经济的中国工人阶级(1992)》,工人出版社 1993 年版。
53. 中华全国总工会:《全国工人阶级队伍状况调查文献资料集》,工人出版社 1993 年版。
54. 厉以宁与吴世泰著:《西方就业理论的演变》,华夏出版社 1988 年版。
55. 中国妇女社会地位调查课题组:《中国妇女社会地位概观》(全国卷一),北京:中国妇女出版社 1993 年版。

英　文

1. Alvesson, Marts. 1987: *Organization Theory and Technocratic Consciousness*. Berlin: De Gruyter.
2. Auster, Carol J. 1996: *The Sociology of Work: Concepts and Cases*. Prince Forge Press.
3. Bian, Yanjie. 1994: *Work and Inequality in Urban China*. State University of New York Press.
4. Blau, P. and Duncsn, O. D. 1967: *The American Occupational Structure*. John Wiley: New York.
5. Bluner, Robert. 1964: *Alienation and Freedom*. Chicago: University of Chicago Press.
6. Boudon, R. 1973: *Methomatical Structure of Social Mobility*. Elsvier, Amstrtdam.
7. Burns, Tom and Stalker G. M. 1961: *The Management of Innovation*. London: Tavistock.
8. Chan, Anita. 2001: *China's Workers under Assault: The Exploitation of labor in a globalization Economy*. M. E. Sharpe, Inc.
9. Chen, M. T. and Regon, T. G. 1988: *Work in the Changing Canadian Society*. Toronto.
10. Clegg, Stewart R. & Cynthia Hardy and Walter R. Nord (ed.). 1996: *Handbook of Organization Studies*. Sage Publication.
11. Cornfield, Daniel B. & Randy Hodson. ed. 2002: *Worlds of Work: Building an International Sociology of Work*. Kluwer Academic/Plenum Publishers, New York.
12. Etzioni, Amitai. 1961: *A Comparative Analysis of Complex Organizations*. New York: Free Press.
13. Hershatter, Gail. 1986: *The Workers of Tianjin*, 1900-1949. Stanford, Calif.
14. Goldthorpe, John H. 1987: *Social Mobility and Class Structure in Modern Britain*. Clarendon Press, Oxford.
15. Goudner, Alvin. 1964: *Patterns of Industrial Bureaucracy*. The Free Press, New Work.
16. Granovetter, Mark. 1974: *Getting a Job, A Study of Contracts and Careers*. Cambridge, Massachusetts: Harvard Univ. Press.
17. Grint, Keith. 1991: *The Sociology of Work: Introduction*. Polity Press.
18. Honig, Emily. 1986: *Sisters and Strangers: Women in the Shanghai Cotton Mills, 1911-1949*. Stanford, Calif.
19. Sheehan, Jackie. 1998: *Chinese Workers: A New History*. Routledge.
20. Oi, Jean C. 1989: *State and Peasant in Contemporary China: the political economy of oillage government*. Berkeley and Los Angeles: University of California Press.
21. Kanter, Rosabeth Moss. 1977: *Men and Women of the Corporation*. Basic Books, Inc Publishers.
22. Lipset, S. M and Bendix, R. 1959: *Social Mobility in Industrial Society*. Berkeley: University

of California Press.
23. Lopreato J. et al (eds). 1974: *Social Stratification: A Reader*. Harper & Row, Publishers.
24. Marsden, Peter V. and Nan, Lin. 1982: *Social Structure and Network Analysis*. Sage Publications.
25. Mary, Brinton and Victor Nee. 1995: *The New Institutionalism in Sociology*. New York. Russell Sage Foundation.
26. Yang, Mayfair Mei-Hui. 1994: *Gifts, Favors and Banquets: The Art of Social Relations in China*. Cornell University Press.
27. Silverman, David. 1987: *The Theory of Organization*. Gower House.
28. Sorokim, Pitrim Aleksandrovich. 1964: *Social and Culture Mobility*. Free Press of Glencoe, Illinois.
29. Granovetter, Mark S. and Richard Swedberd (eds.). 1992: *The Sociology of Economic Life*. Westview Press.
30. Treiman Donald J. 1977: *Occupational Prestige in Comparative Perspective*. New York. Academic Press.
31. Walder, Andrew G. 1986: *Communist Neo-traditionalism: Work and Authority in Chinese industry*. University of California Press.
32. Powell, Walter W. and Paul J. Dimaggio (ed.). 1991: *The New Institutionalism in Organizational analysis* The University of Chicago Press.
33. Warner Malcolm. 2000: *Changing Workplace Relations in the Chinese Economy*. MacMillan Press Ltd.
34. Watson, Tony J. 1980: *Sociology, Work and Industry*. Routledge and Kegan Paul.